호산 박문호
『칠서주상설』 연구번역총서 7

논어집주상설 7

호산 박문호 저

책임역주[주저자]: 신창호
전임역주: 김학목 · 윤원현 · 조기영
공동역주: 김언종 · 임헌규 · 허동현

박영story

이 저서는 2017년 대한민국 교육부와 한국연구재단의 지원을 받아 수행된 연구임
(NRF-2017S1A5B4056044)

연구번역자 서문

학문 연구의 토대를 다지는 작업은 지난하면서도 즐겁다. 동양학을 탐구하는 학자들이 상생상극(相生相剋)의 학문적 이치를 노정(路程)한다면, 학문 연구의 난제(難題)와 열락(悅樂)은 서로 스며들게 마련이기 때문이다. 공자가 유교를 집대성(集大成)한 이후, 주자의 주석(註釋)을 거치면서 전변(轉變)을 거쳐 온 유학은, 그 이론과 실천의 차원에서 엄청난 심사숙고를 요청한다. 우주자연과 인간 사회에 대한 근본, 그 알파와 오메가를 진지하고 투철하게 고려하도록 채찍질한다. 선현(先賢)들의 학문 활동을 돌아보건대, 상당수가 그러한 삶을 고민했음이 분명하다.

본 저술은 호산(壺山) 박문호(朴文鎬, 1846~1918)의 『칠서주상설(七書註詳說)』을 심도있게 연구하여 한글로 완역한 연구번역 성과이다. 『칠서주상설』은 말 그대로 '칠서(七書)'의 주석에 대해 자세하게 설명한 저술이다. <칠서주>는 회암(晦庵) 주희(朱熹, 1130~1200)의 『논어집주(論語集註)』, 『맹자집주(孟子集註)』, 『대학장구(大學章句)』, 『중용장구(中庸章句)』, 『시집전(詩集傳)』, 『서집전(書集傳)』, 『주역본의(周易本義)』를 가리키는 것으로, 유교의 핵심 경전인 사서삼경(四書三經)에 관한 주희(『서집전』의 경우는 채침(蔡沈, 1167~1230))의 주석을 말한다. 주지하다시피, 사서삼경과 그 주석은 조선 주자학의 뼈대를 이루는 중심 경전이다. 호산은 이 <칠서주>에 다시 상세하게 주석을 부가하여 조선 유교를 종합해내었다. 서구 근대 문명이 밀물처럼 밀려오던 19세기 중반에서 20세기 초반에 활동하면서도, 주자학의 정통 학문을 자신의 사명처럼 여기고, 유교의 핵심 경전을 집대성한 것이다.

호산은 『칠서주상설』을 편찬하면서, 자신이 연구한 나름의 소신을 저술의 편차(編次)에 반영하였다. 중국 송대의 사상가들을 비롯하여 주자학을 신봉하는 대부분의 학자들이 사서(四書)의 독서 순서를 『대학(大學)』으로 시작했던 것과 달리, 호산은 『칠서주상설』의 순서를 주석(註釋)의 명칭에 따라 『논어집주상설(論語集註詳說)』로부터 시작했다. 그것은 유학의 핵심 경전인 『논어』가 맨 앞에 자리해야 하는 당위성이기도 하다.

그렇게 하여 『칠서주상설』은 『논어집주상설』 20권, 『맹자집주상설』 14권, 『대학장구상설』 1권, 『중용장구상설』 1권, 『시집전상설』 18권, 『시서변설상설』 2권, 『주역본의상설』 12권, 『서집전상설』 14권, 『서서변설상설』 1권으로, 전체 83권에 이르는 방대한 저작이 되었다. 마치, 조선의 주자학을 마무리하듯이, 경전의 주석을 짜임새 있게 갖추었다. 사서삼경의 경문에 대한 중국 역대의 주석을 비롯하여, 조선시대 여러 학자들의 주석을 간단·명료하게 총망라하였다. 특히, 사서삼경에 대한 주자의 주해(註解)를 의리(義理)와 훈고(訓詁), 그리고 논리(論理)를 반영하는 등, 여러 측면에서 정밀하고 명확하게 분석하면서도, 사서삼경의 주요 텍스트인 ＜영락대전(永樂大全)＞본의 오류를 바로잡은 엄밀한 주석서로 편찬해내었다.

주자 이후 중국의 주요 주석뿐 아니라, 퇴계(退溪), 율곡(栗谷), 사계(沙溪), 우암(尤庵), 남당(南塘), 농암(農巖) 등 조선 성리학을 대표하는 학자들의 학설과 호산 자신의 견해까지 담은 저술이기에, 주자학의 심오한 이해는 물론 조선 성리학의 맥락과 계보, 발전 양상을 포괄할 수 있는 학문성을 담보한다.

본 연구번역은 2017년도 한국연구재단의 토대연구 사업으로 시작되었다. 연구 기획을 할 무렵 연구진의 생각은 좀 단순했다. '『칠서주상설』이 조선 유교 경전 주석사의 대미를 장식하는 주요한 저작이므로 이를 번역하여 학계에 기여하면 좋겠다!'는 정도였다. 그러나 기획 단계에서 초역을 하고 연구계획서를 작성하면서, '토대'연구 사업에 어울리는 작업으로서 연구범위가 상당 부분 확장되었다. 분량도 그렇지만, 원문에는 없는 표점, 찾아보기 힘들게 되어 있는 원전의 구절과 문장의 정돈, 내용 가운데 보충 설명이 필요한 부분의 주석 등, 관련 전공자들의 수준 높은 연구를 곁들인 번역의 필요성이 요청되었다. 고민을 거듭한 결과, 연구 작업이 너무나 방대해졌다.

그러나 연구진들은 매월 2,000여 매(200자 원고지 기준)에 달하는 연구 번역에 온힘을 쏟아 부었다. 열정을 바친 만큼 원고는 계획대로 생산되었고 또한 다듬어졌다. 단행본 1권에 해당하는 분량이었다. 원본의 오탈자를 바로잡고, 표점을 찍고, 구절을 바르게 맞추고, 문장을 정렬하고, 관련 전거를 확인하는 등, 초역에서 교열·윤문, 그리고 출판에 이르기까지, 여러 과정을 반복했다. 정말이지, 연구번역이라는 학문의 토대 작업을 자임한, 고난의 행군이었다. 당초 계획대로 5년 동안의 연구기간에 『칠서주상설』을 마무리한다면, 매년 20,000여 매, 전체 100,000여 매의 원고가 성과물로 쌓일 것이다. 단행본으로는 약 50여 권이 될 것으로 예상된다.

어려우면서도 엄청난 작업이지만, 학문의 토대를 구축하는 데 기여할 수 있다는 자부심과 자긍심으로, 현재 2차년도 연구번역 작업이 마무리 단계에 와 있다. 분량이 많다 보니, 본 번역연구 성과물의 출간과 관련하여 고민하지 않을 수 없었다. 모든 작업이 끝나고 한꺼번에 출간하는 것은 다소 무리라는 판단이 들었다. 이에 매년 번역연구물이 산출되면, 다음년도 연구번역이 끝나기 전, 즉 1년 이내에 출간하는 것이 연구진이나 학계에 도움이 되겠다고 생각하였다.

이 책은 1차년도(2017년 9월~2018년 8월)의 결과물이다. 1차년도에는 『논어집주상설』과 『대학장구상설』을 연구번역하고 정본화 작업을 진행하였다. 책의 권수는 경전의 편제와 분량, 그리고 내용에 따라 나누어 조정하였는데, 17,000여 매에 달하는 『논어집주상설』은 10권으로, 3,000매 가량인 『대학장구상설』은 3권으로 출간하게 되었다.

무엇보다도 본 연구번역의 과정에 매진해준 연구진에게 큰 절을 올린다. '고맙다!'는 말 이외에 서로를 격려하고 용기를 북돋우며 동기부여할 수 있는 표현은 없는 것 같다. 전임연구교수로 연구번역에 힘써준 고려대학교 교육문제연구소의 김학목 박사님, 윤원현 박사님, 조기영 박사님의 초역은 본 연구의 밑거름이 되었다. 공동연구에 참여하신 고려대학교 김언종 명예교수님, 강남대학교 임헌규 교수님, 경희대학교 허동현 교수님은 각종 자문과 조언, 윤문과 교열 등을 맡아 고생해 주셨다. 이외에 연구보조원으로 참여한 한국외국어대의 서세영, 고려대의 우버들, 위민성, 장우재 등 대학원생들의 각종 보조가 도움이 컸다. 또한 자문에 응하여 충고를 아끼지 않으신 원로 한학자 중관(中觀) 최권흥 선생님을 비롯하여, 『칠서주상설』의 가치와 중요성을 일깨워주신 일우(一愚) 이충구 선생님, 여기에서 일일이 거론하지는 못했지만, 본 연구와 관련하여 도움을 주신 여러 선생님들께 감사의 말씀을 전한다.

본 연구는 연구책임자를 비롯하여 자문에 이르기까지 우리 모두의 땀과 정성이 배어 있는 합작의 결실이다. 다시 한번 수고해주신 모든 분들에게 고마움과 감사의 인사를 건넨다. 그리고 본 연구번역을 원활하게 수행할 수 있도록 각종 편의를 제공해준 고려대학교 교육문제연구소와 행·재정적으로 지원해 준 한국연구재단, 고려대학교 산학단에도 감사드린다. 그런 지원이 없다면 본 사업은 쉽게 할 수 없는 학술 작업이다. 남은 연구기간에도 지속적인 관심을 부탁한다.

호산 박문호의 『칠서주상설』은 1921년에 발간되었다. 1918년 그의 사후 3년만이었다. 그 후 100년이 지났다. 1세기가 지난 2018년, 호산 선생 사후 100여 년 만에, 후학에 의해 본 『칠서주상설』이 연구번역되었다는 점에서 상당한 의미를 부여할 수도 있겠다. 여러 차원을 고려하여, 본 연구번역이 조선 유학을 집대성한 경전 주석서로서, 본 연구사업의 취지에 맞게 관련 학계의 연구 토대로 작용할 수 있기를 간절히 소망한다. 어떤 연구번역이건 완벽하려고 하지만, 한 점의 실수나 오류도 없이 완벽을 기하기란 쉽지 않다. 그만큼 완전한 연구번역은 어렵다. 본 연구번역도 최선을 다하려고 했지만, 미비한 부분이 있을 것이다. 오류가 있다면 많은 질정을 바라며, 잘못된 부분이 발견되면, 추후에 수정 보완할 수 있도록 노력할 것이다.

마지막으로, 심심한 감사를 표해야 할 분이 있다. 상당한 어려움을 감수하면서도 가치 있는 학술도서에 애정을 갖고 출판을 맡아준 박영스토리의 노현 대표님, 불철주야(不撤晝夜) 성심껏 원고를 꼼꼼하게 다듬어 편집해준 문선미 과장님을 비롯한 박영사 편집진에게 고마운 마음을 전한다.

2019. 6. 하지(夏至)절

연구책임자 신창호 씀

일러두기

1. 본서는 1921년 풍림정사(楓林精舍)에서 간행된 박문호의 『칠서주상설(七書註詳說)』(한국학중앙연구원 장서각 소장)을 저본으로 하였다. 아울러 아세아문화사(亞細亞文化社)에서 간행한 『호산전서(壺山全書)』 1~8(1987~1990)을 참고하였다.

2. 원전(原典)은 직역(直譯)을 원칙으로 하되, 필요한 경우에는 현대적 의미를 고려하여 의역(意譯)하며 풀이하였다. 원문은 번역문과 함께 제시하되, 원문을 앞에 번역문을 뒤에 배치하였다.

3. 역주(譯註)의 경우 각주로 처리하고 간단한 단어나 개념 설명의 경우 본문에서 그대로 병기하여 노출하였다(예 : 잡기(雜記 : 잡다하게 기록함)). 주석은 인용 출처 및 근거를 비롯한 관련 자료를 최대한 밝혀내어 제시하고, 관련 자료의 원문 내용과 번역문을 동시에 수록하는 것을 원칙으로 하였다. 자료의 성격과 독해상의 혼란을 고려하여 원문만을 그대로 노출하거나 내용이 중복되는 부분일지라도 편장이 달라질 경우 다시 수록하여 연구 토대 자료로서의 편리성을 도모하였다.

4. 원전의 원문은 칠서의 '경문(經文)', 주자의 주석인 '주주(朱註)', 박문호의 주석인 '상설(詳說)'로 구분하되, '경문-주주-상설'순으로 글자의 크기를 달리 하였다. 경문의 경우, 별도로 경문이라는 표시 없이 편장별로 번호를 붙였다(예 : 『논어』「선진」 1장 첫 구절은 「선진」이 『논어』의 11편이므로 [11-1-1]로 표시). 상설은 모든 구절에 ○를 붙여 의미를 분명하게 하였다.

5. 원문의 표점 및 정본화 작업은 연구번역 저본과 참고로 활용한 판본을 충분히 대조하여 정돈하였다. 『칠서주상설』 편제의 특성상, 혼란의 소지가 있는 부분은 글자를 추가하거나 삭제한 경우도 있으나 번역에서 원전 그대로 확인할 수 있도록 다시 전체 문장

을 제시하였다. 원문의 정본화 및 역주에서 경전(經傳; 『 』)이나 편명(篇名; 「 」), 구두(句讀; , ; .), 인용문(따옴표; " " ; ' '), 강조점(따옴표; ' ') 등을 구분하여 표시하였다.

6. 원전의 특성상, 경문의 바로 아래에 제시되어 있는 음운(音韻)이나 음가(音價)는 주자의 주석인 주주(朱註)로 처리하였다.

7. 원문이나 역주 가운데, 인명이나 개념어는 기본적으로 한글과 한문을 병기하되, 상황에 맞추어서 정돈하였다(예: '주자(朱子)'의 경우, 때로는 주희(朱熹)로 표기. 개념어는 원문을 그대로 노출하기도 하고 풀이하기도 하였는데, 도(道)의 경우, 도리(道理), 이치(理致), 방법(方法) 등으로 해석).

8. <참고문헌>과 인명 및 개념·용어 등은 최종 <별책 부록>으로 정돈한다.

차례

— 논어집주상설 총 목차 —

차례

— 논어집주상설 7 —

• **제12편 안연(顔淵)**

권12

논어집주상설

論語集註詳說

안연 ◦ 顔淵 第十二

제12편

朱註

凡二十四章.

모두 24장이다.[1]

1) 형병(邢昺)의 『논어주소(論語注疏)』에 의하면, "이 편은 훌륭한 정치를 비롯하여 총명하여 사리에 통달하는 일, 임금과 신하의 도리, 부모와 자식 사이의 윤리, 의혹스런 일에 대한 변론, 송사를 꺾는 일, 사람다운 사람인 군자, 의미 있는 문장 등을 논의하였는데, 이는 모두 성현이 주는 교훈이 되는 말로 공무를 담당할 관리의 길로 들어가는 계단이다. 그러므로 「선진(先進)」의 다음에 자리매김하였다(此篇, 論仁政明達, 君臣父子, 辨惑折獄, 君子文爲, 皆聖賢之格言, 仕進之階路, 故次先進也.)"라고 규정하였다.

[12-1-1]

顏淵問仁, 子曰 : "克己復禮爲仁, 一日克己復禮, 天下歸仁焉, 爲仁由己, 而由人乎哉?"

안연이 인(仁)에 대하여 물었는데 공자가 말하였다. "자기를 이겨서 예(禮)에 돌아옴이 인을 함이니, 하루에 자기를 이겨서 예에 돌아오면 천하가 인에 돌아오는 것이다. 인을 함이 자기에게 말미암지 다른 사람에게서 말미암겠느냐?"

朱註

'仁'者, 本心之全德.

'인(仁)'이라는 것은 본래 마음의 전체적인 덕이다.

詳說

○ 慶源輔氏曰 : "仁包義·禮·智. 故曰 : '本心之全德.'"[2)]

경원 보씨(慶源輔氏 : 輔廣)[3)]가 말하였다. "인(仁)은 의(義)와 예(禮)와 지(智)를 포괄한다. 그러므로 말하기를, '본래 마음의 전체적인 덕이다.'라고 한 것이다."

○ 此於'仁'之常訓, 添'本'·'全'二字, 蓋該愛理及當理無私在其中, 而於經傳'仁'訓爲最重, 足以當'性'一字矣.

여기에서 '인(仁)'을 일반적으로 새길 때 '본(本)'과 '전(全)' 두 글자를 더하였다. 대개 사랑의 이치 및 도리에 합당하고 사사로움이 없음을 갖춘 것이 그 가운데 들어 있어서 경전의 '인'을 새길 때 가장 중요함이 되니, 충분하게 '성(性)' 한 글자를 감당할 수 있다.

朱註

'克', 勝也.

---

2) 호광 편(胡廣 編), 『논어집주대전(論語集註大全)』「안연(顏淵)」에는 "慶源輔氏曰 : '仁義禮智, 皆心之德, 而仁包義禮智. 故曰 : 本心之全德.'"으로 되어 있다.

3) 보광(輔廣, 생몰년 미상) : 남송 시대 학자로, 자는 한경(漢卿)이고, 호는 잠암(潛庵)이며, 하남성 경원(慶源) 출신이다. 주돈이(周敦頤)와 이정(二程)의 학설을 전공하였고, 여조겸(呂祖謙)과 주희(朱熹)를 사사하였다. 저서로는 『시동자문(詩童子問)』·『회암선생어록(晦庵先生語錄)』·『주자독서법(朱子讀書法)』·『육경집해(六經集解)』·『상서주(尙書注)』·『사서찬소(四書纂疏)』·『통감집의(通鑑集義)』 등이 있다.

'극(克)'은 이김이다.

詳說

○ 朱子曰: "'克己', 別無巧法, 如孤軍猝遇強敵, 只是盡力舍死向前而已."[4)]

주자(朱子 : 朱熹)가 말하였다. "'극기(克己)'에는 따로 교묘한 방법이 없으니, 고립된 군대가 강한 적군을 갑자기 만남에 다만 힘을 다하고 죽을 각오로 앞을 향할 따름과 같은 것이다."

○ 又曰: "發時固用克, 未發時也, 須致其精明, 如烈火之不可犯, 始得."[5)]

---

4) 호광 편(胡廣 編), 『논어집주대전(論語集註大全)』「안연(顔淵)」에는 "朱子曰: '克己, 亦別無巧法, 如孤軍卒遇强敵, 只是盡力舍死向前而已.'"라 하였고, 『주자어류(朱子語類)』 권41, 「논어23(論語二十三)」, 6조목에는 "克己, 亦別無巧法, 譬如孤軍猝遇强敵, 只得盡力舍死向前而已, 尚何問哉!(자신을 억제하는데 또한 달리 교묘한 방법이 없는 것은 비유컨대 후원이 없는 고립된 군대가 갑자기 강한 적을 만났을 때처럼 힘을 다하고 죽음을 각오하고 앞을 향해야만 하는데, 더욱이 무엇을 따지겠는가!"로 되어 있다.

5) 호광 편(胡廣 編), 『논어집주대전(論語集註大全)』「안연(顔淵)」에는 "問: '克復工夫, 全在克字上, 蓋是就發動處, 克將去, 必因有動而後, 天理人欲之幾始分, 方知所決擇而用力也.' 曰: '如此, 只是發動方用克, 若待發動而後克, 不亦晩乎! 發時固用克, 未發時也, 須致其精明, 如烈火之不可犯, 始得.'"으로 되어 있다. 『주자어류(朱子語類)』 권41, 「논어23(論語二十三)」, 15조목에는 "林安卿問: '克復工夫, 全在'克'字上, 蓋是就發動處, 克將去, 必因有動而後, 天理·人欲之幾始分, 方知所決擇而用力也.' 曰: '如此, 則未動以前不消得用力, 只消動處用力便得. 如此得否? 且更子細.' 次早問: '看得如何?' 林擧注中程子所言'克己復禮乾道, 主敬行恕坤道'爲對. 曰: '這箇也只是微有些如此分. 若論敬, 則自是徹頭徹尾要底. 如公昨夜之說, 只是發動方用克, 則未發時, 不成只在這裏打瞌睡懞懂, 等有私欲來時, 旋捉來克! 如此得否?' 又曰: '若待發見而後克, 不亦晩乎! 發時固是用克, 未發時也, 須致其精明, 如烈火之不可犯, 始得.'(임안경이 물었다. '억제하고 회복하는 공부는 전적으로 '극(克)'자에 있다. 아마도 행동하기 시작하는 곳에 나아가 억제해 가면 반드시 움직이는 것이 있기 때문에 하늘의 이치와 사람 욕심의 기미를 뒤로 하면 비로소 나누어지므로 바야흐로 선택해서 힘을 써야 함을 알게 될 것이다.' 주희가 말하였다. '이와 같다면 아직 행동하기 전에는 힘을 쓸 필요가 없고, 행동해야 하는 곳에 힘을 쓰면 된다. 이와 같이 할 수 있는가? 또한 더욱 자세하다.' 이튿날 아침에 물었다. '어떻게 보셨습니까?' 임안경이 주석에서 정자가 말한 ''자신을 억제하고 예를 회복한다.'는 하늘의 이치이고, 경(敬)을 주로 하고 서(恕)를 행하는 것은 땅의 이치입니다.'를 대구를 만들어 인용하였다. 주희가 말하였다. '이것도 미약하게나마 일부만 이와 같이 구분한다. 만약 경을 논한다면 스스로 철두철미하게 해야 한다. 예를 들어 그대의 어제 저녁 말처럼 행동하기 시작하여 비로소 억제한다면, 시작하지 않았을 때라도 이곳에서 졸며 어리석게 있어서도 안 되는데, 사사로운 욕심이 올 때를 기다려 즉시 잡아와서 억제하면 이와 같이 할 수 있겠는가?' 또 말하였다. '만약 시작하는 것을 기다렸다가 본 다음에 억제한다면 또한 늦지 않겠는가! 시작할 때 억제하지만, 아직 시작하지 않았을

주자(朱子 : 朱熹)가 또 말하였다. "발동(發動)할 때는 진실로 '극(克 : 극복함)'을 써야 하고, 발동하지 않을 때는 모름지기 그 정명(精明)을 다해야 하니, 세찬 불길을 범할 수 없는 것 같이 해야 비로소 얻을 수 있다."

朱註

'己', 謂身之私欲也.

'기(己)'는 자신의 사사로운 욕심을 이른다.

詳說

○ 程子曰 : "能克己私, 非大勇乎?"[6)]

정자(程子 : 程頤)가 말하였다. "능히 자기의 사사로움을 이기면 큰 용기가 아니겠는가?"

○ 朱子曰 : "己私, 有三氣質之偏也, 耳目口鼻之欲也, 人我之忌克也. 三者皆在裏, 看下文'非禮勿視聽', 則耳目口鼻之欲, 較多."[7)]

주자(朱子 : 朱熹)가 말하였다. "자기의 사사로움에는 세 가지 기질의 편벽됨이 있으니, 이목구비(耳目口鼻)의 욕심이며, 남과 나의 극복을 꺼림이다. 세 가지가 모두 안에 들어 있는데, 아래 글의 '비례물시청(非禮勿視聽 : 예가 아니면 보고 듣지 말라)'를 보면 이목구비의 욕심이 비교적 많다."

○ 又曰 : "'克己'之'己', 未是對人物言, 只是對'公'字說."[8)]

때도 저 정교하고 밝음에 이르러야 하는 것은 맹렬한 불처럼 범할 수 없어야 비로소 좋다.')"라고 되어 있다.

6) 주희(朱熹), 『논어정의(論語精義)』 권6 하에는 "又曰 : '難勝莫如己私, 學者能克之, 非大勇乎?'"로 되어 있다.

7) 호광 편(胡廣 編), 『논어집주대전(論語集註大全)』「안연(顔淵)」에는 "問: '己私有三氣質之偏, 一也耳目口鼻之欲, 二也人我忌克之類, 三也孰是夫子所指.' 朱子曰 : '三者皆在裏, 看下文非禮勿視聽, 則耳目口鼻之欲, 較多.'"로 되어 있다.

8) 호광 편(胡廣 編), 『논어집주대전(論語集註大全)』「안연(顔淵)」에는 "克己之'己', 未是對人物言, 只是對'公'字說, 猶曰 : '私耳.'"라 하였고, 『주자어류(朱子語類)』 권41, 「논어23(論語二十三)」, 94조목에는 다음과 같이 되어 있다. "問: '或問深論克己銘之非, 何也?' 曰: ''克己'之'己', 未是對人物言, 只是對'公'字說, 猶曰私耳. 呂與叔極口稱揚, 遂以'己旣不立, 物我並觀', 則雖天下之大, 莫不皆在於吾仁之中, 說得來恁大, 故人皆喜其快. 纔不恁說, 便不滿意, 殊不知未是如此.'(물었다. '『혹문』에서 『극기명』의 그릇됨을 심도 있게 논의하였는데, 어떻습니까?' 주희가 말하였다. ''극기'의 '극'은 사람이나 사물에 대해 말한 것이 아니고, '공'자에 대비시켜 말한 것이므로

주자(朱子 : 朱熹)가 또 말하였다. "'극기(克己)'의 '기(己)'는 다른 사람과 물건을 상대하여 말한 것이 아니고, 다만 '공(公)'에 상대하여 말한 것이다."

朱註

'復', 反也.

'복(復)'은 되돌아옴이다.

詳說

○ 慶源輔氏曰 : "如行者之歸家."[9)]

경원 보씨(慶源輔氏 : 輔廣)가 말하였다. "돌아다니는 사람이 집으로 돌아가는 것과 같다."

○ 與'反性'之'反', 同義.

'반성(反性 : 본성으로 되돌아옴)'[10)]의 '반(反)'과 뜻이 같다.

朱註

'禮'者, 天理之節文也.

'예(禮)'라는 것은 천리(天理)의 절도 있는 문장이다.

詳說

○ 朱子曰 : "理無形影. 故作此禮文, 畫出一箇天理, 與人看, 教有規矩, 可以憑據, 有君臣 · 父子, 便有事君 · 事父底節文, 其他莫不皆然."[11)]

사사로움을 말한 것과 같다. 여여숙은 극구 칭송하여, 마침내 '스스로는 이미 설 수 없으므로 물아(物我)를 나란히 본다.'고 여겼으므로, 천하가 크더라도 모두 자신의 인덕(仁德) 가운데 있지 않은 것이 없다고 그렇게 크게 말하였기 때문에 사람들은 모두 그 통쾌함을 좋아한다. 그렇게 말하지 않으면 만족하지 않겠지만, 이와 같지 않은 것을 전혀 모른다.'"

9) 호광 편(胡廣 編), 『논어집주대전(論語集註大全)』「안연(顏淵)」에는 "慶源輔氏曰 : '反, 猶歸也, 如行者之反歸於家也.'"로 되어 있다. 가사협(賈思勰), 『제민요술(齊民要術)』 권1, 「종곡(種穀) 제3」. "節欲之本, 在於反性. 反其所受於天之正性也."라 하였고, 『황조문헌통고(皇朝文獻通考)』 권213, 「경적고(經籍考)」. "蓋不極乎事之變, 不足以窮人之情, 情者性之用也, 情至於窮而性見矣. 故曰 : '思無邪', 思由情反性之路也. 此聖人教人學詩之要, 非謂詩盡無邪也."라 하였다.

10) 반성(反性 : 본성으로 되돌아옴) : 『예기』「예기(禮器)」에서 "예라는 것은 근본으로 돌아오고 옛도를 따르면서 그 처음을 잊지 않는 것이다.(禮也者, 反本脩古, 不忘其初者也.)"라고 하였듯이 그 본성(本性)으로 되돌아오는 것을 말한다.

주자(朱子 : 朱熹)가 말하였다. "이치에는 형체와 그림자가 없다. 그러므로 이 예절에 관한 문장을 지어 하나의 천리(天理)를 모두 나타내서 사람들과 더불어 보게 하였는데, 가르침에 법도를 두어 의거할 수 있도록 하였으니, 임금과 신하, 부모와 자식이 있으면 곧 임금을 섬기고 부모를 모시는 절문(節文)이 있었으며, 그 밖에도 모두 그렇지 않음이 없었다."

○ 慶源輔氏曰 : "'天理', 卽全德也; '節', 其限制等級也; '文', 其儀章脉理也."[12]

경원 보씨(慶源輔氏 : 輔廣)가 말하였다. "'천리'는 곧 전체적인 덕이며, '절(節)'은 그 등급을 제한하는 일이며, '문(文)'은 그 의장(儀章 : 의식예절)과 맥리(脈理 : 전체맥락)이다."

○ 猶言'仁之節文'[13] · '性之節文'.[14]

---

11) 호광 편(胡廣 編), 『논어집주대전(論語集註大全)』「안연(顔淵)」에는 "朱子曰 : '所以喚做禮, 而不謂之理者, 有著實處, 只說理却空去了. 這箇禮是那天理節文, 敎人有準則處. 所以謂之天理之節文者, 此理無形影. 故作此禮文, 畫出一箇天理, 與人看, 敎有規矩, 可以憑據. 有君臣, 便有事君底節文; 有父子, 便有事父底節文, 其他莫不皆然.'"로 되어 있다. 『주자어류(朱子語類)』 권41, 「논어23(論語二十三)」, 22조목에는 "又問 : '所以喚做禮, 而不謂之理者, 莫是禮便是實了, 有準則, 有著實處?' 曰 : '只說理, 卻空去了. 這箇禮, 是那天理節文, 敎人有準則處. 佛老只爲元無這禮, 克來克去, 空了. 只如曾點見處, 便見這意思.'(또 물었다. '예를 차리도록 부르짖기 때문에 그것을 도리라고 말하지 않는 것은 설마 예가 참이고, 준칙이 있으면 믿을만한 곳이 있기 때문입니까?' 주희가 말하였다. '도리만 말했다면 도리어 텅 빈 곳에 갔다. 이 예는 저 천리의 예절이므로 사람을 교육할 때 준칙이 있는 곳이다. 석가와 노자는 원래 이런 예가 없었기 때문에 이리저리 억제했지만 텅 비게 되었다. 증점이 본 곳 같은 경우가 바로 이 의미를 본 것이다.')"라고 하였다. 『주자어류(朱子語類)』 권42, 「논어24(論語二十四)」, 30조목에는 "所以禮謂之'天理之節文'者, 蓋天下皆有當然之理. 今復禮, 便是天理. 但此理無形無影, 故作此禮文, 畫出一箇天理, 與人看, 敎有規矩, 可以憑據, 故謂之'天理之節文'. 有君臣, 便有事君底節文; 有父子, 便有事父底節文; 夫婦長幼朋友, 莫不皆然, 其實皆天理也.(예를 '하늘의 이치가 드러난 무늬'라고 한 것은 세상일에 모두 당연한 이치가 있기 때문이다. 이제 예로 돌아간다면 그것이 하늘의 이치이다. 다만 이치는 형체가 없고 그림자가 없으므로 예의 무늬를 만들어 사람들이 볼 수 있는 하나의 하늘의 이치를 그려내어 곱자와 직자가 의거할 수 있게 했으므로 '하늘의 이치가 드러난 무늬'라고 말한다. 임금과 신하가 있으면 임금을 섬기는 무늬가 있고, 부모와 자식이 있으면 부모를 섬기는 무늬가 있다. 남편과 아내, 어른과 어린이, 친구와 친구 사이에도 모두 그러하니, 그 실제가 모두 하늘의 이치이다.)"라고 하였다.

12) 호광 편(胡廣 編), 『논어집주대전(論語集註大全)』「안연(顔淵)」에는 "慶源輔氏曰 : '天理, 卽全德也; 節者, 其限制等級也; 文者, 其儀章脉理也. 不曰理而曰禮者, 理虛而禮實, 以其有品節文章, 可以依據也.'"로 되어 있다.

13) 仁之節文 : 『주자어류(朱子語類)』 권6, 75조목에서는 "仁字, 須兼義 · 禮 · 智看, 方看得出. 仁者,

'인지절문(仁之節文)'과 '성지절문(性之節文)'이라고 말하는 것과 같다.

朱註

'爲仁'者, 所以全其心之德也.

'위인(爲仁)'이라는 것은 그 마음의 덕을 온전히 하는 일이다.

詳說

○ 『集註』之意, 似以'爲'字作實字, 是用力所在也. 程子方始是此之謂二說, 則又以'爲'字作'虛'字, 夫以文勢, 則程子說爲長. 故朱子亦嘗以'謂仁'言之. 蓋此節有兩'爲仁', 而其義微異, 『集註』一訓兩'爲仁', 於其上者而取義於其下者, 爲多耳.

『논어집주(論語集註)』의 뜻은 마치 '위(爲)'자를 실자(實字 : 實辭)로 생각하여 힘씀이 있는 곳처럼 여겼다. 정자(程子)는 바야흐로 여기서 두 가지 해설을 말함에 또 '위(爲)'자를 허자(虛字 : 虛辭)로 삼았으니, 무릇 글의 기세가 곧 정자의 해설이 낫다. 그러므로 주자(朱子 : 朱熹)가 또한 일찍이 '위인(謂仁)'으로써 말한 적이 있었다. 대개 이 장절에 있는 두 개의 '위인(爲仁)'은 그 뜻이 약간 다른데, 『논어집주(論語集註)』에서는 두 개의 '위인'을 한결같이 새기면서 그 위의 것은 그 아래의 것에서 뜻을 취함이 많을 뿐이다.

○ 訓上一半.

위 절반을 훈고하였다.

仁之本體; 禮者, 仁之節文; 義者, 仁之斷制; 知者, 仁之分別. 猶春夏秋冬雖不同, 而同出於春, 春則生意之生也; 夏則生意之長也; 秋則生意之成; 冬則生意之藏也.(인(仁)자는 모름지기 의·예·지를 겸하여 봐야 볼 수 있다. 인이라는 것은 인의 본체이며, 예(禮)라는 것은 인의 절문(節文)이며, 의라는 것은 인의 단제(斷制: 끊어서 제어함)이며, 지라는 것은 인의 분별이다. 마치 봄·여름·가을·겨울이 같지 않지만 한결같이 봄에서 나오는 것과 같다. 봄에는 살려는 뜻이 생기고, 여름에는 살려고 하는 뜻이 자라고, 가을에는 살려고 하는 뜻이 이루어지고, 겨울에는 살려는 뜻이 저장된다.)"라고 하였다.

14) 性之節文: 『주자어류(朱子語類)』 권98, 44조목에서 "横渠云: '心統性情.' 蓋好善而惡惡, 情也; 而其所以好善而惡惡, 性之節也.'(횡거가 '마음이 본성과 감정을 통괄한다.'고 말했는데, 선(善)을 좋아하고 악(惡)을 싫어하는 것이 감정이고, 그 선을 좋아하고 악을 싫어하는 까닭이 본성의 마디이다.)'"라는 내용에서 유사한 구절이 보인다.

朱註

蓋心之全德, 莫非天理, 而亦不能不壞於人欲. 故爲仁者, 必有以勝私欲而復於禮, 則事皆天理, 而本心之德, 復全於我矣.
대개 마음의 온전한 덕은 천리(天理)가 아님이 없지만, 인욕(人欲)에 무너지지 않을 수 없다. 그러므로 인(仁)이 된다는 것은 반드시 인으로써 사사로운 인욕을 이겨서 예(禮)에 돌아오면 일마다 모두 천리여서 본마음의 덕이 다시 나에게서 온전하게 되는 것이다.

詳說

○ 性善.
'심지전덕, 막비천리(心之全德, 莫非天理 : 마음의 온전한 덕은 천리가 아님이 없음)'는 본성이 착한 것이다.

○ 耳目口鼻之欲.
'인욕(人欲)'은 이목구비(耳目口鼻)의 욕구이다.[15]

○ 取'爲仁'二字, 冠於'克復'之上.
'고위인자(故爲仁者)'는 '위인(爲仁 : 인을 행함)' 두 글자를 취하여 '극복(克復 : 克己復禮)'의 위에 올려놓은 것이다.

○ 南塘曰 : "『語類』云 : '克己則禮自復'[16], 又云 : '克己了, 又須復禮'[17], 當以前說爲正."[18]

---

15) 『주자어류(朱子語類)』 권41, 「논어23(論語二十三)」, 16조목에는 "어떤 이가 물었다. '자신의 사사로움을 억제하는 것에는 세 가지가 있다. 타고난 성품과 눈·귀·코·입의 욕심, 다른 사람과 나 자신이 그것이다. 모르긴 하지만 어느 것이 선생님께서 가리킨 것입니까?' 주희가 말하였다. '세 가지가 모두 포함되어 있다. 그러나 예가 아니면 보거나 듣거나 말하거나 행동하지 말라고 했으므로 눈·귀·코·입의 욕심이 비교적 많다.'(或問: '克己之私有三: 氣稟, 耳目鼻口之欲, 及人、我是也. 不知那箇是夫子所指者?' 曰: '三者皆在裏. 然非禮勿視, 聽·言·動, 則耳目口鼻之欲較多.')"라고 하였다.

16) 克己則禮自復 : 『주자어류(朱子語類)』 권41, 「논어23(論語二十三)」, 8조목에는 "克己, 則禮自復; 閑邪, 則誠自存. 非克己外, 別有復禮; 閑邪外, 別有存誠.(자신을 억제하면 예는 저절로 회복되고, 사악함을 방비하면 성(誠)은 저절로 존재한다. 자신을 억제하는 것 외에 달리 예를 회복하는 일이 있거나, 사악함을 방비하는 것 외에 달리 성을 존재하게 하는 일은 있지 않다.)로 되어 있다.

17) 『주자어류(朱子語類)』 권41, 「논어23(論語二十三)」, 19조목에는 "'克己, 須著復於禮.' 賀孫問 : '非天理, 便是人欲; 克盡人欲, 便是天理. 如何卻說克己了, 又須著復於禮?' 曰 : '固是克己了便是理. 然亦有但知克己, 而不能復於禮. 故聖人對說在這裏. 卻不只道克己爲仁, 須著箇復禮, 庶幾不

'필유이승사욕이복어례(必有以勝私欲而復於禮 : 반드시 인으로써 사사로운 인욕을 이겨서 예에 돌아옴)'에 대해, 남당(南塘 : 韓元震)[19]이 말하였다. "『주자어류(朱子語類)』에 이르기를 '자기를 이기면 예(禮)가 저절로 돌아온다.'라고 하고, 또 이르기를 '자기를 이기고 나서 또 모름지기 예(禮)에 돌아와야 한다.'라고 하였는데, 마땅히 앞의 설명이 바름이 된다."

○ 去聲.

'부어례(復於禮)'에서의 '부(復)'자는 거성(去聲 : 다시)이다.

○ 至此, 不復釋'爲'字, 只釋'仁'字, 豈亦以'爲'字作虛字歟? 朱子嘗曰 : "非克己外, 別有復禮工夫." 又特不曰'非克己復禮外, 別有爲仁工夫乎?'

여기에 이르러 다시 '위(爲)'자를 풀이하지 않고 다만 '인(仁)'자만 풀이하였는데,

失其則. 下文云 : 非禮勿視; 非禮勿聽; 非禮勿言; 非禮勿動, 緣本來只有此禮, 所以克己是要得復此禮. 若是佛家, 儘有能克己者, 雖謂之無己私, 可也. 然卻不曾復得禮也, 聖人之敎, 所以以復禮爲主. 若但知克己, 則下梢必墮於空寂, 如釋氏之爲矣.'('자신을 억제하는 것은 반드시 예를 회복해야 한다.' 하손이 물었다. '하늘의 이치가 아니면 바로 사람의 욕심이다. 사람의 욕심을 모두 억제하면 바로 하늘의 이치이다. 자신을 억제하는 것을 마친다고 말하고, 반드시 예를 회복해야 한다고 하는 것은 어떻습니까?' 주희가 말하였다. '진실로 자신을 억제하는 것을 마치는 일이 바로 이치이다. 그러나 자신을 억제하는 것만 알고 예를 회복할 수 없는 것이 있기 때문에 성인께서는 이곳에서 대비시켜 말씀하신 것이다. 도리어 '자신을 억제하는 것이 인이다.'고 말하지 않고 반드시 '예를 회복'해야만 그 법칙을 잃지 않을 것이다. 아래 문장에서 이르셨다: '예에 맞지 않는 일은 보지 말 것이고, 예에 맞지 않는 말은 듣지 말 것이며, 예에 맞지 않는 말은 하지 말 것이고, 예에 맞지 않는 일은 하지 말 것이다.' 본래는 이 예만 있었기 때문에 자신을 억제하는 것은 이 예를 회복하는 일이라고 요구하였다. 불교에서 설령 자신을 억제할 수 있는 사람이 있으면 그를 자신의 사사로움이 없다고 할 수 있겠지만, 예를 일찍이 회복한 적은 없는 것이다. 성인의 가르침이 예를 회복하는 것을 주된 일로 삼는 까닭이다. 만약 자신을 억제하는 것만 알면 끝은 반드시 조용하고 쓸쓸한데 떨어지고 석가처럼 될 것이다.'"로 되어 있다.

18) 한원진, 『주자언론동이고(朱子言論同異考)』「논어 · 안연(顔淵)」에는 "顔淵問仁章, 論克己復禮, 以爲克己則禮自復; 又以爲克己了, 又須着復禮, 兩說皆屢言之, 然以『集註』考之, 當以前說爲正." 으로 되어 있다.

19) 한원진(韓元震 : 1682~1751) : 조선 후기의 학자로, 자가 덕소(德昭)이고, 호가 남당(南塘)이며, 본관은 청주이다. 권상하(權尙夏)의 문인으로 강문팔학사(江門八學士) 가운데 한 사람이며, 호락논쟁(湖洛論爭)에서 호론(湖論)인 인물성이론(人物性異論)을 주장하였다. 저서로는 『남당집』 외에 『임시취고(臨時取考)』 · 『경의기문록(經義記聞錄)』 · 『의례경전통해보(儀禮經傳通解補)』 · 『심경부주차기(心經附註箚記)』 · 『춘추별전(春秋別傳)』 · 『근사록주설(近思錄註說)』 · 『이락연원록(伊洛淵源錄)』 · 『가례소의의록(家禮疏擬疑錄)』 · 『가례원류의록(家禮源流疑錄)』 · 『고사편람(古事便覽)』 등이 있다.

어찌 또한 '위(爲)'자를 허자(虛字)로 삼았는가? 주자(朱子 : 朱熹)가 일찍이 말하기를, "자기를 이기는 것 외에 따로 예(禮)에 돌아오는 공부가 있는 것이 아니다."라고 하였는데, 또 다만 '극기복례(克己復禮) 외에 따로 인을 하는 공부가 있는 것이 아니다.'라고 말하지 않았는가?

○ 程子曰 : "克己之私, 旣盡一歸於禮, 此之謂得其本心."[20)]

정자(程子 : 程頤)가 말하였다. "자기의 사사로움을 이기면 이미 다 한결같이 예(禮)에 돌아오니, 이것을 일러서 그 본마음을 얻는 일이라고 한다."

○ 朱子曰 : "一於禮之謂仁, 仁禮, 非是二物."[21)]

주자(朱子 : 朱熹)가 말하였다. "예(禮)에 한결같이 하는 것을 인(仁)이라 이르니, 인과 예는 두 가지 물건이 아니다."

○ 新安陳氏曰 : "專言之禮, 仁在其中."[22)]

신안 진씨(新安陳氏 : 陳櫟[23)])가 말하였다. "오로지 말한 예(禮)이니, 인(仁)이 그 가운데 있다."

○ 釋上一半.

위의 절반을 풀이하였다.

朱註

'歸', 猶與也.[24)]

---

20) 호광 편(胡廣 編), 『논어집주대전(論語集註大全)』「안연(顔淵)」. 송(宋) 양시(楊時), 『이정수언(二程粹言)』 권상(卷上), 「논학편(論學篇)」에도 이 내용이 실려 있다.

21) 호광 편(胡廣 編), 『논어집주대전(論語集註大全)』「안연(顔淵)」에는 "朱子曰 : '一於禮之謂仁, 只是仁在內, 爲人欲所蔽, 如一重膜遮了, 克去己私復禮, 乃見仁, 仁禮非是二物.'(예(禮)에 한결같이 하는 것을 인(仁)이라 이르니, 다만 인이 마음속에 있으므로 사람의 욕심에 가려져서 마치 한 겹의 막이 차단한 것 같다. 자신을 억제하고 제거하여 예에 돌아가면 곧 인을 보게 된다. 인과 예는 두 가지 사물이 아니다."라고 하였고, 『주자어류(朱子語類)』 권41, 「논어23(論語二十三)」, 11조목에도 동일하게 실려 있다.

22) 호광 편(胡廣 編), 『논어집주대전(論語集註大全)』「안연(顔淵)」에는 "新安陳氏曰 : '禮有專言者有偏言者, 恭敬辭讓, 偏言之禮也; 復禮爲仁, 專言之禮也. 克己復禮, 則天理流行, 而仁在是專言之禮, 仁在其中矣.'"로 되어 있다.

23) 진력(陳櫟 : 1252~1334) : 원나라 때의 학자로, 자가 수옹(壽翁) · 휘지(徽之)이고, 호가 동부노인(東阜老人) · 정우선생(定宇先生)이며, 휴녕(休寧) 사람이다. 주희(朱熹)의 학문을 조종으로 삼아 숭앙하였고, 저서로는 『정우집(定宇集)』 외에 『역략(易略)』 · 『사서발명(四書發明)』 · 『서전찬소(書傳纂疏)』 · 『예기집의(禮記集義)』 등이 있다.

'귀(歸)'는 허여함과 같다.

詳說

○ 許也.

'귀, 유여야(歸, 猶與也)'는 허여함이다.

○ 下一半之訓.

아래 절반의 훈고이다.

朱註

又言'一日克己復禮, 則天下之人, 皆與其仁', 極言其效之甚速而至大也. 又言'爲仁由己, 而非他人所能預', 又見其機之在我而無難也.

또, '하루에 자기를 이겨서 예(禮)에 돌아오면 천하의 사람들이 모두 그 인(仁)을 허여함'을 말하였으니, 그 효과가 매우 빠르고 지극히 큼을 극단적으로 말한 것이다. 또, '인을 함이 자기 몸으로 말미암는 것이지 다른 사람이 능히 간여할 것이 아님'을 말하였으니, 또 그 계기가 나에게서 어려움이 없음을 보인 것이다.

詳說

○ 朱子曰 : "聞之見之."[25]

'천하지인(天下之人)'에 대해, 주자(朱子 : 朱熹)가 말하였다. "그것을 듣고 그것을 보는 일이다."

○ 程子曰 : "稱其仁."[26]

---

24) 『주자어류(朱子語類)』 권41, 「논어23(論語二十三)」, 59조목에는 "問: '天下歸仁', 『集注』云: '歸, 猶與也.' 謂天下皆與其仁. 後面却載伊川語'天下歸仁', 謂'事事皆仁', 恰似兩般, 如何?" 曰: '爲其'事事皆仁', 所以'天下歸仁'.'(물었다. ''천하가 인에 돌아가다.'에 『논어집주(論語集註)』에서 이르기를: '귀는 허락해 주다와 같다.'고 한 것은 천하가 모두 그 인을 허락해 줌을 말한다. 뒤에는 도리어 이천의 말인 '천하가 인에 돌아가는 것은 일마다 모두 인이라는 말이다.'는 구절이 실려 있어 마치 두 가지인 것 같은데, 어떻습니까?' 주희가 말하였다. '그것은 '일마다 모두 인'이기 때문에 '천하가 인에 돌아가는' 것이다.')라고 하였다.

25) 호광 편(胡廣 編), 『논어집주대전(論語集註大全)』「안연(顔淵)」에는 "朱子曰 : '克己復禮, 則事事皆仁, 天下之人, 聞之見之, 莫不皆與其仁也.'"로 되어 있다.

26) 주자, 『논어정의』 권6 하에는 "又曰 : '一日克己復禮, 天下歸仁者, 言一旦能克己復禮, 則天下稱其仁, 非一日之間也.'"로 되어 있다.

'여기인(與其仁 : 그 인을 허여함)'에 대해, 정자(程子)가 말하였다. "그 인(仁)을 따르는 것이다."

○ 新安陳氏曰 : "'甚速', 以一日言, '至大', 以天下言."[27)]

신안 진씨(新安陳氏 : 陳櫟)가 말하였다. "'심속(甚速)'은 하루로써 말한 것이고, '지대(至大)'는 천하로써 말한 것이다."

○ 朱子曰 : "這'爲'字, 與'子貢爲仁'之'爲'字, 同."

'위인(爲仁 : 인을 함)'에 대해, 주자(朱子 : 朱熹)가 말하였다. "저 '위(爲)'자는 '자공위인(子貢爲仁)'[28)]의 '위(爲)'자와 같다.

○ 上註中, 兩'爲仁', 皆主乎此.

위의 주석 가운데 두 개의 '위인(爲仁)'은 모두 이것을 주장한다.

○ 吾心之德也, 此'己'字, 與'克己'之'己', 不同.

'유기(由己 : 자기에게 말미암음)'는 내 마음의 덕이니, 이 '기(己)'자는 '극기(克己 : 자기를 이김)'의 '기(己)'자와 같지 않다.[29)]

○ '見', 音現.

'우현기기지재아(又見其機之在我)'에서 '현(見)'자는 음이 현(現)이다.

○ 下一半釋畢.

아래 절반의 경문 풀이를 마쳤다.

朱註

日日克之, 不以爲難, 則私欲淨盡, 天理流行, 而仁不可勝用矣.

날마다 사사로운 자기 욕심을 이겨서 어렵게 여기지 않으면 사사로운 욕심이 깨끗이 없어지고, 천리(天理)가 유행하여 인(仁)을 모두 다 쓸 수 없는 것이다.

詳說

○ 無難汎言其理, 不以爲難切言其事.

'불이위난(不以爲難 : 어렵게 여기지 않음)'은 어려움 없이 두루 그 이치를 말하는

27) 호광 편(胡廣 編), 『논어집주대전(論語集註大全)』「안연(顔淵)」.

28) 자공위인(子貢爲仁) : 『논어(論語)』「위령공(衛靈公)」. "子貢問爲仁, 子曰 : '工欲善其事, 必先利其器, 居是邦也, 事其大夫之賢者, 友其士之仁者.'"

29) '유기(由己 : 자기에게 말미암음)'는 내 마음의 덕이니 …… '기(己)'자와 같지 않다 : 주자는 이미 '극기(克己)'의 '기(己)'는 '身之私欲'이라 하고, '공(公)'의 상대어로 정리한 바 있다.

것이고, 그 일을 절실하게 말함을 어렵게 여기지 않는 것이다.

○ 無私當理.

'사욕정진 천리유행(私欲淨盡 天理流行 : 사사로운 자기 욕심을 이겨서 어렵게 여기지 않으면 사사로운 욕심이 깨끗이 없어지고)'은 사사로움이 없고 도리에 합당함이다.

○ 平聲.

'이인불가승용의(而仁不可勝用矣)'에서 '승(勝)'자는 평성(平聲 : 모두 다)이다.

○ 此句, 出『孟子』「盡心」.

'인불가승용의(仁不可勝用矣 : 인을 모두 다 쓸 수 없을 것임)'는 『맹자(孟子)』「진심(盡心)」에 나온다.[30]

○ 非惟滿天下, 將溢於後世矣.

'인불가승용의(仁不可勝用矣 : 인을 모두 다 쓸 수 없을 것임)'는 오직 천하에 가득할 뿐 아니라 장차 후세에 넘칠 것이라는 말이다.

○ 新安陳氏曰 : "'日日'以下, 乃補本文之意, 而究竟言之, 恐人謂一日如此便了, 須是接續用功, 如日三省之日."[31]

신안 진씨(新安陳氏 : 陳櫟)가 말하였다. "'일일(日日 : 날마다)' 이하는 이에 본문의 뜻을 보충하고 끝까지 다하여 말한 것이니, 사람들이 하루만 이와 같이 하고서 곧바로 마친다고 말할까 염려하여 모름지기 계속 공력을 써서 마치 날마다 세 번 성찰하는 날처럼 해야 한다는 말이다."

○ 雙峰饒氏曰 : "'一日', 見於『語』者二, '用其力於仁', 指其用功之日而言; '克己復禮', 指其成功之日而言. 然則欲克復者, 果何所用力耶? 曰'爲仁由己', 用力之機要也; '非禮勿視·聽·言·動', 用力之條目也."[32]

---

30) 『맹자(孟子)』「진심(盡心)」에 나온다 : 『맹자(孟子)』「진심하(盡心下)」에서 "孟子曰 : '人皆有所不忍, 達之於其所忍, 仁也; 人皆有所不爲, 達之於其所爲, 義也. 人能充無欲害人之心, 而仁不可勝用也; 人能充無穿踰之心, 而義不可勝用也.'"라고 하였다.

31) 호광 편(胡廣 編), 『논어집주대전(論語集註大全)』「안연(顔淵)」에는 "新安陳氏曰 : '日日克之以下五句, 乃朱子補本文之意, 而究竟言之, 恐人謂一日如此便了, 須是日日接續用功, 如日三省之日. 日日克己而無少間斷, 機決於己而無所留難, 則私欲方淨盡, 而天理自然流行矣. 須玩味淨字, 淨盡者, 無一毫不盡之謂也.'"로 되어 있다.

32) 호광 편(胡廣 編), 『논어집주대전(論語集註大全)』「안연(顔淵)」에는 "雙峯饒氏曰 : '一日之語, 見於論語者二, 一日用力於仁, 指其用功之日而言也; 一日克己復禮, 指其成功之日而言也. 何以知之? 克者, 戰而獲勝之名; 復者, 失而復還之謂, 此皆用力而成功者. 故上文以此爲仁, 而下文許以天下歸仁, 以成功之效言之也. 然則欲克己而復禮者, 果何所用力耶? 曰爲仁由己, 用力之機要也;

쌍봉 요씨(雙峰饒氏 : 饒魯)[33]가 말하였다. "'일일(一日 : 하루)'이 『논어(論語)』에 보이는 것이 둘이니, '용기력어인(用其力於仁 : 그 힘을 인에 씀)'[34]은 그 공력을 쓰는 날을 가리켜서 말하였고, '극기복례(克己復禮)'는 그 공력을 이룬 날을 가리켜서 말하였다. 그렇다면 극복(克復)을 하려는 사람은 과연 어디에 공력을 쓸 것인가? '위인유기(爲仁由己 : 인을 함이 자기에게 말미암음)'는 공력을 쓰는 기요(機要)이고, '비례물시·청·언·동(非禮勿視·聽·言·動 : 예가 아니면 보고 듣고 말하고 움직이지 말라)'은 공력을 쓰는 조목이다."

朱註

程子曰 : "非禮處, 便是私意, 旣是私意, 如何得仁? 須是克盡己私, 皆歸於禮, 方始是仁." 又曰 : "克己復禮, 則事事皆仁. 故曰 : '天下歸仁.'"

정자(程子 : 程頤)가 말하였다. "예(禮)가 아닌 곳이 바로 사사로운 뜻이니, 어떻게 인(仁)을 할 수 있겠는가? 모름지기 자기의 사사로운 욕심을 이겨서 없애고 모두 예로 돌아가야 바야흐로 비로소 인이다." 또 말하였다. "자기를 이겨서 예에 돌아오면 일마다 모두 인이다. 그러므로 말하기를, '천하가 인을 허여한다.'라고 한 것이다."

詳說

○ 叔子.

'정자(程子)'는 동생 정이(程頤)이다.

○ 取用下節'非禮'字.

'비례처(非禮處 : 예가 아닌 곳)'는 아래 장절의 '비례(非禮)'[35]자를 취하여 쓴 것이다.

非禮勿視聽言動, 用力之條目也; 欲收克復之功者, 其亦勉諸此而已矣.'"로 되어 있다.

33) 요로(饒魯 : 1193~1264) : 남송 시대 학자로, 자가 백여(伯輿) 또는 중원(仲元)이고, 호가 쌍봉(雙峰)이며, 시호가 문원(文元)이다. 저서로는 『오경강의(五經講義)』·『어맹기문(語孟紀聞)』·『서명도(西銘圖)』 등이 있다.

34) 용기력어인(用其力於仁 : 그 힘을 인에 씀) : 『논어(論語)』「위령공(衛靈公)」에 나오는 구절이다. 그 내용은 다음과 같다. "子曰 : '我未見好仁者, 惡不仁者. 好仁者, 無以尙之; 惡不仁者, 其爲仁矣, 不使不仁者, 加乎其身. 有能一日, 用其力於仁矣乎? 我未見力不足者. 蓋有之矣, 我未之見也.'"

35) 아래 장절의 '비례(非禮)' : 아래 경문의 "非禮勿視; 非禮勿聽; 非禮勿言; 非禮勿動."에 나오는 '비례(非禮)'를 말한다.

○ 己.

'사의(私意: 사사로운 뜻)'는 자기 자신이다.

○ 猶言'能仁'.

'득인(得仁)'은 '능인(能仁)'이라고 말하는 것과 같다.

○ 當考.

'우왈(又曰)'의 주체는 동생 정이(程頤)인지 형 정호(程顥)인지 마땅히 살펴봐야 한다.[36]

○ **朱子曰:"一日克己復禮了, 雖無一事, 亦不害其爲事事皆仁; 雖不見一人, 亦不害其爲天下歸仁."[37]**

주자(朱子 : 朱熹)가 말하였다. "하루에 자기를 이겨서 예(禮)에 돌아오게 되면 비록 하나의 일이 없더라도 또한 일마다 모두 인(仁)이 되는 데 해롭지 않으며, 비록 한 사람도 볼 수 없더라도 또한 그 천하가 인(仁)을 허여함이 되는 데 해롭지 않다."

朱註

謝氏曰:"'克己', 須從性偏難克處, 克將去."

사씨(謝氏 : 謝良佐)[38]가 말하였다. "'극기(克己)'는 모름지기 성정이 편벽되어 극

---

36) '우왈(又曰)'의 주체는 동생 정이(程頤)인지 형 정호(程顥)인지 마땅히 살펴봐야 한다 : 주희(朱熹), 『논어정의(論語精義)』 권6 하에 실려 있는 내용으로, 정이(程頤)가 맞다. 그 원문은 다음과 같다. "伊川曰:'…… 君子慎獨, 敬以直內; 義以方外, 所以爲克己復禮也. 克己復禮, 則事事皆仁. 故曰: 天下歸仁焉. ……'"

37) 호광 편(胡廣 編), 『논어집주대전(論語集註大全)』「안연(顏淵)」에는 "問:'一日之間, 如何得事事皆仁?' 曰:'一日克己復禮了, 雖無一事, 亦不害其爲事事皆仁, 雖不見一人, 亦不害其爲天下歸仁.'"으로 되어 있다. 『주자어류(朱子語類)』 권41, 「논어23(論語二十三)」, 62조목에는 "問: '程子曰. '事事皆仁, 故曰'天下歸仁'.' 一日之間, 如何得事事皆仁?' 曰: ''一日克己復禮'了, 雖無一事, 亦不害其爲'事事皆仁'; 雖不見一人, 亦不害其爲天下歸仁.'(물었다. '정자가 말하였다. '일마다 모두 인이므로 '천하는 인에 돌아간다.'고 한 것이다.' 하루 사이에 어떻게 일마다 모두 인할 수 있습니까?' 주희가 말하였다. ''하루에라도 자신을 억제하여 예를 회복'하는 일을 마치면 비록 하나의 일이라도 그것을 '일마다 모두 인'이라고 하는 것도 무방하고, 비록 한 사람을 보지 않았더라도 그것을 천하가 인에 돌아간다고 해도 무방하다.')"라고 되어 있다.

38) 사량좌(謝良佐 : 1050~1103) : 북송 시대 학자로, 자가 현도(顯道)이고, 호가 상채(上蔡)이며, 하남성 사람이다. 유초(游酢)·여대림(呂大臨)·양시(楊時)와 함께 정자(程子) 문하의 4대 제자로 불린다. 저서로는 『논어설(論語說)』·『상채어록(上蔡語錄)』 등이 있다.

복하기 어려운 곳부터 이겨서 나아가야 한다."

詳說

○ 猶行也.

'장(將)'은 행(行 : 나아가다)과 같다.

○ 朱子曰 : "先就偏處, 克治."39)

주자(朱子 : 朱熹)가 말하였다. "먼저 편벽된 곳으로 나아가서 이겨내어 다스리는 일이다."

○ 雲峰胡氏曰 : "能克人欲之私, 是理勝欲; 能克性質之偏, 是德勝氣. 『集註』說人欲, 未曾說氣質. 故復引謝氏說, 以足之."40)

운봉 호씨(雲峰胡氏 : 胡炳文)41)가 말하였다. "능히 인욕(人欲)의 사사로움을 이김은 리(理)가 욕심을 이기는 것이며, 능히 성질의 편벽됨을 이김은 덕(德)이 기질을 이기는 것이다. 『논어집주(論語集註)』에서는 인욕을 말하였고 일찍이 기질(氣

39) 호광 편(胡廣 編), 『논어집주대전(論語集註大全)』「안연(顔淵)」에는 "問 : '此性, 是氣質之性否?' 朱子曰 : '然. 然亦無難易. 凡氣質之偏處, 須從頭克去. 謝氏恐人只知得裏面小小不好處氣質而忘其難. 故云然. 人之氣稟有偏, 所見亦往往不同, 如氣質剛底人, 則見剛處多, 而處事必失之太剛; 柔底人則見柔處多, 而處事必失之太柔. 須先就偏處, 克治.'"로 되어 있다. 『주자어류(朱子語類)』 권13, 30조목에는 "凡一事便有兩端, 是底卽天理之公, 非底乃人欲之私. 須事事與剖判極處, 卽克治擴充功夫隨事著見. 然人之氣稟有偏, 所見亦往往不同. 如氣稟剛底人, 則見剛處多, 而處事必失之太剛; 柔底人, 則見柔處多, 而處事必失之太柔. 須先就氣稟偏處, 克治.(무릇 한 가지 일에는 두 가지 측면이 있다. 올바른 것은 천리가 공정한 것이고, 그릇된 것은 인욕의 사사로움이다. 모든 일마다 끝까지 분석하여 판단한다면, 다스리고 넓혀가는 공부가 일에 따라 드러나게 된다. 그러나 사람이 부여받은 기질에는 치우침이 있어 사태를 바라보는 관점이 종종 같지 않다. 예컨대 부여받은 기질이 강건한 사람은 강건한 측면에 무게를 두어 일을 처리할 때 반드시 지나치게 강건한 잘못을 범한다. 부드러운 사람은 부드러운 측면에 무게를 두어 일을 처리할 때 반드시 지나치게 부드러운 잘못을 범한다. 반드시 부여받은 기질의 치우친 점을 먼저 다스려야 한다.)"라고 되어 있다.

40) 호광 편(胡廣 編), 『논어집주대전(論語集註大全)』「안연(顔淵)」에는 "雲峯胡氏曰 : '能克人欲之私, 是理勝欲, 能克性質之偏, 是德勝氣. 『集註』克己, 說人欲, 未曾說氣質. 故復引謝氏說, 以足之.'"로 되어 있다. 『논어통』 권6의 내용은 다음과 같다. "通曰 : '能克人欲之私, 是理勝欲, 能克性質之偏, 是德勝氣. 『集註』克己, 說人欲, 未曾說氣質. 故復引謝氏之說, 以足之.'"

41) 호병문(胡炳文 : 1250~1333) : 원(元)나라 때의 학자로, 자는 중호(仲虎)이고, 호는 운봉(雲峯)이며, 무원고천(婺源考川) 사람이다. 특히 주자학(朱子學)과 역학(易學) 공부에 조예가 있었다. 저서로는 『운봉집(雲峯集)』·『사서통(四書通)』·『주역본의통석(周易本義通釋)』·『순정몽구(純正蒙求)』 등이 있다.

質)을 말한 적이 없다. 그러므로 다시 사씨(謝氏 : 謝良佐)의 해설을 인용하여 보충하였다."

◯ 按, 程子釋本文之義, 謝氏論克己之法.

살펴보건대, 정자(程子)는 본문의 뜻을 풀이하였고, 사씨(謝氏 : 謝良佐)는 극기(克己)의 방법을 논변하였다.

[12-1-2]

顔淵曰 : "請問其目." 子曰 : "非禮勿視; 非禮勿聽; 非禮勿言; 非禮勿動." 顔淵曰 : "回雖不敏, 請事斯語矣."

안연이 말하였다. "청컨대 그 조목을 여쭙겠습니다." 공자가 말하였다. "예(禮)가 아니거든 보지 말며, 예가 아니거든 듣지 말며, 예가 아니거든 말하지 말며, 예가 아니거든 움직이지 말아야 한다." 안연이 말하였다. "회(回)가 비록 명민(明敏)하지 못하나 청컨대 이 말씀을 일삼겠습니다."

朱註

'目', 條件也.

'목(目)'은 조건이다.

詳說

◯ 何與幾.

'목(目)'은 무엇과 더불어 가까이 해야 하는가이다.

◯ 訓

훈고이다.

朱註

顔淵聞夫子之言, 則於天理 · 人欲之際, 已判然矣. 故不復有所疑問, 而直請其條目也.

안연이 공자의 말씀을 듣고 곧 천리(天理)와 인욕(人欲)의 사이를 이미 확실하게 구분하였다. 그러므로 다시 의심나서 물어본 것이 있지 않고 곧바로 그 조목을 여쭌 것이다.

詳說

○ 『大全』曰 : “二者界限之間.”[42]

'제(際)'에 대해, 『논어집주대전』에서 말하였다. “두 가지 경계와 한계의 사이다.”

○ 去聲.[43]

'고불부유소의문(故不復有所疑問)'에서 '부(復)'자는 거성(去聲 : 다시)이다.

○ 克己復禮.

'기(其)'는 극기복례(克己復禮 : 자기를 이기고 예에 돌아옴)이다.

○ 釋.

경문의 풀이다.

朱註

'非禮'者, 己之私也. '勿'者, 禁止之辭. 是, 人心之所以爲主, 而勝私復禮之機也. 私勝則動容周旋, 無不中禮, 而日用之間, 莫非天理之流行矣.

'비례(非禮)'라는 것은 자기의 사사로움이다. '물(勿)'이라는 것은 금지하는 말이다. 이는 사람마음이 중심으로 삼아야 하는 일로, 사사로움을 이기고 예(禮)에 돌아오는 관건이다. 사사로움을 이기면 몸가짐과 몸차림 및 두루 움직임이 예절에 맞지 않음이 없어서 날로 사용하는 사이에 천리(天理)가 유행함이 아님이 없는 것이다.

詳說

○ 照上節'己'字.

'기지사(己之私)'는 위 장절의 '기(己)'자를 참조한 것이다.[44]

---

42) 호광 편(胡廣 編), 『논어집주대전(論語集註大全)』「안연(顔淵)」에는 “際, 謂二者界限之間.”으로 되어 있다.

43) 호광 편(胡廣 編), 『논어집주대전(論語集註大全)』「안연(顔淵)」에는 “復, 扶又反.”이라고 하였다.

44) '기지사(己之私)'는 위 장절의 '기(己)'자를 참조한 것이다 : 위 집주 내용 가운데 “'己', 謂身之私欲也.”를 말하는 것이다.

○ 訓.

'물자, 금지지사(勿者, 禁止之辭)'는 훈고이다.

○ '勿'字.

'시(是)'는 '물(勿)'자이다.

○ 朱子曰 : "『說文』, 謂'勿字似旗脚, 此旗一麾, 三軍盡退', 工夫只在'勿'字上."[45)]

'인심지소이위주(人心之所以爲主 : 사람마음이 중심으로 삼아야 하는 일)'에 대해, 주자(朱子 : 朱熹)가 말하였다. "『설문해자』에서 이르기를 '물(勿)자는 깃발과 비슷하니, 이 기를 한번 흔들면 삼군(三軍)이 다 퇴각한다.'라고 하였는데[46)], 공부가 다만 '물(勿)'자에 달려 있다는 말이다."

○ '勝'字, 照上節'克'字.

'승(勝)'자는 위 장절의 '극(克)'자를 참조한 것이다.[47)]

○ 私旣見勝.

'사승(私勝)'은 사사로움이 이미 이김을 당한 것이다.

○ 通'視 · 聽 · 言 · 動'言.

'동용주선(動容周旋 : 몸가짐과 몸차림 및 두루 움직임)'은 '봄과 들음과 말함과 행동함'을 통틀어서 말한 것이다.

○ 去聲.

'중(中)'은 거성(去聲 : 부합하다)이다.

○ '動容周旋, 無不中禮', 此語, 見『孟子』「盡心」.

'동용주선, 무불중례(動容周旋, 無不中禮 : 몸가짐과 몸차림 및 두루 움직임이 예절에

---

45) 호광 편(胡廣 編), 『논어집주대전(論語集註大全)』「안연(顔淵)」에는 "朱子曰 : '『說文』, 謂勿字似旗脚, 此旗一麾三軍盡退, 工夫只在勿字上. 纔見非禮來, 便禁止之, 便克去.'"로 되어 있다. 『주자어류(朱子語類)』 권41, 「논어23(論語二十三)」, 37조목에는 "'非禮勿視.' 『說文』, 謂'勿字似旗脚, 此旗一麾, 三軍盡退', 工夫只在勿字上. 纔見非禮來, 則以勿字禁止之; 纔禁止, 便克己; 纔克去, 便能復禮..('예가 아니면 보지 말라.'고 했는데, 『설문해자』에서 '물'자는 깃발의 아랫부분과 같다고 하였다. 이곳의 깃발은 하나의 대장기이고 삼군(三軍)이 모두 물러나므로 공부는 단지 '물'자 위에 있다. 옳지 않은 예가 오는 것을 보게 되어야만 '물'자로 그것을 금지하는데, 금지해야만 곧 자신을 억제한다. 억제해 가야만 바로 예를 회복할 수 있다.)"라고 하였다.

46) 『설문해자』에서 이르기를 '물(勿)자는 …… 삼군(三軍)이 다 퇴각한다.'라고 하였는데 : 실제로 『설문해자』에는 이 내용이 없으며 그 내용은 다음과 같다. "勿, 州里所建旗. 象其柄, 有三游. 雜帛, 幅半異. 所以趣民故, 遽, 稱勿勿. 凡勿之屬, 皆从勿."

47) '승(勝)'자는 위 장절의 '극(克)'자를 참조한 것이다 : 위 집주 내용 가운데 "'克', 勝也."를 말한다.

맞지 않음이 없음)'는 이 말이 『맹자(孟子)』「진심(盡心)」에 보인다.[48)]

○ 新安陳氏曰 : "仁在其中."[49)]

신안 진씨(新安陳氏 : 陳櫟)가 말하였다. "인(仁)이 그 가운데 있다."

○ 以論釋之.

경문의 의미 설명으로 풀이하였다.

○ 朱子曰 : "顏子地位, 只心術間, 微有些子非禮處也, 須凈盡."[50)]

주자(朱子 : 朱熹)가 말하였다. "안자(顏子 : 顏淵)의 지위가 다만 마음 쓰는 사이에 은미하게 약간 예(禮)가 아닌 곳에 있으니, 모름지기 깨끗하게 없애야 한다."

○ 又曰 : "非禮而勿視聽者, 防其自外入而動於內也; 非禮而勿言動者, 謹其自內出而接於外也."[51)]

---

48) 이 말이 『맹자(孟子)』「진심(盡心)」에 보인다 : 『맹자(孟子)』「진심하(盡心下)」에서 "動容周旋, 中禮者, 盛德之至也."라고 하였다.

49) 호광 편(胡廣 編), 『논어집주대전(論語集註大全)』「안연(顏淵)」에는 "新安陳氏曰 : '非禮者, 己之私, 禮者, 天理之公. 非禮勿視聽言動, 卽所以克己而所視聽言動, 皆合禮, 卽所以復禮也. 能如是, 則日用間, 莫非天理之流行, 而仁在其中矣.'"로 되어 있다.

50) 『주자어류(朱子語類)』 권41, 「논어23(論語二十三)」, 65조목에는 다음과 같이 실려 있다. "問: '勿者, 勝私復禮之機.' 曰 : '主在勿字上. 纔覺非禮意思萌作, 便提卻這勿字, 一刀兩段, 己私便可去. 私去, 則能復禮而仁矣. 都是自用著力, 使他人不著, 故曰 : 爲仁由己, 而由人乎哉!' 或問 : '顏子地位, 有甚非禮處? 何待下此四勿工夫?' 曰 : '只心術間, 微有些子非禮處也, 須用淨盡截斷了. 他力量大, 聖人便教他索性克去. 譬如賊來, 賊子是進步與之冢殺. 教仲弓以敬恕, 是教他堅壁清野, 截斷路頭, 不教賊來.'('물이라는 것은 사사로움을 이기고 예를 회복하는 기틀이다.'는 말에 대해 물었다. 주희가 말하였다. '주가 되는 것은 '물'자에 있다. 예가 아닌 생각이 싹트기 시작함을 깨닫게 되면 곧바로 이 '물'자를 끄집어내어 단호하게 두 동강이로 잘라버리면 자신의 사사로움은 바로 제거할 수 있다. 사사로움이 제거되면 예를 회복하고 어질 수 있게 된다. 모두 스스로 힘써야지 다른 사람에게 힘쓰게 할 수 없기 때문에 '인덕을 실천하는 일은 자신에 의지해야지, 어찌 다른 사람을 의지할 것인가!'라고 한 것이다.' 어떤 이가 물었다. '안자 같은 경우에 예 아닌 것이 있게 되면, 밑의 이 '네 가지 하지 말라'는 공부를 어떻게 대처했습니까?' 주희가 말하였다. '다만 마음의 계략사이에 예가 아닌 조그마한 것이라도 있게 되면 반드시 깨끗함이 다할 때까지 절단하였다. 그는 역량이 뛰어났기 때문에 성인께서도 그에게 충분히 억제하도록 가르쳤다. 비유컨대 도적이 오면 안자는 그들이 나아가도록 하여 그들이 줄어들도록 하였다. 중궁에게 공경과 용서를 가르친 것은 그에게 단단하게 울타리를 치고 탐욕이 들어오지 못하도록 하고 길을 차단하여 도적이 오지 못하도록 한 것이다.')"

51) 진덕수(眞德秀), 『대학연의(大學衍義)』 권11, 「격물치지지요일(格物致知之要一) · 명도술(明道術) · 오도원류지정(吾道源流之正)」에는 "又曰 : '非禮而勿視聽者, 防其自外入而動於內也; 非禮而勿言動者, 謹其自內出而接于外也, 內外竝進, 爲仁之功, 不遺餘力矣. 然熟味聖言, 以求顏子之

주자(朱子 : 朱熹)가 또 말하였다. "예(禮)가 아니거든 보지도 듣지도 말라는 것은 그 밖으로부터 들어와서 안을 움직이는 일을 막음이며, 예가 아니거든 말하지도 움직이지도 말라는 것은 그 안으로부터 나가서 밖에 접하는 일을 삼가는 뜻이다."

朱註

'事', 如'事事'之'事'.

'사(事)'는 '사사(事事 : 일마다)'의 '사(事)'자와 같다.

詳說

○ 見『書』「說命」.

'사사(事事 : 일마다)'는 『서경(書經)』「열명(說命)」에 보인다.[52]

○ 新安陳氏曰 : "上'事'字, 是用力活字."[53]

신안 진씨(新安陳氏 : 陳櫟)가 말하였다. "위의 '사(事)'자는 작용과 효력이 있는 살아 있는 글자이다."

○ 訓.

훈고이다.

朱註

'請事斯語', 顏淵默識其理, 又自知其力有以勝之. 故直以爲己任而不疑也.

'청사사어(請事斯語 : 청컨대 이 말씀을 일삼겠습니다)'는 안연이 묵묵히 이 이치를 알고, 또 스스로 그 능력으로 감당할 수 있음을 알은 것이다. 그러므로 곧바로 자기 소임으로 삼고 의심하지 않았다.

詳說

○ 平聲.

所用力, 其機特在勿與不勿之間而已.'"로 되어 있다.

52) '사사(事事 : 일마다)'는 『서경(書經)』「열명(說命)」에 보인다 : 『서경(書經)』「열명 중(說命中)」에서 "惟事事, 乃其有備, 有備無患."라고 하였다. 『논어집주대전』「안연(顏淵)」에도 실려 있다. "『書』「說命篇」云 : '惟事事, 乃其有備, 有備無患.'"

53) 호광 편(胡廣 編), 『논어집주대전(論語集註大全)』「안연(顏淵)」에는 "新安陳氏曰 : '事事, 上事字, 是用力活字; 下事字, 是死字.'"로 되어 있다.

'우자지기력유이승지(又自知其力有以勝之)'에서 '승(勝)'자는 평성(平聲 : 감당하다)이다.

○ 釋.

경문의 풀이다.

○ 朱子曰 : "顔子'克己', 如紅爐上一點雪."[54]

주자(朱子 : 朱熹)가 말하였다. "안자(顔子 : 顔淵)의 '극기(克己 : 자기를 이김)'는 붉은 화로 위에 한 점의 눈송이와 같은 것이다."

○ 又曰 : "顔子生平, 只是受用'克己復禮'四箇字."[55]

주자(朱子 : 朱熹)가 또 말하였다. "안자(顔子)의 일생은 다만 '극기복례(克己復禮)' 네 개의 글자를 수용하였을 뿐이다."

○ 又曰 : "'四勿', 只是行上做工夫."[56]

주자(朱子 : 朱熹)가 또 말하였다. "'사물(四勿)'은 다만 행동에서 공부를 한다."

朱註

程子曰 : "顔淵問克己復禮之目, 子曰 : '非禮勿視; 非禮勿聽; 非禮勿言; 非禮勿動.' 四者, 身之用也, 由乎中而應乎外, 制於外, 所以養其中也."[57]

---

54) 호광 편(胡廣 編), 『논어집주대전(論語集註大全)』「안연(顔淵)」. 『주자어류(朱子語類)』 권41, 「논어23(論語二十三)」, 2조목에도 동일한 내용이 실려 있다.

55) 『주자어류(朱子語類)』 권41, 「논어23(論語二十三)」, 1조목에는 "顔子生平, 只是受用'克己復禮' 四箇字. 不遷, 不貳. 三月不違. 不改其樂.(안자(顔子)의 일생은 다만 '극기복례(克己復禮)' 네 개의 글자를 수용하였을 뿐이다. 옮기지 않고 두 번 하지 않는다. 석 달 동안 거스르지 않고 그 즐거움을 바꾸지 않았다.)"로 되어 있다.

56) 『주자어류(朱子語類)』 권41, 「논어23(論語二十三)」, 86조목에는 "問: '天下歸仁.' 曰: '只是天下以仁稱之.' 又問: '謝說如何?' 曰: '只是他見得如此. 大抵謝與范, 只管就見處, 却不若行上做工夫. 只管扛, 扛得大, 下梢直是沒著處. 如夫子告顔子'非禮勿視聽言動', 只是行上做工夫.'('천하가 인에 돌아간다.'는 것에 대해 물었다. 주희가 말하였다. '다만 천하가 인하기 때문에 그것을 칭찬한 것이다.' 또 물었다. '사씨의 설은 어떻습니까?' 주희가 말하였다. '그는 이와 같이 보았을 뿐이다. 대체로 사씨와 범씨는 본 것에 나아갔을 뿐, 행동으로 공부하지 않았다. 짊어지기만 했을 뿐, 큰 것을 짊어지고 결국에 가서는 줄곧 도착한 곳이 없었다. 예를 들어 공자께서 안자에게 알려준 '예가 아니면, 보지도 듣지도 말하지도 움직이지도 말라.'는 것은 행동으로 공부한 것이다.)"로 되어 있다.

57) 由乎中而應乎外, 制於外, 所以養其中也 : 『주자어류(朱子語類)』 권41, 「논어23(論語二十三)」, 69조목에는 "伊川說'由乎中而應乎外', 是說視聽言動四者皆由此心; '制乎外所以養其中', 却是就

정자(程子 : 程頤)가 말하였다. "안연이 극기복례(克己復禮)의 조목을 물었는데, 공자가 말하였다. '예(禮)가 아니거든 보지 말며, 예(禮)가 아니거든 듣지 말며, 예(禮)가 아니거든 말하지 말며, 예(禮)가 아니거든 움직이지 말아야 한다.' 이 네 가지의 것은 자기 자신이 운용하는 일이니, 자기 안에서 말미암아 자기 밖에 대응하며, 자기 밖을 제어하여 그 자기 안을 기르는 근거이다.

詳說

○ 叔子.

'정자(程子)'는 동생 정이(程頤)이다.

○ 程子曰 : "人之視, 最在先; 次聽·言·動, 自有序."[58]

정자(程子)가 말하였다. "사람의 봄이 가장 앞서고, 다음으로 들음과 말함과 행동함이 자연스럽게 차례가 있다."

○ '心'字狹故, 言'身'字.

'신지용(身之用 : 자기 자신의 운용)'은 '심(心)'자가 좁기 때문에 '신(身)'자를 말한 것이다.

○ 朱子曰 : "由中應外, 乃勢之自然, 是推本, 視·聽·言·動四者, 皆由中而出. 汎言其理如此耳, 制外養中, 方是說做工夫處, 全是自外而內."[59]

주자(朱子 : 朱熹)가 말하였다. "자기 안에 말미암아 자기 밖에 대응함은 이에 기세의 자연스러움이니, 이에 근본을 헤아려 보면 봄과 들음과 말함과 행동함 네

視聽言動上克去己私做工夫.(이천이 말한 '내재하는 마음으로 말미암아 바깥 사물에 감응하다.'는 것은 보고 듣고 말하고 행동하는 네 가지가 모두 이 마음에서 말미암을 말한 것이다. '바깥에 존재하는 사물을 억제하여 그 본마음을 기른다.'는 도리어 보고 듣고 말하고 행동하는데 나아가 자신의 사사로움을 억제하고 공부하는 것이다.)"로 되어 있다.

58) 주희(朱熹), 『논어정의(論語精義)』 권6 하에는 "伊川曰 : '人之視, 最在先, 非禮而視, 則所謂開目便錯了. 次聽; 次言; 次動, 自有次序.'"라고 하였다.

59) 호광 편(胡廣 編), 『논어집주대전(論語集註大全)』「안연(顔淵)」에는 "朱子曰 : '由乎中而應乎外, 乃勢之自然, 是推本, 視聽言動四者, 皆由中而出, 泛言其理如此耳, 非謂從裏面做工夫也. 制於外所以養其中, 方是說做工夫處, 全是自外而內; 自葉而根之意.'"라고 하였다. 『주자어류(朱子語類)』 권41, 「논어23(論語二十三)」, 67조목에는. "由乎中而應乎外, 這是勢之自然; 制於外所以養其中, 這是自家做工夫處.('내재하는 마음으로 말미암아 바깥 사물에 감응하다.'는 말은 추세의 자연스러운 것이고, '바깥에 존재하는 사물을 억제하여 그 본마음을 기른다.'는 말은 스스로 공부하는 곳이다.)"로 되어 있다.

가지의 것이 모두 자기 안에 말미암아 자기 밖으로 나오는 것이다. 대체로 그 이치가 이와 같음을 말하였을 뿐이다. 자기 밖을 제어하여 자기 안을 기름은 바야흐로 노력을 해야 하는 곳을 말한 것이니, 전적으로 자기 밖으로부터 자기 안에 이른다."

○ **又曰 : "制却在內."**[60]

주자(朱子 : 朱熹)가 또 말하였다. "자기 밖을 제어함은 자기 안에 달려 있다."

朱註

顔淵事斯語, 所以進於聖人, 後之學聖人者, 宜服應而勿失也.

안연이 이 말을 일삼아서 성인의 경지에 나아간 것이니, 후세의 성인을 배우는 사람들이 마땅히 마음속에 간직하여 잃지 말아야 하는 것이다.

詳說

○ **『大全』曰 : "進步幾及."**[61]

'소이진어성인(所以進於聖人 : 성인의 경지에 나아간 것)'에 대해, 『논어집주대전』에서 말하였다. "진보하여 거의 미친 것이다."

○ **「四勿箴」, 只爲後學而設. 故序末, 特言之.**

'후지학성인자(後之學聖人者 : 후세의 성인을 배우는 사람)'에서 볼 때, 「사물잠(四勿箴)」은 다만 후학들을 위하여 베풀어 둔 것이다. 그러므로 서두 끝에 특별히 말하였다.

○ **此句, 見『中庸』, 本夫子美顔淵語. 故引用之.**

'복응이물실(服應而勿失 : 마음속에 간직하여 잃지 말아야 함)' 이 구절은 『중용(中庸)』에 보이니,[62] 본래는 공자가 안연을 아름답게 여긴 말이다. 그러므로 인용한 것이다.

---

60) 호광 편(胡廣 編), 『논어집주대전(論語集註大全)』「안연(顔淵)」에는 "問 : '克己工夫, 從內面做去, 反說制於外, 如何?' 曰 : '制却在內.' 又問 : '此是說仁之體, 而不及用.' 曰 : '制於外, 便是用.'"으로 되어 있다.

61) 호광 편(胡廣 編), 『논어집주대전(論語集註大全)』「안연(顔淵)」에는 "進進步, 幾及之意."로 되어 있다.

62) '복응이물실(服應而勿失 : 마음속에 간직하여 잃지 말아야 함)' 이 구절은 『중용(中庸)』에 보이니 : 『중용(中庸)』 8장 가운데 "공자가 말하였다. '안회의 사람됨은 중용을 택하여 하나의 선을 얻으면 정성스럽게 가슴속에 간직하여 잃지 않았다.'(子曰 : '回之爲人也, 擇乎中庸, 得一善, 則拳拳服膺而弗失之矣.')"라는 것을 말한다.

朱註

因箴以自警, 其「視箴」曰 : "心兮本虛, 應物無迹. 操之有要, 視爲之則. 蔽交於前, 其中則遷, 制之於外, 以安其內. 克己復禮, 久而誠矣."

잠언(箴言)에 말미암아 스스로 경계하였는데, 그 「시잠(視箴)」에서 말하였다. "마음이란 본래 허령(虛靈)하여 사물을 순응함에 자취가 없도다. 마음을 잡음에 요령이 있나니, 보는 것을 준칙으로 삼아야 하리라. 물욕에 가려져서 앞의 사물과 사귀면 그 마음속이 옮겨갈 것이니, 마음 밖을 제어하여 그 마음속을 안정시켜야 하리라. 자기를 이기고 예에 돌아와서 오래됨에 정성스러워지리라."

詳說

○ 己亦後學故, 把作己事.

'인잠이자경(因箴以自警 : 잠언에 말미암아 스스로 경계함)'은 자기 또한 후학이기 때문에 자기의 일을 가지고 짓은 것이다.

○ 胡氏曰 : "'虛', 體也; '應', 用也."[63]

호씨(胡氏 : 胡泳)[64]가 말하였다. "'허(虛)'는 본체이고, '응(應)'은 작용이다."

○ 平聲.

'조지유요(操之有要)'에서 '조(操)'자는 평성(平聲 : 잡다)이다.

○ 建安葉氏[65]曰 : "目動則心必隨; 心動則目必注, 心之千變萬化, 欲加檢防, 先以視爲準則."[66]

'시위지칙(視爲之則 : 보는 것을 준칙으로 삼아야 함)'에 대해, 건안 섭씨(建安葉氏 : 葉賀孫)[67]가 말하였다. "눈이 움직이면 마음이 반드시 따르고, 마음이 움직이면

---

63) 호광 편(胡廣 編), 『논어집주대전(論語集註大全)』「안연(顔淵)」에는 "胡氏曰 : '心兮本虛者, 體也; 應物無迹者, 用也. 體無所窒, 則用無所滯, 此其本然也.'"로 되어 있다.

64) 호영(胡泳) : 송나라 때 학자로, 자는 백량(伯量)이고, 호는 동원(桐原)이고, 남강(南康) 출신이다. 저서로 『논어연설(論語衍說)』 등이 있다.

65) 建安葉氏 : 『논어집주대전』뿐 아니라 조순손, 『논어찬소』와 호병문, 『논어통』에 모두 '葉氏'라고 표기하였다.

66) 호광 편(胡廣 編), 『논어집주대전(論語集註大全)』「안연(顔淵)」에는 "葉氏曰 : '目者, 一身之照鑒, 五行精華之所聚, 於心尤切. 目動則心必隨; 心動則目必注, 心之虛靈, 千變萬化, 欲加檢防, 先以視爲準則.'"으로 되어 있다.

67) 섭하손(葉賀孫) : 북송 시대 학자로, 자가 지도(知道) 또는 미도(味道)이며, 괄창(括蒼) 사람이다. 채침(蔡沈) 등과 함께 주자에게 배웠다. 저서로는 문집 외에 『논어강의(論語講義)』 등이 있다.

눈이 반드시 쏠리니, 마음이 한없이 변화함에 검속과 방비를 더하고자 한다면 먼저 보는 것을 준칙으로 삼아야 한다."

○ 陳氏曰 : "物欲蔽於前, 則心體逐之而遷."[68)]

'폐교어전, 기중즉천(蔽交於前, 其中則遷 : 물욕에 가려져서 앞의 사물과 사귀면 그 마음속이 옮겨갈 것)'에 대해, 진씨(陳氏 : 陳淳)[69)]가 말하였다. "물욕(物欲)이 앞을 가리면 마음과 몸이 좇아서 옮겨간다."

○ 卽'制外養中'之說也.

'제지어외, 이안기내(制之於外, 以安其內 : 마음 밖을 제어하여 그 마음속을 안정시켜야 함)'는 곧 '제외양중(制外養中 : 자기 밖을 제어하여 자기 안을 기름)'[70)]의 설명이다.

○ 許氏曰 : "制外."[71)]

'극기(克己)'에 대해, 허씨(許氏 : 許衡)[72)]가 말하였다. "밖을 제어하는 일이다."

○ 許氏曰 : "安內."[73)]

---

68) 호광 편(胡廣 編), 『논어집주대전(論語集註大全)』「안연(顔淵)」에는 "陳氏曰 : '蔽, 指物欲之私而言, 中, 指心之體而言, 卽天理之謂也. 物欲之蔽, 接於前, 則心體逐之而遷矣.'"로 되어 있고, 진순(陳淳), 『북계대전집(北溪大全集)』 권20, 「해의(解義)시잠해(視箴解)」에는 "蔽交於前, 蔽指物欲之私而言. 其中則遷, 中指心之體而言, 卽天理之謂也. 物欲之蔽, 接於前, 則心體逐之而去矣."라고 하였다.

69) 진순(陳淳 : 1159~1223) : 남송 시대 학자로, 자가 안경(安卿)이고, 호가 북계(北溪)여서 북계선생(北溪先生)라고 부르며, 장주 용계(漳州龍溪) 사람이다. 주자(朱子 : 朱熹)가 만년에 만족한 제자로서 이학(理學)을 잘 계승하였다고 평가받는 사람이다. 저서로는 『북계전집(北溪全集)』 외에 『북계자의(北溪字義)』가 유명하며, 『용학강의(庸學講義)』 등이 있다.

70) 제외양중(制外養中 : 자기 밖을 제어하여 자기 안을 기름) : 위의 『논어집주(論語集註)』 내용 가운데 "程子曰 : '顔淵問克己復禮之目, …… 四者, 身之用也, 由乎中而應乎外, 制於外, 所以養其中也.'"에 나오는 말로, 박문호(朴文鎬)의 상설에서 "朱子曰 : '由中應外, 乃勢之自然, …… 四者, 皆由中而出. 汎言其理如此耳, 制外養中, 方是說做工夫處, 全是自外而內.'"라고 말한 부분을 가리킨다.

71) 호광 편(胡廣 編), 『논어집주대전(論語集註大全)』「안연(顔淵)」에는 "許氏曰 : '制, 是於天理人欲之界上, 截然限斷, 使不正之書非禮之色, 不得以接於吾目. 克己, 卽制之於外; 復禮, 卽以安其內.'"로 되어 있다.

72) 허형(許衡 : 1209~1281) : 금나라 말기에서 원나라 초기의 학자로, 자가 중평(仲平) 또는 평중(平仲)이고, 호가 노재(魯齋)여서 노재선생이라고도 불렀으며, 회경로하내현(懷慶路河內縣) 사람이다. 어려서부터 부지런히 독서하고 배우기를 좋아하였으며, 요추(姚樞)로부터 이정(二程)과 주자의 저작을 얻어 강습하였다. 시호는 문정(文正)이며, 저서로는 『노재유서(魯齋遺書)』 외에 『독역사언(讀易私言)』 등이 있다.

73) 호광 편(胡廣 編), 『논어집주대전(論語集註大全)』「안연(顔淵)」에는 "許氏曰 : '制, 是於天理人

'복례(復禮)'에 대해, 허씨(許氏 : 許衡)가 말하였다. "안을 안정시키는 일이다."

○ 朱子曰 : "工夫無間斷, 則久而自從容不勉矣."

'구이성의(久而誠矣 : 오래됨에 정성스러워지리라)'에 대해, 주자(朱子 : 朱熹)가 말하였다. "공부가 끊어짐이 없으면 오래됨에 넉넉하고 느긋하여 힘쓰지 않는 것이다."

○ 蔡氏曰 : "表裏一貫."[74)]

채씨(蔡氏 : 蔡模)[75)]가 말하였다. "겉과 속이 일관되는 것이다."

○ 朱子曰 : "四者, 惟視爲切, 所以「視箴」之說, 尤重於聽也."[76)]

주자(朱子 : 朱熹)가 말하였다. "네 가지 가운데 오직 보는 것이 절실함이 되니, 「시잠(視箴)」의 말이 듣는 것보다 더욱 중요한 까닭이다."

朱註

其「聽箴」曰 : "人有秉彝, 本乎天性, 知誘物化, 遂亡其正. 卓彼先覺, 知止有定. 閑邪存誠, 非禮勿聽."

그 「청잠(聽箴)」에서 말하였다. "사람들이 떳떳함을 잡고 있음은 천성(天性)에 근본한 것이나, 사물을 알면서 유혹되고 더불어 변화하여 마침내 그 바름을 잃는구나. 드높은 저 선각자들은 멈출 때를 알아서 안정함이 있었도다. 사특함을 막고 정성됨을 보존하며, 예(禮)가 아니거든 듣지 말지니라."

詳說

○ 朱子曰 : "「視箴」說心, 「聽箴」說性, 互換說. 然諺云 : '開眼便錯.' 視所以就心上說.

欲之界上, 截然限斷, 使不正之書非禮之色, 不得以接於吾目. 克己, 即制之於外; 復禮, 即以安其內.'"로 되어 있다.

74) 호광 편(胡廣 編), 『논어집주대전(論語集註大全)』「안연(顔淵)」에는 "蔡氏曰 : '始而克復, 有以用吾力, 久而誠, 則私欲淨盡, 表裏一貫, 自無所容其力矣.'"로 되어 있다.

75) 채모(蔡模 : 1188~1246) : 남송 시대 학자로, 자가 중각(仲覺)이고, 호가 각헌(覺軒)이어서 학자들이 각헌선생(覺軒先生)이라고 불렀으며, 각헌 채씨(覺軒蔡氏) 또는 건안 채씨(建安蔡氏)라고도 일컬었다. 주자의 사위인 채침(蔡沈)의 큰 아들이다. 저서로는 『대학연설(大學演說)』·『논어집소(論語集疏)』·『맹자집소(孟子集疏)』·『역전집해(易傳集解)』·『속근사록(續近思錄)』·『하락탐신(河洛探頤)』 등이 있다.

76) 호광 편(胡廣 編), 『논어집주대전(論語集註大全)』「안연(顔淵)」에는 "朱子曰 : '四者, 惟視爲切, 所以先言視, 而「視箴」之說, 尤重於聽也.'"로 되어 있다. 『주자어류(朱子語類)』 권41, 「논어23(論語二十三)」, 81조목.

道理本自在這裏, 却因外面言語來誘之, 聽所以就性上說."[77]

'인유병이, 본호천성(人有秉彝, 本乎天性 : 사람들이 떳떳함을 잡고 있음은 천성에 근본한 것)'에 대해, 주자(朱子 : 朱熹)가 말하였다. "「시잠(視箴)」에서는 마음을 말하였고, 「청잠(聽箴)」에서는 성(性)을 말하였는데 서로 교환하는 말이다. 그러나 속담에 이르기를 '눈을 뜨자마자 곧 어지럽다.'라고 하였듯이 보는 것은 마음에서 말하는 일이다. 도리(道理)가 본래 스스로 이 안에 들어 있는데, 도리어 바깥의 언어에 말미암아 유혹되나니, 듣는 것은 성(性)에서 말하는 일이다."

○ 胡氏曰 : "不言聽而言知者, 聽者知之初, 知者聽之後. 故以知言."[78]

'지유물화(知誘物化 : 사물을 알면서 유혹되고 더불어 변화함)'에 대해, 호씨(胡氏 : 胡泳)가 말하였다. "들음을 말하지 않고 앎을 말한 것은 듣는 것이 앎의 처음이고, 아는 것이 들음의 뒤이기 때문이다. 그러므로 앎으로써 말하였다."

○ 人之知, 爲物所誘而與之化.

사람의 앎은 사물에 유혹되어 더불어 변화하는 것이 된다.

○ 陳氏曰 : "化則與之相忘如一, 無彼我之間也."[79]

진씨(陳氏 : 陳淳)가 말하였다. "변화하면 더불어 서로 잊음이 똑같아서 저와 나의

---

77) 호광 편(胡廣 編), 『논어집주대전(論語集註大全)』「안연(顔淵)」에는 "問 : '「視箴」何以特說心? 「聽箴」何以特說性?' 曰 : '互換說, 也得. 然諺云 : 開眼便錯. 視所以就心上說. 人有秉彝, 本乎天性. 道理本自在這裏, 却因雜得外面言語來誘之, 聽所以就性上說.'"로 되어 있다. 『주자어류(朱子語類)』 권41, 「논어23(論語二十三)」, 72조목에는 "問 : '由乎中而應乎外, 制於外所以養其中. 克己工夫, 從內面做去, 反說制於外, 如何?' 曰 : '制卻在內.' 又問 : '「視箴」何以特說心? 「聽箴」何以特說性?' 曰 : '互換說, 也得. 然諺云 : 開眼便錯. 視所以就心上說. 人有秉彝, 本乎天性. 道理本自好在這裏, 卻因雜得外面言語來誘化, 聽所以就理上說.'(물었다. ''내재하는 마음으로 말미암아 바깥 사물에 감응하고, 바깥에 존재하는 사물을 억제하여 그 본마음을 기른다.'에서 자신을 억제하는 공부는 내면으로부터 해 가는 것인데, 반대로 '바깥에 존재하는 사물을 억제하다.'라고 말하면 어떻습니까?' 주희가 말하였다. '억제는 도리어 안에 있다.' 또 물었다. '「시잠」에서는 무엇 때문에 특별히 마음을 말했습니까? 「청잠」에서는 무엇 때문에 특별히 덕성을 말했습니까?' 주희가 말하였다. '바꾸어 말해도 괜찮다. 그러나 속담에서 말하였다. '눈을 뜨면 바로 틀린다.' 보는 것은 마음에 나아가기 때문에 그렇게 말한 것이다. '사람이 태어날 때부터 받은 아름다운 덕성은 천성에서 근원한다.' 도리는 본래 이곳에 잘 있지만, 도리어 바깥의 복잡한 말에 유혹되고 동화되므로, 듣는 것은 이치에 나아가기 때문에 그렇게 말한 것이다.')"로 되어 있다.

78) 호광 편(胡廣 編), 『논어집주대전(論語集註大全)』「안연(顔淵)」에는 "胡氏曰 : '不言聽而言知者, 聽者知之初, 知者聽之後, 因知而此心爲之動. 故以知言其實, 一也.'"로 되어 있다.

79) 호광 편(胡廣 編), 『논어집주대전(論語集註大全)』「안연(顔淵)」에는 "陳氏曰 : '知, 指形氣之感而言, 物欲感而知覺萌, 遂爲之引去矣. 化則與之相忘如一, 而無彼我之間也.'"로 되어 있다.

사이가 없다."

○ 性之正.

'기정(其正 : 그 바름)'은 성(性)의 바름이다.

○ 四字, 出『大學』.

'지지유정(知止有定 : 멈출 때를 알아서 안정함이 있었음)'의 네 글자는 『대학(大學)』에 나온다.[80]

○ 四字, 出『易』「乾 · 文言」.

'한사존성(閑邪存誠)'의 네 글자는 『주역(周易)』「건괘(乾卦) · 문언(文言)」에 나온다.[81]

○ 朱子曰 : "防閑其邪妄於外, 而存其實理於内."[82]

주자(朱子 : 朱熹)가 말하였다. "밖으로 그 사악하고 망령됨을 막고, 안으로 성실한 도리를 보존하는 것이다."

○ 雲峰胡氏曰 : "目之明, 在外故, 當制外而安内; 耳之聰, 在内故, 惟在内者, 知止有定, 乃可耳."[83]

운봉 호씨(雲峰胡氏 : 胡炳文)가 말하였다. "눈의 밝음은 밖에 있기 때문에 마땅히 밖을 제어하여 안을 안정되게 하며, 귀의 밝음은 안에 있기 때문에 오직 안에 있는 것이 멈출 때를 알아서 안정함을 두어야 이에 괜찮을 뿐이다."

---

80) '지지유정(知止有定 : 멈출 때를 알아서 안정함이 있었음)'의 네 글자는 『대학(大學)』에 나온다 : 『대학장구(大學章句)』 경(經)에서 "大學之道, 在明明德; 在親民; 在止於至善. 知止而后, 有定; 定而后, 能靜; 靜而后, 能安; 安而后, 能慮; 慮而后, 能得. 物有本末; 事有終始, 知所先後, 則近道矣."라고 하였다.

81) '한사존성(閑邪存誠)'의 네 글자는 『주역(周易)』「건괘(乾卦) · 문언(文言)」에 나온다 : 『주역(周易)』「건괘(乾卦) · 문언(文言)」에서 "庸言之信, 庸行之謹, 閑邪存其誠."라고 하였다.

82) 호광 편(胡廣 編), 『논어집주대전(論語集註大全)』「안연(顔淵)」에서 "朱子曰 : '防閑其邪妄於外, 而存其實理於内也.'"라고 하였다.

83) 호광 편(胡廣 編), 『논어집주대전(論語集註大全)』「안연(顔淵)」에는 "雲峯胡氏曰 : '眼在前不正之色, 只是前一面來. 故曰 : 蔽交於前, 其中則遷耳. 在兩傍不正之聲, 左右前後, 皆可來. 故曰 : 知誘物化, 遂亡其正. 目之明, 在外故, 當制之於外, 以安其内; 耳之聰, 在内故, 惟在内者, 知止有定, 乃可爾.'"라 하였고, 『논어통(論語通)』 권6에 실려 있는 내용은 다음과 같다. "通曰 : '前箴提起心言; 此箴提起性言, 以互見也. 不知者, 以爲「聽箴」移作別箴, 亦可, 自愚觀之, 極其精密. 蓋眼在前故, 不正之色, 只是前一面來. 故曰 : 蔽交於前, 其中則遷耳. 在兩傍不正之聲, 左右前後, 皆可來. 故曰: 知誘物化, 遂亡其正. 離爲目離陽在外. 目之明, 亦在外故, 當制之於外, 以安其内. 坎陽在内. 耳之明, 亦在内故, 惟在内者, 知止有定, 乃可爾.'"

○ **蔡氏曰："或疑「聽箴」之說，亦可移爲「視箴」，用殊不知．視是自內引出外；聽是自外引入內."**[84]

채씨(蔡氏：蔡模)가 말하였다. "어떤 사람이 의심하여 「청잠(聽箴)」의 말을 또한 옮겨서 「시잠(視箴)」으로 삼을 수 있다고 하였는데, 쓰임이 다름을 알지 못한 것이다. 보는 것은 안에서부터 밖으로 끌어냄이고, 듣는 것은 밖에서부터 안으로 끌어들임이다."

朱註

其「言箴」曰："人心之動，因言以宣，發禁躁妄，內斯靜專．矧是樞機，興戎出好，吉凶榮辱，惟其所召．傷易則誕，傷煩則支，己肆物忤，出悖來違，非法不道，欽哉訓辭."

그 「언잠(言箴)」에서 말하였다. "사람 마음이 움직이는 것은 말에 말미암아서 베풀어지는 법이니, 말함에 조급하고 경망함을 막아야 이에 내면이 고요하고 한결같아지도다. 하물며 말은 중추적인 기틀이니 군사를 움직이고 우호(友好)를 하며, 좋은 일과 나쁜 일 및 영예로움과 치욕스러움을 오직 초래하는 것이니라. 쉽게 함에 상하면 허망해지고, 번거로움에 상하면 이리저리 흩어지느니라. 자기가 방자하면 남이 싫어하며, 내는 말이 어긋나면 오는 말도 어긋나도다. 법도에 맞지 않으면 말하지 않으며, 훈계하는 말씀을 공경해야 하느니라."

詳說

○ **方其發也.**

'발(發)'은 바야흐로 그 발언(發言)하는 것이다.

○ **慶源輔氏曰："躁屬氣；妄屬欲，不爲氣所動．故靜；不爲欲所分．故專."**[85]

'발금조망, 내사정전(發禁躁妄, 內斯靜專：말함에 조급하고 경망함을 막아야 이에 내면이 고요하고 한결같아짐)'에 대해, 경원 보씨(慶源輔氏：輔廣)가 말하였다. "조급함은 기질에 속하고, 경망함은 욕심에 속하니, 기질에 움직이는 것이 되지 않기 때

---

84) 호광 편(胡廣 編), 『논어집주대전(論語集註大全)』「안연(顔淵)」에는 "蔡氏曰：'或疑「聽箴」之說，亦可移爲「視箴」，用殊不知．視是自內而引出外；聽是自外而引入內，視爲先，聽次之，所以「視箴」說，得尤力.'"으로 되어 있다.

85) 호광 편(胡廣 編), 『논어집주대전(論語集註大全)』「안연(顔淵)」.

문에 고요하고, 욕심에 분산되는 것이 되지 않기 때문에 한결같다."

○ 陳氏曰 : "外不躁則內靜, 外不妄則內專."[86)]

진씨(陳氏 : 陳淳)가 말하였다. "밖으로 조급하지 않으면 안으로 고요하고, 밖으로 경망하지 않으면 안으로 한결같다."

○ 『易』「繫辭」曰 : "言行, 君子之樞機."[87)]

'신시추기(矧是樞機 : 하물며 말은 중추적인 기틀임)'에 대해, 『주역(周易)』「계사전(繫辭傳)」에서 말하였다. "언행(言行)은 군자의 중추적인 기틀이다."

○ 出『書』「大禹謨」.

'흥융출호(興戎出好 : 군사를 움직이고 우호를 함)'는 『서경(書經)』「대우모(大禹謨)」에 나온다.[88)]

○ 蔡氏曰 : "出好故, 吉榮; 興戎故, 凶辱."[89)]

'길흉영욕, 유기소소(吉凶榮辱, 惟其所召 : 좋은 일과 나쁜 일 및 영예로움과 치욕스러움을 오직 초래하는 것)'에 대해, 채씨(蔡氏 : 蔡模)가 말하였다. "우호(友好)를 하므로 길하고 영화로우며, 군사를 움직이므로 흉하고 욕이 된다."

○ 去聲.[90)]

'상이즉탄(傷易則誕)'에서 '이(易)'자는 거성(去聲 : 쉽다)이다.

○ 慶源輔氏曰 : "支離."[91)]

'상번즉지(傷煩則支 : 번거로움에 상하면 이리저리 흩어짐)'에 대해, 경원 보씨(慶源輔氏 : 輔廣)가 말하였다. "이리저리 흩어짐이다."

○ 陳氏曰 : "猶枝從旁迸出."[92)]

---

86) 호광 편(胡廣 編), 『논어집주대전(論語集註大全)』「안연(顔淵)」에는 "陳氏曰 : '外不躁則內靜; 外不妄則內專, 此一篇關要處.'"로 되어 있다.

87) 『주역(周易)』「계사전상(繫辭傳上)」에는 "言行, 君子之樞機, 樞機之發, 榮辱之主也."로 되어 있다.

88) 『서경(書經)』「대우모(大禹謨)」에 나온다 : 『서경(書經)』「대우모(大禹謨)」에서 "惟口出好興戎, 朕言不再."라고 하였다. 『논어집주대전』에는 "好, 去聲."이라고 하였다.

89) 호광 편(胡廣 編), 『논어집주대전(論語集註大全)』「안연(顔淵)」에는 "蔡氏曰 '出好則吉則榮; 興戎則凶則辱. 發於口者, 甚微, 而召於彼者, 甚捷, 可不畏哉?'"로 되어 있다.

90) 호광 편(胡廣 編), 『논어집주대전(論語集註大全)』「안연(顔淵)」.

91) 호광 편(胡廣 編), 『논어집주대전(論語集註大全)』「안연(顔淵)」에는 "慶源輔氏曰 : '易則心不管攝. 故必至於妄誕; 煩則心不精一. 故必至於支離.'"로 되어 있다.

92) 호광 편(胡廣 編), 『논어집주대전(論語集註大全)』「안연(顔淵)」에는 "陳氏曰 : '易者, 輕快之謂, 躁則傷於易. 誕者, 欺誕之謂, 而易中之病也. 煩者, 多數之謂, 妄則傷於煩. 支, 猶木之枝, 從身之

진씨(陳氏 : 陳淳)가 말하였다. "나뭇가지가 옆으로 흩어져서 나옴과 같은 것이다."

○ 音悮.

'오(忤)'는 음이 오(悮)이다.

○ 朱子曰 : "上四句, 說身上最緊切處; 中四句, 說謹言底道理; 下四句, 說四項病痛."93)

'상이즉탄, 상번즉지, 기사물오, 출패래위(傷易則誕, 傷煩則支, 己肆物忤, 出悖來違 : 쉽게 함에 상하면 허망해지고, 번거로움에 상하면 이리저리 흩어지느니라. 자기가 방자하면 남이 싫어하며, 내는 말이 어긋나면 오는 말도 어긋나도다.)'에 대해, 주자(朱子 : 朱熹)가 말하였다. "위의 네 구절은 자신에게서 긴요하고 절실한 곳을 말하였고, 가운데 네 구절은 말을 삼가는 도리를 말하였으며 아래 네 구절은 네 가지 항목의 병통(病痛)을 말하였다."

○ 雲峰胡氏曰 : "朱子以爲四項病, 而諸家只解歸'躁妄'二字非矣."94)

旁而迸出者, 乃煩中之失也.'" 진순, 『북계대전집(北溪大全集)』 권20에 실려 있는 내용은 다음과 같다. "傷易則誕 : 易者, 輕快之謂, 躁則傷於易; 誕者, 欺誑之謂, 而易中之病也. 傷煩則支 : 煩者, 多數之謂, 妄則傷於煩; 支, 猶木之枝, 從身之旁而逆出者, 乃煩中之失也. 已肆物忤 : 傷易而誕, 則無有成法, 在己者肆, 而與物忤矣. 內何復靜之云. 出悖來違 : 傷煩而支, 則不合正理, 所出者悖, 而來亦違矣, 內何專之云."으로 되어 있다.

93) 호광 편(胡廣 編), 『논어집주대전(論語集註大全)』「안연(顏淵)」에는 "朱子曰 : '上四句, 是說身上最緊切處, 須是不躁妄, 方始靜專. 自家這心自做主, 不成如何去接物? 下云 : 矧是樞機, 興戎出好四句, 是說謹言底道理; 下四句, 却說四項病痛, 傷易則誕; 傷煩則支, 已肆則物忤; 出悖則來違.'"로 되어 있고, 『주자어류(朱子語類)』 권41, 「논어23(論語二十三)」, 80조목에는 다음과 같이 실려 있다. "問 : '承誨, 「言箴」自人心之動, 因言以宣, 至吉凶榮辱, 惟其所召, 是謹諸己; 以下是說接物許多病痛.' 曰 : '上四句, 是就身上最緊要處, 須是不躁妄, 方始靜專. 纔不靜專, 自家這心自做主不成, 如何去接物? 下云 : 矧是樞機, 興戎出好四句, 都是說謹言底道理. 下四句, 卻說四項病, 傷易則誕, 傷煩則支, 己肆則物忤, 出悖則來違.'(물었다. '가르침을 청합니다. 「언잠」의 '내재하는 마음이 움직이면 말로 표현되어 나온다.'에서 '길흉과 영욕은 오직 그 말이 불러일으킨다.'까지는 모두 자신을 삼가 조심한다는 뜻이고, 그 아래는 사물을 접할 때 많은 병폐가 있음을 말하고 있습니다.' 주희가 말하였다. '앞의 네 구절은 자신에게 나아갈 때 가장 중요한 것은 모름지기 조급하거나 망령되지 않는 것인데, 그렇게 해야 비로소 내심의 편안함을 유지하게 된다. 내심이 편안하게 유지되지 않으면 자신의 이 마음이 스스로 주인이 되지 못하는데 어떻게 사물을 접해 가겠는가? 아래서 말한 '말은 대단히 중요해서 분란을 일으키기도 하고 화해를 불러 오기도 한다.'는 네 구절은 모두 말을 삼가 조심해야 한다는 이치를 말하였다. 아래 네 구절은 도리어 네 가지 병폐가 있다. '말하는 것이 경솔하면 허튼소리만 하고, 말하는 것이 번거로우면 조리도 없고 진실하지도 않다. 자신을 방종하면 사물을 필연적으로 거역하고, 말하는 것이 일상의 도리에 어긋나면 필연적으로 이치를 거슬러 해를 받게 된다.')"

94) 호광 편(胡廣 編), 『논어집주대전(論語集註大全)』「안연(顏淵)」에는 "雲峯胡氏曰 : '易是輕言;

운봉 호씨(雲峰胡氏 : 胡炳文)가 말하였다. “주자(朱子 : 朱熹)가 네 가지 항목의 병통으로 여겼는데, 여러 학자들은 다만 ‘조망(躁妄)’ 두 글자가 그릇된 곳으로 돌아가는 것만 알았다.”

○ 變‘禮’言‘法’者, 法尤嚴畏也.

‘비법부도(非法不道 : 법도에 맞지 않으면 말하지 않음)’에서 ‘예(禮)’를 바꾸어서 ‘법(法)’이라고 말한 것은 ‘법’자가 더욱 엄중하고 두렵기 때문이다.

○ 敬此聖人之訓說.

‘흠재훈사(欽哉訓辭 : 공경해야 하느니라. 훈계하는 말씀을)’라는 언급으로 볼 때, 여기서 성인(聖人)이 훈계하는 말을 공경하라는 것이다.

朱註

其「動箴」曰 : “哲人知幾, 誠之於思; 志士勵行, 守之於爲. 順理則裕, 從欲惟危, 造次克念, 戰兢自持. 習與性成, 聖賢同歸.”

그 「동잠(動箴)」에서 말하였다. “명철한 사람은 기미를 알아서 사려함에 정성스럽고, 뜻을 품은 선비는 행동거지에 힘써서 행위를 감시하느니라. 천리(天理)에 순응하면 여유롭고, 욕심을 좇으면 오직 위태롭도다. 황급해도 능히 생각하고, 조심하며 스스로 지켜야 하느니라. 습관이 천성과 더불어 이루어지면 성(聖)과 현(賢)이 함께 돌아가리라.”

詳說

○ 去聲.95)

‘지사려행(志士勵行)’에서 ‘행(行)’자는 거성(去聲 : 행동)이다.

○ 朱子曰 : “哲人志士, 非兩般人, 却兩脚做工夫去. 哲人動之於心, 是動之微; 志士動之於身, 是動之著.”96)

煩是多言; 肆是放言, 悖則純乎不善矣. 朱子以爲是四項病, 而諸家只解歸躁妄二字非矣.’”라 하였고, 『논어통(論語通)』 권6에 실려 있는 내용은 다음과 같다. “通曰 : ‘易是輕言; 煩是多言; 肆是放言, 悖則純乎不善矣. 朱子以是爲四項病, 而諸家只解歸躁妄二字非矣. 故皆除之.’”

95) 호광 편(胡廣 編), 『논어집주대전(論語集註大全)』「안연(顔淵)」.

96) 호광 편(胡廣 編), 『논어집주대전(論語集註大全)』「안연(顔淵)」에는 “朱子曰 : ‘哲人志士, 說兩般人, 哲人只於思慮間, 便見得合做與不做; 志士便於做出了, 方見得, 雖是兩般, 大抵順理便安裕, 從欲便危險.’ ‘思是動之微, 爲是動之著, 這箇是該動之精粗. 蓋思於內, 不可不誠; 爲於外,

'철인지기, 성지어사, 지사려행, 수지어위(哲人知幾, 誠之於思, 志士勵行, 守之於爲 :

不可不守.'"라 하였고, 『주자어류(朱子語類)』 권41, 「논어23(論語二十三)」, 79조목에 실려 있는 내용은 다음과 같다. "又曰 : '四箴意思, 都該括得盡. 四箇箴, 有說多底, 有說少底, 多底減不得, 少底添不得. 如言箴說許多, 也是人口上有許多病痛. 從頭起, 至吉凶榮辱, 惟其所召, 是就身上謹. 傷易則誕, 至出悖來違, 是當謹於接物間, 都說得周備. 哲人知幾, 誠之於思; 志士勵行, 守之於爲, 這說兩般人. 哲人只於思量問, 便見得合做與不合做; 志士便於做出了, 方見得. 雖則是有兩樣, 大抵都是順理便安裕, 從欲便危險. 『集注』所錄, 都說得意思盡了, 此外亦無可說. 只是須要自實下工夫, 實見是如何. 看這意思, 都說去己私. 無非禮之視, 無非禮之聽, 無非禮之言, 無非禮之動, 這是甚麽氣象, 這便是渾然天理, 這便是仁, 須識認得這意思.(또 말하였다. '「사잠」의 의미는 개괄적으로 다하였다. 네 개의 경계는 많은 것을 말한 것도 있고 적은 것을 말한 것도 있는데, 많은 것도 줄일 수 없고, 적은 것도 더할 수 없다. 예를 들어 「언잠」에서는 많은 것을 말했는데, 또한 사람의 입에도 많은 병폐가 있다. 처음부터 '길흉과 영욕은 오직 그 말이 불러일으킨다.'까지는 몸에 나아가 삼가는 것이고, '말하는 것이 경솔하면 턱없는 허튼소리만 한다.'에서 '말하는 것이 일상의 도리에 어긋나면 필연적으로 이치를 거슬러 해를 받게 된다.'까지는 응당 사물을 접할 때 삼가야 하는 것인데 모두 상세하고 빠짐없이 말하였다. '총명한 사람은 사물의 세미한 기미까지 알기 때문에 하나의 움직임이나 생각까지 그것을 성실히 하고, 뜻있는 선비는 실행하기를 장려하여 행함에 법도를 굳게 지킨다.' 이는 두 부류의 사람을 말하였다. 총명한 사람은 생각하고 헤아리는 사이에 함께 하는 것과 함께 하지 말아야 할 것을 알고, 뜻있는 선비는 바로 만들어 내야 비로소 알게 된다. 이는 비록 두 모습이지만, 대체적인 것은 이치를 따르면 편안하고 여유롭지만, 욕심을 좇으면 위험하다는 것이다. 『논어집주(論語集註)』의 기록에서 모두 의미를 말하였으므로 이곳에서는 또 말할만한 것이 없다. 모름지기 스스로 착실히 공을 들이고 착실히 어떠한지를 보아야 한다. 이 뜻을 보면 모두 자신의 사사로움을 억제하는 것이다. 예 아닌 것을 보지 않고, 예 아닌 것을 듣지 않으며, 예 아닌 것을 말하지 않고, 예 아닌 것을 행하지 않는 것은 무슨 기질인가? 이것이 바로 자연스럽게 이루어진 하늘의 이치이고, 이것이 바로 인이므로 모름지기 이 의미를 인식하고 알아야 한다." 또 『주자어류(朱子語類)』 권41, 「논어23(論語二十三)」, 81조목에는 다음과 같이 실려 있다. "尹叔問 : '哲人知幾, 誠之於思; 志士勵行, 守之於爲四句, 莫有優劣否?' 曰 : '思是動之微, 爲是動之著. 這箇是該動之精粗. 爲處動, 思處亦動; 思是動於內, 爲是動於外. 蓋思於內, 不可不誠; 爲於外, 不可不守. 然專誠於思, 而不守於爲, 不可; 專守於爲, 而不誠於思, 亦不可.' (윤숙이 물었다. ''총명한 사람은 사물의 세미한 기미까지 알기 때문에 하나의 움직임이나 생각까지 그것을 성실히 하고, 뜻있는 선비는 실행하기를 장려하여 행함에 법도를 굳게 지킨다.'는 이 네 구절은 우열이 있습니까?' 주희가 말하였다. '생각은 움직임의 미묘한 것이고, 행함은 움직임이 드러난 것이다. 이는 움직임의 정미한 것과 거친 것이다. 행하는 곳에서 움직이고, 생각하는 곳에서도 움직인다. 생각은 안에서 움직이는 것이고, 행함은 바깥에서 움직이는 것이다. 대개 안에서 생각하면 성실하지 않을 수 없고, 바깥에 행하면 지키지 않을 수 없다. 그러나 생각을 성실히 하고 행함에 지키지 않으면 안 되고, 오로지 행함을 지키되 생각을 성실히 하지 않으면 또한 안 된다.')"

명철한 사람은 기미를 알아서 사려함에 정성스럽고, 뜻을 품은 선비는 행동거지에 힘써서 행위를 감시함)'에 대해, 주자(朱子 : 朱熹)가 말하였다. "명철한 사람과 뜻을 품은 선비는 두 종류의 사람이 아니고, 도리어 두 방면으로 공부해 나가야 하는 것이다. 명철한 사람은 마음을 움직이니 행동함이 은미하고, 뜻을 품은 선비는 몸을 움직이니 행동함이 드러나는 것이다."

○ **朱子曰 : "此二句, 「動箴」骨子, 是生死路頭."**[97]

'순리즉유, 종욕유위(順理則裕, 從欲惟危 : 천리에 순응하면 여유롭고, 욕심을 좇으면 오직 위태롭도다)'에 대해, 주자(朱子 : 朱熹)가 말하였다. "이 두 구절은 「동잠(動箴)」의 뼈대이니, 살고 죽는 길이다."

○ **陳氏曰 : "結上文二者之動."**[98]

진씨(陳氏 : 陳淳)가 말하였다. "윗글의 두 가지 행동함을 맺은 것이다."

○ **音糙.**[99]

'조차극념(造次克念)'에서 '조(造)'자는 음이 조(糙)이다.

○ **覺軒蔡氏曰 : "上句, 以誠於思言; 下句, 以守於爲言."**[100]

'조차극념, 전긍자지(造次克念, 戰兢自持 : 황급해도 능히 생각하고, 조심하며 스스로 지켜야 하느니라)'에 대해, 각헌 채씨(覺軒蔡氏 : 蔡模)가 말하였다. "위 구절은 사

---

97) 호광 편(胡廣 編), 『논어집주대전(論語集註大全)』「안연(顔淵)」에는 "看文字, 須得箇骨子, 諸公且道「動箴」那箇是緊要. 答曰 : 順理則裕. 曰 : 要連從欲惟危, 都是這是生死路頭."로 되어 있고, 『주자어류(朱子語類)』 권41, 「논어23(論語二十三)」, 81조목에 실려 있는 내용은 다음과 같다. "又曰 : '看文字, 須是得箇骨子. 諸公且道這「動箴」, 那句是緊要?' 道夫云 : '順理則裕, 莫是緊要否?' 曰 : '更連從欲則危, 兩句都是. 這是生死路頭!' 又曰 : '四者惟視爲切, 所以先言視; 而「視箴」之說, 尤重於聽也.'(또 말하였다. '글을 보면 모름지기 요점을 터득해야 한다. 여러분들은 또 이 「동잠」의 어느 구절이 중요한지 말해보게나?' 도부가 말하였다. ''이치에 순응하여 행하면 반드시 편안하고 넉넉하다.'는 것은 중요하지 않습니까?' 주희가 말하였다. 다시 '욕심을 좇으면 위태롭다.'는 것과 연관시키면 두 구절은 모두 맞다. 이것은 살고 죽는 방법이다!' 또 말하였다. '네 가지 경계 가운데 오로지 보는 것이 가장 절실하기 때문에 먼저 보는 것을 말했지만, 「시잠」이 말하는 것은 듣는 것보다 더욱 중요하기 때문이다.'"

98) 호광 편(胡廣 編), 『논어집주대전(論語集註大全)』「안연(顔淵)」에는 "陳氏曰 : '結上文二者之動, 雖微顯不同, 然循理之公, 則皆無餒於中, 故裕; 逐人欲之私, 則易陷於下, 故危.'"로 되어 있다.

99) 호광 편(胡廣 編), 『논어집주대전(論語集註大全)』「안연(顔淵)」에는 "造, 七到反."이라고 하였다.

100) 호광 편(胡廣 編), 『논어집주대전(論語集註大全)』「안연(顔淵)」에는 "覺軒蔡氏曰 : '造次克念, 以誠於思, 言凡學者, 動於心, 不可不存克念之誠. 戰兢自持, 以守於爲言, 凡學者動於身, 不可不加自持之念.'"으로 되어 있다.

려함에 정성스러워야 함으로써 말하였고, 아래 구절은 행위에 스스로 지켜야 함으로써 말한 것이다."

○ 出『書』「太甲」.

'습여성성(習與性成 : 습관이 천성과 더불어 이루어짐)'은 『서경(書經)』「태갑(太甲)」에 나온다.[101)]

○ 新安陳氏曰 : "『書』本謂習於惡, 而程子引用, 言習於善. 此'性'字, 以'氣質之性'言, 與上文'天性之性', 不同."[102)]

신안 진씨(新安陳氏 : 陳櫟)가 말하였다. "『서경(書經)』에서는 본래 악(惡)을 익히는 것에 대해 말하였는데, 정자(程子 : 程頤)가 인용하여 선(善)을 익히는 것으로 말하였다. 이 '성(性)'자는 '기질(氣質)'의 성으로써 말한 것이니, 윗글의 '천성(天性)'의 성과는 같지 않다."

○ 「言箴」言心; 「動箴」言性, 是亦互換說. 抑以言爲心聲, 而動爲性乘歟.

「언잠(言箴)」에서는 마음을 말하고, 「동잠(動箴)」에서는 성(性)을 말하였는데, 이는 서로 바꿔서 말한 것이다. 그렇지 않으면 말로써 마음의 소리로 여기고, 행동함으로써 성(性)이 올라탄 것으로 여길 것이로다.

○ 覺軒蔡氏曰 : "聖, 性之也, 謂哲人; 賢, 習之也, 謂志士."[103)]

각헌 채씨(覺軒蔡氏 : 蔡模)가 말하였다. "성(聖)은 타고나는 것이니 철인(哲人)이라 이르고, 현(賢)은 익히는 것이니 지사(志士)라고 이른다."

朱註

愚按, 此章問答, 乃傳授心法切要之言, 非至明, 不能察其幾; 非至健, 不能致其決. 故惟顏子得聞之, 而凡學者, 亦不可以不勉也. 程子之箴, 發明親切, 學

---

101) '습여성성(習與性成 : 습관이 천성과 더불어 이루어짐)'은 『서경(書經)』「태갑(太甲)」에 나온다 : 『서경(書經)』「태갑상(太甲上)」에서 "茲乃不義, 習與性成."라고 하였다. 『서경(書經)』에서는 정의롭지 못한 것을 그치지 않아서 장차 천성이 된다는 말인데, 「동잠(動箴)」에서는 조심하고 삼가는 행실의 습관이 천성과 더불어 이루어지면 성현들이 같이 허여할 것이라고 말한 것이다.

102) 호광 편(胡廣 編), 『논어집주대전(論語集註大全)』「안연(顏淵)」에는 "新安陳氏曰 : '『商書』曰 : 茲乃不義, 習與性成, 此伊尹之言, 本謂習於惡而與性成者. 程子引用此句, 則言習於善而與性成者也. 此性字, 蓋以氣質之性言, 與上文本乎天性之性不同, 天性乃以天地之性言也.'"로 되어 있다.

103) 호광 편(胡廣 編), 『논어집주대전(論語集註大全)』「안연(顏淵)」에는 "覺軒蔡氏曰 : '聖, 性之也, 謂哲人; 賢, 習之也, 謂志士, 及其成功一也. 故曰 : 同歸.'"로 되어 있다.

者, 尤宜深玩.

내가 살펴보건대, 이 장절의 문답은 이에 심법을 전수한 절실하고 요긴한 말이니, 지극히 총명함이 아니면 능히 그 관건을 살필 수 없고, 지극히 튼튼함이 아니면 능히 그 결정을 이룰 수 없다. 그러므로 오직 안자(顔子 : 顔回)만이 들을 수 있었는데, 모든 학자들이 또한 힘쓰지 않을 수 없는 것이다. 정자(程子 : 程頤)의 잠언(箴言)이 뜻을 드러내어 밝힌 것이 친절하고 절실하니, 학자들이 더욱 마땅히 깊게 완미해야 한다.

詳說

○ 張氏曰 : "'察幾', 言其致察於'非'字; '致決', 言其用功於'勿'字."[104)]

장씨(張氏 : 張存中)[105)]가 말하였다. "'찰기(察幾 : 관건을 살핌)'는 그 '비(非)'자를 살피는 것을 말하고, '치결(致決 : 결정을 이룸)'은 그 '물(勿)'자에 공을 들이는 것을 말한다.

○ 慶源輔氏曰 : "他弟子不與焉."[106)]

'유안자득문지(惟顔子得聞之 : 오직 안자만이 들을 수 있음)'에 대해, 경원 보씨(慶源輔氏 : 輔廣)가 말하였다. "다른 제자들은 관여하지 못한다."

○ 通古今學者言.

'범학자(凡學者 : 모든 학자들)'는 옛날과 지금의 학자들을 통틀어서 말한 것이다.

○ 專指後學.

'학자(學者)'는 오로지 후학(後學)을 가리킨다.

○ 凡註中, 引用先儒說, 從而贅其說者, 皆喫緊處也, 讀者察之.

무릇 주석 가운데 선대 유학자의 말을 인용하고 좇아서 그 말에 설명을 붙인 것은 모두 매우 긴요한 곳이니, 읽는 사람들이 살펴보아야 한다.

---

104) 호광 편(胡廣 編), 『논어집주대전(論語集註大全)』「안연(顔淵)」에는 "張氏曰 : '非至明不能察, 其幾是言其致察於非字. 非至健不能致, 其決是言其用功於勿字.'"로 되어 있다.

105) 장존중(張存中) : 원나라 때 학자로, 자가 덕용(德庸)이고 신안(新安) 사람이다. 저서로는 『사서통증(四書通證)』 6권 등이 있다.

106) 호광 편(胡廣 編), 『논어집주대전(論語集註大全)』「안연(顔淵)」에는 "慶源輔氏曰 : '非顔子之明睿, 則雖告以克己復禮天下歸仁之說, 必不能察天理人欲所由動之幾, 而遂請其條目, 非顔子之剛健, 則雖告以爲仁由己與四勿之說, 必不能致勇決於此, 而遂以仁爲己任. 此夫子所以獨以是告顔子, 而他弟子不與焉.'"으로 되어 있다.

○ 雙峯饒氏曰："視·聽·言·動四者,「東銘」'戲言戲動'107), 只是二件,『中庸』'非禮不動'108), 只是一件. 蓋詳言之, 是四件; 約言之, 只二件, 言行是也. 言是言; 視·聽屬動, 是行, 又約言之, 只是動. 視是目之動; 聽是耳之動; 言是口之動; 動是身之動. 故『中庸』只說'不動'. 顔子問克復之目, 故詳告之."109)

쌍봉 요씨(雙峯饒氏 : 饒魯)가 말하였다. "봄과 들음과 말함과 행동함의 네 가지는「동명(東銘)」의 '희언희동(戲言戲動 : 장난으로 말하고, 장난으로 행동함)'에서 보면, 다만 두 가지일 뿐이고,『중용(中庸)』의 '비례부동(非禮不動 : 예가 아니거든 움직이지 않음)'에서 보면 다만 한 가지일 뿐이다. 대개 상세하게 말한 것은 이 네 가지이고, 대략 말한 것은 다만 두 가지이니, 언(言)과 행(行)이 이것이다. 말함은 언(言)이고, 봄과 들음은 행동함에 속하니 행(行)이며, 또 대략 말하였으니 다만 행동함일 뿐이다. 봄은 눈의 움직이며, 들음은 귀의 행동함이며, 말함은 입의 행동함이며, 행동함은 몸의 행동함이다. 그러므로『중용(中庸)』에서 다만 '부동(不動)'을 말한 것이다. 안자(顔子)가 극기복례(克己復禮)의 조목을 물었으므로 상세하게 말해준 것이다."

○ 後篇九思章及『書』「洪範」五事, 又只言視·聽·言而不及動;『易』「大壯·大象」, 言'非禮弗履'110), 則又於動專言.

후편 구사장(九思章)111) 및『서경(書經)』「홍범(洪範)」의 오사(五事)112)에서는 또 다만 봄과 들음과 말함을 말하되 행동함에는 미치지 않았으며,『주역(周易)』「대장(大壯)·대상(大象)」에서는 '비례불리(非禮弗履 : 예가 아니거든 밟지 않는다)'를

---

107) 진덕수,『서산독서기(西山讀書記)』권27. "張子「東銘」曰 : '戲言, 出於思也; 戲動, 作於謀也.'"

108) 非禮不動 :『중용장구(中庸章句)』20장의 "齊明盛服, 非禮不動, 所以脩身也."이다.

109) 호광 편(胡廣 編),『논어집주대전(論語集註大全)』「안연(顔淵)」에는 "雙峯饒氏曰 : '視·聽·言·動四者, 橫渠「東銘」只云, 戲言戲動, 却是二件;『中庸』非禮不動, 又只是一件, 詳略不同, 何也? 蓋詳言之是四件; 約言之只二件, 所謂言行, 君子之樞機, 是也. 言是言視聽也, 屬動; 是行又約言之, 都只是動. 視是目之動; 聽是耳之動; 言是口之動; 動是身之動. 故『中庸』只說非禮不動一句, 聖賢之言有詳有約, 顔子是問克復之目. 故以詳告之.'"로 되어 있다.

110) '非禮弗履' :『주역(周易)』「대장괘(大壯卦)·상사(象辭)」에는 "雷在天上, 大壯, 君子以, 非禮弗履."로 되어 있다.

111) 구사장(九思章) :『논어(論語)』「계씨(季氏)」의 "孔子曰 : '君子有九思, 視思明; 聽思聰; 色思溫; 貌思恭; 言思忠; 事思敬; 疑思問; 忿思難; 見得思義.'"라는 구절을 말한다.

112)『서경(書經)』「홍범(洪範)」의 오사(五事) :『서경(書經)』「홍범(洪範)」에서 "五事, 一曰貌; 二曰言; 三曰視; 四曰聽; 五曰思. 貌曰恭; 言曰從; 視曰明; 聽曰聰; 思曰睿; 恭作肅; 從作乂; 明作哲; 聰作謀; 睿作聖."라고 하였다.

말하여 또 행동함에 대하여 오로지 말하였다.

○ 雙峰饒氏曰："夫子平日, 與回講論, 皆是'博文'; 到'四勿', 正是'約禮'."113)

쌍봉 요씨(雙峯饒氏 : 饒魯)가 말하였다. "공자가 평일에 안회(顔回)와 더불어 강론한 것은 모두 '박문(博文 : 博我以文)'이고, '사물(四勿)'에 이르면 바로 '약례(約禮 : 約我以禮)'이다."

○ 朱子曰："顔子'問仁'與'問爲邦', 先後有克復工夫, 方始做得四代禮樂事."114)

주자(朱子 : 朱熹)가 말하였다. "안자(顔子)의 '문인(問仁 : 인에 대해 물음)'과 '문위방(問爲邦 : 나라를 다스림에 대하여 물음)'115)은 앞뒤로 극기복례(克己復禮) 공부를 두었으니, 바야흐로 비로소 사대(四代 : 虞 · 夏 · 商 · 周)의 예악(禮樂)과 관련된 일을 이룬 것이다."

○ 又曰："顔子'問目', 是初學時; 曾子'一唯', 是老熟時."116)

주자(朱子 : 朱熹)가 또 말하였다. "안자(顔子)의 '문목(問目 : 조목을 물음)'은 처음 배울 때이고, 증자(曾子)의 '일유(一唯)'117)는 노숙하였을 때이다."

○ '克己復禮', 此章之題目.

'극기복례(克己復禮 : 자기를 이겨서 예에 돌아오다)'가 이 장의 제목이다.

---

113) 호광 편(胡廣 編), 『논어집주대전(論語集註大全)』「안연(顔淵)」에는 "雙峯饒氏曰 : '如吾與回, 言終日; 回於吾言, 無所不悅. 夫子平日, 多與講論, 皆是博之以文, 到此四勿, 正是約之以禮.'"로 되어 있다.

114) 『주자어류(朱子語類)』 권41, 「논어23(論語二十三)」, 44조목에는 다음과 같이 되어 있다. "問 : '『論語』顔淵問仁與問爲邦, 畢竟先是問仁, 先是問爲邦?' 曰 : '看他自是, 有這克己復禮底工夫後, 方做得那四代禮樂底事業.'(물었다. 『논어(論語)』에서 안연은 인을 물었고, 나라 다스리는 것을 물었는데, 결국 인을 먼저 물었습니까? 나라 다스리는 것을 먼저 물었습니까?' 주희가 말하였다. '그 스스로 이 '자신을 억제하여 예를 회복한다.'는 공부가 있음을 살펴본 다음에 저 사대의 예악 사업을 할 수 있었을 것이다.')"

115) 문위방(問爲邦 : 나라를 다스림에 대하여 물음) : 『논어(論語)』「위령공(衛靈公)」에서 "顔淵問爲邦, 子曰 : '行夏之時; 乘殷之輅; 服周之冕; 樂則韶舞, 放鄭聲; 遠佞人, 鄭聲淫; 佞人殆.'"라고 하였다.

116) 『주자어류(朱子語類)』 권41, 「논어23(論語二十三)」, 45조목에는 다음과 같이 되어 있다. "顔子聞'克己復禮,' 又問其目, 直是詳審; 曾子一唯悟道, 直是直截, 如何?' 曰 : '顔子資質, 固高於曾子. 顔子問目, 卻是初學時; 曾子一唯, 年老成熟時也.(안자가 '자신을 억제하여 예를 회복한다.'는 것을 듣고 또 그 세부항목을 물은 것은 자세히 살핀 것입니다. 증자가 한번 예하고 도를 깨달은 것은 단순 명쾌합니다. 어떻습니까?' 주자(朱子 : 朱熹)가 말하였다. '안자의 자질은 진실로 증자보다 높다. 안자가 세부항목을 물었던 것은 갓 배웠을 때지만, 증자가 한번 예라고 했던 것은 나이가 들고 성숙했을 때이다.')"

117) 증자(曾子)의 '일유(一唯)' : 『논어(論語)』「이인(里仁)」에서 "子曰 : '參乎! 吾道一以貫之.' 曾子曰 : '唯.'"라고 한 것을 말한다.

[12-2-1]

仲弓問仁, 子曰 : "出門如見大賓; 使民如承大祭; 己所不欲, 勿施於人, 在邦無怨; 在家無怨." 仲弓曰 : "雍雖不敏, 請事斯語矣."

중궁(仲弓 : 冉雍)이 인(仁)을 물었는데, 공자가 말하였다. "문을 나감에 큰 손님을 보는 것같이 하며, 백성을 부림에 큰 제사를 잇는 것같이 하며, 내가 하고자 않는 것을 사람에게 베풀지 말아야 하니, 나라에 있어 원망이 없으며, 집에 있어 원망이 없는 것이다." 중궁이 말하였다. "옹(雍)이 비록 명민(明敏)하지 못하나 청컨대 이 말씀을 일삼을 것입니다."

朱註

敬以持己; 恕以及物, 則私意無所容, 而心德全矣.

경(敬)으로써 자기를 견지(堅持)하고, 서(恕)로써 사람에게 미치면 사사로운 뜻이 용납되는 경우가 없어서 마음의 덕이 온전한 것이다.

詳說

○ 『大全』曰 : "解'出門'·'使民'二句."118)

'경이지기(敬以持己 : 경으로써 자기를 견지함)'에 대해, 『논어집주대전』에서 말하였다. "'출문(出門)'과 '사민(使民)' 두 구절을 풀이한 것이다."

○ 『大全』曰 : "解'不欲'·'勿施'二句, 物卽人也."119)

'서이급물(恕以及物 : 서로써 사람에게 미침)'에 대해, 『논어집주대전』에서 말하였다. "'불욕(不欲)'과 '물시(勿施)' 두 구절을 풀이한 것이니, 물(物)은 곧 사람이다."

○ 朱子曰 : "先主於敬然後, 行其恕."120)

---

118) 호광 편(胡廣 編), 『논어집주대전(論語集註大全)』「안연(顔淵)」.

119) 호광 편(胡廣 編), 『논어집주대전(論語集註大全)』「안연(顔淵)」.

120) 호광 편(胡廣 編), 『논어집주대전(論語集註大全)』「안연(顔淵)」에는 "能敬能恕, 則仁在其中, 世有敬而不能恕底人, 便只理會自守, 却無溫厚愛人氣象. 若恕而無敬, 則無以行之, 須先主於敬然後, 能行其恕."로 되어 있고, 『주자어류(朱子語類)』 권42, 「논어24(論語二十四)」, 32조목에 실려 있는 내용은 다음과 같다. "問'仲弓問仁'. 曰 : '能敬能恕, 則仁在其中.' 問 : '呂氏之說, 卻是仁在外?' 曰 : '說得未是.' 又問 : '只用敬否?' 曰 : '世有敬而不能恕底人, 便只理會自守, 卻無溫厚愛人氣象. 若恕而無敬, 則無以行其恕.'" 또 『주자어류(朱子語類)』 권42, 「논어24(論語二十四)」, 3조목에는 다음과 같은 내용으로 보충 설명한다. "或問'推己及物之謂恕.' 曰 : '推己及物, 便是

주자(朱子 : 朱熹)가 말하였다. "먼저 경(敬)을 주장한 뒤에 그 서(恕)를 행하는 것이다."

○ 又曰 : "體用兼備."121)

주자(朱子 : 朱熹)가 또 말하였다. "체(體)와 용(用)을 아울러서 갖춘 것이다."

○ 新安陳氏曰 : "敬則私意無所容於內; 恕則私意無所容於外."122)

'사의무소용(私意無所容 : 사사로운 뜻이 용납되는 경우가 없음)'에 대해, 신안 진씨(新安陳氏 : 陳櫟)가 말하였다. "공경하면 사사로운 뜻이 안에 용납되는 경우가 없고, 용서하면 사사로운 뜻이 밖에 용납되는 경우가 없다."

○ 顔·冉之仁, 其成功一也. 故皆以'全'言之.

안연(顔淵)와 염옹(冉雍 : 仲弓)의 인(仁)은 그 성공함이 동일하다. 그러므로 모두 '전(全)'으로써 말한 것이다.

○ 王氏曰 : "主敬則內有以全其心之德; 行恕則外有以推其愛之理."123)

왕씨(王氏 : 王炎)124)가 말하였다. "경(敬)을 주장하면 안으로 그 마음의 덕을 온전

己所不欲, 勿施於人, 然工夫卻在前面. 出門如見大賓, 使民如承大祭, 須是先主於敬, 然後能行其恕.' 或問: '未出門·使民之前, 更有工夫否?' 曰: '未出門·使民之時, 只是如此. 惟是到出門·使民時易得走失, 故愈著用力也.'(어떤 이가 '자기를 미루어 사물에 미치는 것을 서라 한다'는 말에 대해 물었다. 주희가 말하였다. ''자기를 미루어 사물에 미친다'는 것은 바로 '자기가 원하지 않는 것을 남에게 베풀지 말라'는 것이다. 그러나 공부는 오히려 앞에 놓여 있다. '문을 나섰을 때는 큰 손님을 만난 듯이, 백성에게 일을 시킬 때는 큰 제사를 받들듯이 한다.'는 것은 반드시 먼저 공경함을 위주로 한 다음에 그 서를 행할 수 있다는 말이다.' 어떤 이가 물었다. "문을 나서지 않고, 백성에게 일을 시키지 않았을 때도 다시 공부가 있어야 합니까?' 주희가 말하였다. '문을 나서지 않고, 백성에게 일을 시키지 않았을 때도 이와 같을 뿐이다. 오직 문을 나서고 백성들에게 일을 시킬 때 잘못을 저지르기 쉽기 때문에 더욱 노력하는 것이다.')"

121) 호광 편(胡廣 編), 『논어집주대전(論語集註大全)』「안연(顔淵)」에는 "聖人言語極謹密, 說'出門如見大賓; 使民如承大祭', 下面又便說'己所不欲, 勿施於人', 都無些欠缺處. 問此意, 則體用兼備. 曰 : '只是如此自家身己上, 常是持守到接物上. 又如此, 則日用之間, 無少間隙, 私意直是何所容, 可見聖人說得極密.'"로 되어 있다.

122) 호광 편(胡廣 編), 『논어집주대전(論語集註大全)』「안연(顔淵)」에는 "新安陳氏曰 : '敬以持己, 則私意無所容於內; 恕以及物, 則私意無所容於外. 於是, 天理流行, 而心德全矣.'"로 되어 있다.

123) 호광 편(胡廣 編), 『논어집주대전(論語集註大全)』「안연(顔淵)」.

124) 왕염(王炎 : 1137~1218) : 자가 회숙(晦叔) 또는 회중(晦仲)이고 호가 쌍계(雙溪)이며, 무원(婺源) 사람이다. 주희와 교유하고 장식(張栻) 등과 강론(講論)하였다. 사는 곳에 쌍계(雙溪)가 있어서 정자를 짓고 홍취를 부치며 스스로 백낙천(白樂天)에 비유하였다. 저서로는 『쌍계시여(雙溪詩餘)』 외에 『독역필기(讀易筆記)』·『상서소전(尙書小傳)』·『예기해(禮記解)』·『논어해

히 함이 있고, 서(恕)를 행하면 밖으로 그 사랑의 이치를 추진함이 있다."

朱註

內外無怨, 亦以其效言之, 使以自考也.

안팎으로 원망함이 없음은 또한 그 효험으로써 말한 것이니, 스스로 증험하도록 한 것이다.

詳說

○ **朱子曰 : "怨有是非, 此只說怨得是底."**[125]

'내외무원(內外無怨 : 안팎으로 원망함이 없음)'에 대해, 주자(朱子 : 朱熹)가 말하였다. "원망함에 옳고 그름이 있으니, 이는 다만 원망함이 옳은 것만 말한 것이다."

○ **照上章而言, 亦註.**

'역이기효언지(亦以其效言之 : 또한 그 효험으로써 말한 것)'는 위 장절에 비추어서 말한 것이니, 또한 주석이다.

○ **新安陳氏曰 : "驗也."**[126]

'자고(自考)'에 대해, 신안 진씨(新安陳氏 : 陳櫟)가 말하였다. "증험함이다."

○ **朱子曰 : "弟子之問多矣, 獨二子有'請事之'對, 蓋度其能踐此言而後對, 記者亦以其充此對而記之也."**[127]

주자(朱子 : 朱熹)가 말하였다. "제자의 질문이 많은데, 오직 두 제자만 '청컨대 일삼겠습니다.'라는 대답이 있으니, 대개 그 능히 이 말을 실천할 수 있으리라 헤아린 뒤에 대답하였고, 기록하는 사람이 또한 이 대답을 채워서 기록한 것이다."

○ **有釋無訓.**

경문의 풀이는 있으나 훈고는 없다.

(論語解)』·『효경해(孝經解)』·『노자해(老子解)』·『춘추연의(春秋衍義)』·『상수계의(象數稽疑)』·『우공변(禹貢辨)』 등이 있다.

125) 호광 편(胡廣 編), 『논어집주대전(論語集註大全)』「안연(顏淵)」에는 "問 : '怨有是非如何? 都得他無.' 曰 : '此只說怨得是底.'"로 되어 있다.

126) 호광 편(胡廣 編), 『논어집주대전(論語集註大全)』「안연(顏淵)」에는 "新安陳氏曰 : '上章天下歸仁, 是以克己復禮之效言之; 此章內外無怨, 亦以主敬行恕之效言之. 考, 驗也, 能使內外無怨, 可以驗我之能敬恕, 若內外尙有怨者, 是我於敬恕猶有未至也. 此之謂自考.'"로 되어 있다.

127) 호광 편(胡廣 編), 『논어집주대전(論語集註大全)』「안연(顏淵)」에는 "弟子之問多矣, 獨二子有請事之對, 蓋度其能踐此言而後對記者, 亦以其充此, 對而記之也."로 되어 있다.

朱註

程子曰:"孔子言仁, 只說'出門如見大賓, 使民如承大祭', 看其氣象, 便須心廣體胖, 動容周旋中禮, 唯謹獨, 便是守之之法."

정자(程子:程頤)가 말하였다. "공자가 인(仁)을 말함에 다만 '출문여견대빈, 사민여승대제(出門如見大賓, 使民如承大祭: 문을 나감에 큰 손님을 보는 것같이 하며, 백성을 부림에 큰 제사를 잇는 것 같이 함)'를 말하였는데, 그 기상을 보면 곧 모름지기 마음이 넓어지고 몸이 살쪄서 몸가짐과 몸차림 및 두루 움직임이 예(禮)에 맞았으니, 오직 근독(謹獨:홀로 있음에 삼감)만이 바로 이것을 지키는 방법이다."

詳說

○ 當考.

'정자(程子)'는 동생 정이(程頤)인지 형 정호(程顥)인지 마땅히 살펴봐야 한다.[128]

○ 二'大'字, 蓋指國言, 『周禮』凡係國事, 皆言'大'.

'대빈(大賓)'과 '대제(大祭)'의 두 '대(大)'자는 나라를 가리켜서 말한 것이니, 『주례』에 무릇 나랏일에 관계된 사안은 모두 '대(大)'를 말하였다.

○ 四字, 出『大學』.

'심광체반(心廣體胖:마음이 넓어지고 몸이 살찜)'의 네 글자는 『대학(大學)』에 나온다.[129]

○ 去聲.[130]

'중(中)'은 거성(去聲:부합함)이다.

○ 出『孟子』「盡心」.

'동용주선중례(動容周旋中禮:몸가짐과 몸차림 및 두루 움직임이 예에 맞음)'는 『맹자(孟子)』「진심(盡心)」에 나온다.[131]

---

128) '정자(程子)'는 동생 정이(程頤)인지 형 정호(程顥)인지 마땅히 살펴봐야 한다: 주희, 『논어정의(論語精義)』 권6 하에서 "又曰:'孔子言仁, 只說出門如見大賓; 使民如承大祭, 看其氣象, 便須心廣體胖, 動容周旋中禮, 唯愼獨, 便是守之之法.'"라고 하였다.

129) '심광체반(心廣體胖:마음이 넓어지고 몸이 살찜)'의 네 글자는 『대학(大學)』에 나온다: 『대학장구(大學章句)』 전6장에서 "富潤屋, 德潤身, 心廣體胖. 故君子必誠其意."라고 하였다.

130) 호광 편(胡廣 編), 『논어집주대전(論語集註大全)』「안연(顔淵)」.

131) 『맹자(孟子)』「진심(盡心)」에 나온다: 『맹자(孟子)』「진심하(盡心下)」에서 "動容周旋中禮者, 盛德之至也."라고 하였다.

○ 新安陳氏曰 : “程子恐人認‘見賓’ · ‘承祭’, 作勉強拘束之敬. 故云‘然’.”[132]

신안 진씨(新安陳氏 : 陳櫟)가 말하였다. “정자(程子)가 사람들이 ‘손님을 보고’ ‘제사를 이음’에 힘쓰고 구속하는 경(敬)을 짓는 것으로 알까봐 염려하였다. 그러므로 ‘그렇다.’라고 이른 것이다.”

○ 新安陳氏曰 : “又恐人外貌如此, 而中心不如此, 必於己獨知之處, 致謹, 便是持守此敬之法.”[133]

‘유근독, 편시수지지법(唯謹獨, 便是守之之法 : 오직 근독만이 바로 이것을 지키는 방법)’에 대해, 신안 진씨(新安陳氏 : 陳櫟)가 말하였다. “또 사람들이 외모가 이와 같고 마음속이 이와 같지 못할까 염려하여 반드시 자기 혼자만 아는 곳이어도 삼감을 이루어야 하니, 바로 이 경(敬)을 지키는 방법이다.”

朱註

或問 : “出門 · 使民之時, 如此可也; 未出門 · 使民之時, 如之何?” 曰 : “此儼若思時也.[134] 有諸中而後, 見於外, 觀其出門 · 使民之時, 其敬如此, 則前乎此者敬, 可知矣. 非因出門 · 使民然後, 有此敬也.”

어떤 사람이 물었다. “문을 나가고 백성을 부리는 때는 이와 같이 하는 것이 괜찮지만, 문을 나가지도 백성을 부리지 않을 때는 어찌합니까?” 정자가 말하였다. “이것은 공경스럽게 생각하는 때이다. 마음속에 있은 뒤에 밖으로 나타나니, 문을 나가고 백성을 부리는 때를 보고 그 공경함이 이와 같다면 이보다 이전 것의 공경함을 알 수 있을 것이다. 문을 나가고 백성을 부림에 말미암아 이 공경함이 있는 것은 아니다.”

---

132) 호광 편(胡廣 編), 『논어집주대전(論語集註大全)』「안연(顔淵)」에는 “新安陳氏曰 : ‘程子恐人認見賓承祭, 作勉强拘束之敬. 故云然. 蓋欲如所謂禮之用, 和爲貴也.’”로 되어 있다.

133) 호광 편(胡廣 編), 『논어집주대전(論語集註大全)』「안연(顔淵)」에는 “新安陳氏曰: ‘又恐人外貌如此, 而中心不如此. 必如一念萌動, 己所獨知之處而致謹焉, 便是持守此敬之法.’”으로 되어 있다.

134) 『주자어류(朱子語類)』 권42, 「논어24(論語二十四)」, 23조목에는 “或問伊川, ‘未出門, 未使民時如何?’ 曰 : ‘此儼若思時也. 聖人之言, 得他恁地說, 也好. ……’(어떤 이가 이천에게 물었다. ‘문을 나서지 않고, 백성들에게 일을 시키지 않았을 때는 어떻습니까?’ 이천이 말하였다. ‘이것은 공경스럽게 생각하는 때이다.’라고 말하였다. 성인의 말은 그가 이처럼 말한 것을 얻어야 또한 좋은 것이다.……’)”

詳說

○ 叔子.

'왈(曰)'은 동생 정이(程頤)이다.

○ 見『禮記』「曲禮」.[135]

'엄약사시(儼若思時 : 공경스럽게 생각하는 때)'는 『예기』「곡례(曲禮)」에 보인다.[136]

○ 音現.[137]

'현어외(見於外)'에서 '현(見)'은 음이 현(現)이다.

○ 朱子曰 : "惟出門 · 使民時, 易得走失. 故愈著用力."[138]

'가지(可知 : 알 수 있다)'에 대해, 주자(朱子 : 朱熹)가 말하였다. "오직 문을 나가고 백성을 부리는 때에 잃기 쉬운 것이다. 그러므로 더욱 힘을 써야 한다."

○ 新安陳氏曰 : "觀其動時敬, 則其靜時敬, 可知."[139]

신안 진씨(新安陳氏 : 陳櫟)가 말하였다. "그 움직일 때의 공경함을 보면 그 고요할 때의 공경함을 알 수 있다."

○ 『大全』曰 : "此推言外之意."[140]

'비인출문 · 사민연후, 유차경야(非因出門 · 使民然後, 有此敬也 : 문을 나가고 백성을 부림에 말미암아 이 공경함이 있는 것은 아니다)'에 대해, 『논어집주대전』에서 말하였다. "이는 말 밖의 뜻을 유추한 것이다."

○ 朱子曰 : "程子不是就經上說, 是偶然摘此二句, 所以只說敬."[141]

---

135) 호광 편(胡廣 編), 『논어집주대전(論語集註大全)』「안연(顏淵)」에는 "「曲禮」曰 : '儼若思', 此靜時敬也'."로 되어 있다.

136) 『예기』「곡례(曲禮)」에 보인다 : 『예기』「곡례(曲禮)」에서 "毋不敬, 儼若思."라고 하였다.

137) 호광 편(胡廣 編), 『논어집주대전(論語集註大全)』「안연(顏淵)」에는 "見, 形甸反."이라고 하였다.

138) 『주자어류(朱子語類)』 권42, 「논어24(論語二十四)」, 3조목에는 "或問'推己及物之謂恕'. 曰 : '推己及物, 便是己所不欲, 勿施於人, 然工夫卻在前面. 出門如見大賓, 使民如承大祭, 須是先主於敬, 然後能行其恕.' 或問 : '未出門 · 使民之前, 更有工夫否?' 曰 : '未出門 · 使民之時, 只是如此. 惟是到出門 · 使民時, 易得走失, 故愈著用力也.'"라고 하였다.

139) 호광 편(胡廣 編), 『논어집주대전(論語集註大全)』「안연(顏淵)」.

140) 호광 편(胡廣 編), 『논어집주대전(論語集註大全)』「안연(顏淵)」.

141) 『주자어류(朱子語類)』 권42 19조목에는 "李時可問 : '仲弓問仁, 孔子告之以出門如見大賓云云. 伊川只說作敬, 先生便說敬以持己, 恕以及物. 看來須如此說, 方全.' 曰 : '程子不是就經上說, 是偶然摘此兩句, 所以只說做敬.' 又問 : '伊川曰, 孔子言仁, 只說出門如見大賓, 使民如承大祭, 觀其氣象, 便須心廣體胖, 動容周旋中禮自然. 看來孔子方是教仲弓就敬上下工夫. 若是言仁, 亦未

주자(朱子 : 朱熹)가 말하였다. "정자(程子)가 경문(經文) 상에서 말한 것이 아닌데도 우연하게 이 두 구절을 따온 것은 다만 경(敬)을 말하려는 까닭이다."

朱註

愚按, '克己復禮', 乾道也; '主敬行恕', 坤道也.
내가 살펴보건대, '극기복례(克己復禮)'는 하늘의 도이고, '주경행서(主敬行恕)'는 땅의 도이다.

詳說

○ 朱子曰 : "乾道奮發而有爲, 坤道靜重而持守, 二子氣象, 各有所類."142)

到得這處.' 曰 : '程子也不是就經上說, 公今不消得恁地看. 但且就他這二句上, 看其氣象是如何.'(이시가(李時可)가 물었다. '중궁이 인에 대해 묻자 공자께서는 '문을 나서면 큰 손님을 만난 듯이 하라.'고 일러주셨습니다. 그런데 이천은 다만 공경함이라고 설명했고, 선생은 '공경함으로 자신을 지키고 서로 사물에 미친다.'고 했습니다. 제가 보기에 반드시 이처럼 설명해야 완전할 것 같습니다.' 주희가 말하였다. '정자는 경(經)을 설명한 것이 아니라, 우연히 이 두 구절을 뽑아냈기 때문에 공경하라고만 했을 뿐이다.' 또 물었다. '이천은 '공자께서 인을 말하면서 '문을 나서면 큰 손님을 만난 듯이 하고, 백성에게 일을 시킬 때는 큰 제사를 모시듯이'라고 했을 뿐이다. 그 기상을 살펴보면 반드시 '마음은 드넓어지고 몸은 쭉 펴지고', '이런 저런 행동거지가 모두 예에 들어 맞어'자연스럽다.' 살펴보면 공자께서 중궁에게는 공경함의 높고 낮은 공부를 가르쳤습니다. 이렇게 인을 말한다면 또한 여기에서는 도달하지 못할 것입니다.' 주희가 말하였다. '정자 또한 경을 설명한 것이 아니니, 그대가 이제 꼭 이처럼 볼 필요는 없다. 다만 그는 이 두 구절에서 기상이 어떠했는지를 살폈을 뿐이다.')"로 되어 있다.

142) 호광 편(胡廣 編), 『논어집주대전(論語集註大全)』「안연(顏淵)」에는 "朱子曰 : '乾道奮發而有爲; 坤道靜重而持守. 觀夫子告二子氣象, 各有所類.'"로 되어 있는데, 『주자어류(朱子語類)』 권42, 「논어24(論語二十四)」, 26조목의 내용은 다음과 같다. "或問 : '克己復禮者乾道, 莊敬持守者坤道, 如何分別?' 曰 : '乾道奮發而有爲, 如庸言之信, 庸行之謹.' '閑邪存其誠之類.' 是也. '忠信', 所以進德; 修辭立其誠, 所以居業. 坤道靜重而持守, 如'敬以直內, 義以方外'之類, 是也. 觀夫子告二子氣象, 各有所類.'(어떤 이가 물었다. ''자기를 이기고 예를 회복하는 것'이 건도(乾道)이고, 장엄하고 공경함으로 지키는 것은 곤도(坤道)라는 것을 어떻게 분별합니까?' 주희가 말하였다. '건도는 분발해서 하는 것이니, 평소의 말이 미덥고, 평소의 행실을 삼간다.', '간사한 것을 막고 그 정성스러움을 보존한다.'는 것이 이런 부류이다. '충과 미더움'은 덕에 나아갈 수 있는 이유이고, 문장을 닦고 그 정성스러움을 확립하는 것은 공업을 유지하는 방법이다. 곤도는 조용하고 무거우며 붙잡고 지키니 '공경함으로 안을 곧게 하고, 의로움으로 밖을 바르게 한다.'는 것이 이런 종류이다. 공자께서 두 사람에게 일러주신 기상을 살펴보면 각각 그 부류가 따로 있다.')"

주자(朱子 : 朱熹)가 말하였다. "건도(乾道)는 분발하여 행위가 있고, 곤도(坤道)는 정중(靜重)하여 견지하여 지키니, 두 제자의 기상에 각각 비교되는 것이 있다."

○ 又曰 : "顏子則明得盡者; 仲弓則莊敬以持養者. 顏子如創業之君; 仲弓如守成之君."143)

또[주자] 말하였다. "안자(顏子)는 명철함을 다한 사람이고, 중궁(仲弓)은 장경(莊敬)함으로써 견지하여 수양한 사람이니, 안자는 창업한 임금 같고, 중궁은 수성(守成)한 임금 같다."

○ 又曰 : "如賊來, 顏子是進步厮殺; 仲弓是堅壁清野."144)

주자(朱子 : 朱熹)가 또 말하였다. "만일 적군이 오면 안자는 걸어 나가서 서로 죽일 것이고, 중궁은 청량한 들판에 견고한 벽을 쌓을 것이다."

○ '乾道', 動; '坤道', 靜.

'건도(乾道)'는 움직임을 특징으로 하고, '곤도(坤道)'는 고요함을 특징으로 한다.

○ 厚齋馮氏曰 : "『左傳』, 仲尼曰 : '古語曰 : 克己復禮, 仁也, 蓋古有此語, 唯顏子可

---

143) 호광 편(胡廣 編), 『논어집주대전(論語集註大全)』「안연(顏淵)」에는 "仲弓資質温粹; 顏子資質剛明. 顏子於仁, 剛健果決, 如天旋地轉雷厲風行做將去; 仲弓則自斂藏嚴謹做將去. 伊川曰 : '質美者明得盡, 查滓便渾化, 却與天地同體, 其次惟莊敬以持養之. 顏子則明得盡者, 仲弓則莊敬以持養之者也. 顏子如創業之君; 仲弓如守成之君'."으로 되어 있고, 『주자어류(朱子語類)』 권42, 「논어24(論語二十四)」, 28조목의 내용은 다음과 같다. "問 : '克己復禮, 乾道; 主敬行恕, 坤道, 如何?' 曰 : '仲弓資質溫粹, 顏子資質剛明. 克己復禮, 天下歸仁. 爲仁由己, 而由人乎哉! 顏子之於仁, 剛健果決, 如天旋地轉, 雷動風行做將去! 仲弓則斂藏嚴謹做將去. 顏子如創業之君, 仲弓如守成之君. 顏子如漢高祖, 仲弓如漢文帝. 伊川曰 : 質美者明得盡, 渣滓便渾化, 卻與天地同體. 其次惟莊敬以持養. 顏子則是明得盡者也, 仲弓則是莊敬以持養之者也, 及其成功一也.'(물었다. '자기를 이기고 예를 회복하는 것은 건도이고, 공경함을 위주로 서를 행하는 것은 곤도이다'라는 말은 무슨 뜻입니까?' 주희가 말하였다. '중궁의 자질은 온화하고 순수하며, 안자의 자질은 굳세고 총명하다. '자기를 이기고 예를 회복하면 온 세상이 인으로 돌아온다. 인을 행하는 것은 자기에게 말미암는 것이니 다른 사람에게서 말미암겠는가!'라고 했으니, 안자는 인에 대해 굳세고 과감하게 결단을 내려, 마치 하늘이 돌고 땅이 움직이며, 우레가 치고 바람이 불듯이 실천해 나갔다! 중궁은 수렴하고 감싸며 엄숙하고 신중하게 해나갔다. 안자는 마치 창업한 임금과 같고, 중궁은 마치 수성하는 임금과 같다. 안자는 한나라 고조(高祖)와 같고, 중궁은 한나라 문제(文帝)와 같다. 이천은 '자질이 뛰어난 이는 지극히 총명하여 찌꺼기조차 혼연히 동화되어 천지와 함께 한 몸이 된다. 그 다음 오직 장엄하고 공경함으로 붙잡아 기른다.'고 하였다. 안자는 지극히 총명한 사람이고, 자궁은 장엄하고 공경함으로 붙잡아 기른 사람이다. 하지만 그 노력이 완성되면 동일하다.')"

144) 『주자어류(朱子語類)』 권41, 「논어23(論語二十三)」, 65조목에는 "譬如賊來, 顏子是進步與之厮殺教, 仲弓以敬恕是教他堅壁清野."로 되어 있다.

以從事於此.' 又曰:'出門·如賓; 承事·如祭, 仁之則也, 亦古有此語, 唯仲弓可以語之.'"145)

후재 풍씨(厚齋馮氏 : 馮椅)146)가 말하였다. "『춘추좌전(春秋左傳)』에서 중니(仲尼)가 말하기를 '옛말에, 극기복례(克己復禮)는 인(仁)이다.'라고 하였는데, 대개 옛날에 이 말이 있었고, 오직 안자가 이것에 종사할 수 있었다." 또 말하였다. "문을 나가고 큰 손님을 보는 것처럼 하며, 사업을 계승하고 제사를 지내는 것처럼 하는 것은 인의 준칙이니, 또한 옛날에도 이런 말이 있었지만 오직 중궁만이 그것을 말할 수 있었다."

朱註

顏·冉之學, 其高下淺深, 於此可見.

안연(顏淵)과 염옹(冉雍)의 학문의 그 높고 낮음과 얕고 깊음을 여기서 볼 수 있다.

詳說

○ 朱子曰 : "隨他氣質·地位而告之."147)

---

145) 호광 편(胡廣 編), 『논어집주대전(論語集註大全)』「안연(顏淵)」에는 "厚齋馮氏曰 : '『左傳』云 : 仲尼曰, 古語有之曰, 克己復禮, 仁也. 蓋古有此語, 唯顏子可以從事於此.' 又曰 : '出門如賓; 承事·如祭, 仁之則也, 亦古有此語, 唯仲弓可以語之.'"로 되어 있다.

146) 풍의(馮椅, 생몰년 미상) : 남송 시대 학자로, 자가 의지(儀之)·기지(奇之)이고, 호가 후재(厚齋)이며, 남가도창(南康都昌) 사람이다. 주희(朱熹)에게 학문을 배웠으며, 저서로는 『논어해(論語解)』 외에 『주역(周易)』·『시경(詩經)』·『서경(書經)』·『맹자(孟子)』·『태극도설』『서명』의 집설(輯說)이 있고, 『공문제자전(孔門弟子傳)』 등이 있다.

147) 호광 편(胡廣 編), 『논어집주대전(論語集註大全)』「안연(顏淵)」에는 "問 : '持敬·克己工夫, 相資相成否乎?' 曰 : '做處則一, 但孔子告顏子·仲弓, 隨他氣質地位而告之耳. 若不敬則此心散漫, 何以能克己? 若不克己, 非禮而視·聽·言·動, 安能爲敬?' 又曰 : '敬之至, 固無己可克, 克己之至, 亦不消言敬, 敬則無己, 可克者, 是無所不敬. 故不用克己, 此是大敬如聖敬, 日躋於緝熙敬止之敬也.'"라 하였고, 『주자어류(朱子語類)』 권42, 「논어24(論語二十四)」, 18조목에는 "伯羽問 : '持敬·克己工夫, 相資相成否乎?' 曰: '做處則一. 但孔子告顏子·仲弓, 隨他氣質地位而告之耳. 若不敬, 則此心散漫, 何以能克己? 若不克己, 非禮而視·聽·言·動, 安能爲敬?'(백우가 물었다. '공경함을 유지하는 것·자기를 이기는 것은 공부가 서로 의지하면서 서로 이루어지는 것입니까?' 주희가 말하였다. '공부를 하는 곳은 하나이다. 다만 공자가 안자와 중궁에게 일러주신 것은 그들의 기질 수준에 따라 일러주었을 뿐이다. 만일 공경함이 없다면 이 마음은 흐트러질 것이니 어떻게 자기를 이길 수 있겠는가? 또 만일 자기를 이기지 못한다면 예가 아니어도 보고, 듣고, 말하고, 움직일 것이니, 어떻게 공경할 수 있겠는가?')"으로 되어 있다.

주자(朱子 : 朱熹)가 말하였다. "다른 기질이나 지위에 따라서 말해준 것이다."

○ 蔡氏曰 : "天下廣; 邦家狹."148)

채씨(蔡氏 : 蔡模)가 말하였다. "천하는 넓고, 나라는 좁다."

○ 二, 如一勿之目視, 四勿又欠些子.

두 사람은 일물(一勿)의 눈으로 보는 데서는 같으나, 사물(四勿)의 차원에서는 또 조금 부족하다.

朱註

然學者, 誠能從事於敬恕之間, 而有得焉, 亦將無己之可克矣.

그러나 배우는 사람은 진실로 경(敬)과 서(恕)의 사이에 종사하여 터득함을 둘 수 있다면 또한 장차 자기가 어떠한 경우라도 이겨야 하는 일이 없을 것이다.

詳說

○ '將'字, 有斟酌.

'장(將)'자는 짐작함이 있는 것이다.

○ 朱子曰 : "持敬·行恕, 便自能克己."149)

주자(朱子 : 朱熹)가 말하였다. "경(敬)을 견지하고 서(恕)를 행하면 곧 스스로 능히 극기(克己)할 수 있다."

○ 『註』末, 亦以'學者'言之, 一如上章註.

『논어집주(論語集註)』 끝에 또한 '학자(學者)'로써 말하였으니, 한결같이 위 장절의 주석과 같다.

---

148) 호광 편(胡廣 編), 『논어집주대전(論語集註大全)』「안연(顏淵)」에는 "蔡氏曰 : '以效言之, 亦有不同. 顏子底, 便可天下歸仁, 其應廣而速. 仲弓底, 只可邦家無怨, 其應狹而緩.'"로 되어 있다.

149) 『주자어류(朱子語類)』 권42, 「논어24(論語二十四)」, 9조목에는 "希遜問'夫子答顏子·仲弓問仁之異.' 曰 : '此是各就它資質上說. 然持敬·行恕, 便自能克己; 克己, 便自能持敬·行恕, 亦不必大段分別.'(희손(希遜)이 공자께서 안자와 중궁이 인을 물은 데 대해 대답하신 말의 차이에 대해 물었다. 주희가 말하였다. '이것은 각각 그들의 자질이란 측면에서 말했기 때문이다. 그러나 공경함을 유지하면서 서를 행한다면 저절로 자기를 극복할 수 있다. 자기를 극복하면 저절로 공경함을 유지하며 서를 행할 수 있으니, 또한 크게 분별할 필요는 없다.')"이라 하였다.

[12-3-1]

司馬牛, 問仁,
사마우(司馬牛)가 인(仁)을 물었는데,

朱註

> 司馬牛, 孔子弟子, 名犂, 向魋之弟.
> 사마우(司馬牛)는 공자 제자이니, 이름이 려(犂)이고, 상퇴(向魋)의 아우이다.

詳說

○ 『家語』曰 : "名犂耕, 宋人."[150]
『공자가어(孔子家語)』에서 말하였다. "이름이 여경(犂耕)이고, 송나라 사람이다."

○ 『史記』「仲尼弟子傳」曰 : "名耕."
『사기(史記)』「중니제자열전」에서 말하였다. "이름이 경(耕)이다."

○ 式亮反.[151]
'상퇴지제(向魋之弟)'에서 '상(向)'은 '식(式)'과 '량(亮)'의 반절(反切)이다.

○ 音頹.[152]
'상퇴지제(向魋之弟)'에서 '퇴(魋)'자는 음이 퇴(頹)이다.

○ 有訓無釋.
훈고는 있으나 경문의 풀이는 없다.

[12-3-2]

子曰 : "仁者, 其言也訒."
공자가 말하였다. "인자(仁慈)한 사람은 그 말하는 것이 과묵(寡黙)하다."

---

150) 호광 편(胡廣 編), 『논어집주대전(論語集註大全)』「안연(顔淵)」에서 "宋人."이라고 하였다.
151) 호광 편(胡廣 編), 『논어집주대전(論語集註大全)』「안연(顔淵)」.
152) 호광 편(胡廣 編), 『논어집주대전(論語集註大全)』「안연(顔淵)」에는 "魋, 徒回反."이라고 하였다.

朱註

‘訒’, 音刃. ‘訒’, 忍也; 難也. ‘仁者’, 心存而不放. 故其言, 若有所忍而不易發, 蓋其德之一端也.

‘기언야인(其言也訒)’에서 ‘인(訒)’자는 음이 인(刃)이다. ‘인(訒)’은 참음이며, 어려워하는 것이다. ‘인자(仁者)’는 마음이 보존되어 방자하지 않는 것이다. 그러므로 그 말이 참는 것이 있어 가볍고 쉽게 꺼내지 않는 것이니, 그 덕의 일단이다.

詳說

○ 訓.

‘인, 인야; 난야(訒, 忍也; 難也 : ‘인(訒)’은 참음이며, 어려워하는 것이다)는 훈고이다.

○ 一訓而不足, 則兩訓之, 此亦一例也.

한 번의 새김으로 부족하여 곧 두 번 새긴 것이니, 이 또한 하나의 예이다.

○ 去聲, 下幷同.

‘약유소인이불이발(若有所忍而不易發)’에서 ‘이(易)’자는 거성(去聲 : 쉽다)이니, 아래도 아울러 같다.

○ 朱子曰 : “恰似肚裏先商量了, 方說底模樣.”153)

‘유소인이불이발(有所忍而不易發 : 말이 참는 것이 있어서 경이하게 꺼내지 않는 것)’에 대해, 주자(朱子 : 朱熹)가 말하였다. “흡사 마음속으로 먼저 생각하고 나서 바야흐로 말하는 모양 같다.”

---

153) 호광 편(胡廣 編), 『논어집주대전(論語集註大全)』「안연(顔淵)」에는 “問 : ‘仁者其言也訒, 只是訥於言意思否?’ 曰 : ‘訥於言而敏於行, 是怕人說得多後行不逮其言也. 訒是說持守得那心定後說出來, 自是有斟酌, 恰是肚裏先商量了, 方說底模樣. 今人只信口說, 方說時, 他心裏也, 自不知得.’”으로 되어 있고, 『주자어류(朱子語類)』 권42, 「논어24(論語二十四)」, 35조목의 내용은 다음과 같다. “仲蔚問 : ‘仁者其言也訒, 只是訥於言意思否?’ 曰 : ‘訥於言而敏於行, 是怕人說得多後, 行不逮其言也. 訒, 是說持守得那心定後, 說出來自是有斟酌, 恰似肚裏先商量了, 方說底模樣. 而今人只是信口說, 方說時, 它心裏也, 自不知得.’(중위가 물었다. ‘‘인자는 그 말하기를 어려워한다.’는 것은 말에 어눌하다는 뜻입니까?’ 주희가 말하였다. ‘말에 어눌하고 행동에 민첩하다고 했으니, 이는 사람들이 말을 많이 하고 행동이 그 말에 미치지 못할까 걱정한 것이다. 어려워함[訒]이란 마음을 안정되게 지킨 뒤에 말하는 것을 저절로 짐작할 수 있음을 말하니, 마치 배 속에서 먼저 헤아려 말하는 모양과 비슷하다. 그런데 요즘 사람들은 단지 입에 의지해 말하므로, 말할 때 그 마음속을 스스로 알지 못한다.’)”

○ 蒙上'仁'字.

'기덕(其德 : 其)'은 위의 '인(仁)'자를 이은 것이다.[154]

○ 雲峰胡氏曰 : "前章則曰'心德之全'; 此則曰'德之一端'."[155]

운봉 호씨(雲峰胡氏 : 胡炳文)가 말하였다. "앞장에서는 곧 '마음덕의 전체'를 말하였고, 여기서는 곧 '덕의 일단'을 말하였다.

○ 顔·冉, 是全體之仁; 牛, 是一事之仁.

안연(顔淵)과 염옹(冉雍 : 仲弓)은 전체적인 인(仁)이고, 사마우(司馬牛)는 한 가지 일의 인(仁)이다.

○ 釋畢.

경문의 풀이가 끝났다.

○ 此下, 又論其言外之正意.

이 아래에서 또 그 말 밖의 진정한 뜻을 논의하였다.

朱註

夫子以牛多言而躁. 故告之以此, 使其於此而謹之, 則所以爲仁之方, 不外是矣.

공자는 사마우(司馬牛)가 말이 많고 조급하다고 여겼다. 그러므로 이것[仁者其言也訒]으로써 말하여 그에게 이것[言]에 삼가도록 했으니, 곧 인(仁)을 하는 방도가 이것[訒]을 벗어나지 않기 때문이다.

詳說

○ 朱子曰 : "求仁之端."[156]

---

154) '위의 '인(仁)'자를 이은 것이다 : '인자(仁者)'의 '인(仁)'자를 말하는 것이다.

155) 호광 편(胡廣 編), 『논어집주대전(論語集註大全)』「안연(顔淵)」에는 "雲峯胡氏曰 : '『集註』, 於顔淵則曰心德之全; 此則曰心之一端, 亦不過四勿中之一也.'"로 되어 있다.

156) 호광 편(胡廣 編), 『논어집주대전(論語集註大全)』「안연(顔淵)」에는 "問 : '聖人答司馬牛, 其言也訒此句, 通上下言否?' 曰 : '就他身上說, 又較親切, 人謹得言語不妄發, 即求仁之端.'"으로 되어 있고, 『주자어류(朱子語類)』 권42, 「논어24(論語二十四)」, 39조목의 내용은 다음과 같다. "問 : '聖人答司馬牛其言也訒, 此句通上下言否?' 曰 : '就他身上說, 又較親切. 人謹得言語不妄發, 卽求仁之端. 此心不放, 便存得道理在這裏.'(물었다. '성인이 사마우에게 '말하기를 어려워한다'고 답한 구절은 위의 말이나 아래의 말과 통합니까?' 주희가 말하였다. '그 자신에게 나아가 말했으니, 또한 비교적 친절하다. 사람이 말을 거짓으로 꾸며내지 않는 것이 인을 구하는 단서이다. 마음을 놓지 않으면 자신에게 도리를 보존할 수 있다.')"

'위인지방(爲仁之方)'에 대해, 주자(朱子 : 朱熹)가 말하였다. "인(仁)을 구하는 실마리이다."

[12-3-3]

曰 : "其言也訒, 斯謂之仁矣乎?" 子曰 : "爲之難, 言之得無訒乎?"
사마우가 말하였다. "그 말하는 것이 과묵하면 이를 인(仁)이라고 이르는 것입니까?" 공자가 말하였다. "그것을 하는 것이 어려우니, 말함에 능히 과묵함이 없을 수 있겠느냐?"

詳說

○ 上一'之'虛; 下二'之'實.
위의 하나의 '지(之)'자는 허사이고, 아래의 두 개의 '지(之)'자는 실사이다.

朱註

牛意仁道至大, 不但如夫子之所言. 故夫子, 又告之以此. 蓋心常存故, 事不苟; 事不苟故, 其言自有不得而易者, 非強閉之而不出也.
사마우는 인(仁)의 방도가 지극히 커서 다만 공자가 말한 것과 같지 않다고 생각하였다. 그러므로 공자가 또 이것으로써 말해준 것이다. 대개 마음이 항상 보존되기 때문에 하는 일이 구차하지 않으며, 하는 일이 구차하지 않기 때문에 그 말이 자연스럽게 능히 가볍고 쉽게 하지 않는 것이 있으니, 강제로 입을 닫아서 말을 내지 않음이 아니다.

詳說

○ 指言訒.
'고지이차(告之以此 : 이것으로써 말해준 것)'는 말이 과묵함을 가리킨다.

○ 新安陳氏曰 : "仁以心存爲本, 所以『集註』兩言'心存'."[157]
'심상존(心常存 : 마음이 항상 보존됨)'에 대해, 신안 진씨(新安陳氏 : 陳櫟)가 말하였다. "인은 마음의 보존으로써 근본을 삼으니, 『논어집주(論語集註)』에서 두 번 '심존(心存)'을 말한 까닭이다."

○ 朱子曰 : "不敢胡亂做."158)

'사불구(事不苟 : 하는 일이 구차하지 않음)'에 대해, 주자(朱子 : 朱熹)가 말하였다. "감히 멋대로 하지 않는 것이다."

○ 又曰 : "'爲之難', 蓋事無不難也, 豈獨仁之難爲耶? 若此則獨於言仁有不可易矣."159)

주자(朱子 : 朱熹)가 또 말하였다. "'위지난(爲之難 : 그것을 하는 것이 어려움)'은 대개 일이 어렵지 않음이 없으니, 어찌 오직 인(仁)을 하는 것만 어려운가? 이와 같다면 오직 인을 말함에 쉽게 해서는 안 됨이 있는 것이다."

○ 上聲.160)

'비강폐지이불출야(非強閉之而不出也)'에서 '강(强)'자는 상성(上聲 : 강제로)이다.

○ 慶源輔氏曰 : "牛以訒爲強閉不出. 故易視之."161)

경원 보씨(慶源輔氏 : 輔廣)가 말하였다. "사마우(司馬牛)가 과묵함을 강제로 입을 닫아서 내지 않는 것으로 여겼다. 그러므로 쉽게 본 것이다."

○ 有釋無訓.

경문의 풀이는 있으나 훈고는 없다.

○ 此下, 又取本事以實其易言.

이 아래에서 또 근본적인 일을 취하여 그 말을 쉽게 함에 대해 보충하였다.

---

157) 호광 편(胡廣 編), 『논어집주대전(論語集註大全)』「안연(顔淵)」에는 "新安陳氏曰 : '言仁以心存爲本, 心存則言不易; 心存則事不苟, 所以『集註』於此章, 兩以心存言之.'"로 되어 있다.

158) 호광 편(胡廣 編), 『논어집주대전(論語集註大全)』「안연(顔淵)」에는 "朱子曰 : '心存則自是不敢胡亂說話, 大率說得容易底, 便是他心放了, 是實未嘗爲之也. 若不敢胡亂做者, 必不敢容易說, 然亦是存得這心在.'"로 되어 있다.

159) 호광 편(胡廣 編), 『논어집주대전(論語集註大全)』「안연(顔淵)」에는 "問 : '爲之難者, 不謂仁之難爲耶?' 曰 : '仁者之言無不訒, 蓋知事之無不難也, 豈獨仁之難爲而後難於言耶? 且必若此, 則凡事皆可易言, 而獨於言仁爲不可易矣, 豈其然乎?'" 로 되어 있다.

160) 호광 편(胡廣 編), 『논어집주대전(論語集註大全)』「안연(顔淵)」.

161) 호광 편(胡廣 編), 『논어집주대전(論語集註大全)』「안연(顔淵)」에는 "慶源輔氏曰 : '心存則行自然難而不苟動, 言自然訒而不苟發. 此心德之自然, 豈易能哉? 而牛之意, 則以訒其言爲强閉而不出. 故易視之而以爲仁道之大, 不但如此而已也.'"로 되어 있다.

朱註

楊氏曰 : "觀此及下章再問之語, 牛之易其言, 可知."

양씨(楊氏 : 楊時)[162]가 말하였다. "이 장절 및 아래 장절의 두 번 묻는 말을 보면 사마우(司馬牛)가 그 말을 쉽게 함을 알 수 있다."

詳說

○ 二章'矣乎', 如出一時.

두 장에서 '의호(矣乎)'[163]는 마치 한때에 나온 것 같다.

朱註

程子曰 : "雖爲司馬牛多言故, 及此, 然聖人之言, 亦止此爲是."

정자(程子 : 程頤)가 말하였다. "비록 사마우(司馬牛)가 말이 많다고 여겼기 때문에 이에 미쳤으나, 성인의 말이 또한 여기에 멈춰도 옳은 것이 된다."

詳說

○ 叔子.

'정자(程子)'는 동생 정이(程頤)이다.

○ 去聲.[164]

'역지차위시(亦止此爲是)'에서 '위(爲)'자는 거성(去聲 : 여기다)이다.

○ 易者必多.

'사마우다언(司馬牛多言 : 사마우가 말이 많다)'에서 볼 때, 쉽게 여기는 사람은 반드시 말이 많다.

---

162) 양시(楊時 : 1053~1135) : 북송 시대 사람으로, 자는 중립(中立)이고, 호는 구산(龜山)이다. 먼저 정호(程顥)와 정이(程頤)에게 배워서 유작(游酢)·여대림(呂大臨)·사양좌(謝良佐)와 함께 '정문사대제자(程門四大弟子)'라고 불렸으며, 나종언(羅從彦)·이동(李侗)과 함께 '남검삼선생(南劍三先生)'이라고도 불려졌다. 만면에 구산(龜山)에 은거하여 학자들이 '구산선생'이라고 하였다.

163) 두 장에서 '의호(矣乎)' : 이 장절의 "其言也訒, 斯謂之仁矣乎?"에 나오는 '矣乎'와 아래 장절의 "不憂不懼, 斯謂之君子矣乎?"에 나오는 '矣乎'를 말한다.

164) 호광 편(胡廣 編), 『논어집주대전(論語集註大全)』「안연(顔淵)」.

○ 於人人, 言止如此, 乃爲是也, 以'愚謂'以下再申之說推之, 可見.

사람마다 말이 멈추는 것이 이와 같으면 이에 옳음이 되니, '우위(愚謂)' 아래로는 다시 거듭하여 말한 것으로써 미루어 보면 알 수 있다.

朱註

愚謂, 牛之爲人如此, 若不告之以其病之所切, 而汎以爲仁之大槩語之, 則以彼之躁, 必不能深思以去其病, 而終無自以入德矣. 故其告之如此. 蓋聖人之言, 雖有高下大小之不同, 然其切於學者之身, 而皆爲入德之要, 則又初不異也, 讀者其致思焉.

내가 생각하건대, 사마우(司馬牛)의 사람됨이 이와 같았으니, 만약 그 결함의 끊을 곳을 말해주지 않고 두루 인(仁)을 하는 대강을 말하였다면 저 사람의 조급함으로 반드시 능히 깊이 생각해서 그 결함을 제거하지 못하여 끝내 스스로 덕(德)에 들어감이 없었을 것이다. 그러므로 그 말해 줌이 이와 같았다. 대개 성인의 말이 비록 높고 낮으며 크고 작음의 같지 않음이 있으나, 배우는 사람의 몸에 절실하여 모두 덕(德)에 들어가는 요령으로 삼았는데, 곧 애당초 다르지 않았던 것이니, 읽는 사람들이 그 생각함을 다해야 할 것이다.

詳說

○ 去聲.165)

'이범이위인지대개어지(而汎以爲仁之大槩語之)'에서 ''어(語)'자는 거성(去聲 : 말하다)이다.

○ 上聲.166)

'필불능심사이거기병(必不能深思以去其病)'에서 '거(去)'자는 상성(上聲 : 제거하다) 이다.

○ 告之者.

'기고지(其告之)'는 말해준 것이다.

○ 陳氏曰 : "語牛之說, 又下於雍."167)

---

165) 호광 편(胡廣 編), 『논어집주대전(論語集註大全)』「안연(顔淵)」에는 "語, 音御."라고 하였다.

166) 호광 편(胡廣 編), 『논어집주대전(論語集註大全)』「안연(顔淵)」.

167) 호광 편(胡廣 編), 『논어집주대전(論語集註大全)』「안연(顔淵)」에는 "陳氏曰 : '語牛之說, 又下

‘부동(不同)’에 대해, 진씨(陳氏 : 陳淳)가 말하였다. “사마우(司馬牛)에게 해 준 말은 또 염옹(冉雍 : 仲弓)보다 낮다.”

○ 非惟訒也, 敬·恕·四勿, 莫不皆然. 故三章註, 皆以‘學者’終之.

‘초불이야(初不異也 : 애당초 다르지 않았던 것)’는 오로지 과묵함만이 아니라 경(敬)과 서(恕)와 사물(四勿)에 모두 그렇지 않음이 없는 것이다.

○ ‘愚’以下, 是申明程子說, 而中間‘然’·‘蓋’二字, 微有緊歇之分.

‘우(愚)’ 아래로는 거듭하여 정자(程子)의 해설을 밝힌 것인데, 중간에 ‘연(然)’과 ‘개(蓋)’ 두 글자[168]에 약간 긴박하고 휴식하는 구분됨이 있다.

○ ‘言訒’, 此章之綱領.

‘언인(言訒 : 말이 과묵하다)’이 이 장의 강령이다.

於雍, 非秘其精義而不以語之也. 以牛多言而躁, 若不語以其病所切, 則彼之躁, 必不自覺, 終身爲此心之累, 而無由可進於仁. 必使之先致謹於此, 去煩而簡; 去躁而靜, 則心無所放而言, 每難其出, 入德次第, 方可漸進, 而仁可求矣.’”로 되어 있다.

168) 연(然)’과 ‘개(蓋)’ 두 글자 : 바로 위의 “蓋聖人之言, 雖有高下大小之不同, 然其切於學者之身, 而皆爲入德之要.”에 나오는 ‘蓋’자와 ‘然’자를 가리킨다.

[12-4-1]

司馬牛, 問君子, 子曰 : "君子, 不憂不懼."
사마우(司馬牛)가 군자(君子)를 물었는데, 공자가 말하였다. "군자는 근심하지 아니하며, 두려워하지 않느니라."

朱註

向魋作亂, 牛常憂懼. 故夫子告之以此.
상퇴(向魋)가 난리를 일으키자 사마우(司馬牛)가 항상 근심하고 두려워하였다. 그러므로 공자가 이것으로써 말해주었다.

詳說

○ 厚齋馮氏曰 : "內憂其兄; 外懼其禍."169)
'우상우구(牛常憂懼 : 사마우가 항상 근심하고 두려워함)'에 대해, 후재 풍씨(厚齋馮氏 : 馮椅)가 말하였다. "안으로는 그 형을 근심하고, 밖으로는 그 화란(禍亂)을 두려워한 것이다."

○ 不憂不懼, 則仁且勇矣, 豈不足以爲君子乎?
근심하지 아니하고 두려워하지 아니하면 인자(仁者)이고 또 용자(勇者)인 것이니, 어찌 족히 군자가 되지 못하겠는가?

○ 有釋無訓.
경문의 풀이는 있으나 훈고는 없다.

[12-4-2]

曰 : "不憂不懼, 斯謂之君子矣乎?" 子曰 : "內省不疚, 夫何憂何懼?"
사마우가 말하였다. "근심하지 아니하며 두려워하지 아니하면 이에 군자라고 이르겠습니까?" 공자가 말하였다. "안으로 살펴서 마음의 병이 되지 않는데 대저 무엇을 근심하며 무엇을 두려워하겠는가?"

---

169) 호광 편(胡廣 編), 『논어집주대전(論語集註大全)』「안연(顔淵)」.

朱註

'夫', 音扶. 牛之再問, 猶前章之意. 故復告之以此.

'부하우하구(夫何憂何懼)'에서 '부(夫)'자는 음이 부(扶)이다. 사마우가 다시 물은 것은 앞 장절의 뜻과 같다. 그러므로 다시 말해 주기를 이것으로써 하였다.

詳說

○ 與上『註』楊氏說, 互應.

'우지재문, 유전장지의(牛之再問, 猶前章之意 : 사마우가 다시 물은 것은 앞 장절의 뜻과 같다)'는 위 『집주(集註)』의 양씨(楊氏 : 楊時)의 해설과 더불어 서로 어울린다.

○ 去聲.[170]

'고부고지이차(故復告之以此)'에서 '부(復)'자는 거성(去聲 : 다시)이다.

○ 與上『註』又'告之以此'者, 相類, 蓋牛之再問之輕躁, 與夫子所答之仍用其語者, 上·下章, 如出一時. 故二章註, 皆再言'告之以此'.

위의 『집주(集註)』에서 또 '고지이차(告之以此 : 말해 주기를 이것으로써 한 것)'라고 한 것과 서로 같으니, 대개 사마우가 다시 질문함이 경이하고 조급함이 공자가 대답함에 그 말을 그대로 쓴 것과 더불어 위와 아래의 장절에서 마치 한 때에 나온 것 같다. 그러므로 두 장절의 주석에 모두 '고지이차(告之以此)'를 다시 말한 것이다.

○ 承上章, 先論其'易言'之本事.

위의 장절을 이어서 먼저 그 '이언(易言 : 말을 쉽게 함)'의 근본적인 일을 논의하였다.

朱註

'疚', 病也.

'구(疚)'는 마음의 병이다.

詳說

○ 訓.

훈고이다.

170) 호광 편(胡廣 編), 『논어집주대전(論語集註大全)』「안연(顏淵)」에는 "復, 扶又反."이라고 하였다.

朱註

言由其平日所爲無愧於心. 故能內省不疚, 而自無憂懼,

평일에 하는 것이 마음에 부끄러워함이 없다. 그러므로 능히 안으로 성찰함에 마음의 병이 없어서 스스로 근심과 두려움이 없으니,

詳說

○ 悉井反.[171]

‘고능내성불구(故能內省不疚)’에서 ‘성(省)’은 ‘실(悉)’과 ‘정(井)’의 반절(反切)이다.

○ 須看‘自’字

‘자무우구(自無憂懼 : 스스로 근심과 두려움이 없음)’에서 모름지기 ‘자(自)’자를 보아야 한다.

○ 釋畢.

경문의 풀이가 끝났다.

○ 此下, 又探牛之意而論之.

이 아래에서 또 사마우(司馬牛)의 뜻을 탐구하여 논의하였다.

朱註

未可遽以爲易而忽之也.

갑자기 쉽게 여겨서 소홀히 해서는 안 되는 것이다.

詳說

○ 去聲.[172]

‘이(易)’는 거성(去聲 : 쉽다)이다.

○ 此與上章『註』首‘牛意’二句[173]之意, 同.

이는 위 장 『집주(集註)』 머리에서 언급한 ‘우의(牛意 : 사마우의 뜻)가 들어 있는 두 구절의 뜻과 같다.

171) 호광 편(胡廣 編), 『논어집주대전(論語集註大全)』「안연(顔淵)」.

172) 호광 편(胡廣 編), 『논어집주대전(論語集註大全)』「안연(顔淵)」.

173) ‘牛意’二句 : “牛意仁道至大, 不但如夫子之所言.(사마우는 인의 방도가 지극히 커서 다만 공자가 말한 것과 같지 않다고 생각하였다.)”을 말한다.

朱註

鼂[174]氏曰："不憂不懼, 由乎德全而無疵. 故無入而不自得, 非實有憂懼而强排遣之也."

조씨(鼂氏 : 晁說之)[175]가 말하였다. "근심하지 않고 두려워하지 않음은 덕이 온전하여 마음의 병이 없음에 말미암는 것이다. 그러므로 어디를 들어가더라도 스스로 터득하지 않음이 없으니, 실제로 근심과 두려움이 있으면서 강제로 밀쳐서 보내는 것은 아니다."

詳說

○ 六字, 出『中庸』.

'무입이부자득(無入而不自得 : 어디를 들어가더라도 스스로 터득하지 않음이 없음)'의 여섯 글자는 『중용(中庸)』에 나온다.[176]

○ 上聲.[177]

'강배견지야(强排遣之也)'에서 '강(强)'자는 상성(上聲 : 강제로)이다.

○ 此與上章「註」末'非強'一句之意, 同.

'비실유우구이강배견지야(非實有憂懼而强排遣之也 : 실제로 근심과 두려움이 있으면서 강제로 밀쳐서 보내는 것은 아니다)'는 이는 위 장 『집주(集註)』 끝에 '비강(非强)' 한 구절[178]의 뜻과 같다.

---

174) 『논어집주(論語集註)』와 『논어집주대전』에는 '晁'자로 표기되어 있다.

175) 조열지(晁說之 : 1059~1129) : 송나라 때 학자로, 자가 이도(以道)·백이(伯以)이고, 사마광(司馬光)의 사람됨을 사모하여 자호를 경우생(景迂生)이라 하고, 대대로 단주(澶州)에 살았으며, 거야(鉅野) 사람이다. 저서로는 『역상구대전(易商瞿大傳)』·『서론(書論)』·『역상소전(易商小傳)』·『상구역전(商瞿易傳)』·『친씨역식(親氏易式)』·『조씨시전(晁氏詩傳)』·『시론(詩論)』·『조씨서전(晁氏書傳)』·『조씨춘추전(晁氏春秋傳)』·『논어강의(論語講義)』·『주역태극전(周易太極傳)』·『중용전(中庸傳)』·『홍범소전(洪范小傳)』·『경우생집(景迂生集)』 등이 있다.

176) '무입이부자득(無入而不自得 …… 『중용(中庸)』에 나온다 : 『중용장구(中庸章句)』 제14장에서 "君子素其位而行, 不願乎其外. 素富貴, 行乎富貴; 素貧賤, 行乎貧賤; 素夷狄, 行乎夷狄; 素患難, 行乎患難, 君子無入而不自得焉."라고 하였다.

177) 호광 편(胡廣 編), 『논어집주대전(論語集註大全)』「안연(顔淵)」.

178) 위 장 집주 끝에 '비강(非强)' 한 구절 : 위 장 집주 앞부분 끝에 "非強閉之而不出也.(강제로 닫아서 말을 내지 않는 것이 아니다.)"라고 한 구절을 가리킨다.

○ **慶源輔氏曰 : "'不憂不懼', 疑若有之, 而強排遣之, 何憂何懼? 則是自無憂懼耳."**[179)]

경원 보씨(慶源輔氏 : 輔廣)가 말하였다. "'근심하지 않고 두려워하지 않음'은 의심컨대 그것이 있음에 강제로 밀쳐서 보내는 것과 같으니, 어찌 근심하고 어찌 두려워하겠는가? 곧 이는 스스로 근심과 두려움이 없을 뿐이다."

○ **'不憂不懼', 此章之綱領.**

'불우불구(不憂不懼 : 근심하지 않고 두려워하지 않다)'가 이 장의 강령이다.

○ **上章, 以'問仁'而類記之; 此及下章, 以牛事而類記之.**

위 장은 '문인(問仁)'으로써 유추하여 기록한 것이고, 이 장 및 아래 장은 사마우(司馬牛)의 일로써 유추하여 기록한 것이다.

---

179) 호광 편(胡廣 編), 『논어집주대전(論語集註大全)』「안연(顔淵)」에는 "慶源輔氏曰 : '不憂不懼者, 疑若有之, 而強排遣之也, 何憂何懼? 則是自無憂懼耳. 蓋君子自然之德也.'"로 되어 있다.

[12-5-1]

司馬牛憂曰 : "人皆有兄弟, 我獨亡."

사마우가 근심하여 말하였다. "사람들이 모두 다 형제를 두었거늘 나만 홀로 없도다."

朱註

'亡', 無同. 牛有兄弟而云然者, 憂其爲亂而將死也.

'아독무(我獨亡 : 나만 홀로 없도다)'에서 '무(亡)'는 무(無 : 없다)와 같다. 사마우(司馬牛)에게 형제가 있었는데 그렇게 말한 것은 그 난리를 하여 장차 죽을까봐 걱정해서이다.

詳說

○ 亡.

'운연(云然 : 그렇게 말한 것)'은 무(亡)이다.

○ 旣聞'不憂'之語, 而獨憂之, 上註所云'常憂懼'者, 此也.

이미 '불우(不憂)'[180]라는 말을 들었는데도, 홀로 근심하였으니, 위 주석에서 이른 바 '상우구(常憂懼 : 항상 근심하고 두려워함)'[181]라는 말이 이것이다.

○ 朱子曰 : "以『傳』考之, 魋欲弑宋公, 其弟子頎 · 子車與之同惡, 此牛所以憂也."[182]

주자(朱子 : 朱熹)가 말하였다. "『춘추좌전(春秋左傳)』으로써 상고해 보면, 환퇴(桓魋)가 송공(宋公)을 시해하려고 할 적에 그 동생 자기(子頎)와 자거(子車)가 더불어 악행을 함께 하였으니, 이것이 사마우(司馬牛)가 근심한 까닭이다."

○ 此'死'字, 取用下節之'死'字.

이 '사(死)'자는 아래 구절의 '사(死)'자를 취하여 쓴 것이다.[183]

---

180) 불우(不憂) : 위 경문에 "子曰 : '君子, 不憂不懼.'"를 말하는 것이다.

181) 상우구(常憂懼 : 항상 근심하고 두려워함) : 위 집주에 "向魋作亂, 牛常憂懼."를 가리킨다.

182) 호광 편(胡廣 編), 『논어집주대전(論語集註大全)』「안연(顔淵)」에는 "問 : '牛無令兄弟, 何也?' 朱子曰 : '以『傳』考之, 桓魋欲弑宋公, 而欲殺孔子, 其惡著矣, 而其弟子頎 · 子車, 亦與之同惡, 此牛所以憂也.'"로 되어 있다.

183) 이 '사(死)'자는 아래 구절의 '사(死)'자를 취하여 쓴 것이다 : 이 이 '사(死)'자는 위 집주에 '將死'의 '死'자를 말하고, 아래 구절의 '사(死)'자는 아래 경문 구절에 '死生有命'의 '死'자를 말한다.

○ 有釋無訓.

경문의 풀이는 있으나 훈고는 없다.

○ 此'亡'字, 與後節'皆'字, 其爲病均矣, 而子夏之病, 猶失於廣濶; 牛之病, 則乃失於迫隘, 是亦其'易言'之一事云.

이 '무(亡)'자[184]는 뒤 구절의 '개(皆)'자[185]와 더불어 그 결함이 되는 것이 같은데, 자하(子夏)의 결함은 오히려 광활(廣闊)함에 잃었고, 사마우(司馬牛)의 결함은 이에 박애(迫隘)함에 잃었으니, 이 또한 그 '이언(易言 : 말을 쉽게 함)'의 한 가지 일인 것이다.

[12-5-2]

子夏曰 : "商聞之矣.

자하가 말하였다. "상(商)이 들었으니,

朱註

蓋聞之夫子.

대개 공자에게 들은 것이다.

詳說

○ 有商量.

'개(蓋)'는 헤아려 생각함이 있는 것이다.

○ 有釋無訓.

경문의 풀이는 있으나 훈고는 없다.

184) '무(亡)'자 : "人皆有兄弟, 我獨亡."의 '亡'자를 말한다.

185) 뒤 구절의 '개(皆)'자 : "四海之內, 皆兄弟也,"의 '皆'자를 말한다.

[12-5-3]

死生有命; 富貴在天.

죽고 사는 것이 명이 있고, 부유하고 귀함이 하늘에 있다.

詳說

○ 主言死生; 帶說富貴.

주요하게 사생(死生)을 말하고, 곁들여서 '부귀(富貴)'를 말하였다.

朱註

'命', 稟於有生之初, 非今所能移. '天', 莫之爲而爲, 非我所能必,

'명(命)'은 태어남이 있는 처음에 품부(稟賦)하니, 지금 능히 변이(變移)할 수 있는 것이 아니다. '천(天)'은 그렇게 하지 않아도 그렇게 되는 것이니, 내가 능히 기필할 수 있는 것이 아니다.

詳說

○ 一定.

'비금소능이(非今所能移 : 지금 능히 변이할 수 있는 것이 아님)'는 일정함이다.

○ 出『孟子』「萬章」.

'천막지위이위(天莫之爲而爲 : 천은 그렇게 하지 않아도 그렇게 되는 것)'는 『맹자(孟子)』「만장(萬章)」에 나온다.[186]

---

186) 『맹자(孟子)』「만장상(萬章上)」에는 다음과 같이 되어 있다. "萬章問曰 : '人有言, 至於禹而德衰, 不傳於賢而傳於子, 有諸?' 孟子曰 : '否. 不然也. 天與賢則與賢, 天與子則與子. 昔者, 舜薦禹於天十有七年, 舜崩, 三年之喪畢, 禹避舜之子於陽城, 天下之民從之, 若堯崩之後, 不從堯之子而從舜也. 禹薦益於天七年, 禹崩, 三年之喪畢, 益避禹之子於箕山之陰, 朝覲·訟獄者, 不之益而之啓曰 : '吾君之子也', 謳歌者, 不謳歌益, 而謳歌啓曰: '吾君之子也.' 丹朱之不肖, 舜之子亦不肖, 舜之相堯, 禹之相舜也, 歷年多, 施澤於民久, 啓賢, 能敬承繼禹之道, 益之相禹也, 歷年少, 施澤於民, 未久, 舜·禹·益, 相去久遠, 其子之賢不肖, 皆天也, 非人之所能爲也. 莫之爲而爲者, 天也, 莫之致而至者, 命也.'(만장이 물어 말하였다. '사람들이 하는 말에, '우임금에 이르러 덕이 쇠미하여 현명한 이에게 전하지 않고 아들에게 전하였다.'고 하였으니, 그런 적이 있습니까?' 맹자가 말하였다. '아니다. 그렇지 않은 것이다. 하늘이 현명한 이에게 주면 현명한 이에게 주었고, 하늘이 아들에게 주면 아들에게 주는 것이다. 옛날에 순임금이 우임금을 하늘에

○ 無容人力.

‘비아소능필(非我所能必 : 내가 능히 기필할 수 있는 것이 아님)’은 사람의 힘을 용납함이 없다.

○ 陳氏曰 : “天者, 命之所自出, 命則天之所賦於人者. 故以理言之, 謂之天; 自人言之, 謂之命, 實一而已.”187)

진씨(陳氏 : 陳淳)가 말하였다. “천(天)이라는 것은 명(命)이 붙어 나오는 곳이고, 명은 곧 천이 사람에게 품부하는 것이다. 그러므로 이치로써 말하면 천이라고 이르고, 사람으로부터 말하면 명이라고 이르나, 실제로는 하나일 따름이다.”

○ 有釋無訓.

경문의 풀이는 있으나 훈고는 없다.

○ 此下, 論其言外之正意.

이 아래에서 그 말 밖의 진정한 뜻을 논의하였다.

朱註

> 但當順受而已.
>
> 다만 마땅히 순응하여 수용(受容)할 따름이다.

천거한 지 17년째에 순임금이 죽었거늘 삼년상을 마치고 우임금이 순임금의 아들을 피하여 양성(陽城)에 있었더니, 천하의 백성들이 좇기를 요임금이 죽은 뒤에 요임금의 아들을 좇지 않고 순임금을 좇음과 같이 하였다. 우임금이 익(益)을 하늘에 천거한 지 7년째 해에 우임금이 죽거늘 삼년상을 마치고 익(益)이 우임금의 아들을 피하여 기산(箕山)의 북쪽에 있었더니, 조근(朝覲)하고 옥사(獄事)를 송사(訟事)하는 이들이 익(益)에게 가지 않고 계(啓)에게 가서 말하기를, ‘우리 임금의 아들이다.’라고 하였으며, 칭송하여 노래하는 이들이 익(益)을 칭송하여 노래하지 않고 계(啓)를 칭송하여 노래하여 말하기를, ‘우리 임금의 아들이다.’라고 하였다. 단주(丹朱)가 현명하지 못함에 순임금의 아들이 또한 현명하지 못하였으며, 순임금이 요임금을 도움과 우임금이 순임금을 도움은 해를 지남이 많아서 백성에게 은택을 베풂이 오래되었고, 계(啓)는 어질어서 능히 우임금의 도(道)를 공경스럽게 받들어 이었으며, 익(益)이 우임금을 도움은 해를 지남이 적어서 백성에게 은택을 베풂이 오래되지 못하였으니, 순임금과 우임금과 익(益)이 서로 떨어짐이 오래되고 먼 것과, 그 아들이 현명하며 현명하지 못함은 다 하늘의 명(命)이라서 사람이 능히 할 수 있는 것이 아니다. 그렇게 하지 않아도 그렇게 되는 것은 하늘의 뜻이고, 이르게 함이 없이도 이르는 것은 하늘의 명(命)이다.’)”

187) 호광 편(胡廣 編), 『논어집주대전(論語集註大全)』「안연(顔淵)」.

詳說

○ 慶源輔氏曰:"'順', 謂不咈; '受', 謂不拒."[188]

경원 보씨(慶源輔氏:輔廣)가 말하였다. "'순(順)'은 어기지 않음을 이르고, '수(受)'는 거부하지 않음을 이른다."

[12-5-4]

君子敬而無失; 與人恭而有禮, 四海之內, 皆兄弟也, 君子何患乎無兄弟也?"
군자가 공경하고 잃음이 없으며, 사람과 더불어 공손하되 예(禮)가 있으면 사해(四海) 안이 모두 다 형제이니, 군자가 어찌 형제 없음을 근심하겠는가?"

詳說

○ 此君子, 卽上章不憂之君子.

여기에서 군자(君子)는 곧 위 장절의 근심하지 않는 군자이다.

○ '患'字, 應上'憂'字; '無'字, 應上'亡'字.

'군자하환자무형제야(君子何患乎無兄弟也)'에서 '환(患)'자는 위의 '사마우우왈(司馬牛憂曰)'에서 '우(憂)'자에 응하고, '군자하환자무형제야(君子何患乎無兄弟也)'에서 '무(無)'자는 위의 '아독무(我獨亡)'에서 '무(亡)'자에 응한다.

朱註

旣安於命, 又當修其在己者. 故又言苟能持己以敬而不間斷, 接人以恭而有節文, 則天下之人, 皆愛敬之, 如兄弟矣.
이미 천명(天命)을 편안하게 여기고, 또 마땅히 자기에게 있는 것을 닦아야 한다. 그러므로 또 진실로 능히 자기를 견지(堅持)하기를 공경함으로써 하여 잠시 그치거나 끊어짐이 없으며, 남을 접대하기를 공손함으로써 하여 예절 규칙을

188) 호광 편(胡廣 編), 『논어집주대전(論語集註大全)』「안연(顏淵)」에는 "慶源輔氏曰:'順, 謂不咈; 受, 謂不拒, 只此二字, 便是處死生富貴之要訣.'"로 되어 있다.

둔다면 천하의 사람들이 모두 그를 사랑하고 공경하여 마치 자기의 형제와 같이 여김을 말한 것이다.

詳說

○ 順受.

'기안(旣安 : 이미 편안하게 여기다)'은 순응하여 수용(受容)한 것이다.

○ 承上節言, 而歸重在'又'字下.

'기안어명(旣安於命 : 이미 천명(天命)을 편안하게 여기고)'은 위의 장절을 이어서 말한 것인데, 중요 대목이 '우(又)'자 아래[189]에 있다.

○ 慶源輔氏曰 : "兩盡其道."[190]

'당수기재기자(當修其在己者 : 마땅히 자기에게 있는 것을 닦아야 한다)'에 대해, 경원 보씨(慶源輔氏 : 輔廣)가 말하였다. "두 가지[安命, 修身]를 통해 그 도리를 다하게 하는 것이다."

○ 添'己'字.

'지기이경(持己以敬 : 자기를 견지하기를 공경함으로써 함)'은 '기(己)'자를 보탠 것이다.

○ 去聲.[191]

'불간단(不間斷)'에서 '간(間)'자는 거성(去聲 : 틈)이다.

○ 徒玩反.[192]

'불간단(不間斷)'에서 '단(斷)'은 '도(徒)'와 '완(玩)'의 반절(反切)이다.

○ 三字, 釋'無失'二字.

'불간단(不間斷)' 세 글자는 '무실(無失 : 잃음이 없음)' 두 글자[193]를 풀이한 것이다.

○ 雙峰饒氏曰 : "敬在心, 恭在容; 如足恭, 則恭而無禮矣."[194]

---

189) '우(又)'자 아래 : '又當修其在己者'에서 '當修其在己者'를 말한다.

190) 호광 편(胡廣 編), 『논어집주대전(論語集註大全)』「안연(顔淵)」의에는 "慶源輔氏曰 : '旣告以安命, 又勉以脩身, 使兩盡其道.'"로 되어 있다.

191) 호광 편(胡廣 編), 『논어집주대전(論語集註大全)』「안연(顔淵)」.

192) 호광 편(胡廣 編), 『논어집주대전(論語集註大全)』「안연(顔淵)」.

193) '무실(無失 : 잃음이 없음)' 두 글자 : 위 경문에 '君子敬而無失'의 '無失'을 말한다.

194) 호광 편(胡廣 編), 『논어집주대전(論語集註大全)』「안연(顔淵)」에는 "雙峯饒氏曰 : '敬在心; 恭在容. 敬易能, 無失爲難, 間斷則失矣. 恭易能, 有禮爲難, 有節文, 是致恭, 又能中節. 如足恭,

'접인이공이유절문(接人以恭而有節文 : 남을 접대하기를 공손함으로써 하여 예절 규칙을 둠)'에 대해, 쌍봉 요씨(雙峰饒氏 : 饒魯)가 말하였다. "공경함은 마음에 있고, 공손함은 용모에 있으며, 만일 지나치게 공손하면 공손하되 예(禮)가 없는 것이다."

○ 四海.

'천하(天下)'는 사해(四海 : 온 세상)이다.

○ 兄愛弟敬.

'개애경지(皆愛敬之 : 모두 그를 사랑하고 공경함)'는 형은 사랑하고 동생은 공경함이다.

○ 恭禮之報.

'개애경지(皆愛敬之 : 모두 그를 사랑하고 공경함)'는 공손한 예(禮)의 응보이다.

○ 新安陳氏曰 : "'皆兄弟之'語有疵, 『集註』下一'如'字."[195]

신안 진씨(新安陳氏 : 陳櫟)가 말하였다. "'개형제지(皆兄弟之 : 모두 형제로 여김)'라는 말에 결함이 있으니, 『집주(集註)』에 아래 하나의 '여(如)'자이다.

○ 此'皆'字, 從首節'皆有'之'皆'字來, 而'皆有'之'皆'字, 亦己有病, 古今無兄弟者, 固何限哉?

이 '개(皆)'자[196]는 경문 머리 구절에 '개유(皆有)'의 '개(皆)'자[197]로부터 온 것인데, '개유(皆有)'의 '개(皆)'자에는 또한 이미 결함이 있으니, 옛날과 지금에 형제가 없는 사람은 진실로 어떻게 한정하겠는가?

○ 有釋無訓.

경문의 풀이는 있으나 훈고는 없다.

○ 此下, 則論其語病.

이 아래에서는 그 말의 결함에 대해 논의하였다.

則恭而無禮矣.'"로 되어 있다.

195) 호광 편(胡廣 編), 『논어집주대전(論語集註大全)』「안연(顏淵)」에는 "新安陳氏曰 : '死生富貴, 惟當聽其在天; 恭敬禮節, 則當盡其在己, 敬而無失, 又恭而有禮之本也. 子夏皆兄弟之語有疵, 『集註』下一如字, 謂人皆愛敬之, 如兄弟, 則意足而辭當矣.'"로 되어 있다. 박문호(朴文鎬)는 진력(陳櫟)이 말한 자하(子夏)가 모두 형제라고 말한 것에 결함이 있으니, 사람들이 모두 사랑하고 공경하여 마치 형제처럼 여긴다고 한다면 뜻이 충분하고 말이 마땅할 것이라고 말한 것에 공감을 나타낸 것이다.

196) 이 '개(皆)'자 : '皆愛敬之'의 '皆'자를 말한다.

197) 경문 머리 구절에 '개유(皆有)'의 '개(皆)'자 : 경문에 '人皆有兄弟'의 '皆'자를 말한다.

朱註

蓋子夏欲以寬牛之憂, 而爲是不得已之辭, 讀者不以辭害意, 可也.

대개 자하(子夏)는 사마우(司馬牛)의 근심을 느긋하게 해주려고 이 부득이한 말을 한 것이니, 읽는 사람들이 말로써 본뜻을 해치지 않는 것이 옳다.

詳說

○ 一作'故'.

'이(而)'는 어떤 판본에는 '고(故)'로 썼다.[198]

○ 朱子曰 ; "便成無差等."[199]

'위시부득이지사(爲是不得已之辭 : 이 부득이한 말을 한 것)'에 대해, 주자(朱子 : 朱熹)가 말하였다. "곧 말을 이룸에는 차등이 없다."

○ 按, '何患乎無兄弟', 是因牛之自言, 而遂成之, 爲'無', 是亦不得已之辭也.

살펴보건대, '하환호무형제(何患乎無兄弟 : 어찌 형제 없음을 근심하겠는가?)'는 사마우가 스스로 말한 것[200]에 말미암아 마침내 말을 이루었는데, '무(無)'라고 한 것은 이 또한 부득이한 말이다.

○ 此語, 出『孟子』「萬章」.

'불이사해의(不以辭害意 : 말로써 본뜻을 해치지 않음)'의 경우, 이 말이 『맹자(孟子)』「만장(萬章)」에 나온다.[201]

---

198) '이(而)'는 어떤 판본에는 '고(故)'로 썼다 : 여기서 말하는 어떤 판본은 『논어집주(論語集註)』를 가리킨다.

199) 『주자어류(朱子語類)』 권42, 「논어24(論語二十四)」, 49조목에는 다음과 같은 내용으로 실려 있다. "問 : '四海皆兄弟, 胡氏謂意圓語滯, 以其近於二本否?' 曰 : '子夏當初之意, 只謂在我者敬而無失, 與人又恭而有禮, 如此則四海之內, 皆親愛之, 何患乎無兄弟? 要去開廣司馬牛之意. 只不合下箇皆兄弟字, 便成無差等了.'(진순이 물었다. ''사해 안의 사람들이 모두 형제'라는 것은 호씨가 말한 '뜻은 원만하지만 말이 막혔다.'는 것으로, 두 개의 근본에 가까워지는 것이 아닙니가?' 주희가 말하였다. '자하의 당초 뜻은 나에게 있는 것을 '공경하면서 잃지 않고' 남과 함께 할 때도 '공경하면서 예법을 지킨다'는 것이다. 이와 같다면 사해 안의 사람들이 모두 그를 친애할 것이니, 어떻게 형제가 없음을 근심하겠는가?')"

200) 사마우가 스스로 말한 것 : 경문 앞 절에 "司馬牛憂曰 : '人皆有兄弟, 我獨亡.'"를 말한다.

201) 『맹자(孟子)』「만장(萬章)」에 나온다 : 『맹자(孟子)』「만장상(萬章上)」에서 "故說詩者, 不以文害辭; 不以辭害志; 以意逆志, 是爲得之."라고 하였다.

朱註

胡氏曰 : "子夏四海皆兄弟之言, 特以廣司馬牛之意, 意圓而語滯者也. 唯聖人則無此病矣. 且子夏知此, 而以哭子喪明, 則以蔽於愛而昧於理, 是以不能踐其言爾."

호씨(胡氏 : 胡安國)[202]가 말하였다. "자하(子夏)가 사해(四海)가 다 형제라고 한 말은 다만 사마우(司馬牛)의 뜻을 넓혀 준 것인데, 뜻은 원만하지만 말은 막힌 것이다. 오직 성인만은 이러한 결함이 없다. 또 자하가 이것을 알면서도 아들의 상사(喪事)에 통곡하여 실명(失明)하였으니, 곧 사랑에 가려서 도리에 어두웠던 것이며, 이 때문에 그 말을 실천할 수 없었을 뿐이다."

詳說

○ 新安陳氏曰 : "近乎理之一, 不知分之殊."[203]

'의원이어체자야(意圓而語滯者也 : 뜻은 원만하지만 말은 막힌 것)'에 대해, 운봉 호씨(雲峯胡氏 : 胡炳文)가 말하였다. "이치의 한결같음에는 가까웠으나, 분수의 다름을 알지 못한 것이다."

○ 四海皆兄弟.

'자하지차(子夏知此 : 자하가 이것을 앎)'에서 '차(此)'는 사해(四海)가 모두 형제임을 뜻한다.

○ 去聲.[204]

'이이곡자상명(而以哭子喪明)'에서 '상(喪)'자는 거성(去聲 : 죽다)이다.

○ 見『禮記』「檀弓」.[205]

---

202) 호안국(胡安國 : 1074~1138) : 북송 시대 학자로, 또 이름이 호적(胡迪)이고, 자가 강후(康候)·자인(子寅)·명중(明仲)이고, 호가 청산(青山)·치당(致堂)이며, 건안(建安) 사람이다. 학자들이 무이선생(武夷先生)이라 불렀으며, 시호가 문정(文定)이라 후세에 호문정공(胡文定公)이라고도 불렀다. 특히 『춘추(春秋)』 연구에 집중하여 『춘추전(春秋傳)』을 지었고, 또 『자치통감거요보유(資治通鑒擧要補遺)』 등의 저서가 있다.

203) 이는 신안 진씨(新安陳氏 : 陳櫟)가 아니라, 운봉 호씨(雲峯胡氏 : 胡炳文)의 해설이다. 호광 편(胡廣 編), 『논어집주대전(論語集註大全)』「안연(顔淵)」에는 "雲峯胡氏曰 : '「西銘」亦曰 : 民吾同胞曰皆吾兄弟, 但自乾父坤母說來, 句句是說, 理一而分殊. 子夏曰四海皆兄弟, 似近乎理之一, 至曰何患乎無兄弟, 則不知有分之殊矣. 此『集註』, 所以欲讀者不以辭害意也.'"로 되어 있다.

204) 호광 편(胡廣 編), 『논어집주대전(論語集註大全)』「안연(顔淵)」.

205) 호광 편(胡廣 編), 『논어집주대전(論語集註大全)』「안연(顔淵)」에는 "『禮記』「檀弓篇」, 子夏喪

'곡자상명(哭子喪明 : 아들의 상사에 통곡하여 실명함)'은 『예기』「단궁(檀弓)」에 보인다.

○ '蔽於愛', 牛之憂, 商之哀, 皆蔽於愛.

'폐어애(蔽於愛 : 사랑에 가려짐)'는 사마우의 근심과 상(商 : 자하)의 애통(哀痛)함이 모두 사랑에 가려진 것이다.

○ 天命.

'리(理)'는 천명(天命)이다.

○ 慶源輔氏曰 : "牛之失, 乃移於商之身, 而不自知也."[206]

경원 보씨(慶源輔氏 : 輔廣)가 말하였다. "사마우의 실수가 이에 상(商 : 자하)의 몸으로 옮겨갔는데 스스로 알지 못한 것이다."

○ 如欲以四海皆父子自廣, 則恐尤爲病.

만일 사해(四海)가 모두 부모와 자식이라고 하여 스스로 넓히고자 하였다면, 아마도 더욱 결함이 되었을 것이다.

○ '敬''恭'二字, 此章之綱領.

'경(敬 : 공경하다)'과 '공(恭 : 공손하다)' 두 글자가 이 장의 강령이다.

其子而喪其明."이라고 하였다.

206) 호광 편(胡廣 編), 『논어집주대전(論語集註大全)』「안연(顔淵)」에는 "慶源輔氏曰 : '觀喪明事, 則牛之失, 乃移於商之身, 而不自知也.'"로 되어 있다.

[12-6-1]

子張問明, 子曰 : "浸潤之譖, 膚受之愬, 不行焉, 可謂明也已矣. 浸潤之譖, 膚受之愬, 不行焉, 可謂遠也已矣."

자장(子張)이 밝음에 대해 물었는데, 공자가 말하였다. "물이 스며들어 젖는 참소(讒訴)와 살갗으로 받아들이는 하소연이 행해지지 못하면 가히 명철(明哲)함이라고 이를 수 있을 따름이니라. 물이 스며들어 젖는 참소와 살갗으로 받아들이는 하소연이 행해지지 못하면 가히 원대하다고 이를 수 있을 따름이니라."

朱註

'譖', 莊蔭反. '愬', 蘇路反.[207] '浸潤', 如水之浸灌滋潤, 漸漬而不驟也. '譖', 毁人之行也. '膚受', 謂肌膚所受利害切身, 如『易』所謂"剝牀[208]以膚, 切近災"者也. '愬', 愬己之冤也.

'침윤지참(浸潤之譖)'에서 '참(譖)'은 '장(莊)'과 '음(蔭)'의 반절(反切)이다. '부수지소(膚受之愬)'에서 '소(愬)'는 '소(蘇)'와 '로(路)'의 반절(反切)이다. '침윤(浸潤)'은 물이 스며들고 불어나서 젖음에 점점 적셔지고 갑자기 하지 않음과 같은 것이다. '참(譖)'은 사람의 행실을 헐뜯는 일이다. '부수(膚受)'는 살갗에 받는 이로움과 해로움이 몸에 절절(切切)함을 이르니, 『주역(周易)』에 이른바 "상(牀)을 상해(傷害)함에 겉껍질로부터 하니 절절하게 재앙에 가까운 것이다."라는 말이다.[209] '소(愬)'는 자기의 원통함을 하소연하는 일이다.

詳說

○ 特廉反, 下同.[210]

'점지이불취야(漸漬而不驟也)'에서 '점(漸)'은 '특(特)'과 '렴(廉)'의 반절(反切)이

207) 『논어주소(論語注疏)』「음의(音義)」에는 "譖, 側鴆反. 愬, 蘇路反."이라고 하였다.

208) 『논어집주(論語集註)』에는 '牀', 『논어집주대전』에는 '床'으로 되어 있다.

209) 『주역(周易)』에 이른바 "상(牀)을 상해(傷害)함에 …… 재앙에 가까운 것이다."라는 것이다 : 『주역(周易)』「박괘(剝卦) · 상사(象辭)」에 보인다.

210) 호광 편(胡廣 編), 『논어집주대전(論語集註大全)』「안연(顔淵)」에는 "漸, 如字, 又將廉反."이라고 하였다.

니, 아래도 같다.

○ 音恣.

‘점지이불취야(漸漬而不驟也)’에서 ‘지(漬)’자는 음이 자(恣)이다.[211]

○ 去聲.[212]

‘훼인지행야(毁人之行也)’에서 ‘행(行)’자는 거성(去聲 : 행실)이다.

○ ‘利’字, 過說.

‘기부소수이해절신(肌膚所受利害切身 : 살갗에 받는 이로움과 해로움이 몸에 절절함)’에서 ‘이(利)’자는 지나친 말이다.

○ 齊氏曰 : “膚受芒刺, 痛痒立見.”[213]

제씨(齊氏 : 齊夢龍)[214]가 말하였다. “살갗에 까끄라기와 가시를 받으면, 아픔과 상처가 나타난다.”

○ 無暇於思量.

‘기부소수이해절신(肌膚所受利害切身 : 살갗에 받는 이로움과 해로움이 몸에 절절함)’은 생각하여 헤아릴 겨를이 없는 것이다.

○ ‘『易』’, 「剝 · 象傳」.[215]

‘『역(易)』’, 「박괘(剝卦) · 상전(象傳)」이다.

○ 人多訓膚爲淺. 故旣以肌膚訓之, 又引『易』證之.

사람들은 대부분 부(膚)를 새김에 천박(淺薄)함이라고 하였다. 그러므로 이미 기부(肌膚)로써 새겼으며, 또 『주역(周易)』을 인용하여 증명하였다.

○ 訓畢.

훈고가 끝났다.

---

211) ‘지(漬)’자는 음이 자(恣)이다 : 『당운(唐韻)』에서는 “前知切”이라 하고, 『광운』에서도 “疾智切.”이라 하여 음이 ‘지’라고 하였는데, 박문호(朴文鎬)는 음이 ‘자(恣)’라고 하였다.

212) 호광 편(胡廣 編), 『논어집주대전(論語集註大全)』「안연(顔淵)」.

213) 호광 편(胡廣 編), 『논어집주대전(論語集註大全)』「안연(顔淵)」에는 “齊氏曰 : ‘水之潤物, 其浸以漸. 故游揚以誣善者曰 : 浸潤之譖, 膚受芒刺, 痛痒立見. 故激以切己利害之言, 曰膚受之愬.’”로 되어 있다.

214) 제몽룡(齊夢龍) : 북송 시대 학자로, 자가 절초(節初)이고 심양(番陽) 사람이다. 『주역(周易)』에 밝았으며, 소옹(邵雍)의 학문에 전심(專心)하였다. 저서로는 『논어해(論語解)』 등이 있다.

215) 호광 편(胡廣 編), 『논어집주대전(論語集註大全)』「안연(顔淵)」에서 “易剝之六四, ‘剝床以膚’, 象曰 : ‘切近災也.’”라고 하였다.

朱註

毁人者, 漸漬而不驟, 則聽者不覺其入而信之深矣. 愬冤者, 急迫而切身, 則聽者不及致詳而發之暴矣. 二者難察而能察之, 則可見其心之明而不蔽於近矣.

남을 헐뜯는 사람은 점점 적시고 갑자기 하지 않으니, 곧 듣는 사람이 그 들어감을 깨닫지 못하여 믿음이 깊어지는 것이다. 원통함을 하소연하는 사람은 급하게 다그쳐서 몸에 절절하게 하니, 곧 듣는 사람이 상세함을 다함에 미치지 못하여 드러냄이 사나운 것이다. 두 가지는 살피기가 어려운 것인데 능히 살필 수 있다면 그 마음이 밝아서 가까움에 가려지지 않음을 볼 수 있을 것이다.

詳說

○ 朱子曰: "閑言冷語, 掉放那裏, 說教來不覺."216)

'점지이불취(漸漬而不驟 : 점점 적시고 갑자기 하지 않음)'에 대해, 주자(朱子 : 朱熹)가 말하였다. "아무런 근거 없이 남을 헐뜯고 나무라는 말이 요동치는 속에서는 설교하여도 깨닫지 못한다."

○ 朱子曰: "說得緊切, 忽然間觸動他, 如被人罵, 便說被人打; 被人打, 便說被人要殺."217)

'급박이절신(急迫而切身 : 급하게 다그쳐서 몸에 절절하게 함)'에 대해, 주자(朱子 :

216) 호광 편(胡廣 編), 『논어집주대전(論語集註大全)』「안연(顔淵)」에는 "朱子曰 : '譖是譖人, 是不干己底事. 纔說得驟, 便不能入他, 須是閑言冷語, 掉放那裏, 說交來不覺. 愬是愬切己底事. 纔說緩慢, 人便不將做事, 須是說得緊切, 要忽然間觸動他, 如被人罵, 便說被人打; 被人打, 便說被人要殺. 蓋不如此, 不足以觸動他也.'"로 되어 있고, 『주자어류(朱子語類)』 권42, 「논어24(論語二十四)」, 50조목의 내용은 다음과 같다. "問'浸潤之譖, 膚受之愬'. 曰 : '譖, 是譖人, 是不干己底事. 才說得驟, 便不能入他, 須是閑言冷語, 掉放那裏, 說教來不覺. 愬, 是逆是切己底事. 方說得緩慢, 人便不將做事, 須是說得緊切, 要忽然間觸動他, 如被人罵, 便說被人打; 被人打, 便說人要殺. 蓋不如此, 不足以觸動他也.'('서서히 무젖어 드는 참소와 피부로 받는 하소연'에 대해 묻습니다. 주희가 말하였다. ''참소[讒]'란 사람을 참소하는 것으로, 이는 자기를 범하지 않는 일과 관련된다. 말을 빨리하면 타인이 이해할 수 없으므로, 반드시 한가하고 차분하게 말하면서 어지럽게 하여 깨닫지 못하게 하는 것이다. '하소연[愬]'이란 거스르는 것으로, 자기에게 절실하게 하는 일과 관련된다. 느슨하게 말하면 사람들이 일을 하지 않으므로, 반드시 절실하게 말해 갑자기 타인을 움직이는 것이다. 예컨대 남에게 욕을 얻어들으면 남에게 맞았다 말하고, 남에게 맞으면 그 사람이 나를 죽이려 한다고 말하는 것과 같다. 대개 이렇게 하지 않고서는 남을 움직이지 못할 것이다.')"

217) 호광 편(胡廣 編), 『논어집주대전(論語集註大全)』「안연(顔淵)」.

朱熹)가 말하였다. "말함이 긴요하고 간절하면 갑작스런 사이에 다른 사람을 접촉하여 감동시킬 수 있으니, 남에게 욕을 먹음에 곧바로 남에게 맞았다고 말하고, 남에게 맞음에 곧바로 남에게 몰래 죽임을 당하였다고 말하는 것과 같다."

○ '浸'以緩取喩; '膚'以急取義.

'침(浸)'은 늦음으로써 비유를 취하였고, '부(膚)'는 급함으로써 뜻을 취하였다.

○ 先反說.

'이자난찰(二者難察 : 두 가지는 살피기가 어려움)'은 먼저 뒤집어서 말한 것이다.

○ 雙峯饒氏曰 : "'察'字, 包'覺'·'詳'二字.[218]

쌍봉 요씨(雙峯饒氏 : 饒魯)가 말하였다. "'찰(察)'자는 '각(覺)'과 '상(詳)' 두 글자를 포함한다."

○ 能察則不行.

능히 살핌은 행해지지 못한다.

○ 其明也, 無遠不照.[219]

그 밝음은 아무리 멀어도 비추지 못함이 없다.

○ 釋畢.

경문의 풀이가 끝났다.

○ 此下, 論其言外之意.

이 아래에서는 그 말 밖의 뜻을 논의하였다.

朱註

> **此亦必因子張之失而告之.**
>
> 이는 또한 반드시 자장(子張)의 실수로 말미암아 말해준 것이다.

詳說

○ 照上'司馬牛問仁'·'問君子'二章而言'亦'.

---

218) 호광 편(胡廣 編), 『논어집주대전(論語集註大全)』「안연(顔淵)」에는 "雙峯饒氏曰 : '浸潤者, 其來舒緩; 膚受, 則其來急迫, 一緩一急, 緩則不暇覺, 急則不暇詳, 一要覺一要詳. 覺與詳是兩事, 『集註』以察字包之. 因子張之失而告之其失, 果在何處? 蓋必者, 料想之辭, 子張是箇易疑易信底人, 易疑生譖; 易信生愬.'"로 되어 있다.

219) 호광 편(胡廣 編), 『논어집주대전(論語集註大全)』「안연(顔淵)」에는 "'其心之明', 指可謂明."이라 하고, 또 "'不蔽於近', 指可謂遠."이라고 하였다.

위의 '사마우문인장(司馬牛問仁章)'[220]과 '사마우문군자장(司馬牛問君子章)'[221]의 두 장에 비추어서 '역(亦)'을 말하였다.

○ 慶源輔氏曰 : "子張於外, 好高於事, 必有忽略自足之病."[222]

경원 보씨(慶源輔氏 : 輔廣)가 말하였다. "자장(子張)은 외면에 힘쓰고 하는 일에 고상한 것을 좋아하여 반드시 대충하면서도 스스로 만족하는 결함이 있었다."

○ 雙峰饒氏曰 : "子張是箇易疑易信底人, 易疑生譖; 易信生愬."[223]

쌍봉 요씨(雙峰饒氏 : 饒魯)가 말하였다. "자장은 쉽게 의심하고 쉽게 믿는 사람이니, 쉽게 의심함에 참소가 생기고, 쉽게 믿음에 하소연할 일이 생긴다."

朱註

故其辭繁而不殺, 以致丁寧之意云.

그러므로 그 말이 번잡한데도 줄이지 못해서 정녕한 뜻을 다한 것이다.

詳說

○ 重言.

'고기사번이불쇄(故其辭繁而不殺)'에서 '번(繁)'자는 거듭하여 말함이다.

○ 去聲.[224]

'고기사번이불쇄(故其辭繁而不殺)'에서 '쇄(殺)'자는 거성(去聲 : 줄임)이다.

○ 字句無等差.

'불쇄(不殺)'는 글자와 구절에 등차가 없음이다.

---

220) 사마우문인장(司馬牛問仁章) : 위의 경문 "司馬牛, 問仁, 子曰 : '仁者, 其言也訒.'"을 말한다.

221) 사마우문군자장(司馬牛問君子章) : 위의 경문 "司馬牛, 問君子, 子曰 : '君子, 不憂不懼.'"를 말한다.

222) 호광 편(胡廣 編), 『논어집주대전(論語集註大全)』「안연(顔淵)」에는 "慶源輔氏曰 : '浸潤膚受, 皆以巧譎而行其譖愬者也. 然使之不行, 則非旣明且遠者, 有所不能. 子張之爲人務外, 好高於事, 必有忽略自足之病, 而無深潛縝密之功, 平日不過觀其皮毛, 意象以爲有得於人情之細密, 事理之精微, 則未必能察也. 故夫子因其問明, 而姑擧二事以告之, 使其反諸身, 而知有所戒矣.'"로 되어 있다.

223) 호광 편(胡廣 編), 『논어집주대전(論語集註大全)』「안연(顔淵)」에는 "雙峯饒氏曰 : '浸潤者, 其來舒緩, 膚受則其來急迫. 一緩一急, 緩則不暇覺, 急則不暇詳. 一要覺, 一要詳, 覺與詳是兩事, 『集註』以察字包之. 因子張之失而告之, 其失果在何處? 蓋必者料想之辭. 子張是箇易疑易信底人, 易疑生譖; 易信生愬.'"로 되어 있다.

224) 호광 편(胡廣 編), 『논어집주대전(論語集註大全)』「안연(顔淵)」에는 "殺, 所界反."이라고 하였다.

○ 朱子曰 : "'明'字說不足, 又添箇'遠'字, 贊之."225)

주자(朱子 : 朱熹)가 말하였다. "'명(明)'자로는 설명이 부족하여 또 '원(遠)'자를 보태서 말해준 것이다."

○ 詠歎之, 如詩體.226)

읊조리고 탄미한 것이 시의 체재와 같다.

○ '必' · '云'二字, 有商量, 蓋雖因子張之失而告之, 亦可以通人人而言耳.

'필(必)'과 '운(云)'의 두 글자227)는 헤아려 생각함이 있으니, 대개 자장의 실수로 말미암아 그에게 말해준 것이나 또한 사람마다 통할 수 있도록 말하였을 뿐이다.

朱註

楊氏曰 : "驟而語之, 與利害不切於身者不行焉, 有不待明者能之也. 故浸潤之譖, 膚受之愬, 不行然後, 謂之明, 而又謂之遠, 遠則明之至也. 『書』曰 : '視遠惟明.'"

양씨(楊氏 : 楊時)가 말하였다. "갑자기 말하는 것과 이로움과 해로움이 몸에 절절하지 않은 것이 행해지지 않음은 명철(明哲)한 사람을 기다리지 않아도 능히 할 수 있는 일이다. 그러므로 스며들고 젖어드는 참소(讒訴)와 살갗으로 받아들이는 하소연이 행해지지 않은 뒤라야 명철하다고 이를 수 있으며, 또 고원(高遠)하다고 이를 수 있는 것이니, 고원함은 명철함의 지극함이다. 『서경(書經)』에서 말하였다. '멀리 봄에는 오직 눈이 밝아야 한다.'"

詳說

○ 去聲.

'취이어지(驟而語之)'에서 '어(語)'자는 거성(去聲 : 고소하다)이다.228)

---

225) 『주자어류(朱子語類)』 권42, 「논어24(論語二十四)」, 50조목에는 "又問 : '明而遠, 是見得到否?' 曰 : '是. 明字說不足, 又添箇遠字贊之.'(또 물었다. '밝게 멀리 사려한다면 이해할 수 있습니까?' 주희가 말하였다. '밝다'는 것으로는 충분히 말할 수 없으므로, 다시 '멀다'는 글자를 첨가해서 그 뜻을 도왔다.')"라고 하였다.

226) 경문의 자수와 운율, 압운 등의 형식이 시와 같다고 본 것이다.

227) '필(必)'과 '운(云)'의 두 글자 : 위 집주의 "此亦必因子張之失而告之. 故其辭繁而不殺, 以致丁寧之意云."에 나오는 '必'자와 '云'자를 말한다.

228) '취이어지(驟而語之)'에서 '어(語)'자는 거성(去聲 : 告訴함)이다 : '語'가 보통의 '말 · 말하다'의

○ 亦先反說.

'유부대명자능지야(有不待明者能之也 : 밝은 사람을 기다리지 않아도 능히 할 수 있는 것)'는 또한 먼저 되돌려서 한 말이다.

○ '『書』, 「太甲」.

'『서(書)』'는 「태갑(太甲)」이다.[229]

○ '明'字, 此章之題目.

'명(明 : 명철함)'자가 이 장의 제목이다.

뜻이 아님을 밝힌 것이다.

229) '『서(書)』'는 「태갑(太甲)」이다 : 『서경(書經)』「태갑중(太甲中)」에서 "視遠惟明; 聽德惟聰."라고 하였다.

[12-7-1]

子貢問政, 子曰："足食足兵, 民信之矣."
자공(子貢)이 정사(政事)를 물었는데, 공자가 말하였다. "먹는 것을 풍족하게 하며, 군사를 풍족하게 하면 백성이 믿을 것이다."

朱註

言倉廩實而武備修然後, 敎化行而民信於我, 不離叛也.
곳집이 차고 군사 대비가 수행된 뒤에 교화(敎化)가 행해지고 백성들이 나를 믿어 떠나거나 배반하지 않음을 말한 것이다.

詳說

○ 新安陳氏曰："民信, 以效言之, 民所以信之之本, 則孔子未之及. 朱子推本而以敎化行言之, 兵食旣足然後, 施敎而化行, 民斯信之, 非謂只足食足兵, 民便信之也."[230]
신안 진씨(新安陳氏 : 陳櫟)가 말하였다. "백성들이 믿음은 효험으로써 말한 것인데, 백성들이 믿는 근본은 곧 공자가 언급하지 못하였다. 주자(朱子 : 朱熹)가 근본을 미루어서 교화를 행함으로써 말하였다. 군사와 식량이 풍족한 뒤에 정교(政敎)를 베풀어서 풍화(風化)가 행해지며 백성들이 이에 믿는 것이니, 다만 식량이 풍족하고 군사가 풍족하면 백성들이 곧 믿음을 말하는 것이 아니다."

○ 是又信之效, 次節註之'守'字, 可參看.
'불리반(不離叛 : 떠나거나 배반하지 않음)'은 이 또한 믿음의 효험이니, 다음 구절 주석에서 '수(守)'자[231]와 참조하여 볼 수 있다.

○ 有釋無訓.
경문의 풀이는 있으나 훈고는 없다.

○ 勉齋黃氏曰："夫子初答, 爲政之先後也."[232]

230) 호광 편(胡廣 編), 『논어집주대전(論語集註大全)』「안연(顔淵)」에는 "新安陳氏曰 : '民信之矣, 以效言之, 民所以信之之本, 則孔子未之及. 所以朱子推本而以敎化行言之, 如施信於民與國人, 交止於信, 皆是也. 兵食旣足然後, 施敎而化行, 民斯信之矣, 非謂止足食足兵, 民便信之也.'"로 되어 있다.

231) 다음 구절 주석에서 '수(守)'자 : 아래 집주에 "無兵而守固."의 '守'자를 말하는 것이다.

232) 호광 편(胡廣 編), 『논어집주대전(論語集註大全)』「안연(顔淵)」에는 "勉齋黃氏曰 : '夫子初答, 爲政之先後也; 再問復告, 義理之輕重也. 所謂民信至此而後, 民有以全其信也, 非謂至是而後,

면재 황씨(勉齋黃氏 : 黃幹)[233]가 말하였다. "공자의 처음 대답[234]은 정치의 앞뒤가 된다."

○ 雙峰饒氏曰 : "三者俱全, 處事之常."[235]

쌍봉 요씨(雙峰饒氏 : 饒魯)가 말하였다. "세 가지[食·兵·信]가 모두 온전함이 정사를 함에 떳떳한 도리이다."

[12-7-2]

子貢曰 : "必不得已而去, 於斯三者, 何先?" 曰 : "去兵."

자공(子貢)이 말하였다. "반드시 마지못해 버리게 된다면 이 세 가지에서 어느 것을 먼저 하실 것입니까?" 공자가 말하였다. "군사를 버려야 할 것이다."

朱註

'去', 上聲, 下同.

'필부득이이거(必不得已而去)'에서 '거(去)'자는 상성(上聲 : 버리다)이니, 아래도 같다.

方施信於民也. 然則教民以信, 其可一日緩乎?'"로 되어 있다.

233) 황간(黃幹 : 1152~1221) : 송나라 때 학자로, 자가 직경(直卿)이고, 호가 면재(勉齋)·삼산(三山)이고, 시호가 문숙(文肅)이며, 복주 민현(福州閩縣) 사람이다. 황우(黃瑀)의 넷째 아들로 어려서부터 총영(聰穎)하였고, 1175년에 유청지(劉淸之)에게 배움을 청하였는데 기발한 재능을 본 유청지가 주자에게 학업을 배우도록 권하여 주자의 문하에 들어가서 공부하였으며, 뒤에 주자의 사위가 되었다. 주자의 학문을 지극하게 터득하여 주자의 4대 제자 가운데 한 명으로 추존되었다. 저서로는 『황면재문집(黃勉齋文集)』 외에 『논어통석(論語通釋)』·『맹자강의(孟子講義)』 등이 포함된 『오경강의(五經講義)』·『사서기문(四書紀聞)』 등이 있으며, 『주자행장(朱子行狀)』을 지었다.

234) 공자의 처음 대답 : 위 경문에 "子貢問政, 子曰 : '足食足兵, 民信之矣.'"에서 '足食足兵'을 말하는 것이다.

235) 호광 편(胡廣 編), 『논어집주대전(論語集註大全)』「안연(顏淵)」에는 "雙峯饒氏曰 : '去食去兵, 是處變之道, 如忽然水旱之餘, 食有不繼; 猝然冦難之來, 防禦不及, 然後可去. 若爲政常法, 如何可? 使兵食不足. 三者俱全, 處事之常. 二者可去, 處事之變, 蓋兵食外物, 容有時而可無; 信, 是本心之德. 故無時而可去.'"로 되어 있다.

詳說

○ **朱子曰:"本兩項事, 子貢却做三項事."**[236]

주자(朱子 : 朱熹)가 말하였다. "본래는 두 항목[食·兵]의 일인데, 자공이 도리어 세 항목[食·兵·信]의 일로 만들었다."

朱註

言食足而信孚, 則無兵而守固矣.

식량이 풍족하고 믿음이 있으면 군사가 없어도 지킴이 단단한 것이다.

詳說

○ **吾之信孚於民心.**

'신부(信孚)'는 나의 믿음이 백성의 마음에 맞는 것이다.

○ **守國.**

'수(守)'는 나라를 지킴이다.

○ **齊氏曰:"民皆兵也."**[237]

'수고(守固)'에 대해, 제씨(齊氏 : 齊夢龍)가 말하였다. "백성이 모두 지키는 것이다."

○ **有釋無訓.**

경문의 풀이는 있으나 훈고는 없다.

○ **此問此答, 兩皆平易, 中人, 蓋可能也.**

이 물음과 이 대답은 두 가지가 모두 평이(平易)하니, 중인(中人)이라도 대개 가능

---

236) 『주자어류(朱子語類)』 권41, 「논어23(論語二十三)」, 53조목에는 "文振問:'足食·足兵, 民信之矣.' 曰:'看來此只是因足食·足兵而後民信, 本是兩項事, 子貢卻做三項事認了. '信'字便是在人心不容變底事也.'(문진이 물었다. '양식을 충분하게 하고, 병사를 충분하게 하고, 백성들이 믿는다."는 것에 대해 묻습니다.' 주희가 말하였다. '보건대, 이것은 양식을 충분하게 하고 병사를 충분하게 한 뒤에 백성이 믿는 것이니, 본래 두 가지 일인데도, 자공이 세 가지 일이라고 생각하였다. '믿음'은 사람의 마음이 변화를 용납하지 않는 것이다.')"로 되어 있다.

237) 호병문(胡炳文), 『논어통(論語通)』 권6에는 "齊氏曰:'古者, 藏兵於農, 兵非不足也. 三年耕, 有一年之積; 九年耕, 有三年之積, 食非不足也. 孔子曰:足食足兵, 豈亦後世富强之術歟? …… 雖曰三者, 其實只是一事. 天下未有食足而兵不足; 食足兵足而民不信者也. 子貢再問而孔子曰去兵, 非去兵也. 食足而民信, 則民固皆兵也. 子貢三問而孔子曰去食, 苟孚於民, 則雖緩急之極, 而亦終不忍以飢寒去也. 然則亦非去食也, 甚言其不可以無恩交義結之素爾.'"로 되어 있다.

한 것이다.[238]

[12-7-3]

子貢曰："必不得已而去, 於斯二者, 何先?" 曰："去食, 自古皆有死, 民無信不立."

자공(子貢)이 말하였다. "반드시 능히 마지못해 버리게 된다면 이 두 가지에서 어느 것을 먼저 하실 것입니까?" 공자가 말하였다. "먹는 것을 버릴 것이니, 예로부터 다 죽음이 있거니와 백성들이 믿어 줌이 없으면 서지 못한다."

朱註

民無食必死. 然死者, 人之所必不免, 無信, 則雖生而無以自立, 不若死之爲安.

백성들은 식량이 없으면 반드시 죽는다. 그러나 죽음이라는 것은 사람이 반드시 벗어나지 못하는 일이며, 믿음이 없으면 비록 살아서도 스스로 설 수 없으니, 죽어서 편안하게 되는 것만 같지 못하다.

詳說

○ 皆有.

'인지소필불면(人之所必不免：사람이 반드시 벗어나지 못하는 일)'은 모두에게 있음이다.

○ 朱子曰："民無以立乎? 天地間民不立, 則國亦不能以立."[239]

'무이자립(無以自立：스스로 설 수 없음)'에 대해, 주자(朱子：朱熹)가 말하였다. "백성이 섬이 없겠는가? 천지 사이에 백성이 서지 못한다면 나라도 또한 능히 설

---

238) 중인(中人)이라도 대개 가능한 것이다：『논어(論語)』「옹야(雍也)」의 "中人以上, 可以語上也; 中人以下, 不可以語上也."라는 내용에 의거하여 중인 정도의 수준이면 충분히 문답(問答)할 수 있다고 말한 것이다.

239) 『주자어류(朱子語類)』 권42, 「논어24(論語二十四)」, 54조목에는 다음과 같이 실려 있다. "問：'民無信不立, 是民自不立, 是國不可立?' 曰：'是民自不立. 民不立, 則國亦不能以立矣.' 問：'民如何是不立?' 曰：'有信則相守而死. 無信, 則相欺相詐, 臣棄其君, 子棄其父, 各自求生路去.'"

수가 없다.”

○ 朱子曰 : “‘安’字, 極有味.”[240]

‘불약사지위안(不若死之爲安)’에 대해, 주자(朱子 : 朱熹)가 말하였다. “‘안(安)’자에는 지극한 의미가 있다.”

○ 孔子之不去信, 孟子之取義, 先後一其揆矣.

공자(孔子)가 믿음을 버리지 않음과 맹자(孟子)가 신의(信義)를 취한 것은 앞뒤로 그 헤아림이 동일하다.

朱註

故寧死而不失信於民, 使民亦寧死, 而不失信於我也.

그러므로 차라리 죽을지언정 백성에게 믿음을 잃지 않아야 하며, 백성에게 또한 차라리 죽게 할지언정 나에게서 믿음을 잃지 않아야 한다.

詳說

○ 先說吾之信.

‘불실신어민(不失信於民 : 백성에게 믿음을 잃지 않아야 함)’은 먼저 나의 믿음을 말한 것이다.

○ 有釋無訓.

경문의 풀이는 있으나 훈고는 없다.

○ 勉齋黃氏曰 : “夫子復告義理之輕重也.”[241]

면재 황씨(勉齋黃氏 : 黃幹)가 말하였다. “공자가 의리(義理)의 가볍고 무거움을 다시 말해준 것이다.”

○ 雙峰饒氏曰 : “二者可去, 處事之變.”[242]

쌍봉 요씨(雙峰饒氏 : 饒魯)가 말하였다. “두 가지를 없앨 수 있는 것은 일의 변고에 처하는 것이다.”

---

240) 호광 편(胡廣 編), 『논어집주대전(論語集註大全)』「안연(顔淵)」.

241) 호광 편(胡廣 編), 『논어집주대전(論語集註大全)』「안연(顔淵)」에는 “勉齋黃氏曰 : ‘夫子初答, 爲政之先後也; 再問復告, 義理之輕重也.’”로 되어 있다.

242) 호광 편(胡廣 編), 『논어집주대전(論語集註大全)』「안연(顔淵)」에는 “雙峯饒氏曰 : ‘去食去兵, 是處變之道. …… 三者俱全, 處事之常; 二者可去, 處事之變.’”으로 되어 있다.

○ 自古, 皆有死, 民無信不立, 旣答而復申之. 此與後篇'修己以安百姓, 堯舜其猶病諸'243), 語勢略同. 但彼爲其問之窮底不已故, 以是止之; 此則恐其信不及故, 以是明之.

옛날부터 모두 죽음이 있고, 백성들이 믿음이 없으면 설 수 없음은 이미 대답하면서 다시 거듭하였다. 이는 뒤 편장의 '자기 몸을 닦아서 백성들을 편안하게 함은 요순(堯舜)도 오히려 병으로 여겼다'라는 구절과 더불어 말의 힘이 대략 같다. 다만 저것은 그 물음이 밑바닥까지 궁구하여 그치지 않았기 때문에 이로써 그친 말이고, 이것은 그 믿음이 미치지 못할까 염려하였기 때문에 이로써 밝힌 말이다.

朱註

程子曰: "孔門弟子善問, 直窮到底, 如此章者, 非子貢, 不能問; 非聖人, 不能答也."

정자(程子: 程頤)가 말하였다. "공자 문하의 제자들이 묻기를 잘하고 직접 궁구하여 밑바닥까지 이르렀는데, 이 장과 같은 것은 자공이 아니면 능히 물을 수 없고, 성인이 아니면 능히 대답할 수 없다."

詳說

○ 叔子.

'정자(程子)'는 동생 정이(程頤)이다.

○ 此間有'然'字意.

'공문제자선문(孔門弟子善問: 공자 문하의 제자들이 묻기를 잘함)'은 이 사이에 '연(然)'자의 뜻이 있다.244)

○ 慶源輔氏曰: "必欲究其精微之蘊."245)

'비자공, 불능문(非子貢, 不能問: 자공이 아니면 능히 물을 수 없음)'에 대해, 경원

---

243) '修己以安百姓, 堯舜其猶病諸': 『논어(論語)』「헌문(憲問)」에서 "子路問君子, 子曰: '修己以敬.' 曰: '如斯而已乎?' 曰: '修己以安人.' 曰: '如斯而已乎?' 曰: '修己以安百姓, 修己以安百姓, 堯舜其猶病諸.'"라고 하였다.

244) '공문제자선문(孔門弟子善問: 공자 문하의 제자들이 묻기를 잘함)'는 이 사이에 '연(然)'자의 뜻이 있다: 박문호(朴文鎬)는 '孔門弟子善問, 直窮到底'의 문맥을 '공자 문하의 제자들이 묻기를 잘하나, 직접 궁구하여 밑바닥까지 이름'으로 본 것 같다.

245) 호광 편(胡廣 編), 『논어집주대전(論語集註大全)』「안연(顏淵)」에는 "慶源輔氏曰: '非於理有所見, 而必欲究其精微之蘊者. ……'"로 되어 있다.

보씨(慶源輔氏 : 輔廣)가 말하였다. "반드시 그 정미한 온축(蘊蓄)을 궁구하려는 것이다."

○ 子貢, 蓋亦略有見於信之不可去. 故能再問. 若只知食之爲重者, 必不能問及.

자공이 대개 또한 믿음을 버릴 수 없음에 대략적인 견해가 있었던 것이다. 그러므로 능히 다시 물은 것이다. 만약 다만 식량이 중요함이 된다고 아는 사람이었다면 반드시 능히 질문하고 언급하지 않았을 것이다.

○ 慶源輔氏曰 : "據理之極, 而燭照數計, 無纖毫之疑."246)

'비성인, 불능답야(非聖人, 不能答也 : 성인이 아니면 능히 대답할 수 없음)'에 대해, 경원 보씨(慶源輔氏 : 輔廣)가 말하였다. "이치의 지극함에 의거하여 밝혀 참조하고 자주 헤아려서 가는 터럭만한 의심조차 없는 것이다."

朱註

愚謂, 以人情而言, 則兵食足而後吾之信, 可以孚於民; 以民德而言, 則信本人之所固存247), 非兵食所得而先也. 是以爲政者, 當身率其民, 而以死守之, 不以危急而可棄也.

내가 생각하건대, 사람의 감정으로써 말하면 군사와 식량이 풍족한 뒤에 나의 믿음이 백성들에게 들어맞을 수 있고, 백성의 덕으로써 말하면 믿음은 본래 사람이 굳게 보존하는 것이니, 군사와 식량보다 능히 먼저 할 것이 아니다. 이 때문에 정치를 하는 사람은 마땅히 몸이 그 백성보다 솔선(率先)하여 죽음으로써 지켜야 하고, 위급함으로써 백성을 버려서는 안 되는 것이다.

詳說

○ 先言兵以便文.

'병식족(兵食足)'은 먼저 군사를 말하여 문맥을 편하게 한 것이다.

○ 首節之意.

'가이부어민(可以孚於民 : 백성들에게 들어맞을 수 있음)'은 머리 구절의 뜻이다.

---

246) 호광 편(胡廣 編), 『논어집주대전(論語集註大全)』「안연(顔淵)」에는 "慶源輔氏曰 : '…… 必欲究其精微之蘊者. 不能如此問, 非據理之極, 而於膠轕肯綮之際, 如燭照數計, 無纖毫之疑者, 不能如此答之也.'"로 되어 있다.

247) 存 : 『논어집주(論語集註)』와 『논어집주대전』에는 '有'로 표기되어 있다.

○ 得乎初而宅乎中.

'소고존(所固存 : 굳게 보존하는 것)'은 태어난 처음에 얻어서 마음속에 일정하게 있는 것이다.

○ 外物.

'병식(兵食 : 군사와 식량)'은 외부의 사물이다.

○ 朱子曰 : "以序言之, 則食爲先; 以理言之, 則信爲重."[248)]

'선야(先也 : 먼저 할 것)'에 대해, 주자(朱子 : 朱熹)가 말하였다. "차례로써 말하면 식량이 먼저가 되고, 이치로써 말하면 믿음이 중요함이 된다."

○ 守信.

'이사수지(以死守之)'는 믿음을 지키는 일이다.

○ 兩不失信.

둘[食·兵] 다 믿음을 잃지 않는 것이다.

○ 死.

'위급(危急)'은 죽음이다.

○ 棄信.

'기야(棄也)'는 믿음을 버리는 일이다.

○ 雖死而信猶自若也, 張巡許遠之守睢陽, 近之.

비록 죽더라도 믿음이 오히려 흔들리거나 변함없는 것이니, 장순(張巡)[249)]과 허원(許遠)[250)]이 수양(睢陽)을 지킨 일이 이에 가깝다.

○ '信'字, 此章之綱領.

'신(信 : 믿다)'자가 이 장의 강령이다.

---

248) 호광 편(胡廣 編), 『논어집주대전(論語集註大全)』「안연(顔淵)」에는 "'有是二者, 則民以信事上, 而無欺詐離叛之心, 所謂民信之也.' 問 : '食之可去, 何也?' 曰 : '以序言之, 則食爲先; 以理言之, 則信爲重. 蓋死生常理, 人所必不免者. 若民無信, 則失所以爲民者, 而無以立乎天地間. 是以必有以使民寧無食以死, 而不失其尊君親上之心, 則其政之所以得民心而善民俗者, 可得而言矣.'"로 되어 있다.

249) 장순(張巡 : 709~757) : 당나라 장수로 안녹산(安祿山)이 반란을 일으키자 허원(許遠)과 함께 반란군을 격파하는 데 앞장섰으나, 수양성(睢陽城)에서 포위되어 반란군에게 패하자 자살하였다.

250) 허원(許遠 : 709~757) : 당나라 장수로 하남 수양(河南睢陽)의 태수로 있으면서 장순(張巡)과 함께 안녹산(安禄山)의 반란군을 방어하다가 수양성(睢陽城)이 함락 당하여 죽었다.

[12-8-1]

棘子成曰："君子, 質而已矣, 何以文爲?"
극자성(棘子成)이 말하였다. "군자는 바탕일 따름이니, 어떻게 문식(文飾)을 하겠는가?"

朱註

棘子成, 衛大夫.
극자성(棘子成)은 위(衛)나라 대부이다.

詳說

○ 訓.
훈고이다.

朱註

疾時人文勝. 故爲此言.
당시 사람들의 문식(文飾)이 지나친 것을 싫어하였다. 그러므로 이 말을 하였다.

詳說

○ 觀其語勢, 必是時人有以文爲美者. 故駁之. '何以文爲', 猶言'焉用文爲哉.'
그 말의 힘을 살펴보면 반드시 당시 사람들이 문식(文飾)으로써 아름다움으로 삼은 것이 있었다. 그러므로 공박한 것이다. '어떻게 문식을 하겠는가?'는 '언용문위재(焉用文爲哉 : 어찌 문식으로써 하겠는가?)'라고 말하는 것과 같다.

○ 以論釋之.
경문의 의미 설명으로 풀이하였다.

[12-8-2]

子貢曰："惜乎! 夫子之說, 君子也, 駟不及舌.
자공(子貢)이 말하였다. "아깝도다! 부자(夫子 : 棘子成)의 말씀이 군자이나 네 마리 말이라도 혀에 미치지 못할 것이다.

朱註

言子成之言, 乃君子之意, 然言出於舌, 則駟馬不能追之, 又惜其失言也.
극자성(棘子成)의 말이 이에 군자의 뜻이지만, 그러나 말이 혀에서 나오면 네 마리 말이라도 능히 좇아갈 수 없다고 말하였으니, 또 그 말의 실수를 안타깝게 여긴 것이다.

詳說

◯ 『大全』曰："崇本質."[251)]
'군자지의(君子之意)'에 대해, 『논어집주대전』에서 말하였다. "본질을 숭상하는 것이다."

◯ '惜'字, 釋於下者, 所以順文勢也. 或云："'說'字, 若釋於君子, 如『孟子』'固哉高叟之爲詩也'[252)]之文勢, 則'惜'字, 自當依本文, 釋於上也." 然此非『集註』之意, 不敢從.
'석(惜)'자는 아래의 것을 풀이하여 글의 흐름을 좇은 것이다. 어떤 사람이 이르기를, "'설(說)'자는 군자를 풀이한 것 같으니, 『맹자(孟子)』의 '고루하도다! 고씨 늙은이의 시를 해석함이여!'라는 글의 흐름과 같다. 곧 '석(惜)'자는 자연스럽게 마땅히 본문에 의거하여 위를 풀이한 것이다."라고 하였다. 그러나 이는 『논어집주(論語集註)』의 뜻이 아니니, 감히 좇을 수 없다.

◯ 有釋無訓.

---

251) 호광 편(胡廣 編), 『논어집주대전(論語集註大全)』「안연(顔淵)」에는 "崇本質, 是君子之意."라고 하였다.

252) '固哉高叟之爲詩也' : 『맹자(孟子)』「고자하(告子下)」에 다음과 같이 되어 있다. "公孫丑問曰 : '高子曰: 小弁, 小人之詩也.' 孟子曰 : '何以言之?' 曰 : '怨.' 曰 : '固哉! 高叟之爲詩也! 有人於此, 越人關弓而射之, 則己談笑而道之, 無他, 疏之也. 其兄關弓而射之, 則己垂涕泣而道之, 無他, 戚之也. 小弁之怨, 親親也, 親親, 仁也. 固矣! 夫高叟之爲詩也!' 曰 : '凱風, 何以不怨?' 曰 : '凱風, 親之過小者也; 小弁, 親之過大者也, 親之過大而不怨, 是愈疏也; 親之過小而怨, 是不可磯也, 愈疏不孝也; 不可磯亦不孝也. 孔子曰: 舜其至孝矣. 五十而慕.'"

경문의 풀이는 있으나 훈고는 없다.

[12-8-3]

文猶質也; 質猶文也, 虎·豹之鞹, 猶犬·羊之鞹."
문식(文飾)이 바탕과 같으며, 바탕이 문식과 같으니, 호랑이와 표범의 가죽이 개와 양의 가죽과 같은 것이다."

朱註

鞹, 其郭反.
'표지곽(豹之鞹)'에서 '곽(鞹)'은 '기(其)'와 '곽(郭)'의 반절(反切)이다.

詳說

○ 上二, 猶屬子貢事, 是自信者也; 下一, 猶屬子成事, 是所駁者也.
위의 둘은 오히려 자공(子貢)의 일에 속하니 스스로 믿은 것이고, 아래의 하나는 극자성의 일에 속하니 반박한 것이다.

朱註

'鞹', 皮去毛者也.
'곽(鞹)'은 껍질에서 털을 없앤 것이다.

詳說

○ 上聲, 下同.253)
'피거모자야(皮去毛者也)'에서 '거(去)'자는 상성(上聲 : 제거하다)이니, 아래도 같다.

○ 訓.
훈고이다.

253) 호광 편(胡廣 編), 『논어집주대전(論語集註大全)』「안연(顏淵)」.

朱註

言文·質等耳, 不可相無.

문(文)과 질(質)이 같을 뿐이니, 서로 없어서는 안 됨을 말하였다.

詳說

○ 猶.

'등(等)'은 같음이다.

○ 釋上二句.

위의 두 구절을 풀이한 것이다.

朱註

若必盡去其文而獨存其質, 則君子小人, 無以辨矣.

만약 반드시 그 문식(文飾)을 다 없애고 오직 그 바탕만 둔다면, 군자와 소인을 분별할 수 없을 것이다.

詳說

○ 子成之意, 如此耳. 此節中間, 添此一條然後, 本文之意, 始完足.

'약필진거기문이독존기질(若必盡去其文而獨存其質 : 만약 반드시 그 문식을 다 없애고 오직 그 바탕만 둠)'은 극자성의 뜻이 이와 같을 뿐이다. 이 문절의 중간에 이 한 가지를 보탠 뒤라야 본문의 뜻이 비로소 완전하게 채워질 것이다.[254)]

○ 虎·豹.

'군자(君子)'는 호랑이와 표범이다.

○ 犬·羊.

'소인(小人)'은 개와 양이다.

254) 이 문절의 중간에 이 한 가지를 보탠 뒤라야 본문의 뜻이 비로소 완전하게 채워질 것이다 : 위 경문에 "文猶質也; 質猶文也, 虎豹之鞹, 猶犬羊之鞹."의 중간에 '若必盡去其文而獨存其質'을 넣는다면 경문의 뜻이 완전하게 채워질 것이라고 본 것이다. 곧 "文猶質也; 質猶文也, 若必盡去其文而獨存其質, 虎豹之鞹, 猶犬羊之鞹.(문식이 바탕과 같으며, 바탕이 문식과 같으니, 만약 반드시 그 문식을 다 없애고 오직 그 바탕만 둔다면, 호랑이와 표범의 가죽이 개와 양의 가죽과 같을 것이다.)"이 되어야 함을 말한 것이다.

○ 猶.

'무이변의(無以辨矣 : 분별할 수 없음)'는 같음이다.

○ 釋下二句, 取喩之本意.

아래 두 구절을 풀이함에 비유의 본의(本意)를 취하였다.[255)]

○ 釋畢.

경문의 풀이가 끝났다.

○ 此下則論也.

이 아래는 곧 경문의 의미를 설명하였다.

朱註

夫棘子成, 矯當時之弊, 固失之過, 而子貢矯子成之弊, 又無本末·輕重之差, 胥失之矣.

무릇 극자성(棘子成)은 당시의 폐단을 바로잡음에 고루한 과실이 지나쳤는데, 자공은 극자성의 폐단을 바로잡음에 또 근본적이고 지엽적인 것, 가볍고 무거운 것의 차이가 없었으니, 서로 잘못한 것이다.

詳說

○ 音扶.[256)]

'부극자성(夫棘子成)'에서 '부(夫)'자는 음이 부(扶)이다.

○ 朱子曰 : "其流弊, 必至於棄禮滅法."[257)]

'교당시지폐, 고실지과(矯當時之弊, 固失之過)'에 대해, 주자(朱子 : 朱熹)가 말하였다. "뒤따르는 폐단이 반드시 예(禮)를 버리고 법도를 없애는 데까지 이르렀다."

---

255) 아래 두 구절을 풀이함에 비유의 본의(本意)를 취하였다 : "虎·豹之鞹, 猶犬·羊之鞹."의 비유에서 본래의 뜻에 해당하는 '本末·輕重之差'를 말하는 것이다.

256) 호광 편(胡廣 編), 『논어집주대전(論語集註大全)』「안연(顔淵)」.

257) 호광 편(胡廣 編), 『논어집주대전(論語集註大全)』「안연(顔淵)」에는 다음과 같이 되어 있다. "問 : '棘子成之言與夫子之答, 林放何異而子貢非之若是耶?' 曰 : '夫子之言, 權衡審察而詞氣和平, 蓋未始以文爲可盡去也. 若子成則詞氣矯激, 而取舍則過中矣. 其流之弊, 將必至於棄禮滅法, 如西晉君子之爲者. 故子貢惜其言之失而力正之也.' 曰 : '何以言子貢之言有弊也?' 曰 : '子成之說偏矣, 而子貢於文質之間, 又一視之而無本末輕重緩急之差焉, 則又矯子成之失而過中者也, 蓋立言之難如此, 自非聖人, 孰能無所偏倚, 而常適其平也哉?'"

○ 楚宜反.[258]

'경중지차(輕重之差)'에서 '차(差)'는 '초(楚)'와 '의(宜)'의 반절(反切)이다.

○ 子成之失, 在'而已'字; 子貢之失, 在'猶'字.

'서실지의(胥失之矣 : 서로 잘못한 것)'에서, 극자성(棘子成)의 잘못은 '이이(而已)' 자[259]에 있고, 자공(子貢)의 잘못은 '유(猶)'자[260]에 있다.

○ 朱子曰 : "固不可無文, 亦當以質爲本."[261]

주자(朱子 : 朱熹)가 말하였다. "진실로 문식(文飾)이 없어서는 안 된다면, 또한 마땅히 바탕으로써 근본을 삼아야 한다."

○ 雙峰饒氏曰 : "子成 · 子貢 · 『集註』, 當作三樣看."[262]

쌍봉 요씨(雙峰饒氏 : 饒魯)가 말하였다. "극자성과 자공과 『논어집주(論語集註)』로 하여 마땅히 세 가지 본보기로 만들어서 보아야 한다.

---

258) 호광 편(胡廣 編), 『논어집주대전(論語集註大全)』「안연(顔淵)」.

259) '이이(而已)'자 : "棘子成曰 : '君子, 質而已矣.'"에서 '而已'를 말한다.

260) '유(猶)'자 : "文猶質也; 質猶文也, 虎 · 豹之鞹, 猶犬 · 羊之鞹."에서 '猶'자를 말한다.

261) 호광 편(胡廣 編), 『논어집주대전(論語集註大全)』「안연(顔淵)」에는 다음과 같이 되어 있다. "朱子曰 : '棘子成全說質, 固未盡善; 子貢全説文, 以矯子成又錯. 若虎皮 · 羊皮, 雖除了毛, 畢竟自別, 事體不同. 使一箇君子, 與一箇屠販之人, 相對坐. 竝不以文見, 畢竟兩人, 好惡自別. 大率固不可無文, 亦當以質爲本, 如寧儉 · 寧戚之意.'(극자성은 질에 대해서만 말했으므로 아직 선함을 다하지 못하였다. 자공은 문으로써 극자성을 고치는 것에 대해서만 말했으니 또한 착오이다. 만약 호랑이 가죽과 양 가죽이라면 털을 제거했을지라도 저절로 구별되므로 일의 모습이 서로 다르다. 가령 한 명의 군자와 한 명의 상인이 서로 마주 앉아 있을 때 문(文)으로써 구별하지 않더라도, 두 사람의 좋은 점과 나쁜 점이 저절로 구별될 것이다. 대체로 문이 없을 수 없으나 또한 질(質)로써 근본을 삼으니, 예컨대 차라리 검소하고 차라리 슬퍼한다는 뜻과 같다.')" 『주자어류(朱子語類)』 권42, 「논어24(論語二十四)」, 58조목에도 동일하게 실려 있다.

262) 호광 편(胡廣 編), 『논어집주대전(論語集註大全)』「안연(顔淵)」에는 다음과 같이 되어 있다. "雙峯饒氏曰 : '此章, 當作三樣看, 棘子成之意, 欲盡去其文而獨存其質; 子貢之意, 則以爲文質相等. 『集註』則謂質爲本; 文爲末, 本則重; 末則輕. 然盡去其文而獨存其質, 其流將有棄禮滅法之弊. 文質相等, 則不分本末, 而無所重輕. 故『集註』謂棘子成與子貢, 胥失之.'"

[12-9-1]

哀公, 問於有若曰 : "年饑, 用不足, 如之何?"
애공(哀公)이 유약(有若)에게 물어 말하였다. "한 해 농사가 흉작(凶作)이라 식용(食用)이 부족하니 어찌할 것인가?"

詳說

○ 厚齋馮氏曰 : "哀十二 · 十三年, 皆有螽, 連年用兵於邾, 又有齊警, 所以年饑而用不足."263)

후재 풍씨(厚齋馮氏 : 馮椅)가 말하였다. "애공(哀公) 12년과 13년에 모두 메뚜기를 비롯한 해충의 피해가 있었고, 여러 해 동안 연달아 주(邾) 땅에 군대를 부렸으며, 또 제나라에 경계할 만한 상황이 있었으니, 한해 농사가 흉작이라 식용이 부족한 까닭인 것이다."

朱註

稱'有若'者, 君臣之辭264). '用', 謂國用.
'유약(有若)'이라고 일컬은 것은 임금과 신하의 말이다. '용(用)'은 나라에서 소모하는 비용이다.

詳說

○ 齊氏曰 : "稱名者, 庶人對君之禮. 孔子嘗爲大夫故, 止稱姓."265)

제씨(齊氏 : 齊夢龍)가 말하였다. "이름을 일컬은 것은 일반 백성이 임금에 대한 예(禮)이다. 공자(孔子)가 일찍이 대부가 되었기 때문에 다만 성(姓)을 일컬은 것

---

263) 호광 편(胡廣 編), 『논어집주대전(論語集註大全)』「안연(顔淵)」에는 다음과 같이 실려 있다. "厚齋馮氏曰 : '古者, 什取一以給公上, 而征役城築, 皆民自備, 上止出令而已. 故民足則君足. 後世盡取而歸之公上. 故民雖不足而君亦未嘗得足. 哀公十二年 · 十三年, 皆有螽, 連年用兵於邾. 又有齊警, 此所以年饑而用不足也. 有若乃告之以徹, 此儒生之常談, 而世笑之, 以爲迂濶者也. 然有國者, 足食以稅; 足兵以賦. 夫魯之兵甲, 已數倍於古, 季孫以兵不足, 而欲用田賦. 故夫子曰: 有周公之典, 在魯之稅畝, 已加倍於古. 哀公以二猶不足, 而欲加稅. 故有若於夫子者有素也.'"

264) 辭 : 『논어집주(論語集註)』에는 '辭'로 표기되어 있고, 『논어집주대전』에는 '詞'로 표기되어 있다. 조선 영조본 『논어집주대전』에는 '詞'로 표기되어 있다.

265) 호광 편(胡廣 編), 『논어집주대전(論語集註大全)』「안연(顔淵)」.

이다."

○ 不論大夫與庶人, 君前皆當名之, 而其稱'孔子'者, 姓以謹君臣之辭, '子'以嚴記者, 尊聖之辭.

대부와 일반 백성을 따질 것 없이 임금 앞에서는 모두 마땅히 이름을 부르는데, '공자'라고 일컬은 것은 성(姓)은 임금과 신하 사이에 삼가는 말이고, '자(子)'는 근엄함으로써 기록한 것이니 성인을 존경하는 말이다.

○ 訓畢.

훈고가 끝났다.

朱註

公意, 蓋欲加賦以足用也.

애공의 뜻은 대개 부세(賦稅)를 더하여 비용을 채우려고 한 것이다.

詳說

○ '如之何'三字, 有此意.

'여지하(如之何)' 세 글자에 이 뜻이 있다.

○ 釋其意.

그 뜻을 풀이한 것이다.

[12-9-2]

有若對曰 : "盍徹乎?"

유약이 대답하여 말하였다. "어찌 철법(徹法)을 안 하십니까?"

朱註

徹, 通也; 均也.

'철(徹)'은 통함이며, 고르게 함이다.

詳說

○ 訓.

훈고이다.

朱註

周制, 一夫受田百畝, 而與同溝共井之人, 通力合作, 計畝均收,

주(周)나라 제도에 한 사람이 전답 백 이랑을 받아서 도랑을 같이하고 정전(井田)을 함께하는 사람과 더불어 힘을 합치고 함께 일하여 이랑을 헤아려서 수익을 고르게 하는데,

詳說

○ 鄕遂.

'구(溝)'는 마을의 작은 도랑[266]이다.

○ 都鄙.

'정(井)'은 도읍의 변방이다.

○ 新安陳氏曰: "'通力均收', 照應'通也均也'之訓."[267]

신안 진씨(新安陳氏: 陳櫟)가 말하였다. "'통력균수(通力均收: 힘을 합치고 함께 일함)'는 '통야균야(通也均也: 통함이며 고르게 함)'의 새김에 조응하는 일이다."

○ 『大全』曰: "詳見『孟子』井地章註."[268]

---

266) 마을의 작은 도랑: 원문 향수(鄕遂)는 마을에 있는 논 사이에 물을 빼는 작은 도랑을 말한다. 『주례(周禮)』 정현(鄭玄)의 주석에 "田首受水小溝也."라 하였고, 손이양(孫詒讓), 『정의(正義)』에서 "匠人爲溝洫, 田首廣二尺, 深二尺, 謂之遂. 故云: 田首受水小溝, 五溝以遂爲最小也."라고 하였다.

267) 호광 편(胡廣 編), 『논어집주대전(論語集註大全)』「안연(顔淵)」에는 "新安陳氏曰: '以通力均收二句, 照應通也均也之訓.'"이라 하였다.

268) 호광 편(胡廣 編), 『논어집주대전(論語集註大全)』「안연(顔淵)」에는 "'同溝共井'之說, 詳見『孟子』「滕文公問爲國集註下」."라고 하였다. 『맹자(孟子)』「등문공상(滕文公上)」에 있는 내용의 대강은 다음과 같다. "滕文公問爲國, 孟子曰: '民事不可緩也. …… 民之爲道也, 有恒產者有恒心; 無恒產者無恒心, 苟無恒心, 放辟邪侈無不爲已, 及陷乎罪然後, 從而刑之, 是罔民也, 焉有仁人在位, 罔民而可爲也? 是故賢君必恭儉禮下, 取於民有制. 陽虎曰: 爲富不仁矣; 爲仁不富矣. …… 夏后氏五十而貢; 殷人七十而助; 周人百畝而徹, 其實皆什一也. 徹者, 徹也; 助者, 藉也. …….' 使畢戰問井地, 孟子曰: '…… 夫仁政, 必自經界始. 經界不正, 井地不均; 穀祿不平.

『논어집주대전』에서 말하였다. “『맹자(孟子)』 정지장(井地章)의 주석에 상세하게 보인다.”

朱註

大率民得其九, 公取其一. 故謂之徹. 魯自宣公稅畝, 又逐畝十取其一, 則爲什而取二矣. 故有若請但專行徹法,

대체로 백성들은 그 아홉을 얻고, 나라에서 그 하나를 취한다. 그러므로 철(徹)이라고 이른다. 노(魯)나라에서는 선공(宣公) 때부터 이랑에 세금을 걷었고, 또 이랑마다 열에서 그 하나[1/10]를 취하였는데, 곧 열에서 둘[2/10]을 취한 것이 된다. 그러므로 유약(有若)이 다만 오로지 철법(徹法)을 시행하도록 청원하였으니,

詳說

○ 音律.[269]

'대율민득기구(大率民得其九)'에서 '율(率)'자는 음이 율(律)이다.

○ 是亦'通也; 均也'.

'철(徹)'은 이 또한 '통함이며, 고르게 함이다'.

○ 見『春秋』「宣」十五年.[270]

'노자선공세무(魯自宣公稅畝 : 노나라에서는 선공 때부터 이랑에 세금을 걷었음)'는 『춘추좌전(春秋左傳)』「선공(宣公)」 25년 기사에 보인다.

○ 對舊而言'又'.

'우축무십취기일(又逐畝十取其一 : 또 이랑마다 열에서 그 하나를 취하였음)'은 옛날

…… 經界旣正, 分田制祿, 可坐而定也. …… 請野九一而助, 國中什一, 使自賦. …… 死徙無出鄕, 鄕田同井. 出入相友; 守望相助; 疾病相扶持, 則百姓親睦. 方里而井, 井九百畝, 其中爲公田. 八家皆私百畝, 同養公田, 公事畢然後, 敢治私事, 所以別野人也.'" 그 주석의 내용은 다음과 같다. "井地, 卽井田也. 經界, 謂治地分田, 經畫其溝塗封植之界也. 此法不修, 則田無定分, 而豪强得以兼幷. 故井地有不均; 賦無定法, 而貪暴得以多取. 故穀祿有不平, 此欲行仁政者之所以必從此始, 而暴君汙吏, 則必欲慢而廢之也. 有以正之, 則分田制祿, 可不勞而定矣."

269) 호광 편(胡廣 編), 『논어집주대전(論語集註大全)』「안연(顔淵)」.

270) 호광 편(胡廣 編), 『논어집주대전(論語集註大全)』「안연(顔淵)」에는 "『春秋』「宣公十五年」, 初稅畝公田之法, 十取其一, 今又履其餘畝, 復十取其一, 遂以爲常. 故曰 : '初『左傳』初稅畝非禮也, 穀出不過藉以豐財也.' 周法, 民耕百畝, 公田十畝, 借民力而治之. 故曰 : '籍稅不過此, 過此則非禮矣.'"로 되어 있다.

에 대하여 '우(又)'를 말한 것이다.

○ 此句, '稅畝'之註脚.

이 구절은 '세무(稅畝 : 이랑에 세금을 걷었음)'의 각주이다.

○ 舊固已取其一, 今自稅畝, 又取其一, 合而爲取二.

'위십이취이의(爲什而取二矣)'는 옛날에는 진실로 이미 그 하나를 취하였는데, 지금은 스스로 이랑에 세금을 걷고 또 그 하나를 취하니 합하여 둘을 취한 것이 된다.

○ 釋畢.

경문의 풀이가 끝났다.

○ 此下, 又釋其意.

이 아래에서 또 그 뜻을 풀이하였다.

朱註

欲公節用以厚民也.

나라가 비용을 절약하여 백성들을 부유하게 하려고 한 것이다.

詳說

○ 若不曉公欲加賦足用之意者然.

애공(哀公)이 부세를 더하여 비용을 채우려는 뜻을 깨닫지 못한 사람과 같아서 그런 것이다.

[12-9-3]

曰 : "二, 吾猶不足, 如之何其徹也?"

애공이 말하였다. "둘도 내가 오히려 만족하지 못하거늘 어찌 그 철법을 하겠는가?"

朱註

二, 即所謂什二也.

'이(二)'는 곧 이른바 열에 둘[2/10]이다.

詳說

◯ 上「註」.

'소위(所謂)'는 위의 『집주(集註)』이다.271)

◯ 訓.

훈고이다.

朱註

公以有若不喩其旨. 故言此以示加賦之意.

애공은 유약(有若)이 그 뜻을 깨닫지 못하였다고 여겼다. 그러므로 이것을 말하여 부세를 더하려는 뜻을 보인 것이다.

詳說

◯ 釋其意.

그 뜻을 풀이하였다.

◯ 上云'如之何', 疑辭也, 其意微; 此云'如之何其'也, 決辭也, 其意著.

위에서 '여지하(如之何)'라고 이른 것272)은 의문의 말이니 그 뜻이 은미하고, 여기서 '여지하기(如之何其)'라고 이른 것273)은 결정한 말이니 그 뜻이 분명하다.

[12-9-4]

對曰: "百姓足, 君孰與不足, 百姓不足, 君孰與足?"

유약이 대답하여 말하였다. "백성이 풍족하면 임금이 누구와 더불어 풍족하지 못하시며, 백성이 풍족하지 못하면 임금이 누구와 더불어 풍족하시겠습니까?"

---

271) '소위(所謂)'는 위의 『집주(集註)』이다: 위의 주석에 "魯自宣公稅畝, 又逐畝十取其一, 則爲什而取二矣."를 말한다.

272) 위에서 '여지하(如之何)'라고 이른 것: 위의 경문 "哀公, 問於有若曰: '年饑, 用不足, 如之何?'"에서 '如之何'를 말한다.

273) 여기서 '여지하기(如之何其)'라고 이른 것: 위의 경문 "曰: '二, 吾猶不足, 如之何其徹也?'"에서 '如之何其'를 말한다.

詳說

○ '孰與', 猶誰與也.

'숙여(孰與)'는 '수여(誰與)'와 같다.

朱註

民富, 則君不至獨貧; 民貧, 則君不能獨富.

백성이 부유하면 임금만 홀로 가난함에 이르지 않고, 백성이 가난하면 임금만 홀로 부유할 수 없다.

詳說

○ 朱子曰: "未有府庫, 財非其財者也."[274]

'독빈(獨貧: 홀로 가난함)'에 대해, 주자(朱子: 朱熹)가 말하였다. "곳집이 있지 않으면 재물은 그의 재물이 아닌 것이다."

○ '至'·'能'二字, 有衡尺.

'지(至)'와 '능(能)'의 두 글자에는 헤아림이 있다.

○ 有釋無訓.

경문의 풀이는 있으나 훈고는 없다.

○ 此下, 又釋其意.

이 아래에서 또 그 뜻을 풀이하였다.

---

274) 호광 편(胡廣 編), 『논어집주대전(論語集註大全)』「안연(顔淵)」에는 다음과 같이 실려 있다. "朱子曰: '未有府庫, 財非其財者也. 百姓旣足, 不成坐視其君不足, 亦無此理. 蓋有人斯有土, 有土斯有財. 若百姓不足, 君雖厚斂, 亦不濟事.'" 『주자어류(朱子語類)』 권42, 「논어24(論語二十四)」, 60조목의 내용은 다음과 같다. "問: '百姓足, 君孰與不足?' 曰: '未有府庫, 財非其財者也. 百姓旣足, 不成坐視其君不足, 亦無此理. 蓋有人斯有土, 有土斯有財. 若百姓不足, 君雖厚斂, 亦不濟事.'('백성이 풍족하면 군주가 누구와 더불어 부족하겠는가?'라는 구절에 대해 묻습니다. 주희가 말하였다. '곳간의 재화가 그의 재화가 아닌 것이 없다.'고 하였다. 백성이 이미 풍족한데 임금의 부족함을 앉아서 보지 않을 수 없다는 것은 이치에 맞지 않는다. 대개 사람이 있으면 토지가 있고, 토지가 있으면 재화가 있다. 만약 백성이 부족하면 군주가 많이 거두어들일지라도 또한 일을 구제하지 못할 것이다.')"

朱註

有若, 深言君民一體之意, 以止公之厚斂, 爲人上者, 所宜深念也.

유약은 임금과 백성이 한 몸이라는 뜻을 깊이 말하여 애공이 많이 거두려는 것을 멈추게 하였으니, 백성의 위에서 다스리는 사람이 마땅히 깊이 생각해야 한다.

詳說

○ 其言溫厚, 甚似聖人.

'심언군민일체지의(深言君民一體之意 : 임금과 백성이 한 몸이라는 뜻을 깊이 말함)'는 그 말이 온후(溫厚)하여 아주 성인(聖人)을 닮았다.

○ 須看上下註三'意'字.

모름지기 위아래 주석에 세 개의 '의(意)'자를 보아야 한다.[275]

○ 去聲, 下同.[276]

'이지공지후렴(以止公之厚斂)'에서 '렴(斂)'자는 거성(去聲 : 징수하다)이니, 아래도 같다.

○ 又自哀公推而廣之, 此則本文言外之意也.

'위인상자(爲人上者 : 백성의 위가 된 사람)'는 또 애공(哀公)으로부터 미루어서 넓힌 것이니, 이는 곧 본문의 말 밖의 뜻이다.

○ 新安陳氏曰 : "哀公加賦, 經傳無聞仁, 言之利博哉."[277]

'소의심념야(所宜深念也 : 마땅히 깊이 생각해야 할 것임)'에 대해, 신안 진씨(新安陳氏 : 陳櫟)가 말하였다. "애공이 부세(賦稅)를 더하여 경전에 어질었다는 말이 들림이 없으니 이익을 넓혔음을 말하는 것이로다."

朱註

楊氏曰 : "仁政, 必自經界始, 經界正而後, 井地均; 穀祿平, 而軍國之須, 皆量是以爲出焉. 故一徹而百度擧矣, 上下寧憂不足乎? 以二猶不足, 而敎之徹, 疑若迂矣.

275) 모름지기 위아래 주석에 세 개의 '의(意)'자를 보아야 한다 : '公意蓋欲加賦以足用也'에서 '公意'와 '加賦之意'와 '君民一體之意'를 말하는 것이다.

276) 호광 편(胡廣 編), 『논어집주대전(論語集註大全)』「안연(顔淵)」.

277) 호광 편(胡廣 編), 『논어집주대전(論語集註大全)』「안연(顔淵)」에는 "新安陳氏曰 : '節用則薄取, 而有餘民之富, 即君之富也; 侈用則盡取, 而不足民, 旣貧君. 誰與守其富哉? 宣公稅畝後, 哀公加賦, 經傳無聞仁, 言之利博哉.'"로 되어 있다.

양씨(楊氏 : 楊時)가 말하였다. "어진 정치는 반드시 경계(經界)를 긋는 일로부터 시작하니, 경계가 바르게 된 뒤에 정전(井田)이 고르게 되고, 녹봉(祿俸)이 공평하게 되며, 군대와 나라의 수요가 모두 이것을 헤아려서 지출의 기준으로 삼는다. 그러므로 한번 철법을 시행함에 모든 제도가 거행될 것이니, 위와 아래가 어찌 풍족하지 못할 것을 근심하겠는가? 둘로써도 오히려 부족한데 철법을 가르쳤으니, 의심컨대 우활(迂闊)한 듯하다.

詳說

○ 出『孟子』「滕文公」.

'정지균; 곡록평(井地均; 穀祿平)'은 『맹자(孟子)』「등문공(滕文公)」에 나온다.[278)]

○ 朱子曰 : "君十, 卿祿之制擧, 則賦歸於公室, 而不歸於三家."[279)]

주자(朱子 : 朱熹)가 말하였다. "임금이 열에 이르러 경(卿)들의 녹봉 제도가 거행되면 부세가 공실(公室)로 돌아가고, 삼가(三家 : 魯大夫 孟孫氏 · 叔孫氏 · 季孫氏)에게는 돌아가지 않을 것이다."

○ 軍用與國用.

'군국지수(軍國之須)'는 군대의 비용과 나라의 비용이다.

○ 一行徹.

'일철(一徹)'은 한 번 철법(徹法)을 시행함이다.

○ 以此二, 猶不足云云之君.

'이유부족(二猶不足 : 둘로써도 오히려 부족함)'은 이 둘로써도 오히려 부족하다고 운운하는 임금이다.

○ 猶勸也.

'교(敎)'는 권함과 같다.

○ 厚齋馮氏曰 : "世笑, 以爲儒生之常談."[280)]

---

278) 『맹자(孟子)』「등문공(滕文公)」에 나온다 : 『맹자(孟子)』「등문공상(滕文公上)」에서 "夫仁政, 必自經界始, 經界不正; 井地不均; 穀祿不平. 是故暴君汙吏, 必慢其經界."라고 하였다.

279) 호광 편(胡廣 編), 『논어집주대전(論語集註大全)』「안연(顔淵)」에는 "問 : '哀公之不足, 非不足也. 什取其二, 不歸於公室而歸於三家也. 雖徹而何補於哀公之不足耶?' 朱子曰 : '徹法行, 則自一夫百畝等, 而上之士大夫卿, 各有差等, 以至於君什, 卿祿之制, 皆可以次第而擧, 不惟野人之井地均, 而君子之穀祿, 亦平矣.'"로 되어 있다.

280) 호광 편(胡廣 編), 『논어집주대전(論語集註大全)』「안연(顔淵)」에는 "厚齋馮氏曰 : '古者什取

후재 풍씨(厚齋馮氏 : 馮椅)가 말하였다. "세상 사람들이 비웃었으니, 유학(儒學)을 하는 선비들의 평상시 이야기 정도로 여긴 것이다."

朱註

然什一, 天下之中正, 多則桀; 寡則貉, 不可改也. 後世, 不究其本而惟末之圖. 故征斂無藝; 費出無經, 而上下困矣. 又惡知'盍徹'之當務, 而不爲迂乎?"

그러나 열에 하나[1/10]는 천하의 중정(中正)함이니, 많으면 걸왕(桀王)이고, 적으면 북쪽 오랑캐이니, 고쳐서는 안 되는 것이다. 후세 사람들은 그 근본을 구명하지 않고 오직 말단(末端)만 꾀하였다. 그러므로 세금을 거두는 데 법제(法制)가 없고, 비용과 지출이 법도가 없어서 위와 아래가 곤궁하였다. 또 '어찌 철법을 쓰지 않습니까?'라는 것이 마땅히 힘써야 할 일임을 어찌 알아서 우활함이 되지 않겠는가?"

詳說

○ 音麥.

'과즉맥(寡則貉)'에서 '맥(貉)'자는 음이 맥(麥)이다.

○ 見『法言』, 本出『孟子』「告子」.[281)]

『법언』에 보이는데, 본래는 『맹자(孟子)』「고자」에 나온다.

○ '後世', 春秋以來.

'후세(後世)'는 춘추 시대 이래이다.

○ '征', 索也.

'정(征)'은 색취(索取 : 받아 내려고 독촉함)이다.[282)]

一, 以給公上, 而征役城築, 皆民自備, 上止出令而已. 故民足則君足. 後世盡取而歸之公上. 故民雖不足而君亦未嘗得足. …… 有若乃告之以徹, 此儒生之常談, 而世笑之, 以爲迂濶者也. ……'" 로 되어 있다.

281) 호광 편(胡廣 編), 『논어집주대전(論語集註大全)』「안연(顏淵)」에는 "二語, 見『揚子法言』, 本出『孟子』「白圭曰章」."으로 되어 있고, 『맹자(孟子)』「고자하(告子下)」의 내용은 다음과 같다. "白圭曰 : '吾欲二十而取一, 何如?' 孟子曰 : '子之道, 貉道也. 萬室之國, 一人陶, 則可乎?' 曰 : '不可. 器不足用也.' 曰 : '夫貉, 五穀不生, 惟黍生之, 無城郭·宮室·宗廟·祭祀之禮, 無諸侯·幣帛·饔飱, 無百官·有司. 故二十取一而足也. 今居中國, 去人倫, 無君子, 如之何其可也? 陶以寡, 且不可以爲國, 況無君子乎? 欲輕之於堯舜之道者, 大貉·小貉也; 欲重之於堯舜之道者, 大桀·小桀也.'"

○ '藝', 法也.

'예(藝)'는 법제(法制)이다.[283]

○ '經', 常也.

'경(經)'은 상도(常道)이다.[284]

○ '上下困矣', 雙峰饒氏曰: "征斂無藝, 則下困; 費出無經, 則上困."[285]

'상하곤의(上下困矣)'에 대해, 쌍봉 요씨(雙峰饒氏: 饒魯)가 말하였다. "부세를 징수함에 법제가 없으면 아래 사람들이 곤궁해지고, 비용과 지출에 준칙[기준]이 없으면 위 사람들이 곤궁해진다."

○ 平聲.[286]

'우오지(又惡知)'에서 '오(惡)'자는 평성(平聲: 의문사)이다.

○ '盍徹之當務', '盍徹'之說, 爲當務之事.

'합철지당무(盍徹之當務: 어찌 철법을 쓰지 않습니까?'라는 것이 마땅히 힘써야 할 일임)'는 '합철(盍徹)'의 말이 마땅히 힘써야 할 일이 된다는 뜻이다.

○ 勿軒熊氏曰: "『論語』, 有若之言, 凡四章, 仁·禮·信義, 爲學之大本; '盍徹', 爲政之大經, 體用具矣."[287]

물헌 웅씨(勿軒熊氏: 熊禾)[288]가 말하였다. "『논어(論語)』에 유약(有若)의 말이 모

---

282) '정(征)'은 색취(索取: 받아 내려고 독촉함)이다: 『춘추좌전(左傳)』「희공(僖公)」 15년 기사의 두예(杜預) 주석에 의하면 "征, 賦也."라고 하여 부세를 징수하는 뜻으로 보았는데, 여기서는 각박하게 세금을 걷고, 독촉하는 뜻으로 보았다.

283) '예(藝)'는 법제(法制)이다: 『춘추좌전(左傳)』「희공(僖公)」 20년 기사의 두예(杜預) 주석에 의하면 "藝, 法制也."라고 하였다.

284) '경(經)'은 상도(常道)이다: 『춘추좌전(左傳)』「선공(宣公)」 12년 기사의 두예(杜預) 주석에 의하면 "經, 常也."라 하였고, 또 "經, 法也."라고 하였다.

285) 호광 편(胡廣 編), 『논어집주대전(論語集註大全)』「안연(顔淵)」.

286) 호광 편(胡廣 編), 『논어집주대전(論語集註大全)』「안연(顔淵)」.

287) 호광 편(胡廣 編), 『논어집주대전(論語集註大全)』「안연(顔淵)」에는 "勿軒熊氏曰: '按, 『論語』, 有若之言, 凡四章, 一言仁, 一言禮, 一言信義, 皆爲學之大本; 一言徹法, 亦爲政之大經, 體用具矣.'"로 되어 있다.

288) 웅화(熊禾: 1247~1312): 송말 원초 때 학자로, 자가 위신(位辛) 또는 거비(去非)이고, 호가 물헌(勿軒) 또는 퇴재(退齋)이며, 건안(建安) 사람이다. 어려서부터 염(濂)·락(洛)·관(關)·민(閩)의 학문에 뜻을 두었으며, 주희(朱熹)의 문인 보광(輔廣)에게 배워 주자의 이학(理學)을 계승 발전시켰다. 저서로는 『역경강의(易經講義)』·『주역집소(周易集疏)』·『서설(書說)』·『대학상서구의(大學尙書口義)』·『삼례고략(三禮考略)』·『춘추통해(春秋通解)』·『사서표제(四書

두 4장이니, 인(仁)과 예(禮)와 신의(信義)는 학문을 하는 큰 근본이고, '합철(盍徹 : 어찌 철법을 쓰지 않습니까?)'은 정치를 하는 큰 법도로, 체(體)와 용(用)이 갖추어졌다."

◯ '徹'字, 此章之題目.

'철(徹 : 고르게 하는 철법)'자가 이 장의 제목이다.

標題)』·『대학광의(大學廣義)』·『사서소학집소(四書小學集疏)』 등이 있다.

[12-10-1]

子張, 問崇德辨惑, 子曰 : "主忠信, 徙義, 崇德也."
자장(子張)이 덕을 높이며 의혹을 분변함을 물었는데, 공자가 말하였다. "충성(忠誠)과 믿음을 주장하며, 도의(道義)에 옮김이 덕(德)을 높이는 일이다."

詳說

○ 朱子曰 : "'崇德辨惑', 子張·樊遲, 皆以爲問. 胡氏以爲或古有是言, 或世有是名, 其說得之."289)

주자(朱子 : 朱熹)가 말하였다. "'숭덕변혹(崇德辨惑 : 덕을 높이며 의혹을 분변함)'은 자장과 번지(樊遲)가 모두 물음으로 삼았다. 호씨(胡氏 : 胡寅)290)가 간혹 옛날에 이 말이 있었으며, 간혹 세상에 이 이름이 있었다고 하였는데 이를 말한 것이다."

○ '德'·'惑'及慝, 各爲韻, 蓋古語也."

'덕(德)'과 '혹(惑)' 및 특(慝)은 각각 운(韻)이 되니, 대개 옛말이다.

○ 齊氏曰 : "'崇德', 屬行; '辨惑', 屬知."291)

제씨(齊氏 : 齊夢龍)가 말하였다. "'숭덕(崇德)'은 행(行)에 속하고, '변혹(辨惑)'은 지(知)에 속한다."

朱註

'主忠信', 則本立; '徙義', 則日新.
'주충신(主忠信 : 충성과 믿음을 주장함)'하면 근본이 서고, '사의(徙義 : 도의에 옮김)'하면 날로 새로워진다.

---

289) 호광 편(胡廣 編), 『논어집주대전(論語集註大全)』「안연(顔淵)」에는 다음과 같이 되어 있다. "問 : '崇德辨惑, 何以有是目, 而子張·樊遲, 皆以爲問也?' 朱子曰 : '胡氏以爲或古有是言, 或世有是名, 而聖人標出之, 使諸弟子, 以爲入道之門戶也, 其說得之矣.'" 『사서혹문(四書或問)』 권17, 「논어·안연(顔淵)제12」에도 이 내용이 보인다.

290) 호인(胡寅 : 1098~1156) : 북송 시대 학자로, 자가 명중(明仲)이고, 호가 치당(致堂)이라서 학자들이 치당선생(致堂先生)이라고 불렀으며, 건주 숭안(建州崇安) 사람이다. 호안국(胡安国)의 동생 호순(胡淳)의 아들인데 어머니의 명을 받들어 자기 아들처럼 여겼다고 한다. 저서로는 『논어상설』·『독사관견(讀史管見)』·『주서천자문(注叙古千文)』·『비연집(斐然集)』 등이 있다.

291) 호광 편(胡廣 編), 『논어집주대전(論語集註大全)』「안연(顔淵)」.

詳說

○ 朱子曰："內外·本末, 交相培養, 此德之所以日積而高."[292]

주자(朱子 : 朱熹)가 말하였다. "안과 밖, 근본과 말단이 서로 북돋아 길러주니, 이는 덕이 날로 쌓이고 높아지는 까닭이다."

○ 又曰："'主忠信', 是劄脚處; '徙義', 是進步處, 漸漸進去, 則德自崇."[293]

주자(朱子 : 朱熹)가 또 말하였다. "'주충신(主忠信 : 충성과 믿음을 주장함)'은 다리를 세우는 곳이고, '사의(徙義 : 도의에 옮김)'는 걸음이 나아가는 곳이니 점점 나아가면 덕이 저절로 높아진다."

○ 雙峰饒氏曰："'忠信', 是德; '徙義', 是崇."[294]

쌍봉 요씨(雙峰饒氏 : 饒魯)가 말하였다. "'충신(忠信)'은 덕이고, '사의(徙義)'는 높이는 일이다."

○ '忠信'·'義', 德也; '主'·'徙', 崇也.

'충신(忠信)'과 '의(義)'는 덕이고, '주(主)'와 '사(徙)'는 높임이다.

○ 訓兼釋.

훈고에 경문의 풀이를 겸하였다.

[12-10-2]

愛之, 欲其生; 惡之, 欲其死, 旣欲其生, 又欲其死, 是惑也.

사랑하는 이들은 그 살고자 하고, 미워하는 이들은 그 죽고자 하나니 이미 그 살고자 하고 또 그 죽고자 함, 이것이 미혹이다.

---

292) 호광 편(胡廣 編), 『논어집주대전(論語集註大全)』「안연(顔淵)」에는 다음과 같이 되어 있다. "問 : 曰 : '主忠信徙義之所以爲崇德, 何也?' 曰 : '主忠信則其徙義也. 有地而可據, 能徙義則其主忠信也. 有用而日新, 內外本末, 交相培養, 此德之所以日積而益高也.'" 『사서혹문(四書或問)』 권17, 「논어·안연(顔淵)제12」에도 이 내용이 보인다.

293) 호광 편(胡廣 編), 『논어집주대전(論語集註大全)』「안연(顔淵)」. 『주자어류(朱子語類)』 권42, 「논어24(論語二十四)」, 63조목에도 동일하게 실려 있다.

294) 호광 편(胡廣 編), 『논어집주대전(論語集註大全)』「안연(顔淵)」에는 "雙峯饒氏曰 : '本如屋之有基, 日新如土培其基, 日至於高也. 忠信, 是德; 徙義, 是崇. 徙義者, 今日所爲未是, 明日見得, 今日未是處, 便徙不是處, 遷入是處, 愈遷愈高.'"로 되어 있다.

朱註

'惡', 去聲. '愛'·'惡', 人之常情也. 然人之生死有命, 非可得而欲也. 以愛惡而欲其生死, 則惑矣, '旣欲其生, 又欲其死',

'오지(惡之)'에서 '오(惡)'자는 거성(去聲 : 미워하다)이다. '애(愛 : 사랑함)'와 '오(惡 : 미워함)'는 사람의 일반적인 감정이다. 그러나 사람의 살고 죽음은 명(命)이 있어 능히 하고자 하는 대로 되는 것이 아니다. 사랑하고 미워함으로써 살거나 죽고자 한다면 미혹된 것이고, 이미 그 살고자 하고 또 그 죽고자 하면

詳說

○ '愛惡'與'欲', 皆居七情之一.

'애오(愛惡)'와 '욕(欲)'은 모두 칠정(七情) 가운데 하나에 드는 것이다.

○ 朱子曰 : "定分."[295]

'인지생사유명(人之生死有命 : 사람의 살고 죽음은 명이 있음)'에 대해, 주자(朱子 : 朱熹)가 말하였다. "분수가 정해진 일이다."

○ 沙溪曰 : "所愛之人, 欲其生; 所惡之人, 欲其死."[296]

'이애오이욕기생사(以愛惡而欲其生死 : 사랑하고 미워함으로써 살거나 죽고자 함)'에 대해, 사계(沙溪 : 金長生)[297]가 말하였다. "사랑받는 사람은 그 살고자 하고, 미움받는 사람은 그 죽고자 하는 것이다."

○ 猶蔽昏也.

'혹(惑)'은 가려지고 어두운 것과 같다.

○ 沙溪曰 : "前日所欲生之人, 今日又欲其死; 前日所欲死之人, 今日又欲其生."[298]

---

295) 호광 편(胡廣 編), 『논어집주대전(論語集註大全)』「안연(顔淵)」에는 다음과 같이 되어 있다. "朱子曰 : '溺於愛惡之私, 而以彼之死生定分, 爲可以隨己之所欲. 且又不能自定, 而一生一死, 交戰於胸中, 虛用其力於所不能必之地, 而實無所損益於彼也, 可不謂之惑乎?'"

296) 김장생(金長生), 『경서변의(經書辨疑)』「논어 · 안연(顔淵)」에는 "所愛之人, 欲其生; 所惡之人, 欲其死, 是惑也. ……."로 되어 있다.

297) 김장생(金長生 : 1548~1631) : 본관이 광산(光山), 자가 희원(希元), 호가 사계(沙溪), 시호가 문원(文元)이다. 저서로는 『상례비요(喪禮備要)』·『가례집람(家禮輯覽)』·『전례문답(典禮問答)』·『의례문해(疑禮問解)』, 『근사록석의(近思錄釋疑)』·『경서변의(經書辨疑)』 등과 『사계선생전서(沙溪先生全書)』가 있다.

298) 김장생(金長生), 『경서변의(經書辨疑)』「논어 · 안연(顔淵)」에서 "…… 前日所欲生之人, 今日又欲其死; 前日所欲死之人, 今日又欲其生, 是惑之甚也."라 하였다.

'기욕기생, 우욕기사(旣欲其生, 又欲其死 : 이미 그 살고자 하고 또 그 죽고자 함)'에 대해, 사계(沙溪 : 金長生)가 말하였다. "전날에 살고자 한 사람이 오늘에는 또 죽고자 하고, 전날에 죽고자 한 사람이 오늘에는 또 살고자 하는 것이다."

○ 以下, 推廣本文言外之意.

'전일소욕사(前日所欲死 : 전날에 죽고자 하는 것)' 아래는 경문의 말 밖의 뜻을 미루어 넓힌 것이다.

○ 朱子曰 : "又不能自定, 而一生一死, 交戰於胸中, 虛用其力於所不能必之地, 而實無所損益於彼."299)

주자(朱子 : 朱熹)가 말하였다. "또 능히 스스로 정하지 못하여 한 번 살고 한 번 죽는 것이 가슴속에서 서로 싸우는데 그 힘을 헛되이 기필할 수 없는 처지에 쓰니, 실제로 저것에 해롭고 이로운 일이 없다는 뜻이다."

朱註

則惑之甚也.

미혹됨이 심한 것이다.

詳說

○ 進一層說.

한층 진보한 말이다.

○ 雙峰饒氏曰 : "不教之以辨之之方者, 使知其所以惑者在此, 是即所謂辨也."300)

쌍봉 요씨(雙峰饒氏 : 饒魯)가 말하였다. "분변하는 방도를 가르치지 않은 것은 그 미혹되는 까닭이 여기에 있음을 알게 하려는 뜻이니, 이것이 곧 이른바 분변이라는 것이다."

○ 後章答樊遲, 亦不及'辨'字.301)

---

299) 호광 편(胡廣 編), 『논어집주대전(論語集註大全)』「안연(顔淵)」에는 "朱子曰 : '溺於愛惡之私, 而以彼之死生定分, 爲可以隨己之所欲, 且又不能自定, 而一生一死, 交戰於胸中, 虛用其力於所不能必之地, 而實無所損益於彼也, 可不謂之惑乎?'"로 되어 있다.

300) 호광 편(胡廣 編), 『논어집주대전(論語集註大全)』「안연(顔淵)」에는 "問 : '辨惑, 何不教之以辨之之方?' 雙峯饒氏曰 : '使知其所以惑者在此, 是即所謂辨也.'"로 되어 있다.

301) 『논어(論語)』「안연(顔淵)」의 "樊遲從遊於舞雩之下, 曰 : '敢問崇德脩慝辨惑.' 子曰 : '善哉問. 先事後得, 非崇德與? 攻其惡, 無攻人之惡, 非脩慝與? 一朝之忿, 忘其身, 以及其親, 非惑與?'"을 말하는 것이다.

뒷장에서 번지(樊遲)에게 대답한 것에서도 또한 '변(辨)'자에 미치지 못하였다.

○ 有釋無訓.

경문의 풀이는 있으나 훈고는 없다.

○ 新安陳氏曰 : "欲人生死, 意子張或有此蔽. 故因言之. 果能主忠信徙義, 則於以辨惑, 何難之有? 况欲生死, 又惑之, 易執者也."302)

신안 진씨(新安陳氏 : 陳櫟)가 말하였다. "사람이 살거나 죽고자 함에 대해 생각하건대 자장(子張)은 간혹 이 가려짐이 있었다. 그러므로 그로 말미암아 말한 것이니, 과연 능히 충신(忠信)을 주장하고 도의(道義)에 옮길 수 있다면 미혹됨을 분변하는 데 무슨 어려움이 있겠는가? 하물며 살거나 죽고자 함에 또 미혹된다면 쉽게 집착하는 사람인 것이다."

[12-10-3]

誠不以富, 亦祇以異."

진실로 부유하지 못하고, 또한 다만 다를 뿐이로다."

朱註

此, 『詩』「小雅 · 我行其野」之詞也.

이는 『시경(詩經)』「소아(小雅) · 아행기야(我行其野)」의 말이다.

詳說

○ 此語.

'차(此)'는 이 말이다.

○ 訓.

훈고이다.

302) 호광 편(胡廣 編), 『논어집주대전(論語集註大全)』「안연(顔淵)」에는 다음과 같이 되어 있다. "新安陳氏曰 : '欲人生死, 意子張或有此蔽. 故因言之, 果能主忠信以立積德之基, 徙義以爲進德之地, 則德日進於高明, 而所見亦高明於以辨惑, 何難之有? 况欲人生死, 又惑之, 易辨者也.'"

朱註

舊說, 夫子引之, 以明欲其生死者, 不能使之生死, 如此『詩』所言不足以致富, 而適足以取異也.

옛 설명에 공자가 이것을 인용하여 그 살고 싶어 하거나 죽고 싶어 하는 사람에게 그에게 살게 하고 죽게 할 수 없음을 밝혔으니, 이 『시경(詩經)』에서 말한 것과 같이 충분히 부유함을 이루지 못하고, 다만 충분히 다름만 취할 뿐이라고 하였다.

詳說

○ 衹.

'적(適)'은 다만이다.

○ 此以不善之異而言.

'취이(取異)'의 경우, 이는 착하지 못한 다름으로써 말한 것이다.

○ 姑存舊釋, 若其正釋, 則在千駟章註, 蓋如舊釋, 則只取於'不'·'衹'之語勢, 而無取於'富'·'異'之義. 意經傳引『詩』無此例, 且二'以'字無著落, 其誤釋, 審矣. 故此不遂正錯簡事.

짐짓 옛날 주석을 보존하여 만약 그 주석을 바르게 한다면 천사장(千駟章)의 주석[303]에 달려 있는 것이다. 대개 옛날 주석과 같다면 다만 '불(不)'과 '기(衹)'[304]의 어세만 취하고, '부(富)'와 '이(異)'의 뜻을 취함이 없었을 것이다. 생각하건대, 경전에서 『시경(詩經)』을 인용함에 이런 사례가 없었으며, 또 두 개의 '이(以)'자[305]를 안배함이 없었으니 그 잘못된 주석을 살펴야 한다. 그러므로 이는 착간(錯簡)을 바로 잡는 일을 마치지 못한 것이다.

303) 천사장(千駟章)의 주석 : 천사장(千駟章)은 『논어(論語)』「계씨(季氏)」의 "齊景公, 有馬千駟, 死之日, 民無德而稱焉, 伯夷叔齊, 餓于首陽之下, 民到于今稱之. 其斯之謂與."라는 구절을 말한다. 그 『논어집주(論語集註)』에서 "胡氏曰 : '程子以爲第十二篇錯簡, 誠不以富亦衹以異, 當在此章之首, 今詳文勢, 似當在此句之上, 言人之所稱, 不在於富而在於異也.' 愚謂, 此說近是而章首, 當有'孔子曰'字, 蓋闕文耳. 大抵此書後十篇, 多闕誤."라고 하였다.

304) '불(不)'과 '기(衹)' : "誠不以富, 亦衹以異.(진실로 부유하지 못하고, 또한 다만 다를 뿐이로다.)"에 나오는 '不'자와 '衹'자를 가리킨다.

305) 두 개의 '이(以)'자 : "誠不以富, 亦衹以異."에 나오는 두 개의 '以'자를 말한다.

朱註

程子曰："此錯簡, 當在第十六篇'齊景公有馬千駟'之上. 因此下文亦有'齊景公'字而誤也."

정자(程子 : 程頤)가 말하였다. "이 착간은 마땅히 제16편[계씨(季氏)]의 '제경공유마천사(齊景公有馬千駟 : 제나라 경공이 말 4천 마리를 소유하였음)' 위에 있어야 한다. 이는 아래 글에 또 '제경공(齊景公)'이라는 글자가 있음으로 말미암아 잘못한 것이다.

詳說

○ 叔子.

'정자(程子)'는 동생 정이(程頤)이다.

朱註

楊氏曰："'堂堂乎張也! 難與幷爲仁矣', 則非誠善補過, 不蔽於私者. 故告之如此.

양씨(楊氏 : 楊時)가 말하였다. "'당당하도다. 자장(子張)이여! 더불어 인(仁)을 함께 하기에는 어렵도다.'라고 하였으니, 진실한 마음으로 선을 하고 허물을 보충하였으나 사사로움에 가려지지 않은 사람이 아니다. 그러므로 이와 같이 말해 준 것이다."

詳說

○ 慶源輔氏曰："務外."306)

'당당호장야(堂堂乎張也 : 당당하도다. 자장이여)'에 대해, 경원 보씨(慶源輔氏 : 輔廣)가 말하였다. "외적인 것에 힘썼다."

○ 見「子張」.

'당당호장야! 난여병위인의(堂堂乎張也! 難與幷爲仁矣 : 당당하도다. 자장이여! 더불어 인을 함께 하기는 어렵도다)'는 「자장(子張)」에 보인다.307)

---

306) 호광 편(胡廣 編), 『논어집주대전(論語集註大全)』「안연(顔淵)」에는 "慶源輔氏曰 : '…… 堂堂難與竝爲仁, 蓋務外, 不務內者, 故告以此.'"로 되어 있다.

307) 「자장(子張)」에 보인다 : 『논어(論語)』「자장(子張)」에서 "曾子曰 : '堂堂乎張也! 難與竝爲仁

○ 實心爲善.

'성선(誠善)'은 진실한 마음으로 선(善)을 하는 일이다.

○ 一作'以'.

'여(如)'는 어떤 판본에는 '이(以)'로 썼다.

○ 慶源輔氏曰: "'誠善', '主忠信'之事; '補過', '徙義'之事; '不蔽於私', '辨惑'之事."[308]

경원 보씨(慶源輔氏: 輔廣)가 말하였다. "'성선(誠善)'은 '주충신(主忠信)'의 일이며, '보과(補過)'는 '사의(徙義)'의 일이며, '불폐어사(不蔽於私)'는 '변혹(辨惑)'의 일이다."

○ 圈「註」不及末節者[309], 蓋成之爲錯簡也.

동그라미(○: 圈) 주석이 끝의 문절까지 미치지 않은 것은 대개 이루어진 글이 착간이 되었기 때문이다.

○ '崇德辨惑', 此章之題目.

'숭덕변혹(崇德辨惑: 덕을 높이며 의혹을 분변하다)'이 이 장의 제목이다.

矣.'"라고 하였다.

308) 호광 편(胡廣 編), 『논어집주대전(論語集註大全)』「안연(顏淵)」에는 다음과 같이 되어 있다. "慶源輔氏曰: '誠善, 主忠信之事; 補過, 徙義之事; 不蔽於私, 辨惑之事. ……'"

309) '양씨왈(楊氏曰) 앞에 ○가 붙어 있고, 그 아래 주석을 말한다.

[12-11-1]

齊景公, 問政於孔子,
제(齊)나라 경공(景公)이 정사(政事)를 공자에게 물었는데,

朱註

齊景公, 名杵臼.
'제경공(齊景公)'은 이름이 저구(杵臼)이다.

詳說

○ 訓.
훈고이다.

朱註

魯昭公末年, 孔子適齊.
노(魯)나라 소공(昭公) 말년에 공자(孔子)가 제나라로 갔다.

詳說

○ 釋'問政'之因.
'문정(問政 : 정사를 물음)'의 원인을 풀이한 것이다.

[12-11-2]

孔子對曰 : "君君; 臣臣; 父父; 子子."
공자가 대답하여 말하였다. "임금이 임금 노릇하며, 신하가 신하 노릇하며, 부모가 부모 노릇하며, 자식이 자식 노릇하는 일입니다."

朱註

此, 人道之大經, 政事之根本也. 是時, 景公失政而大夫陳氏厚施於國, 景公又多內嬖而不立太子, 其君臣父子之間, 皆失其道. 故夫子告之以此.

이는 인륜의 큰 도리이며, 정사의 근본이다. 이때 경공(景公)이 정사를 잘못하였는데 대부 진씨(陳氏)가 나라를 많이 내버려두었으며, 경공이 또 사랑하는 여인이 많아서 태자를 세우지 못하였더니, 그 임금과 신하, 부모와 자식 사이에 모두 그 도리를 잃었던 것이다. 그러므로 공자가 이로써 말해주었다.

詳說

○ 本文四箇疊字, 上以名言, 下以盡其道言, 上虛而下實.

경문에서 네 개의 중첩한 글자[310]가 있는데, 위의 글자는 이름으로써 말한 것이고, 아래 글자는 그 도리를 다하는 것으로써 말하였으니, 위의 글자는 허(虛)하고 아래 글자는 실(實)하다.

○ 不君.

'경공실정(景公失政 : 경공이 정사를 잘못함)'은 임금 노릇을 못한 것이다.

○ 卽田氏.

'진씨(陳氏)'는 곧 전씨(田氏)이다.

○ 去聲.[311]

'대부진씨후시어국(大夫陳氏厚施於國)'에서 '시(施)'자는 거성(去聲 : 버려둠)이다.

○ 見『左』「昭」三年[312]及二十六年[313].

'경공실정이대부진씨후시어국(景公失政而大夫陳氏厚施於國 : 경공이 정사를 잘못하였는데 대부 진씨가 나라를 많이 내버려두었음)'은 『춘추좌전(春秋左傳)』「소공(昭公)」 3년 기사와 26년 기사에 보인다.

○ 不臣.

'대부진씨후시어국(大夫陳氏厚施於國 : 대부 진씨가 나라를 많이 내버려두었음)'은 신하 노릇을 못한 것이다.

○ 嬖·閉二音.[314]

---

310) 경문에서 네 개의 중첩한 글자 : '君君·臣臣·父父·子子'를 말하는 것이다.

311) 호광 편(胡廣 編), 『논어집주대전(論語集註大全)』「안연(顏淵)」.

312) 호광 편(胡廣 編), 『논어집주대전(論語集註大全)』「안연(顏淵)」에 이 내용이 보인다. "『左傳』「昭公」三年, ……"

313) 호광 편(胡廣 編), 『논어집주대전(論語集註大全)』「안연(顏淵)」에 이 내용이 보인다. "二十六年, ……"

314) 호광 편(胡廣 編), 『논어집주대전(論語集註大全)』「안연(顏淵)」.

'경공우다내폐(景公又多內嬖)'에서 '폐(嬖)'자는 비(臂)와 폐(閉) 두 개의 음이다.

○ 見『左』「哀五年」[315].

'경공우다내폐이불립태자(景公又多內嬖而不立太子 : 경공이 또 사랑하는 여인이 많아서 태자를 세우지 못하였음)'는 『춘추좌전(春秋左傳)』「애공(哀公) 5년」에 보인다.

○ 不父.

아버지 노릇을 못한 것이다.

○ 以論釋之, 無訓.

경문의 의미 설명으로 풀이하였고, 훈고는 없다.

[12-11-3]

公曰 : "善哉. 信如君不君; 臣不臣; 父不父; 子不子, 雖有粟, 吾得而食諸?"
경공(景公)이 말하였다. "착하다. 진실로 만일 임금이 임금 노릇 못 하며, 신하가 신하 노릇 못 하며, 부모가 부모 노릇 못 하며, 자식이 자식 노릇 못 하면 비록 곡식이 있으나 내가 먹을 수 있겠는가?"

詳說

○ 有粟不得食, 言必死亡也.

곡식이 있으나 먹을 수 없다는 것은 반드시 사망함을 말한다.

朱註

景公, 善孔子之言, 而不能用, 其後, 果以繼嗣不定, 啓陳氏弑君簒國之禍.
경공(景公)이 공자의 말을 좋게 여기면서도 능히 쓰지 못하더니, 그 뒤에 과연 후사(後嗣)를 정하지 못하여 진씨(陳氏)가 임금을 시해하고 나라를 찬탈하는 화근을 열은 것이다.

---

315) 호광 편(胡廣 編), 『논어집주대전(論語集註大全)』「안연(顔淵)」에 이 내용이 보인다. "『左傳』「哀公」五年, ……"

詳說

○ 卽上註'不立太子'事.

'계사부정(繼嗣不定 : 후사를 정하지 못함)'은 곧 위의 주석 '불립태자(不立太子 : 태자를 세우지 못하였음)'의 일이다.[316]

○ 按, 『史記』「田敬仲世家」, 田乞殺孺子荼, 田恒弑簡公, 田和遷康公, 立爲齊侯.[317]

살펴보건대, 『사기(史記)』「전경중세가(田敬仲世家)」에 전걸(田乞)이 안유자(安孺子) 다(荼)를 죽이고, 전항(田恒)이 간공(簡公)을 시해하였으며, 전화(田和)가 강공(康公)을 올려서 제나라 임금으로 세웠다.

○ 弑奪之禍, 始於不父者, 家國之序然耳.

시해하고 찬탈하는 화근은 아버지 노릇을 못하는 것에서 시작하니, 집안과 나라의 차례가 그러할 뿐이다.

○ 有論無訓釋.

경문의 의미 설명은 있으나 훈고와 경문의 풀이는 없다.

朱註

楊氏曰 : "君之所以君, 臣之所以臣, 父之所以父, 子之所以子, 是必有道矣. 景公, 知善夫子之言, 而不知反求其所以然, 蓋悅而不繹者. 齊之所以卒於亂也."

양씨(楊氏 : 楊時)가 말하였다. "임금이 임금 되는 까닭과, 신하가 신하 되는 까닭과, 부모가 부모 되는 까닭과, 자식이 자식 되는 까닭, 이것에는 반드시 도리가 있다. 경공(景公)이 공자의 말을 좋게 여길 줄 알았으나 그 그러한 까닭을 자신에게 돌려서 구할 줄을 알지 못하였으니, 대개 기뻐하면서도 연역하지 못한 사람이다. 제나라가 난리로 인해 나라가 끝나게 된 까닭이다."

詳說

○ 此句, 出『孟子』「滕文公」.

'시필유도의(是必有道矣 : 이것에는 반드시 도리가 있다)'라는 이 구절은 『맹자(孟

---

316) '불립태자(不立太子 : 태자를 세우지 못하였음)'의 일이다 : '景公又多內嬖而不立太子'를 말하는 것이다.

317) 호광 편(胡廣 編), 『논어집주대전(論語集註大全)』「안연(顏淵)」에 이 내용이 보인다. "『史記』「田敬仲完世家」, ……"

子)』「등문공(滕文公)」에 나온다.318)

○ 雙峰饒氏曰: "不能反身, 以盡君父之道."319)

'부지반구기소이연(不知反求其所以然: 그 그러한 까닭을 자신에게 돌려서 구할 줄을 알지 못하였음)'에 대해, 쌍봉 요씨(雙峰饒氏: 饒魯)가 말하였다. "능히 자신에게 되돌려서 임금과 아비의 도를 다하지 못하는 것이다."

○ 厚齋馮氏曰: "君君則臣臣; 父父則子子."320)

후재 풍씨(厚齋馮氏: 馮椅)가 말하였다. "임금이 임금다우면 신하가 신하다우며, 부모가 부모다우면 자식이 자식다운 것이다."

○ 見「子罕」.

'열이불역(悅而不繹: 기뻐하면서도 연역하지 못함)'은 「자한(子罕)」에 보인다.321)

○ 終也.

'졸(卒)'은 마침[終]이다.

---

318) 이 구절은 『맹자(孟子)』「등문공(滕文公)」에 나온다: 『맹자(孟子)』「등문공상(滕文公上)」의 "人之有道也, 飽食煖衣, 逸居而無教, 則近於禽獸. 聖人有憂之, 使契爲司徒, 教以人倫, 父子有親; 君臣有義; 夫婦有別; 長幼有序; 朋友有信."라고 한 구절에 나오는 '人之有道'를 가리킨 듯하다. 『맹자집주(孟子集註)』에는 "人之有道, 言其皆有秉彝之性也."라고 하였다.

319) 호광 편(胡廣 編), 『논어집주대전(論語集註大全)』「안연(顔淵)」에는 "雙峯饒氏曰: '就景公身上言之, 則景公自不能盡君之道, 致其臣陳氏厚施於國, 自不能盡父之道, 致內嬖之多而不立太子. 故楊氏云, 景公知善夫子之言, 而不知反求其所以然者, 是說景公不能反之於身, 以盡君父之道也."로 되어 있다.

320) 호광 편(胡廣 編), 『논어집주대전(論語集註大全)』「안연(顔淵)」에는 "厚齋馮氏曰: '聖人之言, 各當其分, 而萬世無弊, 信斯言也, 謂君則君; 臣則臣; 父則父; 子則子, 可也, 謂君君則臣臣; 父父則子子, 亦可也."로 되어 있다.

321) '열이불역(悅而不繹: 기뻐하면서도 연역하지 못함)'은 「자한(子罕)」에 보인다: 『논어(論語)』「자한(子罕)」에는 '說而不繹'이라고 하였다. 그 내용은 다음과 같다. "子曰: '法語之言, 能無從乎? 改之爲貴. 巽與之言, 能無說乎? 繹之爲貴. 說而不繹, 從而不改, 吾末如之何也已矣.'"

[12-12-1]

子曰:“片言, 可以折獄者, 其由也與.”
공자가 말하였다. “한마디 말에 가히 옥사(獄事)를 결단할 수 있는 사람은 바로 유(由)일 것이다.”

朱註

‘折’, 之舌反. ‘與’, 平聲.[322] ‘片言’, 半言. ‘折’, 斷也.
‘가이절옥자(可以折獄者)’에서 ‘절(折)’은 ‘지(之)’와 ‘설(舌)’의 반절(反切)이다. ‘기유야여(其由也與)’에서 ‘여(與)’자는 평성(平聲 : 의문어조사)이다. ‘편언(片言)’은 아주 적은 양의 말이다. ‘절(折)’은 결단함이다.

詳說

○ 子路言也.
‘편언(片言)’은 자로(子路)의 말이다.

○ 都玩反.[323]
‘단야(斷也)’에서 ‘단(斷)’은 ‘도(都)’와 ‘완(玩)’의 반절(反切)이다.

○ 亦子路斷也.
‘단(斷)’은 또한 자로(子路)의 결단이다.

○ 訓畢.
훈고가 끝났다.

朱註

子路忠信明決. 故言出而人信服之, 不待其辭之畢也.
자로(子路)는 충직하고 신실하며 명철하고 결연(決然)하였다. 그러므로 말이 나오면 사람들이 그것을 믿고 복종하여 그 말이 마치기를 기다리지 않았다.

---

322) 『논어주소(論語注疏)』「음의」에는 “折, 之舌反. …… 與, 音餘.”라고 하였다.
323) 호광 편(胡廣 編), 『논어집주대전(論語集註大全)』「안연(顔淵)」에는 “斷, 丁亂反.”이라고 하였다.

詳說

○ 慶源輔氏曰: "'忠信', 折獄之本; '明決', 折獄之用."

경원 보씨(慶源輔氏 : 輔廣)가 말하였다. "'충신(忠信)'은 옥사(獄事)를 결단하는 근본이고, '명결(明決)'은 옥사(獄事)를 결단하는 쓰임이다."

○ 人信服故, 可以決其獄.

사람들이 믿고 복종하였기 때문에 가히 그 옥사(獄事)를 결단할 수 있었다.

○ 片.

'부대기사지필야(不待其辭之畢也 : 그 말이 마치기를 기다리지 않았다)'는 한마디이다.

○ 釋畢.

경문의 풀이가 끝났다.

[12-12-2]

子路, 無宿諾.

자로는 허락한 것을 머무름이 없었다.

朱註

'宿', 留也, 猶'宿怨'之'宿'.

'숙(宿)'은 머무름이니, '숙원(宿怨 : 원한을 마음속에 묵혀서 쌓는다)'의 '숙(宿)'과 같다.

詳說

○ 見『孟子』「萬章」.

'숙원지숙(宿怨之宿 : 원한을 마음속에 묵혀서 쌓는다는 숙)'은 『맹자(孟子)』「만장(萬章)」에 보인다.[324]

324) 『맹자(孟子)』「만장(萬章)」에 보인다 : 『맹자(孟子)』「만장상(萬章上)」에서 "仁人之於弟也, 不藏怨焉, 不宿怒焉, 親愛之而已矣."라고 하였고, 그 『집주(集註)』에서는 "宿怨, 謂留蓄其怨."라고 하였다.

○ 訓.

훈고이다.

朱註

急於踐言, 不留其諾也.

말을 실천함에 급하여 그 승낙함을 머무르게 하지 않는다.

詳說

○ 釋畢.

경문의 풀이가 끝났다.

○ 此下, 又合上節而論之.

이 아래에서는 또 위의 구절을 합쳐서 논의하였다.

朱註

記者, 因夫子之言而記此, 以見子路之所以取信於人者, 由其養之有素也.

기록하는 사람이 공자의 말에 말미암아 이것을 기록하여, 자로가 사람들에게 믿음을 취하는 까닭이 그 수양(修養)함이 평소에 있었음에 말미암은 것임을 보여준 것이다.

詳說

○ 音現.[325]

'이현자로지(以見子路之)'에서 '현(見)'자는 음이 현(現)이다.

○ 上節.

'자로지소이취신어인자(子路之所以取信於人者 : 자로(子路)가 사람들에게 믿음을 취하는 까닭)'는 위의 구절이다.[326]

○ 此節.

'유기양지유소야(由其養之有素也 : 그 수양함이 평소에 있었음에 말미암은 것임)'는 이 구절이다.[327]

---

325) 호광 편(胡廣 編), 『논어집주대전(論語集註大全)』「안연(顔淵)」에는 "見, 形甸反."이라고 하였다.

326) 위의 구절이다 : "片言, 可以折獄者, 其由也與."를 가리킨다.

○ 勉齋黃氏曰:“苟無忠信以莅之, 安能片言而服人哉? 故片言折獄, 而實之以無宿諾.”328)

면재 황씨(勉齋黃氏:黃幹)가 말하였다. “진실로 충신(忠信)이 없으면서 그 자리에 나간다면 어찌 능히 한마디 말로 사람들을 복종시킬 수 있겠는가? 그러므로 한마디 말로 옥사를 결단하여 승낙함을 묵힘이 없음을 실행해야 하는 것이다.”

朱註

尹氏曰:“小邾射, 以句繹奔魯, 曰:‘使季路要我, 吾無盟矣.’ 千乘之國, 不信其盟, 而信子路之一言, 其見信於人, 可知矣. 一言而折獄者, 信在言前, 人自信之故也, 不留諾, 所以全其信也.”

윤씨(尹氏:尹焞)329)가 말하였다. “소주역(小邾射)이 구역(句繹)으로써 노(魯)나라로 달아나서 말하기를, ‘계로(季路:子路)에게 나를 맞이하여 언약(言約)하게 한다면 나는 맹약(盟約)을 하지 않을 것이다.’라고 하였다. 제후의 나라에서 그 맹약하는 것을 믿지 않고 자로의 한 마디 말을 믿었으니, 남에게 믿음을 보였음을 알 수 있다. 한 마디 말로 옥사를 결단하는 것은 믿음이 말하기 이전부터 있어 사람들이 스스로 그를 믿었기 때문이니, 승낙함을 묵히지 않은 것이 그 믿음을 온전하게 이룬 까닭이었다.”

詳說

○ 音亦.

‘소주역(小邾射)’에서 ‘역(射)’자는 음이 역(亦)이다.

○ 『大全』曰:“小邾, 大夫名.”330)

---

327) 이 구절이다:“子路, 無宿諾.”을 말하는 것이다.

328) 호광 편(胡廣 編), 『논어집주대전(論語集註大全)』「안연(顏淵)」에는 다음과 같이 되어 있다. “勉齋黃氏曰:‘人惟忠信也, 不惟可以通天下之務, 而又可以釋天下之疑. 苟無忠信誠慤之心, 以莅之, 則吾心膠擾昏惑, 旣無以察人之情僞, 吾以詐御彼, 彼亦以詐應之, 又安能片言而服人哉? 故片言折獄而實之以無宿諾也.’”

329) 윤돈(尹焞:1071~1142):북송 시대 사람으로, 자가 언명(彦明) 또는 덕충(德充)이고, 하남(河南) 낙양(洛陽) 사람이며, 사호(賜號)가 화정처사(和靖處士)이다. 정자(程子:程頤)의 제자인데, 주희(朱熹)가 화정선생첩(和靖先生帖)을 얻어서 1180년에 백록동서원에 새겨 두었다고 한다. 저서로는 『화정선생집(和靖先生集)』·『논어해(論語解)』·『맹자해(孟子解)』 등이 있다.

330) 호광 편(胡廣 編), 『논어집주대전(論語集註大全)』「안연(顏淵)」에는 “射, 音亦. 小邾, 大夫名.”

『논어집주대전』에서 말하였다. "소주(小邾)는 대부의 이름이다."

○ 『**大全**』**曰**: "**地名**."331)

'구역(句繹)'에 대해, 『논어집주대전』에서 말하였다. "땅이름이다."

○ **平聲**.332)

'사계로요아(使季路要我)'에서 '요(要)'자는 평성(平聲 : 영접함)이다.

○ **沙溪曰**: "**邀通**."

사계(沙溪 : 金長生)가 말하였다. "요(邀)와 통한다."

○ **去聲**.333)

'천승지국(千乘之國)'에서 '승(乘)'자는 거성(去聲 : 수레)이다.

○ **不信千乘之國之盟**.

'불신기맹(不信其盟 : 그 맹약하는 것을 믿지 않음)'은 제후의 나라에서 하는 맹약(盟約)을 믿지 않는 것이다.

○ **見**『**左**』「**哀**」**十四年**.334)

'신자로지일언(信子路之一言 : 자로의 한마디 말을 믿었음)'은 『춘추좌전(春秋左傳)』「애공(哀公)」 14년 기사에 보인다.

○ **素信**.

'신재언전(信在言前 : 믿음이 말하기 이전부터 있었음)'은 평소의 믿음이다.

○ **猶成也**.

'전(全)'은 성(成)과 같다.

으로 되어 있다.

331) 호광 편(胡廣 編), 『논어집주대전(論語集註大全)』「안연(顔淵)」에는 "句繹, 音溝亦, 地名."으로 되어 있다.

332) 호광 편(胡廣 編), 『논어집주대전(論語集註大全)』「안연(顔淵)」.

333) 호광 편(胡廣 編), 『논어집주대전(論語集註大全)』「안연(顔淵)」.

334) 호광 편(胡廣 編), 『논어집주대전(論語集註大全)』「안연(顔淵)」에 그 내용이 실려 있다. "『左傳』「哀公」十四年, 小邾射, 以句繹來奔, 曰 : '使季路要我, 吾無盟矣.' 使子路, 子路辭. 季康子使冉有謂之曰 : '千乘之國, 不信其盟, 而信子之一言, 子何辱焉?' 對曰 : '魯有事於小邾, 不敢問故, 死其城下, 可也. 彼不臣而濟其言, 是義之也. 由弗能.'"

[12-13-1]

子曰："聽訟, 吾猶人也, 必也使無訟乎."
공자가 말하였다. "송사(訟事)를 들음이 내가 남과 같으나, 반드시 송사를 없게 할 것이로다."

朱註

范氏曰："聽訟者, 治其末塞其流也, 正其本清其源, 則無訟矣."
범씨(范氏 : 范祖禹)[335]가 말하였다. "송사(訟事)를 듣고 다스린다는 것은 그 말단을 다스리고 그 유폐(流弊)를 막는 것이니, 그 근본을 바르게 하고 그 근원을 깨끗이 한다면 송사(訟事)가 없을 것이다."

詳說

○ **'使'字, 有此意, 其事則禮遜, 是也.**
'정기본청기원(正其本清其源 : 그 근본을 바르게 하고 그 근원을 깨끗이 함)'은 '사(使)'자[336]에 이 뜻이 있으니, 그 일은 곧 예(禮)와 겸손함이 옳다.

○ **新安陳氏曰："'無訟'者, 躬行化民, 民自不爭, 非禁之, 使然黙化潛孚, 若使之耳."**[337]
신안 진씨(新安陳氏 : 陳櫟)가 말하였다. "'무송(無訟)'이라는 것은 몸소 백성들을 교화하는 일을 행하여 백성들이 스스로 다투지 않음이니, 금지시키는 것이 아니라 그들에게 묵묵히 교화되고 잠잠히 믿어서 마치 그들을 부린 것 같을 뿐이다."

○ **取『大學』'本末'之說而釋之.**
『대학(大學)』의 '본말(本末)'의 말[338]을 취하여 풀이한 것이다.

---

335) 범조우(范祖禹 : 1041~1098) : 송나라 때 학자로, 자가 순보(淳甫)·순부(淳夫)·순부(純父), 또는 몽득(夢得)이고, 성도 화양(成都華陽) 사람이다. 정자(程子)를 사사(師事)하였으며, 사마광(司馬光)을 추종하였다. 저서로는 『시해(詩解)』·『고문효경설(古文孝經說)』·『제의(祭儀)』·『경서요언(經書要言)』 등이 있다.

336) '사(使)'자 : 경문의 "必也使無訟乎.(반드시 송사를 없게 할 것이로다.)"에 나오는 '使'를 말한다.

337) 호광 편(胡廣 編), 『논어집주대전(論語集註大全)』「안연(顏淵)」에는 다음과 같이 되어 있다. "新安陳氏曰 : '聽訟者, 決民之爭; 無訟者, 躬行化民, 而民自不爭, 無訟可聽, 非禁之, 使然黙化潛孚, 若使之耳.'"

338) 『대학(大學)』의 '본말(本末)'의 말 : 『대학장구(大學章句)』 경문에서 "物有本末, 事有終始, 知

○ 有釋無訓.

경문의 풀이는 있으나 훈고는 없다.

朱註

楊氏曰："子路片言, 可以折獄, 而不知以禮遜爲國, 則未能使民無訟者也. 故又記孔子之言, 以見聖人不以聽訟爲難, 而以使民無訟爲貴."

양씨(楊氏 : 楊時)가 말하였다. "자로(子路)가 한마디 말로 옥사를 결단할 수 있었지만, 예(禮)와 겸손함으로써 나라를 다스리는 것은 알지 못하였으니, 곧 백성들에게 송사(訟事)가 없게 할 수는 없는 사람이었다. 그러므로 또 공자의 말을 기록하여 성인은 송사를 들어 다스림을 어렵게 여기지 않으며, 백성들에게 송사가 없게 함을 귀중하게 여김을 보인 것이다."

詳說

○ 見上篇.

'부지이예손위국(不知以禮遜爲國 : 예와 겸손함으로써 나라를 다스리는 것은 알지 못하였음)'은 위 편에 보인다.[339]

○ 承上章言.

'미능사민무송자야(未能使民無訟者也 : 백성들에게 송사가 없게 할 수는 없는 사람이었음)'는 위 장을 이어서 말한 것이다.

○ 音現.[340]

'이현성인불이청송위난(以見聖人不以聽訟爲難)'에서 '현(見)'자는 음이 현(現)이다.

○ 南軒張氏曰："記者, 以此承上章, 有以見仲由之道爲未弘也."[341]

남헌 장씨(南軒張氏 : 張栻)[342]가 말하였다. "기록한 사람이 이것으로써 위 장을

所先後, 則近道矣."라고 한 것을 말한다.

339) '부지이예손위국(不知以禮遜爲國 …… 위 편에 보인다 : 『논어(論語)』「선진(先進)」에서 "爲國以禮, 其言不讓. 是故哂之."라고 하였고, 그 『집주(集註)』에 의하면 "子路, 只爲不達爲國以禮道理, 是以哂之."라고 하였다.

340) 호광 편(胡廣 編), 『논어집주대전(論語集註大全)』「안연(顔淵)」에는 "見, 形甸反."이라고 하였다.

341) 호광 편(胡廣 編), 『논어집주대전(論語集註大全)』「안연(顔淵)」에는 다음과 같이 되어 있다. "南軒張氏曰 : '夫人之所以至於爭訟者, 必有所由, 而能於其本而正之, 則訟可無也. 記者, 以此承上章, 有以見仲由之道爲未弘也.'"

이어서 중유(仲由 : 子路)의 도가 넓지 못함이 됨을 보인 것이다.”

○ **‘使無訟’, 此章之題目.**

‘사무송(使無訟 : 송사를 없도록 하다)’이 이 장의 제목이다.

342) 장식(張栻 : 1133~1180) : 남송 시대 사람으로, 자가 경부(敬夫) · 흠부(欽夫) · 낙재(樂齋)이고, 호가 남헌(南軒), 또는 남헌선생(南軒先生)이며, 한주(漢州) 사람이다. 시호가 ‘선(宣)’이라서 후세에 장선공(張宣公)으로도 불렸다. 학문의 일파를 이루어 주희(朱熹) · 여조겸(呂祖謙)과 이름을 나란히 하여 ‘동남삼현(東南三賢)’으로 칭송되었다. 이종(理宗) 원년(1241)에 공자 사당에서 제사 지냈고, 이관(李寬) · 한유(韓愈) · 이사진(李士眞) · 주돈이(周敦頤) · 주희(朱熹) · 황간(黃幹)과 함께 석고서원(石鼓書院) 칠현사(七賢祠)에서 제사 지내 ‘석고칠현(石鼓七賢)’이라고 일컬어졌다.

[12-14-1]

子張問政, 子曰 : "居之無倦, 行之以忠."
자장(子張)이 정사(政事)에 대해 물었는데, 공자가 말하였다. "마음에 둔 것을 게으름 없게 하며, 일을 행하되 충심(忠心)으로써 해야 한다."

朱註

'居', 謂存諸心. '無倦', 則始終如一. '行', 謂發於事. '以忠', 則表裏如一.
'거(居)'는 마음에 보존함을 이른다. '무권(無倦)'은 곧 처음부터 끝까지 한결같음이다. '행(行)'은 일을 시행함을 이른다. '이충(以忠)'은 곧 겉과 속이 한결같은 것이다.

詳說

○ 朱子曰 : "居無倦, 心上說; 行以忠, 事上說."[343]
주자(朱子 : 朱熹)가 말하였다. "마음에 보존하여 게으름이 없게 한다는 말은 마음에서 말한 것이고, 행하기를 충심(忠心)으로써 한다는 말은 일에서 말한 것이다."

○ 新安陳氏曰 : "'居', 如居敬之居; '行', 如行簡之行."[344]

---

343) 호광 편(胡廣 編), 『논어집주대전(論語集註大全)』「안연(顔淵)」에는 "朱子曰 : '居之無倦, 在心上說; 行之以忠, 在事上說. 居之無倦者, 便是要此心長在做主, 不放倒, 便事事都應得去; 行之以忠者, 是事事要著實. 故『集註』云 : 以忠則表裏如一, 謂心裏要如此, 便外面也如此, 事事靠實做去也.'"로 되어 있고, 『주자어류(朱子語類)』 권42, 「논어24(論語二十四)」, 69조목의 내용은 다음과 같다. "亞夫問 : '居之無倦, 行之以忠.' 曰 : '居之無倦, 在心上說; 行之以忠, 在事上說. 居之無倦者, 便是要此心長在做主, 不可放倒, 便事事都應得去. 行之以忠者, 是事事要著實. 故某『集注』云 : 以忠則表裏如一, 謂裏要如此, 便外面也如此, 事事靠實去做也.'(아부가 '마음 두기를 게으름이 없게 하고, 행하기를 진실함으로 해야 한다'는 뜻에 대해 물었다. 주희가 말하였다. '마음 두기를 게으름이 없게 한다.'는 것은 마음[心]의 측면에서 설명했고, '행하기를 진실함으로 해야 한다'는 것은 일[事]의 측면에서 설명하였다. '마음 두기를 게으름이 없게 한다'는 것은 이 마음을 오랫동안 한 곳에 머무르게 하고 흩어지지 않게 해서 일마다 모두 대응할 수 있게 함이고, '행하기를 진실함으로 해야 한다'는 것은 일마다 참되게 처리함이다. 따라서 나는 『논어집주(論語集註)』에서 '진실로써 행한다면 겉과 속이 한결같다.'고 말하였다. 이는 속이 이와 같다면 겉도 이와 같아서 일마다 실제로 행하게 됨을 말한 것이다.')"

344) 호광 편(胡廣 編), 『논어집주대전(論語集註大全)』「안연(顔淵)」에는 다음과 같이 되어 있다. "新安陳氏曰 : '居, 如居敬之居, 存諸心, 立其本也. 行, 如行簡之行, 發於事, 達諸用也.'"여기서는 이 내용을 『논어(論語)』「옹야(雍也)」에 나오는 "居敬而行簡, 以臨其民, 不亦可乎?"라는 내

신안 진씨(新安陳氏 : 陳櫟)가 말하였다. "'거(居)'는 거경(居敬 : 몸가짐을 공경히 함)의 거(居)와 같고, '행(行)'은 행간(行簡 : 일함을 함이 간결하고 평이함)의 행(行)과 같다."

○ 訓兼釋.

훈고에 경문의 풀이를 겸하였다.

朱註

程子曰 : "子張少仁, 無誠心愛民, 則必倦而不盡心. 故告之以此."

정자(程子)가 말하였다. "자장은 인(仁)이 적어서 정성된 마음으로 백성을 사랑함이 없었으니, 곧 반드시 게을러서 마음을 다하지 않은 것이다. 그러므로 이로써 말해주었다."

詳說

○ 叔子.

'정자(程子)'는 동생 정이(程頤)이다.

○ 慶源輔氏曰 : "不曰'不仁'而曰'少仁', 與子游'然而未仁'之說同.[345]

경원 보씨(慶源輔氏 : 輔廣)가 말하였다. "'불인(不仁)'이라 말하지 않고 '소인(少仁)'이라 말한 것은 자유(子游)의 '연이미인(然而未仁 : 그런데 어질지 못하다)'이라는 말[346]과 더불어 같다.

○ 無誠心以愛民.

'무성심애민(無誠心愛民)'은 정성된 마음으로써 백성을 사랑함이 없는 것이다.

○ 雙峰饒氏曰 : "此, 論爲政之心, 不說爲政之條目."[347]

쌍봉 요씨(雙峰饒氏 : 饒魯)가 말하였다. "이는 정사를 하는 마음을 말하였고, 정사를 하는 조목을 말하지 않았다."

용과 연결시켜서 이해하였다.

345) 호광 편(胡廣 編), 『논어집주대전(論語集註大全)』「안연(顔淵)」에는 다음과 같이 되어 있다. "慶源輔氏曰 : '不曰不仁而曰少仁, 正與子游然而未仁之說同. 聖人不輕絶人以不仁, 況子張乎? 惟其少仁故, 慘怛之意不足, 而無誠心愛民也.'"

346) 자유(子游)의 '연이미인(然而未仁 : 그런데 어질지 못하다)'이라는 말 : 『논어(論語)』「자장(子張)」에서 "子游曰 : '吾友張也, 爲難能也, 然而未仁.'"라고 한 구절에서 보인다.

347) 호광 편(胡廣 編), 『논어집주대전(論語集註大全)』「안연(顔淵)」에는 다음과 같이 되어 있다. "雙峯饒氏曰 : '此, 論爲政之心, 不說爲政之條目. 若爲政之條目, 子張想已熟講而知之矣.'"

[12-15-1]

子曰："博學於文, 約之以禮, 亦可以弗畔矣夫."
공자가 말하였다. "군자가 글을 널리 배우고, 단속(團束)하되 예(禮)로써 하면 또한 가히 도(道)를 위반(違反)하지 않을 것이다."

朱註

重出.
거듭해서 나왔다.

詳說

○ 平聲.
'중(重)'자는 평성(平聲 : 거듭함)이다.

○ 『大全』曰："已見「雍也篇」, 但彼有'君子'二字."348)
『논어집주대전』에서 말하였다. "이미 「옹야(雍也)」에서 보였는데, 다만 저기에는 '군자(君子)' 두 글자가 있다."

○ 無訓釋.
훈고와 경문의 풀이가 없다.

348) 호광 편(胡廣 編), 『논어집주대전(論語集註大全)』「안연(顏淵)」. 『논어(論語)』「옹야(雍也)」에 있는 내용은 다음과 같다. "子曰：'君子博學於文, 約之以禮, 亦可以弗畔矣夫.'"

[12-16-1]

子曰: "君子, 成人之美, 不成人之惡, 小人, 反是."
공자가 말하였다. "군자는 사람의 아름다움을 이루고, 사람의 악한 것을 이루지 아니하나니, 소인은 이를 뒤집는다."

朱註

'成'者, 誘掖奬勸, 以成其事也.
'성(成)'이라는 것은 이끌어 도와주고 권면(勸勉)하여 그 일을 이루게 한다.

詳說

○ 雲峯胡氏曰: "誘掖以迎之於未成之先; 奬勸以作之於將成之際."349)
운봉 호씨(雲峯胡氏: 胡炳文)가 말하였다. "이끌어 도와주어 아직 이루지 못한 것에 앞서서 맞이하고, 격려하고 힘쓰도록 하여 장차 이루려 하는 즈음에 만드는 것이다."

○ 訓.
훈고이다.

朱註

君子小人, 所存, 旣有厚薄之殊, 而其所好, 又有善惡之異. 故其用心不同, 如此.
군자와 소인이 보존하는 것은 이미 많고 적음의 다름이 있으며, 그 좋아하는 것도 또 착하고 악함의 차이가 있다. 그러므로 그 마음 씀이 같지 않음이 이와 같다.

詳說

○ 胡氏曰: "以心言."350)
'소존(所存)'에 대해, 호씨(胡氏: 胡泳)가 말하였다. "마음으로써 말한 것이다."

349) 호광 편(胡廣 編), 『논어집주대전(論語集註大全)』「안연(顔淵)」.

350) 호광 편(胡廣 編), 『논어집주대전(論語集註大全)』「안연(顔淵)」에는 "胡氏曰: '所存, 以心言; 所好, 以情言. 君子存心, 本於厚. 故待人亦厚, 而惟恐人之不厚. 小人存心, 本於薄. 故待人, 亦薄而惟恐人之不薄也. 君子之所好, 在於善故, 己有是善, 而亦欲人之趨於善; 小人之所好, 在於惡故, 己有是惡, 而亦欲人之濟其惡.'"으로 되어 있다.

○ 去聲.[351]

'이기소호(而其所好)'에서 '호(好)'자는 거성(去聲 : 애호하다)이다.

○ 胡氏曰 : "以情言."[352]

'소호(所好)'에 대해, 호씨(胡氏 : 胡泳)가 말하였다. "정(情)으로써 말한 것이다."

○ 釋畢.

경문의 풀이가 끝났다.

---

351) 호광 편(胡廣 編), 『논어집주대전(論語集註大全)』「안연(顔淵)」.

352) 호광 편(胡廣 編), 『논어집주대전(論語集註大全)』「안연(顔淵)」.

[12-17-1]

季康子問政於孔子, 孔子對曰 :"政者, 正也, 子帥以正, 孰敢不正?"
계강자(季康子)가 정사(政事)에 대해 공자에게 물었는데, 공자가 대답하여 말하였다. "정(政)은 바른 것이니, 자네가 거느리되 바름으로써 하면 누가 감히 바르지 않겠는가?"

朱註

'帥', 音率. 范氏曰 : "未有己不正而能正人者."
'자솔이정(子帥以正)'에서 '솔(帥)'자는 음이 솔(率)이다. 범씨(范氏 : 范祖禹)가 말하였다. "자기를 바르게 하지 못하면서 남을 바르게 하는 사람은 있지 않다."

詳說

○ 以論釋之, 無訓.
경문의 의미 설명으로 풀이하였고, 훈고는 없다.

○ 新安陳氏曰 : "此, 以通行之理言; 圈下, 以當時之事言."353)
신안 진씨(新安陳氏 : 陳櫟)가 말하였다. "이는 통용(通用)하는 이치로써 말한 것이고, 동그라미(○ : 圈) 아래는354) 당시의 일로써 말한 것이다.

○ 以本文'子'字, 觀之圈下, 足當正釋.
경문의 '자(子)'자로써 동그라미(○ : 圈)355) 아래를 본다면 풀이를 마땅히 바르게 함에 충분하다.

○ 雲峰胡氏曰 : "爲政章註釋'政'字, 實出於此."356)
운봉 호씨(雲峰胡氏 : 胡炳文)가 말하였다. "위정장(爲政章)에서 '정(政)'자를 주석한 것357)은 실제로 여기서 나왔다."

---

353) 호광 편(胡廣 編), 『논어집주대전(論語集註大全)』「안연(顔淵)」.

354) 아래의 주석 "호씨왈(胡氏曰)" 아래의 내용을 가리킨다.

355) 아래의 주석 "호씨왈(胡氏曰)" 아래를 말한다.

356) 호광 편(胡廣 編), 『논어집주대전(論語集註大全)』「안연(顔淵)」에는 "雲峯胡氏曰 : '『集註』釋「爲政章」政字, 實本於此.'"로 되어 있고, 호병문, 『논어통(論語通)』 권6의 내용은 다음과 같다. "通曰 : '『集註』釋政字曰 : 政之爲言, 正也, 所以正人之不正也, 蓋本於此. 魯之政, 由大夫, 而家臣效尤, 帥之者不正而以不正應之也.'"

357) 위정장(爲政章)에서 '정(政)'자를 주석한 것 : 『논어(論語)』「위정(爲政)」의 『집주(集註)』 첫머

朱註

胡氏曰:"魯自中葉, 政由大夫, 家臣效尤, 據邑背叛, 不正甚矣. 故孔子以是告之, 欲康子以正自克, 而改三家之故. 惜乎! 康子之溺於利欲而不能也."

호씨(胡氏 : 胡寅)가 말하였다. "노(魯)나라 중엽부터 정치가 대부에 말미암았는데 가신(家臣)들이 나쁜 행위를 본받아서 고을을 웅거(雄據)하고 배반하여 바르지 못함이 심하였다. 그러므로 공자가 이로써 말해주어 강자(康子)가 바름으로써 스스로 극복하여 삼가(三家)의 예전 소행을 고치게 하려고 한 것이다. 안타깝도다! 강자가 이욕(利慾)에 빠져서 능히 하지 못하였다."

詳說

○ 一無此圈.

어떤 판본에는 이 동그라미(○ : 圈)[358]가 없다.

○『大全』曰:"中世."[359]

'중엽(中葉)'에 대해,『논어집주대전』에서 말하였다. "중세(中世)이다."

○ 三家.

'대부(大夫)'는 삼가(三家 : 春秋魯大夫 孟孫氏 · 叔孫氏 · 季孫氏)이다.

○ 二字, 出『左傳』.

'효우(效尤)' 두 글자는『춘추좌전(春秋左傳)』에 나온다.[360]

○ 音佩.[361]

'거읍배반(據邑背叛)'에서 '배(背)'자는 음이 패(佩)이다.

○ 陽虎 · 公山弗擾之類.

'거읍배반(據邑背叛)'은 양호(陽虎 : 魯나라 季氏 가신)와 공산불요(公山弗擾 : 魯나라 사람)의 따위이다.[362]

리에 나오는 "政之爲言, 正也, 所以正人之不正也."를 말한다.

358) "호씨왈(胡氏曰)" 앞에 ○가 붙어 있는 것을 말한다.

359) 호광 편(胡廣 編),『논어집주대전(論語集註大全)』「안연(顔淵)」에는 "中世也."라고 하였다.

360) '효우(效尤)' 두 글자는『춘추좌전(春秋左傳)』에 나온다 :『춘추좌전(春秋左傳)』「장공(莊公)」 21년 기사에 "鄭伯效尤, 其亦將有咎!"라고 하였다.

361) 호광 편(胡廣 編),『논어집주대전(論語集註大全)』「안연(顔淵)」.

362) '거읍배반(據邑背叛)'은 양호 …… 공산불요(公山弗擾 : 魯나라 사람)의 따위이다 :『논어(論語)』「양화(陽貨)」에서 "公山弗擾, 以費畔, 召, 子欲往."라고 하였고, 그『집주(集註)』에서 "弗

○ 猶治也.

'극(克)'은 다스릴 치(治)와 같다.

○ 『大全』曰: "從前所爲."[363]

'개삼가지고(改三家之故 : 삼가의 예전 행위를 고침)'에 대해, 『논어집주대전』에서 말하였다. "종전에 행한 것이다."

○ 吳氏曰: "『論語』記'康子問政'二章, '患盜'·'使民'各一章, 夫子答之, 皆使反躬自治, 道理如是, 此外更無別法."[364]

오씨(吳氏 : 吳仲迂[365])가 말하였다. "『논어(論語)』에 '강자문정장(康子問政章)' 두 장[366]과 '환도장(患盜章)'[367]·'사민장(使民章)'[368]에 기록되었는데, 공자가 대답한 것이 모두 제 몸에 되돌려서 스스로 다스리게 하였으니, 도리가 이와 같아서 이 밖에 따로 별도의 방법이 없다."

○ '正'字, 此章之綱領.

'정(正 : 바르다)'자가 이 장의 강령이다.

擾, 季氏宰, 與陽虎, 共執桓子, 據邑以叛."라고 하였다.

363) 호광 편(胡廣 編), 『논어집주대전(論語集註大全)』「안연(顔淵)」.

364) 호광 편(胡廣 編), 『논어집주대전(論語集註大全)』「안연(顔淵)」에는 다음과 같이 되어 있다. "吳氏曰: '『書』曰: 表正萬邦, 上者表也; 下者影也, 表正則影正矣. 政之義, 無切於此. 『論語』, 記康子問政者二章, 問患盜使民各一章, 夫子答之, 皆使之反躬自治而已. 蓋道理不越如是, 此外更無別法也.'"

365) 오중우(吳仲迂) : 원나라 때의 학자로, 호가 가당(可堂)이고, 번양(番陽) 또는 부량(浮梁) 사람이라고 한다. 박학(博學)하여 경전에 밝았으며, 벼슬을 하지 않고 은거하였다. 저서로는 『사서어록(四書語錄)』·『경전발명(經傳發明)』·『춘추기문(春秋紀聞)』·『어류차(語類次)』 등이 있다.

366) '강자문정장(康子問政章)' 두 장 : 『논어(論語)』「안연(顔淵)」에 나오는 "季康子, 問政於孔子, 孔子對曰: '政者, 正也, 子帥以正, 孰敢不正?'"라는 구절과 "季康子, 問政於孔子曰: '如殺無道, 以就有道, 何如?' 孔子對曰: '爲政, 焉用殺? 子欲善, 而民善矣, 君子之德, 風; 小人之德, 草. 草上之風, 必偃.'"라는 구절을 말한다.

367) 환도장(患盜章) : 『논어(論語)』「안연(顔淵)」의 "季康子患盜, 問於孔子, 孔子對曰: '苟子之不欲, 雖賞之, 不竊.'"을 가리킨다.

368) 사민장(使民章) : 『논어(論語)』「위정(爲政)」의 "季康子問: '使民敬忠以勸, 如之何?' 子曰: '臨之以莊則敬; 孝慈則忠; 擧善而敎不能則勸.'"을 가리킨다.

[12-18-1]

季康子患盜, 問於孔子, 孔子對曰 : “苟子之不欲, 雖賞之, 不竊.”
계강자(季康子)가 도적을 근심하여 공자에게 물었는데, 공자가 대답하여 말하였다. “진실로 자네가 욕심내지 않으면 비록 상(賞)을 준다 해도 도적질을 하지 않을 것이다.”

朱註

言子不貪欲, 則雖賞民, 使之爲盜, 民亦知恥而不竊.
자네가 탐욕하지 않으면 비록 백성들에게 상을 주고 도적질을 하게 하여도 백성들이 또한 부끄러움을 알아서 훔치지 않을 것임을 말하였다.

詳說

○ 慶源輔氏曰 : “賞之不竊, 乃假設之言, 以見民之必不肯爲耳.”369)
경원 보씨(慶源輔氏 : 輔廣)가 말하였다. “상을 주어도 훔치지 않는다는 것은 바로 가설적인 말이니, 백성들이 반드시 즐겨 하지 않을 것임을 보였을 뿐이다.”

○ 有釋無訓.
경문의 풀이는 있으나 훈고는 없다.

朱註

胡氏曰 : “季氏竊柄, 康子奪嫡, 民之爲盜, 固其所也. 盍亦反其本耶370)? 孔子以不欲啓之, 其旨深矣. ‘奪嫡’, 事見『春秋傳』.”
호씨(胡氏 : 胡寅)가 말하였다. “계씨(季氏)는 국병(國柄)을 훔치고, 강자(康子)는 적자(嫡子)의 자리를 빼앗았으니, 백성들이 도적질하는 것은 진실로 마땅하다. 어

---

369) 호광 편(胡廣 編), 『논어집주대전(論語集註大全)』「안연(顔淵)」에는 다음과 같이 되어 있다. “慶源輔氏曰 : ‘上者下之倡, 在上者不貪欲, 則民之視之, 亦知以是爲貴矣. 民知以不貪欲爲貴, 則雖賞以誘之使爲盜竊, 而其心愧耻, 自不肯爲之矣, 尙何盜之患哉? 所謂雖賞之不竊, 乃假設之言, 以見民之必不肯爲耳.’”

370) 耶 : 『논어집주(論語集註)』에는 ‘耶’로 표기되어 있는데, 『논어집주대전』에는 ‘邪’로 표기되어 있으며, 『논어집주대전』 주석에는 “邪, 俗作耶.”라고 하였다. 조선 영조본 『논어집주대전』은 호광본을 따랐다.

찌 또한 그 근본을 반성하지 않겠는가? 공자가 가르치고자 하였으니 그 뜻이 깊다. '탈적(奪嫡)'은 일이 『춘추전(春秋傳)』에 보인다.

詳說

○『大全』曰: "盜魯國柄."

'계씨절병(季氏竊柄)'에 대해, 『논어집주대전』에서 말하였다. "노나라의 권병(權柄)을 도적질한 것이다."

○ 已五世於茲.

5세가 여기에서 끝났다.

○ 猶言宜也.

'소(所)'는 마땅함이라고 말하는 것과 같다.

○ 指身.

'본(本)'은 자신을 가리킨다.

○『語』中, 答康子四章, 此語最嚴截. 蓋康子以父遺命, 迎孔子歸, 事之以師禮. 故孔子亦盡言如此耳.

『논어(論語)』 가운데 강자(康子)에게 대답한 네 개의 장[371] 가운데 이 말이 가장 엄격하다. 대개 강자가 아버지의 남긴 하명으로써 공자가 돌아옴을 맞이할 때 스승의 예(禮)로써 섬겼다. 그러므로 공자가 또한 남김없이 말함이 이와 같았을 뿐이다.

○ 雲峰胡氏曰: "康子, 魯之大盜也, 夫子不直, 曰'苟子之不盜', 辭婉而意深."[372]

운봉 호씨(雲峰胡氏: 胡炳文)가 말하였다. "강자는 노나라의 큰 도적인데 공자가 직설(直說)하지 않고 말하기를, '진실로 자네가 도적질을 하지 않는다면'이라고

---

371) 강자(康子)에게 대답한 네 개의 장: 『논어(論語)』「위정(爲政)」의 "季康子問: '使民敬忠以勸, 如之何?' 子曰: '臨之以莊則敬; 孝慈則忠; 擧善而教不能則勸.'", 『논어(論語)』「안연(顔淵)」의 "季康子, 問政於孔子, 孔子對曰: '政者, 正也, 子帥以正, 孰敢不正?'", 「안연(顔淵)」의 "季康子患盜, 問於孔子, 孔子對曰: '苟子之不欲, 雖賞之, 不竊.'", 「안연(顔淵)」의 "季康子, 問政於孔子曰: '如殺無道, 以就有道, 何如?' 孔子對曰: '爲政, 焉用殺? 子欲善, 而民善矣, 君子之德, 風; 小人之德, 草. 草上之風, 必偃.'"이 네 구절을 말한다.

372) 호광 편(胡廣 編), 『논어집주대전(論語集註大全)』「안연(顔淵)」에는 다음과 같이 되어 있다. "雲峯胡氏曰: '盜生於欲, 康子魯之大盜也, 夫子答其患盜之問, 不直, 曰苟子之不盜, 其辭婉而意深矣. 上下三章, 當通看. 不欲正也, 欲善亦正也. 使康子, 移其欲利之心, 以欲善, 民豈特不爲盜而且皆爲善矣? 此所謂帥以正而民無不正也.'"

하였으니, 말이 완곡하고 뜻이 깊다."

○ 音現.[373)]

'사현『춘추전』(事見『春秋傳』)'에서 '현(見)'자는 음이 현(現)이다.

○『左』「哀」三年.[374)]

'『춘추전(春秋傳)』'은 『춘추좌전(春秋左傳)』「애공(哀公)」 3년이다.

373) 호광 편(胡廣 編), 『논어집주대전(論語集註大全)』「안연(顔淵)」에는 "見, 形甸反."이라고 하였다.

374) 호광 편(胡廣 編), 『논어집주대전(論語集註大全)』「안연(顔淵)」.

[12-19-1]

季康子問政於孔子曰："如殺無道, 以就有道, 何如?" 孔子對曰："子爲政, 焉用殺? 子欲善, 而民善矣, 君子之德, 風; 小人之德, 草. 草上之風, 必偃."

계강자(季康子)가 정사(政事)에 대해 공자에게 물으며 말하였다. "만일 도(道) 없는 사람을 죽여서 도 있는 데로 나아가게 한다면 어떠하겠습니까?" 공자가 대답하여 말하였다. "자네가 정사를 함에 어찌 죽임을 쓰는가? 자네가 착하고자 하면 백성이 착할 것이니, 군자의 덕은 바람이고 소인의 덕은 풀이다. 풀에 바람이 더하면 반드시 쓰러진다."

朱註

'偃', 於虔反. 爲政者, 民所視效, 何以殺爲? 欲善則民善矣.

'필언(必偃)'에서 '언(偃)'은 '어(於)'와 '건(虔)'의 반절(反切)이다. 정사(政事)를 하는 사람은 백성들이 보고 본받는 것이니, 어떻게 죽임을 하겠는가? 착하고자 하면 백성들도 착해지는 것이다.

詳說

○ 爲政之人.

'위정자(爲政者)'는 정사(政事)를 하는 사람이다.

○ 風·草之意, 已該於此.

'민소시효(民所視效 : 백성들이 보고 본받는 것)'에는 바람과 풀의 뜻이 이미 여기에 갖추어졌다.

○ 汪氏曰："康子欲殺惡人, 以成就善人; 夫子則欲化惡人, 爲善人."[375)]

왕씨(汪氏 : 汪炎昶)[376)]가 말하였다. "강자(康子)는 악한 사람을 죽여서 착한 사람

375) 호광 편(胡廣 編), 『논어집주대전(論語集註大全)』「안연(顔淵)」에는 다음과 같이 되어 있다. "汪氏曰 : '康子欲殺惡人, 以成就善人; 夫子則欲化惡人, 亦爲善人. 意謂上之所欲者善, 非特不待於殺, 且化惡爲善矣. 『集註』以一則字, 代本文而字, 而意深切著明, 最宜著眼玩味.'"

376) 왕염창(汪炎昶 : 1261~1338) : 송나라 때의 학자로, 자가 무원(懋遠)이고, 호가 고일(古逸) 또는 고일민(古逸民)이라서 학자들이 고일선생(古逸先生)이라고 불렀으며, 신안(新安) 사람이다. 일찍이 태학생 손숭(孫崇)·원유(元游)와 종유(從遊)하였고, 정자(程子)와 주자(朱子)의

을 성취하고자 하였고, 공자는 악한 사람을 교화하여 착한 사람이 되게 하고자 하였다."

○ '以就有道'『諺』釋, 與汪說不同.

'이취유도(以就有道 : 도 있는 데로 나아가게 함)'의 『언해』 풀이가 왕씨(汪氏)의 해설과 더불어 같지 않다.[377]

○ 『註』以'則'字, 代本文'而'字, 而意深切著明, 最宜著眼玩味.[378]

『논어집주(論語集註)』에 '즉(則)'자로써 본문의 '이(而)'자를 대신하였는데, 뜻이 깊고 절실하게 드러나고 분명하니 가장 마땅히 눈여겨보고 잘 음미해야 한다.

○ 釋上半截. 無訓.

경문의 위 절반을 풀이하였다. 훈고는 없다.

朱註

'上', 一作尙, 加也. '偃', 仆也.

'상(上)'은 다른 판본에는 상(尙)으로 썼으니, 더함이다. '언(偃)'은 쓰러짐이다.

詳說

○ 『孟子』亦作尙.

'일작상(一作尙)'에서 '상(尙)'은 『맹자(孟子)』에 또한 '상(尙)'으로 썼다.[379]

○ 言以風加於草.

'초상지풍(草尙之風)'은 바람이 풀에 더해짐을 말한다.

○ 『書』「君陳」曰 : "爾惟風, 下民惟草."[380]

『서경(書經)』「군진(君陳)」에서 말하였다. "그대가 오직 바람이면 아래 백성들은

성리학의 요체를 터득하였으나, 벼슬을 하지 않고 시주(詩酒)를 즐겼다. 저서로는 『고일민선생집(古逸民先生集)』 등이 있다.

377) '이취유도(以就有道 : 도 있는 데로 나아가게 함)'의 …… 더불어 같지 않다 : 『언해』본의 내용이 "道 있는 데 就하게 할진댄"인 데 비하여, 왕설의 "착한 사람을 성취하고자 함'과 차이가 있음을 지적한 것이다.

378) 이 내용은 위의 왕씨(汪氏)의 해설인데 착오나 착간이 있는 듯하다.

379) '일작상(一作尙)'에서 '상(尙)은 『맹자(孟子)』에 또한 '상(尙)'으로 썼다 : 『맹자(孟子)』「등문공상(滕文公上)」에서 "君子之德, 風; 小人之德, 草也. 草尙之風, 必偃."라고 하여 '尙'자를 썼다.

380) 호광 편(胡廣 編), 『논어집주대전(論語集註大全)』「안연(顔淵)」에 실려 있는 오중우(吳仲迂)의 해설에서 논의하였다. "吳氏曰 : '『書』「君陳」曰 : 爾惟風, 下民惟草, 風草之喩, 本此. ……'"

오직 풀이다."

◯ 音赴.[381]

'부야(仆也)'에서 '부(仆)'자는 음이 부(赴)이다.

◯ 訓下半截. 無釋.

경문 아래 반절을 훈고하였다. 경문의 풀이는 없다.

朱註

尹氏曰:"殺之爲言, 豈爲人上之語哉? 以身教者從, 以言教者訟, 而況於殺乎?"

윤씨(尹氏:尹焞)가 말하였다. "죽인다고 하는 말이 어찌 사람의 위에서 다스리는 사람의 말이겠는가? 몸으로써 가르치는 사람은 따르고, 말로써 가르치는 사람은 말다툼하니, 하물며 죽임에 있어서이랴?"

詳說

◯ 猶言'殺之一字'.

'살지위언(殺之爲言)'은 '살(殺)이라는 하나의 글자'라고 말함과 같다.

◯ 爲人上者.

'위인상(爲人上)'은 사람의 위에서 다스리는 사람이다.

◯ 二句, 出『後漢書』「第五倫傳」.[382]

'이신교자종, 이언교자송(以身教者從, 以言教者訟: 몸으로써 가르치는 사람은 따르고, 말로써 가르치는 사람은 말다툼함)'의 두 구절은 『후한서』「제오륜전(第五倫傳)」에 나온다.

◯ 殺行於訟.

죽임은 말다툼에서 행해진다.

◯ 吳氏曰:"康子殺心如火始然, 夫子以清冷之水沃之, 有人心者, 宜於此焉變矣."[383]

오씨(吳氏:吳仲迂)가 말하였다. "강자의 죽이려는 마음은 마치 불처럼 비로소 타

---

381) 호광 편(胡廣 編), 『논어집주대전(論語集註大全)』「안연(顔淵)」.

382) 호광 편(胡廣 編), 『논어집주대전(論語集註大全)』「안연(顔淵)」에서 "二句, 見『後漢書』「第五倫傳」."이라고 하였다.

383) 호광 편(胡廣 編), 『논어집주대전(論語集註大全)』「안연(顔淵)」에는 다음과 같이 되어 있다. "吳氏曰:'『書』「君陳」曰:爾惟風, 下民惟草, 風草之喻, 本此. 康子殺心如火始然, 夫子以清冷之水沃之, 有人心者, 宜於此焉變矣.'"

올랐고, 공자는 맑고 차가운 물로써 대주었으니, 사람의 마음을 가진 사람이라면 마땅히 여기서 변할 것이다.”

[12-20-1]

子張問 : "士, 何如, 斯可謂之達矣?"
자장(子張)이 물었다. "선비가 어떠해야 이에 가히 달성(達成)이라고 이를 수 있겠습니까?"

朱註

'達'者, 德孚於人, 而行無不得之謂.
'달(達)'이라는 것은 덕이 사람에게 믿음을 주어서 일을 행함에 얻지 못함이 없음을 이른다.

詳說

○ 朱子曰 : "在邦, 獲於上, 得乎民; 在家, 得乎親."384)
주자(朱子 : 朱熹)가 말하였다. "나라에서는 위에 신임을 얻고 백성에게 얻어야 하며, 집에서는 어버이에게 얻어야 한다."

○ 此訓下節夫子所荅之達也, 非訓子張今所問之達也, 此達之正訓也.
이는 아래 문절에서 공자가 대답한 '달(達)'을 새긴 것이고, 자장이 지금 물은 '달'을 새긴 것이 아니니, 이는 '달'의 진정한 훈고이다.

○ 有訓無釋.
훈고는 있으나 경문의 풀이는 없다.

[12-20-2]

子曰 : "何哉? 爾所謂達者."
공자가 말하였다. "무엇인고? 네가 이른바 '달'이라는 것은."

---

384) 호광 편(胡廣 編), 『논어집주대전(論語集註大全)』「안연(顏淵)」에는 다음과 같이 되어 있다. "問 : '達爲所行通達, 何也?' 朱子曰 : '其在邦也, 事上則獲於上, 治民則得乎民; 其在家也, 父母安其孝, 兄弟悅其友. 凡吾之見於行者, 莫不通達, 而無所繫礙焉, 斯可謂之達矣.'"

朱註

子張務外, 夫子蓋已知其發問之意. 故反詰之, 將以發其病而藥之也.

자장(子張)이 외적인 것에 힘썼으므로 공자가 대개 그 물음을 꺼낸 뜻을 이미 알고 있었다. 그러므로 되물은 것이니, 장차 그 병폐를 드러내서 고쳐주려고 한 것이다.

詳說

○ 通平日而言.

'자장무외(子張務外 : 자장이 외적인 것에 힘썼음)'는 평일을 통틀어 말한 것이다.

○ 聞.

'부자개이지기발문지의(夫子蓋已知其發問之意 : 공자가 대개 그 물음을 꺼낸 뜻을 이미 알고 있었음)'는 소문(所聞)이다.

○ 喫吉反.[385]

'고반힐지(故反詰之)'에서 '힐(詰)'은 '끽(喫)'과 '길(吉)'의 반절(反切)이다.

○ 以論釋之, 無訓.

경문의 의미 설명으로 풀이하였고, 훈고는 없다.

[12-20-3]

子張對曰 : "在邦必聞; 在家必聞."

자장이 대답하여 말하였다. "나라에 있어도 반드시 들리며, 집에 있어도 반드시 들리는 것입니다."

朱註

言名譽著聞也.

명예(名譽)가 드러나서 들리는 것을 말한다.

---

385) 호광 편(胡廣 編), 『논어집주대전(論語集註大全)』「안연(顏淵)」.

詳說

○ 有釋無訓.

경문의 풀이는 있으나 훈고는 없다.

○ 自身而推, 必及家邦. 故仲弓之'無怨', 子張之'必聞', 皆以此言之.

몸으로부터 옮겨가면 반드시 집과 나라에 미친다. 그러므로 중궁(仲弓 : 冉雍)의 '무원(無怨 : 원망 없음)'386)과 자장(子張)의 '필문(必聞 : 반드시 들림)'387)은 모두 이것으로써 말한 것이다.

[12-20-4]

子曰 : "是, 聞也, 非達也.
공자가 말하였다. "이는 소문(所聞)이지, 달성(達成)이 아닌 것이다.

朱註

'聞'與'達', 相似而不同, 乃誠僞之所以分, 學者不可不審也. 故夫子旣明辨之. 下文, 又詳言之.

'문(聞)'과 '달(達)'은 서로 비슷하면서도 같지 않으니, 바로 정성(精誠)과 거짓이 구분되는 까닭이며, 배우는 사람들이 살피지 않으면 안 된다. 그러므로 공자가 이미 분명하게 변별하였는데, 아래 글에서 또 상세하게 말하였다.

詳說

○ 施者有誠僞故, 應者有虛實之不同.

'성위지소이분(誠僞之所以分 : 정성과 거짓이 구분되는 까닭)'은 행하는 것에 정성과 거짓이 있기 때문에 맞닥뜨리는 것에 허(虛)와 실(實)의 같지 않음이 있다.

---

386) 중궁(仲弓 : 冉雍)의 '무원(無怨 : 원망 없음)' : 『논어(論語)』「안연(顔淵)」에 나오는 내용은 다음과 같다. "仲弓問仁, 子曰 : '出門如見大賓; 使民如承大祭; 己所不欲, 勿施於人, 在邦無怨; 在家無怨.' 仲弓曰 : '雍雖不敏, 請事斯語矣.'"

387) 자장(子張)의 '필문(必聞 : 반드시 들림)' : 위 경문의 "子張對曰 : '在邦必聞; 在家必聞.'"을 말한다.

○ 有釋無訓.

경문의 풀이는 있으나 훈고는 없다.

○ 此下一句, 又幷下節論之.

이 아래 한 구절은 또 아래 구절을 아울러서 논의한 것이다.

○ 此節爲其總提.

'하문, 우상언지(下文, 又詳言之 : 아래 글에서 또 상세하게 말하였음)'는 이 구절이 그 모두를 끌고 가는 것이다.

[12-20-5]

夫達也者, 質直而好義; 察言而觀色; 慮以下人, 在邦必達; 在家必達.
무릇 달(達)이라는 것은 질박하고 곧아서 의(義)를 좋아하고, 말을 살펴 들으면서 얼굴빛을 살펴보며, 사려(思慮)하여 남에게 자기를 낮추니, 나라에 있어도 반드시 달성(達成)하며, 집에 있어도 반드시 달성하는 것이다.

朱註

'夫', 音扶, 下同. '好'·'下', 皆去聲.[388] 內主忠信而所行合宜, 審於接物而卑以自牧,

'부달야자(夫達也者)'에서 '부(夫)'자는 음이 부(扶)이니 아래도 같다. '질직이호의(質直而好義)'에서 '호(好)'자와 '려이하인(慮以下人)'에서 '하(下)'자는 모두 거성(去聲 : 愛好함, 낮춤)이다. 안으로 충신(忠信)에 주력하여 행하는 것이 합당(合當)하고, 외물(外物)을 접대(接對)하는 일을 살피면서 몸을 낮춰 스스로 수양(修養)하니,

詳說

○ 此句, 出『易』「謙象傳」.

'비이자목(卑以自牧)' 이 구절은 『주역(周易)』「겸괘(謙卦)·상전(象傳)」에 나온다.[389]

---

388) 『논어주소(論語注疏)』「음의」에는 "夫, 音符, 下同. 好, 呼報反. 下, 遐嫁反, 注同, 而行之行, 下孟反."이라고 하였다.

○ 慶源輔氏曰 : "'主忠信', '質直'也; '所行合宜', '好義'也, 此存乎中, 以應乎外也. '審於接物', '察言觀色'也; '卑以自牧', '慮以下人'也, 此審乎外, 以巽乎内也."390)
경원 보씨(慶源輔氏 : 輔廣)가 말하였다. "'주충신(主忠信 : 충신에 주력함)'은 '질직(質直 : 질박하고 곧음)'이며, '소행합의(所行合宜 : 행하는 것이 합당함)'는 '호의(好義 : 의를 좋아함)'이니, 이는 마음속에 보존하여 외물에 응하는 것이다. '심어접물(審於接物 : 외물을 접대하는 일을 살핌)'은 '찰언관색(察言觀色 : 말을 살펴 들으면서 얼굴빛을 살펴봄)'이며, '비이자목(卑以自牧 : 몸을 낮춰 스스로 수양함)'은 '여이하인(慮以下人 : 사려하면서 남에게 몸을 낮춤)'이니, 이는 외물을 살펴서 내면을 공손히 하는 것이다."

○ 朱子曰 : "'質'就資性上說; '直'漸就事上說; '好義', 又在事上."391)

---

389) 『주역(周易)』「겸괘(謙卦) · 상전(象傳)」에 나온다 : 『주역(周易)』「겸괘(謙卦) · 상사(象辭)」에서 "謙謙君子, 卑以自牧."라고 하였다.

390) 호광 편(胡廣 編), 『논어집주대전(論語集註大全)』「안연(顔淵)」에는 다음과 같이 되어 있다. "慶源輔氏曰 : '主忠信, 質直也; 所行合宜, 好義也, 此存乎中以應乎外也. 審於接物, 察言觀色也; 卑以自牧, 慮以下人也, 此審乎外, 以巽乎内也. 内外交相養, 而厥德脩罔覺, 此豈求人知者之所爲哉? 然德脩於己而人自信之, 則行於邦家者, 自然無所窒礙矣.'"

391) 호광 편(胡廣 編), 『논어집주대전(論語集註大全)』「안연(顔淵)」에는 다음과 같이 되어 있다. "質與直, 是兩件, 質就資性上說; 直漸就事上說到得; 好義又在事上. 直固是一直做去. 然至於好義, 則事事區處, 要得其宜, 這一項都是詳細功夫." 『주자어류(朱子語類)』 권42, 「논어24(論語二十四)」, 90조목에는 "楊問 : '"質直而好義", 質直是質性之直, 或作兩件說.' 曰 : '質與直是兩件.' '"察言觀色", 龜山說: "察言故不失口於人, 觀色故不失色於人." 如何?' 曰 : '自家色如何觀得? 只是察人言, 觀人色. 若照管不及, 未必不以辭氣加人. 此只做自家工夫, 不要人知. 旣有工夫, 以之事親則得乎親, 以之事君則得乎君, 以之交朋友而朋友信, "雖蠻貊之邦行矣". 此是在邦·在家必達之理. 子張只去聞處著力, 聖人此語正中其膏肓. "質直好義"等處, 專是就實; "色取仁而行違", 專是從虛.'(양씨가 물었다. '질박하며 정직하고 의를 좋아한다.'는 구절에서 질직(質直)은 질성(質性)의 직(直)이지만, 두 가지 설명으로 볼 수 있습니까?' 주희가 말하였다. 질(質)과 직(直)은 두 가지이다. 양씨가 물었다. '남의 말을 살피고 얼굴빛을 관찰한다.'는 구절에 대해 구산(龜山: 양시)은 '남의 말을 살피기 때문에 남에게 말 실수를 하지 않으며, 얼굴빛을 관찰하기 때문에 남에게 얼굴빛을 잃지 않는다.'고 말했는데, 어떻습니까? 주희가 말하였다. '자신의 얼굴빛을 어찌 관찰하겠는가? 남의 말을 살피고 남의 얼굴빛을 살필 뿐이다. 만일 비춰보지 않으면, 반드시 말과 기운을 남에게 가하지 않음이 없다. 이는 자신의 공부를 하는 것이지 남이 알아주기를 구하는 것이 아니다. 이미 공부가 갖춰졌을 때, 그것으로 어버이를 섬기면 어버이에게 얻고, 그것으로 군주를 섬기면 군주에게 얻고, 그것으로 붕우와 사귀면 붕우가 믿으니, 오랑캐의 나라일지라도 행할 수 있다. 이것이 나라에 있을 때나 집안에 있을 때나 반드시 통달하는 이치이다. 자장은 명성이 알려지는 곳에만 힘을 썼으니, 성인의 이 말씀은 그

주자(朱子 : 朱熹)가 말하였다. "'질(質)'은 자성(資性)에 있어서 말한 것이고, '직(直)'은 점차적으로 일에 있어서 말한 것이고, '호의(好義)'는 또 일에 달려 있는 것이다."

◯ **又曰 : "察人, 言觀人色, 若照管不及, 未必不以辭氣加人."**[392)]

주자(朱子 : 朱熹)가 또 말하였다. "사람을 살핌은 사람의 얼굴빛을 보는 것을 말하니, 만약 비추어 봄이 미치지 못하면 반드시 말씨나 기색(氣色)으로써 사람에게 더해지지 않는 것이 아니다."

◯ **又曰 : "聖人此語, 正中子張膏肓."**[393)]

주자(朱子 : 朱熹)가 또 말하였다. "성인의 이 말은 바로 자장의 고황(膏肓)에 적중한 것이다."

의 병폐를 정확히 꼬집은 것이다. '질박하며 정직하고 의를 좋아한다.'는 따위는 오로지 실제의 측면에서 말하고, '얼굴빛은 인(仁)을 취하나 행실은 위배된다.'는 것은 오로지 허위의 측면에서 말한 것이다.')"라고 하였다. 이어서 91조목에서는 "問 : '質直而好義', 和靖謂'立志質直', 如何?' 曰 : '這箇莫不須說立志質直, 但只是無華僞. 質是樸實, 直是無偏曲, 而所行又合宜. 觀人之言而察人之色, 審於接物, 慮以下人, 只是一箇謙. 如此便做得去. 達是做得去.' 又問 : '仁如何以顏色取?' 曰 : '此處與前說相反, 只是顏色雖做仁者擧止, 而所行又卻不如此. 此恐是就子張身上說.'(물었다. '질박하며 정직하고 의를 좋아한다.'는 구절에 대해 화정(和靖)은 '뜻을 세운 것이 질박하고 정직하다'고 말했는데, 어떻습니까?' 주희가 말하였다. '이는 뜻을 세운 바가 질박하고 정직하다는 것을 말하지 않음이 없다. 겉치레와 거짓이 없을 뿐이다. 질(質)은 박실(樸實)함이고, 직(直)은 치우치거나 구부러짐이 없어 행실이 합당한 것이다. 남의 말과 얼굴빛을 관찰함은 사물을 접촉함에 세심한 것이고, 생각하여 몸을 낮춤은 겸손일 뿐이다. 이처럼 해나간다면 도달할 수 있다.' 또 물었다. '인(仁)을 어떻게 얼굴빛에서 취합니까?' 주희가 말하였다. '이곳은 이전의 설명과 상반된다. 단지 얼굴빛은 인자(仁者)의 모습이긴 하지만 행실은 도리어 이와 같지 않다. 이는 자장의 몸을 근거로 말한 듯하다.')"라고 하였다.

392) 호광 편(胡廣 編), 『논어집주대전(論語集註大全)』「안연(顏淵)」에는 다음과 같이 되어 있다. "察言觀色, 只是察人言觀人色. 若照管不及, 未必不以辭氣加人. 此只做自家工夫, 不要人知. 旣有工夫, 以之事親則得乎親; 以之事君則得乎君; 以之交朋友而朋友信, 雖蠻貊之邦行矣. 此是在邦·在家, 必達之理. 子張只去聞處著力, 聖人此語, 正中其膏肓. 質直好義等處, 專是就實; 色取仁而行違, 專是從虛." 『주자어류(朱子語類)』 권42, 「논어24(論語二十四)」, 90조목의 내용은 다음과 같다. "楊問 : …… '察言觀色, 龜山說: 察言故不失口於人, 觀色故不失色於人, 如何?' 曰 : '自家色如何觀得? 只是察人言觀人色. 若照管不及, 未必不以辭氣加人. 此只做自家工夫, 不要人知. 旣有工夫, 以之事親則得乎親, 以之事君則得乎君, 以之交朋友而朋友信, 雖蠻貊之邦行矣. 此是在邦·在家, 必達之理. 子張只去聞處著力, 聖人此語, 正中其膏肓. 質直好義等處, 專是就實; 色取仁而行違, 專是從虛.'"

393) 호광 편(胡廣 編), 『논어집주대전(論語集註大全)』「안연(顏淵)」.

○ 雙峰饒氏曰：“子張常愛居人上. 故告以謙退詳審之意.”394)

쌍봉 요씨(雙峰饒氏：饒魯)가 말하였다. “자장은 항상 남보다 위에 있는 것을 좋아하였다. 그러므로 겸손히 사양하고 물러나며 상세하게 살피는 뜻으로써 말해준 것이다.”

○ 思以己下於人, 『諺』釋更商.

사려(思慮)하여 자기 몸으로써 남에게 낮추는 것이니, 『언해』의 풀이를 다시 생각해야 한다.395)

朱註

皆自修於內, 不求人知之事. 然德修於己而人信之, 則所行, 自無窒礙矣.

모두 스스로 내면을 닦고 남이 알아줌을 구하지 않는 일이다. 그러나 덕이 자기에게서 닦여 남이 그것을 믿어주면 행하는 일이 저절로 가로막힘이 없을 것이다.

詳說

○ 家人·邦人.

‘덕수어기이인(德修於己而人)’의 인(人)은 집안 사람과 나라 사람이다.

○ 達.396)

‘자무질애의(自無窒礙矣：저절로 가로막힘이 없을 것)’는 달(達)이다.

○ 有釋無訓.

경문의 풀이는 있으나 훈고는 없다.

---

394) 호광 편(胡廣 編), 『논어집주대전(論語集註大全)』「안연(顔淵)」에는 다음과 같이 되어 있다. “雙峯饒氏曰：‘質直忠信底人, 固難得, 但亦有直情徑行, 不去隨事裁度, 而所行容有不合宜處. 故忠信又要合義. 察言觀色, 慮以下人, 是一件事. 子張常愛居人上. 故告以謙退詳審之意.’”

395) 사려(思慮)하여 자기 몸으로써 남에게 낮추는 것이니, 『언해』의 풀이를 다시 생각해야 한다 :『언해』본에서 “慮하여 써 사람에게 下하나니”라고 하였는데, 이를 다시 생각해 보아야 한다는 말이다.

396) 호광 편(胡廣 編), 『논어집주대전(論語集註大全)』「안연(顔淵)」에는 “問：‘達爲所行通達, 何也?’ 朱子曰：‘其在邦也, 事上則獲於上, 治民則得乎民; 其在家也, 父母安其孝, 兄弟悅其友. 凡吾之見於行者, 莫不通達, 而無所繫礙焉, 斯可謂之達矣.’”로 되어 있다.

[12-20-6]

夫聞也者, 色取仁而行違, 居之不疑, 在邦必聞; 在家必聞."
무릇 들림이라는 것은 얼굴빛으로 인(仁)을 취하되 행실이 어그러지거늘 마음속에 두고서 그것을 의심하지 않으니, 나라에 있어도 반드시 들리며, 집에 있어도 반드시 들린다."

朱註

'行', 去聲. 善其顏色以取於仁, 而行實背之, 又自以爲是而無所忌憚, 此不務實而專務求名者. 故虛譽雖隆, 而實德則病矣.

'색취인이행위(色取仁而行違)'에서 '행(行)'자는 거성(去聲 : 행실)이다. 그 얼굴빛을 착하게 하여 인(仁)을 취하지만 행하는 일이 실제로 어긋나며, 또 스스로 옳다고 여겨서 꺼리는 일이 없으니, 이는 실질에 힘쓰지 않고 오로지 명예를 구하는 데만 힘쓰는 사람이다. 그러므로 헛된 명예가 비록 크지만 실제의 덕은 병든 것이다.

詳說

○ 雲峯胡氏曰 : "病在'取'字, 仁者, 吾心之所固有, 若曰可取, 是在外而不在內矣."397)
'선기안색이취어인(善其顏色以取於仁 : 그 얼굴빛을 착하게 하여 인을 취함)'에 대해, 운봉 호씨(雲峯胡氏 : 胡炳文)가 말하였다. "병폐는 '취(取)'자에 달려 있으니, 인(仁)이라는 것이 내 마음의 본디 지니고 있는 것이거늘 만약 취할 수 있다고 말한다면 이는 외물에 달려 있는 것이지 내면에 달려 있지 않는 것이다."

○ 於字, 不必泥看.
글자에 반드시 구애되어 보아서는 안 된다.

○ 音佩.398)
'이행실배지(而行實背之)'에서 '배(背)'자는 음이 패(佩)이다.

○ 所行則實違之.
'행실배지(行實背之 : 행하는 일이 실제로 어긋남)'는 행한 것이 곧 실제에 어긋난다는 말이다 .

---

397) 호광 편(胡廣 編), 『논어집주대전(論語集註大全)』「안연(顏淵)」에는 "雲峯胡氏曰 : '聞者, 病在取字, 凡物在外, 則可取. 仁者, 吾心之所固有, 若曰可取, 即是在外而不在內矣.'"로 되어 있다.
398) 호광 편(胡廣 編), 『논어집주대전(論語集註大全)』「안연(顏淵)」.

○ 朱子曰:“如正顔色而不近信, 色厲而內荏.”399)

주자(朱子 : 朱熹)가 말하였다. “만일 얼굴빛을 바르게 하되 믿음에 가깝지 못하면 얼굴빛은 엄숙하면서 속으로는 나약한 것이다.”

---

399) 호광 편(胡廣 編), 『논어집주대전(論語集註大全)』「안연(顔淵)」에는 다음과 같이 되어 있다. “色取仁而行違, 不惟是虛, 有愛憐之態, 如正顔色而不近信, 色厲而內荏, 皆色取仁而行違也.” 『주자어류(朱子語類)』 권42, 「논어24(論語二十四)」, 85조목의 내용은 다음과 같다. “問 : ‘子張問達與聞一章.’ 曰 : ‘達者, 是自家實去做, 而收斂近裏底. 如‘質直好義’, 便是自去做. ‘察言觀色’, 便是察人辭色而與之言. 又‘慮以下人’, 惟恐其不收斂也. 若是只據自家意只管說去, 更不問人聽與不聽, 便是不察言觀色. 然而能如此, 則德修於己, 而自孚於人, 所行自無窒礙矣, 故曰達. 聞者, 是箇做作底, 專務放出, 外求人知而已. 如‘色取仁而行違’, 便是不務實而專務外. ‘居之不疑’, 便是放出外而收斂不得, 只得自擔當不放退. 蓋才放退, 則連前面都壞, 只得大拍頭‘居之不疑’. 此其所以駕虛而無實行也. 某向來未曉聞達二字. 因見鄉中有人, 其傳揚說好者甚衆, 以至傳揚於外, 莫不皆然. 及細觀其所爲, 皆不誠實. 以此方見得聖人分達與聞之別意思, 如此段形容得達與聞極精.’ 又云 : ‘色取仁而行違’, 不惟是虛有愛憐之態, 如‘正顔色而不近信’, ‘色厲而內荏’, 皆‘色取仁而行違’也.’(‘자장이 달(達)과 문(聞)을 물은 장’에 대해 묻습니다. 주희가 말하였다. ‘달(達)은 자신이 실제로 하여 내면으로 수렴하는 것이다. 예컨대 ‘질박하며 정직하고 의를 좋아한다.’는 것은 스스로 해나가는 것이다. ‘남의 말을 살피고 얼굴빛을 관찰한다.’함은 남의 말과 얼굴빛을 살펴 그와 말하는 것이다. 또 ‘생각해서 몸을 낮춘다.’함은 오직 수렴하지 못할까 걱정하는 것이다. 이처럼 자신의 의견에 근거해서 말할 뿐, 다시는 남의 들음과 듣지 않음을 묻지 않는다면, 남의 말을 살피고 얼굴빛을 관찰하는 것이 아니다. 그러나 능히 이와 같다면 덕은 자기 몸에서 닦여지고 자신은 남에게 믿음을 주어 행한 바가 저절로 막힘이 없게 되기 때문에 달(達)이라고 말한다. 문(聞)은 만들어가는 것이니, 오로지 외면에 힘써서 밖으로 남이 알아주기를 구할 뿐이다. 예컨대 ‘얼굴빛은 인(仁)을 취하나 행실은 위배된다.’함은 내실에 힘쓰지 않고 오로지 외면에 힘쓰는 것이다. ‘그대로 머물면서 의심하지 않는다.’함은 외면으로 치달아 수렴하지 못하는 것이니, 외면으로 치닫지 않도록 스스로 잡아두어야만 한다. 외면으로 치닫게 되면 내면까지도 모두 무너지게 되는데도, 단지 ‘그대로 머물면서 의심하지 않는다.’고 큰소리를 칠 뿐이다. 이 때문에 허상으로 달려가고 실제는 없는 것이다. 나는 예전에 문(聞)과 달(達) 두 자를 이해하지 못하였다. 고을의 어떤 사람에 대해 듣기 좋게 칭송하는 자가 매우 많았는데 외부에까지 알려져 모두 그러하지 않음이 없었다. 그가 하는 짓을 세밀히 관찰해보니 모두 성실하지 않았다. 이로 해서 바야흐로 성인이 달(達)과 문(聞)을 구별하는 뜻을 알게 되었는데, 이 단락에도 매우 정밀하게 달(達)과 문(聞)이 표현되어 있다. 또 말하기를, ‘얼굴빛은 인(仁)을 취하나 행실은 위배된다.’고 하는 것은 사랑하고 연민하는 모습을 헛되이 지녔을 뿐 아니라, ‘얼굴빛을 바르게 하면서도 믿음에 가깝지 않거나’, ‘얼굴빛은 위엄이 있으면서 속마음은 유약한’ 것도 모두 ‘얼굴빛은 인(仁)을 취하나 행실은 위배되는’것이다. 『논어(論語)』「양화(陽貨)」편에는 “色厲而內荏, 譬諸小人, 其猶穿窬之盜也與?”라는 내용이 있다.

○ 居之.

'자이위시(自以爲是 : 스스로 옳다고 여김)'는 거만한 것이다.

○ 謂以是自處爲高也, 與前章'居之', 不同.

옳다고 자처(自處 : 스스로 내세움)하여 높이 여기는 것이니, 앞장의 '거지(居之 : 마음에 보존함)'와 더불어 같지 않다.[400]

○ 不疑.

'무소기탄(無所忌憚 : 꺼리는 일이 없음)'은 의심하지 않는 것이다.

○ 朱子曰 : "只是粗瞞[401]將去, 專以大意氣加人."[402]

주자(朱子 : 朱熹)가 말하였다. "다만 크게 속임에 나아가서 오로지 큰 의기로써 남에게 더하는 것이다."

○ 聞.

'허예(虛譽)'는 소문이다.

○ 有釋無訓.

---

400) 옳다고 자처(自處 : 스스로 내세움)하여 …… '거지(居之 : 마음에 보존함)'와 더불어 같지 않다 : 앞장의 "子張問政, 子曰 : '居之無倦, 行之以忠.'"에서 '居之[마음에 본존함]'와 같지 않을 말한 것이다.

401) 瞞 : 『주자어류(朱子語類)』 권42, 「논어24(論語二十四)」, 87조목에는 '謾'으로 표기되어 있다.

402) 호광 편(胡廣 編), 『논어집주대전(論語集註大全)』「안연(顔淵)」에는 다음과 같이 되어 있다. "'色取仁而行違, 居之不疑', 這只是粗瞞將去, 專以大意氣加人, 子張平日是這般人. 故孔子正救其病. 此章大意, 出不得一箇是名, 一箇是實. 呂氏謂 : '德孚於人者, 必達, 矯行求名者, 必聞.' 此說却好." ; 『주자어류(朱子語類)』 권42, 「논어24(論語二十四)」, 87조목에는 "質, 是質實. 直又自是一字. 質, 就性資上說; 直, 漸就事上說. 到得好義, 又多在事上. 直, 固是一直做去, 然至於好義, 則事事區處要得其宜. 這一項都是詳細收斂工夫. 如"色取仁而行違, 居之不疑", 這只是粗謾將去. 世上有此等人, 專以大意氣加人. 子張平日是這般人, 故孔子正救其病. 此章大意, 不出一箇是名, 一箇是實.(질(質)은 바탕의 실제이다. 직(直)도 본래 한 글자이다. 질(質)은 타고난 바탕의 측면에서 말한 것이고, 직(直)은 나아가는 사물의 측면에서 말한 것이다. 의를 좋아하게 된 것도 대부분 사물의 측면에 놓여 있다. 직(直)은 한 방향으로 해나가는 것이지만 의를 좋아하기에 이르면 일마다 처리함이 시의 적절하게 된다. 이 한 항목은 모두 수렴하는 공부를 상세히 말한 것이다. 예컨대 '얼굴빛은 인(仁)을 취하나 행실은 위배되며, 그대로 머물면서 의심하지 않는다.'는 구절은 다만 크게 속임에 나아갈 뿐이다. 세상에 이러한 사람들이 있는데, 오로지 큰 의기로써 남에게 더하는 것이다. 자장은 평소에 이러한 사람이었기 때문에 공자가 그 병폐를 바로잡아 준 것이다. 이 장의 대의는 하나의 명(名)과 하나의 실(實)에서 벗어나지 않는다.)"로 되어 있다.

경문의 풀이는 있으나 훈고는 없다.

○ **雙峰饒氏曰 : "'色取'之色與'觀色'之色, 不同, '觀色', 專主顔色言, '色取', 說得闊. 凡發出來可見處, 皆是色."**[403]

쌍봉 요씨(雙峰饒氏 : 饒魯)가 말하였다. "'색취(色取 : 얼굴빛은 취함)'의 색(色)과 '관색(觀色 : 얼굴빛을 살펴봄)'의 색(色)은 같지 않으니, '관색(觀色)'은 얼굴빛을 주장하여 말한 것이고, '색취(色取)'는 말하는 것이 넓다. 무릇 드러내서 볼 수 있는 곳은 모두 이 색(色)이다."

朱註

程子曰 : "學者, 須是務實, 不要近名. 有意近名, 大本已失, 更學何事? 爲名而學, 則是僞也. 今之學者, 大抵爲名, 爲名與爲利, 雖淸濁不同, 然其利心則一也."

정자(程子 : 程頤)가 말하였다. "배우는 사람들은 모름지기 실제에 힘써야 하고 명예를 가까이 하려고 해서는 안 된다. 명예를 가까이 하려고 뜻을 갖는다면 큰 근본을 이미 잃을 것이니, 다시 어떤 일을 배우겠는가? 명예를 위하여 배운다면 이는 거짓이다. 지금 배우는 사람들은 대체로 명예를 위하니, 명예를 위함과 이익을 위함은 비록 맑고 탁함이 같지 않으나 그 이기적인 마음은 똑같은 것이다."

詳說

○ **叔子.**

'정자(程子)'는 동생 정이(程頤)이다.

○ **欲也.**

'요(要)'는 하고자 함이다.

○ **猶言'求名'.**

'근명(近名)'은 '구명(求名 : 명예를 구함)'이라 말함과 같다.

○ **去聲, 下幷同.**[404]

---

403) 호광 편(胡廣 編), 『논어집주대전(論語集註大全)』「안연(顔淵)」에는 다음과 같이 되어 있다. "雙峯饒氏曰 : '色取仁之色, 與觀色之色, 不同, 觀色, 專主顔色言, 色取, 說得闊. 凡發出來可見處, 皆是色, 色者見於外; 行者行於己, 見於外者, 皆似合於仁. 檢點他行已處, 却不實只是欺人而已. 居之不疑, 示人以不疑也, 此乃求名之人, 要人信己. 故自居之不疑, 若自居於疑, 又誰信之?'"

404) 호광 편(胡廣 編), 『논어집주대전(論語集註大全)』「안연(顔淵)」에는 "爲, 去聲, 下同."이라고 하였다.

'위명이학(爲名而學)'에서 '위(爲)'자는 거성(去聲 : 위하다)이니, 아래도 아울러 같다.

○ 朱子曰 : "此章大意, 一箇是名, 一箇是實."405)

'위명이학, 칙시위야(爲名而學, 則是僞也 : 명예를 위하여 배운다면 이는 거짓이다)'에 대해, 주자(朱子 : 朱熹)가 말하였다. "이 장의 대의(大意)는 하나는 명예이고, 하나는 실제이다."

○ 慶源輔氏曰 : "名生於實, 則名亦何害?"406)

경원 보씨(慶源輔氏 : 輔廣)가 말하였다. "명예가 실제에서 생긴다면 명예가 또한 어찌 해롭겠는가?"

○ 子張之病, 乃後世學者之通患.407)

'위명(爲名)'은 자장(子張)의 병통이니, 바로 후세 배우는 사람들의 공통적인 걱정거리이다.

○ 慶源輔氏曰 : "爲名若淸; 爲利是濁."408)

---

405) 호광 편(胡廣 編), 『논어집주대전(論語集註大全)』「안연(顔淵)」에는 "…… 此章大意, 出不得一箇是名, 一箇是實. 呂氏謂 : '德孚於人者, 必達; 矯行求名者, 必聞', 此說却好."라고 하였고, 『주자어류(朱子語類)』 권42, 「논어24(論語二十四)」, 87조목의 내용은 다음과 같다. "此章大意, 不出一箇是名, 一箇是實."

406) 호광 편(胡廣 編), 『논어집주대전(論語集註大全)』「안연(顔淵)」에는 다음과 같이 되어 있다. "慶源輔氏曰 : '使其色取行違, 而中不安焉, 則務實之心, 猶未盡喪也. 惟其自以爲是而無所忌憚, 此見其專務於名. 夫名生於實, 則名亦何害? 惟無實而徒有虛譽, 則驕矜之意, 日生而進, 脩之力日怠矣. 二者雖若相似, 然所行通達者, 名譽自然著聞, 名譽著聞者, 所行未必通達, 其實有不同如此.'"

407) 『주자어류(朱子語類)』 권42, 「논어24(論語二十四)」, 77조목에서 "問 : '何如斯可謂之達.' 曰 : '行得無窒礙謂之'達'. '在家必達, 在邦必達', 事君則得乎君, 治民則得乎民, 事親則孝, 事長則弟, 無所不達.' 又曰 : ''色取仁而行違, 居之不疑', 正是指子張病痛處.'(겸지가 '어떠해야 통달[達]이라 이를 수 있습니까?'라는 뜻에 대해 물었다. 주희가 말하였다. '행동에 막힘이 없는 것을 달(達)이라 한다. 집안에 있어도 반드시 통달하고, 나라에 있어도 반드시 통달하니, 군주를 섬기면 군주에게 얻고 백성을 다스리면 백성에게 얻으며, 어버이를 섬기면 효도하고, 어른을 섬기면 공손하여 통달하지 않음이 없다. 또 말하였다. '얼굴빛은 인(仁)을 취하나 행실은 어기며 그대로 머물면서 의심하지 않는다.'고 한 것은 바로 자장의 흠을 지적한 곳이다.)"라고 하였다.

408) 호광 편(胡廣 編), 『논어집주대전(論語集註大全)』「안연(顔淵)」에는 다음과 같이 되어 있다. "慶源輔氏曰 : '程子務實務名之論, 可謂切當. 爲吾之未能事親也, 故學事親; 爲吾之未能事長也, 故學事長; 爲吾之未能正心誠意也, 故學正心而誠意; 爲吾之未能齊家治國也, 故學齊家而治國, 是之謂務實. 務實而學, 則其脩爲之誠, 踐履之功, 循序而進, 忽不自知其入於聖賢之域矣. 欲吾之有孝名也, 故勉焉以爲孝; 欲吾之有忠名也, 故勉焉以爲忠; 欲吾之有廉名也, 故勉焉以爲廉; 欲吾之有信名也, 故勉焉以爲信, 是之謂務名. 務名而學, 則惟欲其名之有聞而已. 所謂大本, 即

'청탁부동(淸濁不同 : 맑고 탁함이 같지 않음)'에 대해, 경원 보씨(慶源輔氏 : 輔廣)가 말하였다. "명예를 위함은 맑음과 같고, 이익을 위함은 탁함이다."

○ 有所爲而爲者則均.

'기리심즉일야(其利心則一也 : 그 이기적인 마음은 똑같은 것)'는 위하는 것을 두고서 하는 것이 곧 차이가 없다.

朱註

尹氏曰 : "子張之學, 病在乎不務實. 故孔子告之, 皆篤實之事, 充乎內而發乎外者也. 當時門人, 親受聖人之教, 而差失有如此者, 況後世乎?"

윤씨(尹氏 : 尹焞)가 말하였다. "자장(子張)의 배움은 병폐가 실제에 힘쓰지 않음에 있다. 그러므로 공자가 말해 준 것이니, 모두 독실한 일로 안을 채워서 밖으로 드러나는 것이다. 당시의 문인들이 직접 성인의 가르침을 받았으면서도 어긋나는 과실이 이와 같은 것에 있었으니, 하물며 후세에게 있어서이랴?"

詳說

○ 所告之者.

'공자고지(孔子告之)'는 그것을 말해 주는 것이다.

○ 十四字爲一句.

'개독실지사, 충호내이발호외자야(皆篤實之事, 充乎內而發乎外者也 : 모두 독실한 일로 안을 채워서 밖으로 드러나는 것)'의 14자가 하나의 구절이 된다.

○ 子張少時, 務外好高之病, 是亦所謂狂者也. 及其老年, 進德則更造乎平實, 與後世子張之終身忘反者, 異矣.

자장이 젊었을 때 외물에 힘쓰고 고대(高大)함을 좋아하는 병폐가 있었으니, 이 또한 이른바 광자(狂者)[409]인 것이다. 그 노년에 미쳐서 덕에 나아가면 다시 평실(平實)함에 나아가니, 후세에 자장이 몸을 마치도록 반성한 일과는 다른 것이다.

○ '達'字, 此章之題目.

'달(達 : 달성하다)'자가 이 장의 제목이다.

實理也, 實理根於性, 具於心, 要在反求而自得. 學有向外近名之意, 則失之矣. 爲名而學, 則是僞者, 謂其不循實理而騖外妄求也. 爲名雖若淸; 爲利雖是濁, 然一有爲之之意, 則便是利心也.'"

409) 『논어(論語)』「자로(子路)」에서 "不得中行而與之, 必也狂狷乎. 狂者進取, 狷者有所不爲也."라고 하였다.

[12-21-1]

樊遲從遊於舞雩之下, 曰 : "敢問崇德修慝辨惑."
번지가 무우(舞雩) 아래에 좇아 놀더니 말하였다. "감히 덕(德)을 높이며, 숨은 악(惡)을 닦으며, 미혹됨을 분변하는 것에 대해 물어보겠습니다."

朱註

'慝', 吐得反. 胡氏曰 : "'慝'之字, 從心從匿, 蓋惡之匿於心者. '修'者, 治而去之."

'감문숭덕수특변혹(敢問崇德修慝辨惑)'에서 '특(慝)'은 '토(吐)'와 '득(得)'의 반절(反切)이다. 호씨(胡氏 : 胡寅)가 말하였다. "'특(慝)'의 글자는 심(心)을 좇고 닉(匿)을 좇았으니 대개 악(惡)이 마음에 숨겨져 있는 것이다. '수(修)'라는 것은 다스려서 없애는 일이다.

詳說

○ 慝之爲字.
'특지자(慝之字)'는 특(慝)이 글자로 된 것이다.

○ 言匿則其爲惡可知.
'악지닉어심자(惡之匿於心者)'는 숨겨져 있으면 그것이 악(惡)이 됨을 알 수 있다는 말이다.

○ 新安陳氏曰 : "匿於心者, 難知, 乃惡之根."[410]
신안 진씨(新安陳氏 : 陳櫟)가 말하였다. "마음에 숨겨져 있는 것은 알기가 어려우니, 이에 악(惡)의 뿌리이다."

○ 上聲.[411]
'치이거지(治而去之)'에서 '거(去)'자는 상성(上聲 : 제거함)이다.

○ 有訓無釋.
훈고는 있으나 경문의 풀이는 없다.

---

410) 호광 편(胡廣 編), 『논어집주대전(論語集註大全)』「안연(顔淵)」에는 다음과 같이 되어 있다. "新安陳氏曰 : '惡之形於外者, 易見; 匿於心者, 難知, 乃惡之根也.'"

411) 호광 편(胡廣 編), 『논어집주대전(論語集註大全)』「안연(顔淵)」.

○ 餘見前章.

나머지는 앞장에 보인다.

○ 龜山楊氏曰 : "問者, 未有記其所, 而此著舞雩, 見其游焉息焉, 無非敎也."[412]

구산 양씨(龜山楊氏 : 楊時)가 말하였다. "묻는 사람이 그 장소를 기록함이 있지 않고 여기서 무우(舞雩)를 드러내서 노닐고 쉬는 것을 보였으나 가르침 아님이 없다."

[12-21-2]

子曰 : "善哉! 問.

공자가 말하였다. "착하도다! 물음이여.

朱註

善其切於爲己.

자기 자신을 위함에 그 절실함을 착하게 여긴 것이다.

詳說

○ 去聲.

'위(爲)'자는 거성(去聲 : 위하다)이다.

○ 有釋無訓.

경문의 풀이는 있으나 훈고는 없다.

○ 未答而先奬其問於林放之大, 樊遲之善, 見之矣. 若子張問, 同而不得此奬者, 以子張之才高而問, 此固其所故耳.

대답하지 않고 먼저 임방(林放)의 훌륭한 물음[413]보다도 그 물음을 칭찬하였으니,

412) 주희, 『논어정의(論語精義)』 권6 하, 「안연(顔淵) 제12」에는 다음과 같이 되어 있다. "楊曰 : '不先事而惟得之求, 是賊德耳, 非崇德也. 不攻其惡而攻人之惡, 是作慝耳, 非修慝也. 君子惡言不出於口, 忿言不反於身, 懼辱其身, 羞其親也, 况以一朝之忿, 忘其身, 以及其親乎? 是惑也. 然問於孔子者, 多有未有記其問之之所也, 而此獨著其從遊於舞雩之下者, 以見其所謂遊焉息焉者, 無非學也. 孔子悠然於舞雩之下, 與點之詠歸之意, 異矣. 學者, 宜深味之然後, 知聖賢之異.'"

413) 임방(林放)의 훌륭한 물음 : 『논어(論語)』 「팔일(八佾)」에서 "林放, 問禮之本, 子曰 : '大哉! 問.

번지(樊遲)의 착함이 보인 것이다. 만약 자장(子張)의 물음이 같아도 이러한 칭찬을 얻지 못하였을 것이며, 자장의 재주가 높은데 물었다면 이는 진실로 고의로 하였을 뿐이기 때문이다.

[12-21-3]

先事後得, 非崇德與? 攻其惡, 無攻人之惡, 非修慝與? 一朝之忿, 忘其身, 以及其親, 非惑與?
일을 먼저하고 얻음을 뒤에 함이 덕(德)을 높임이 아닌가? 그 악함을 치고 사람의 악함을 치지 않음이 숨은 악(惡)을 닦음이 아닌가? 하루아침의 성냄으로 그 몸을 잊어서 그 어버이에게 미치게 함이 미혹됨이 아닌가?"

朱註

'與', 平聲.

'여(與)'자는 평성(平聲 : 의문어조사)이다.

詳說

○ '無', 毋同.

'무(無)'는 무(毋 : 말다)와 같다.[414]

朱註

'先事後得', 猶言先難後獲也.

'선사후득(先事後得 : 일을 먼저하고 얻음을 뒤에 함)'은 어려움을 먼저하고 얻음을 뒤에 한다고 말함과 같다.

禮, 與其奢也, 寧儉; 喪, 與其易也, 寧戚.'"라고 하였다.

414) '무(無)'는 무(毋 : 말다)와 같다 : '無攻人之惡'에 있는 '無'자의 뜻이 '없음'이 아니라, '않음'이나 '말음'임을 밝힌 것이다.

詳說

◯ 見「雍也」.

'선난후획(先難後獲 : 어려움을 먼저하고 얻음을 뒤에 함)'은 「옹야(雍也)」에 보인다.[415]

◯ 訓也.

훈고이다.

朱註

爲所當爲而不計其功, 則德日積而不自知矣. 專於治己而不責人, 則己之惡, 無所匿矣. 知一朝之忿爲甚微, 而禍及其親爲甚大, 則有以辨惑而懲其忿矣.

마땅히 해야 할 것을 하고 그 공을 헤아리지 않으면 덕(德)이 날마다 쌓이는데도 스스로 알지 못하는 것이다. 자기 자신을 다스림에 전일(專一)하고 남을 책망(責望)하지 않으면 자기의 악을 숨길 곳이 없는 것이다. 하루아침의 성냄이 매우 미미하지만 재앙이 그 어버이에게 미침이 매우 큼이 된다는 것을 안다면 미혹됨을 변별하여 그 성냄을 징계함이 있는 것이다.

詳說

◯ '朱子曰 : "'崇', 謂德自此而愈高也."

'덕일적(德日積 : 덕이 날마다 쌓임)'에 대해, 주자(朱子 : 朱熹)가 말하였다. "'숭(崇)'은 덕(德)이 이로부터 더욱 높아짐을 이르는 것이다."[416]

---

415) 「옹야(雍也)」에 보인다 : 『논어(論語)』「옹야(雍也)」에서 "樊遲問知, 子曰 : '務民之義, 敬鬼神而遠之, 可謂知矣.' 問仁, 曰 : '仁者, 先難而後獲, 可謂仁矣.'"라고 하였다.

416) 숭(崇)은 덕(德)이 이로부터 더욱 높아짐을 이르는 것이다 : 『주자어류(朱子語類)』 권42, 「논어24(論語二十四)」, 93조목에는 "지금 사람들은 일을 할 때 이 일을 마땅히 해야 하는가, 마땅히 해서는 안 되는가를 논하지 않고, 먼저 이 일이 무슨 공효를 나타내는가를 계산하고 비교한다. 이미 계산하고 비교하는 마음이 있으면 오로지 이익을 위해 행하고 다시는 마땅히 해야 할 일인가를 알려고 하지 않는다. 덕(德)이란 이치가 내 마음에서 얻어진 것이다. 사람들이 만일 마땅히 해야 할 것을 알아서 이익을 바라는 마음을 두지 않을 수 있다면, 이 뜻은 그 자체로 고매하고 원대하다. 사소한 이해를 바라고 사소한 편의를 구하면, 이 뜻은 바로 비루한 것이다. 이른 바 숭(崇)은 덕이 이로부터 점차 높아짐을 이르는 것이다.'(今人做事, 未論此事當做不當做, 且先計較此事有甚功效. 旣有計較之心, 便是專爲利而做, 不復知事之當爲矣. 德者, 理之得於吾心者也. 凡人若能知所當爲, 而無爲利之心, 這意思便自高遠. 才爲些小利害, 討些小

○ 遲之問, 本以己慝言.

'기지악, 무소닉의(己之惡, 無所匿矣 : 자기의 악을 숨길 곳이 없는 것)'는 번지(樊遲)의 물음이 본래 자기의 사특(私慝)함으로써 말하였다.

○ 慶源輔氏曰 : "人本無惑, 惟爲忿所蔽. 故惑."417)

경원 보씨(慶源輔氏 : 輔廣)가 말하였다. "사람은 본래 미혹됨이 없는데, 오직 성냄에 가려지는 것이 된다. 그러므로 미혹된다."

○ 釋畢.

경문의 풀이가 끝났다.

○ 此下, 論其言外之正意.

이 아래에서 그 말 밖의 진정한 뜻을 논의하였다.

○ 前章, 以人之死言, 而其惑也, 蔽於惡; 此, 以己之死亡言, 而其惑也, 蔽於忿, 所以爲甚大.

앞장은 사람의 죽음으로써 말하였는데 그 미혹됨이 악(惡)에 가려짐이고, 여기서는 자기의 사망으로써 말하였는데 그 미혹됨이 성냄에 가려짐이니, 아주 큼이 되는 까닭이다.

○ 『註』中, '而'·'則'·'矣'三字之相照, 是亦一例也. 前篇志道·興詩章註之類, 皆是也.

『논어집주(論語集註)』 가운데 '이(而)'와 '즉(則)'과 '의(矣)'자를 서로 비춰 보아야 하니, 이는 또한 하나의 예이다. 앞 편의 지도장(志道章)418)과 흥시장(興詩章)419)의 유형이 모두 이것이다.

朱註

樊遲麤鄙近利. 故告之以此, 三者, 皆所以救其失也.

번지(樊遲)가 거칠고 비루(鄙陋)하며 이익을 가까이하였다. 그러므로 이로써 말

便宜, 這意思便卑下了. 所謂崇者, 謂德自此而愈高起也.)"로 되어 있다.

417) 호광 편(胡廣 編), 『논어집주대전(論語集註大全)』「안연(顔淵)」에는 다음과 같이 되어 있다. "慶源輔氏曰 : '人本無惑, 惟爲忿所蔽, 而不知利害之所在. 故惑. 蓋忿心之發, 易突兀而橫肆, 苟不懲之於始, 則終或至於忘身及親, 此辨惑者, 所以當懲其忿也.'"

418) 지도장(志道章) : 『논어(論語)』「술이(述而)」에서 "子曰 : '志於道; 據於德; 依於仁; 游於藝.'"라고 한 구절을 말한다.

419) 흥시장(興詩章) : 『논어(論語)』「태백(泰伯)」에서 "子曰 : '興於詩; 立於禮; 成於樂.'"라고 한 구절을 말한다.

해준 것이니, 세 가지는 모두 그의 잘못을 고쳐주는 것이다.

詳說

○ 一作'粗'.420)

'추(麤)'는 다른 판본에는 '조(粗)'로 썼다.

○ 雙峰饒氏曰: "'近利'則不能後得; '鄙'則吝於責己; '粗'則不能忍小忿."421)

'추비근리(麤鄙近利)'에 대해, 쌍봉 요씨(雙峰饒氏: 饒魯)가 말하였다. "이익을 가까이하면 능히 뒤에 얻을 수 없고, 비루(鄙陋)하면 자기를 책망하는 데 인색하고, 거칠면 능히 작은 성냄도 참을 수 없다."

○ 句. 或云'三者句.'

'고지이차(告之以此)'에서 구절이 끊어진다. 어떤 사람은 '삼자(三者)에서 끊어진다.'라고 하였다.

○ 朱子曰: "子張·樊遲, 問同答異, 隨其失也."422)

주자(朱子: 朱熹)가 말하였다. "자장(子張)과 번지(樊遲)는 물음이 같은데 대답이 다르니, 그 잘못에 따른 것이다."

朱註

范氏曰: "'先事後得', 上義而下利也. 人惟有利欲之心, 故德不崇. 惟不自省己過而知人之過. 故慝不修. 感物而易動者, 莫如忿, 忘其身以及其親, 惑之甚者也. 惑之甚者, 必起於細微, 能辨之於早, 則不至於大惑矣. 故懲忿, 所以辨惑也."

범씨(范氏: 范祖禹)가 말하였다. "'선사후득(先事後得: 일을 먼저하고 얻음을 뒤에 함)'은 의리를 높게 여기고 이익을 낮게 여기는 뜻이다. 사람에게는 오직 이욕(利欲)의 마음이 있으므로 덕(德)이 숭상되지 않는 것이다. 오직 스스로 자기의 과실을 살피지 않고 남의 과실만 알므로 사특함이 닦여지지 않는다. 사물에 느껴서

420) 호광 편(胡廣 編), 『논어집주대전(論語集註大全)』「안연(顔淵)」에는 "亦作觕, 作粗."라고 하였다.

421) 호광 편(胡廣 編), 『논어집주대전(論語集註大全)』「안연(顔淵)」에는 "雙峯饒氏曰: '近利則有計較之心而不能先事後得; 鄙則吝於責己; 粗則暴戾而不能忍小忿. 故夫子因其病而藥之.'"로 되어 있다.

422) 호광 편(胡廣 編), 『논어집주대전(論語集註大全)』「안연(顔淵)」에는 "問: '子張·樊遲, 問同答異, 何也?' 朱子曰: '子張矜夸不實底人. 故告以收斂著實做工夫; 平日喜怒, 必有過當. 故告以欲人生死之事. 樊遲以請學稼圃, 及夫子答問觀之, 是鄙俗粗暴底人, 皆是隨其失而告之.'"로 되어 있다.

움직이기 쉬운 것은 성냄만 같음이 없으니, 그 몸을 잊어버려 그 어버이에게 미치는 일은 미혹됨이 심한 것이다. 미혹됨이 심한 것은 반드시 미세한 데서 일어나니, 능히 변별하기를 일찌감치 한다면 큰 미혹됨에 이르지 않는다. 그러므로 성냄을 징계함이 미혹됨을 변별하는 일이다."

詳說

○ 一作'欲利'.

'이욕(利欲)'은 어떤 판본에는 '욕리(欲利)'로 썼다.[423]

○ 悉井反.[424]

'유부자성기과(惟不自省己過)'에서 '성(省)'은 '실(悉)'과 '정(井)'의 반절(反切)이다.

○ 去聲.[425]

'감물이이동자(感物而易動者)'에서 '이(易)'자는 거성(去聲 : 쉽다)이다.

○ 忿已是惑, 故七情無忿.

'분(忿)'은 성냄이 이미 미혹됨이다. 그러므로 칠정(七情)에는 '분(忿)'이 없다.

○ 一朝小事.

'세미(細微)'는 하루아침의 작은 일이다.

○ 二字, 出『易』「損·大象」.

'징분(懲忿)'의 두 글자는 『주역(周易)』「손괘(損卦)·대상(大象)」에 나온다.[426]

---

423) '이욕(利欲)'은 어떤 판본에는 '욕리(欲利)'로 썼다 : 『논어집주(論語集註)』에는 '欲利'로 되어 있다.

424) 호광 편(胡廣 編), 『논어집주대전(論語集註大全)』「안연(顔淵)」.

425) 호광 편(胡廣 編), 『논어집주대전(論語集註大全)』「안연(顔淵)」.

426) '징분(懲忿)'의 두 글자는 『주역(周易)』「손괘(損卦)·대상(大象)」에 나온다 : 『주역(周易)』「손괘(損卦)·상사(象辭)」에서 "군자는 성냄을 징계하고 욕심을 막는다.(君子以懲忿窒欲.)"라고 하였다.

[12-22-1]

樊遲問仁, 子曰 : "愛人." 問知, 子曰 : "知人."
번지(樊遲)가 인(仁)을 물었는데, 공자가 말하였다. "사람을 사랑함이다." 지(知)를 물었는데, 공자가 말하였다. "사람을 알음이다."

朱註

上'知', 去聲, 下如字.427) 愛人, 仁之施. '知人', 知之務.
위의 '문지(問知)'에서 '지(知)'는 거성(去聲 : 智慧)이고, 아래는 본래의 음으로 읽는다. '애인(愛人)'은 인(仁)의 시행함이다. '지인(知人)'은 지(知)의 일이다.

詳說

○ '知', 去聲, 下, '知'也. '知者', 言知, 仁·知, 幷同.428)
'지인(知人)'에서 '지(知)'자는 거성(去聲 : 지혜)이고, 아래는 '알지(知)'이다. '지자(知者 : 지혜로운 사람)'는 지혜(智慧)를 말하니, 인(仁)과 지(知)가 아울러 같다.

○ 朱子曰 : "以仁·知之用告, 不告以仁·知之體者, 體·用未嘗相離, 用卽體之所以流行者也."429)

---

427) 호광 편(胡廣 編), 『논어집주대전(論語集註大全)』「안연(顏淵)」에는 "上知字, 去聲, 下同."라고 하였다.

428) 호광 편(胡廣 編), 『논어집주대전(論語集註大全)』「안연(顏淵)」에는 "去聲, 下文, 知也. 知者, 言知, 仁知竝同."라고 하였다.

429) 호광 편(胡廣 編), 『논어집주대전(論語集註大全)』「안연(顏淵)」에는 다음과 같이 되어 있다. "問 : '愛人·知人, 是仁·知之用, 聖人何故, 但以仁·知之用告樊遲, 却不告以仁·知之體?' 朱子曰 : '體與用, 雖是二字, 本末未嘗相離, 用即體之所以流行者也.'" 『주자어류(朱子語類)』 권42, 「논어24(論語二十四)」, 103조목에는 "文振說 : '樊遲問仁, 曰 : 愛人' 一節. 先生曰 : '愛人·知人, 是仁·知之用. 聖人何故但以仁·知之用告樊遲, 卻不告之以仁·知之體?' 文振云 : '聖人說用, 則體在其中.' 曰 : '固是. 蓋尋這用, 便可以知其體, 蓋用卽是體中流出也.'(문진이 '번지가 인을 묻자, 사람을 사랑하는 것이다'라고 답한 한 구절을 설명하였다. 선생[주희]이 말하였다. '사람을 사랑하고 사람을 아는 것은 인(仁)과 지(知)의 작용이다. 공자는 어찌하여 인과 지의 작용만 번지에게 알려주고, 인과 지의 본체는 알려주지 않았을까?' 문진이 말하였다. '공자가 작용을 말했다면, 본체는 그 속에 있는 것입니다.' 선생[주희]이 말하였다. '진실로 그러하다. 대개 이 작용을 살펴보면 그 본체를 알 수 있는데, 작용은 바로 본체 속에서 흘러나오는 것이다.')"라고 하였다. 이어서 104조목에는 "或問 : '愛人者, 仁之用; 知人者, 知之用. 孔子何故不以仁·知之體告之? 乃獨擧其用以爲說. 莫是仁·知之體難言, 而樊遲未足以當之, 姑擧其用, 使

주자(朱子 : 朱熹)가 말하였다. "인(仁)과 지(知)의 용(用)으로써 말해주고, 인(仁)과 지(知)의 체(體)로써 말해 주지 않은 것은 체(體)와 용(用)이 일찍이 서로 떨어진 적이 없었으며, 용(用)은 곧 체(體)가 유행하는 것이기 때문이다."

○ 訓兼釋.

훈고에 경문의 풀이를 겸하였다.

[12-22-2]

樊遲未達,
번지가 통달하지 못하거늘

朱註

曾氏曰 : "遲之意, 蓋以愛欲其周而知有所擇. 故疑二者之相悖爾."

증씨(曾氏 : 曾幾)430)가 말하였다. "번지(樊遲)의 생각은 대개 사랑은 두루 하고자 하는데 지혜는 선택하는 것이 있다고 여겼다. 그러므로 두 가지가 서로 어그러진다고 의심하였을 뿐이다."

詳說

○ 『大全』曰 : "名幾, 字吉甫, 河南人."431)

自思其體?' 曰 : '體與用, 雖是二字, 本未嘗相離, 用卽體之所以流行.'(어떤 이가 물었다. '사람을 사랑하는 것은 인(仁)의 작용이고, 사람을 아는 것은 지(知)의 작용인데, 공자는 어찌하여 인과 지의 본체로 알려주지 않고 그 작용만을 들어 설명했습니까? 인과 지의 본체는 말하기 어렵고 번지가 이를 이해하기 부족하기 때문에 우선 그 작용을 들어 스스로 그 본체를 생각하도록 시킨 것은 아닙니까?' 주희가 말하였다. ''체(體)'와 '용(用)'은 두 글자지만 본래 서로 분리되지 않는다. 작용은 바로 본체가 널리 행해지는 것이기 때문이다.')"라고 되어 있다.

430) 증기(曾幾 : 1085~1166) : 남송 시대 시인으로, 자가 길보(吉甫)이고, 자호가 다산거사(茶山居士)이며, 하남(河南) 사람이다. 학식이 깊고 넓었으며, 특히 시작(詩作)은 용자(用字)와 연구(煉句)를 강구(講究)하되 기자(奇字)나 벽운(僻韻)을 쓰지 않았으며, 풍격이 활발하고 영물(詠物)에 신사(神似)를 중시하였다. 주요 작품으로는 「증공상인(贈空上人)」·「남산제야(南山除夜)」·「삼구도중(三衢道中)」 등이 있다.

431) 호광 편(胡廣 編), 『논어집주대전(論語集註大全)』「안연(顔淵)」.

'증씨(曾氏)'에 대해, 『논어집주대전』에서 말하였다. "이름이 기(幾)이고, 자가 길보(吉甫)이며, 하남(河南) 사람이다."

○ 有商量.

'개(蓋)'는 헤아려 생각함이 있는 것이다.

○ 音佩.432)

'고의이자지상패이(故疑二者之相悖爾)'에서 '패(悖)'자는 음이 패(佩)이다.

○ 一作'耳'.

'이(爾)'는 다른 판본에는 '이(耳)'로 썼다.433)

○ 朱子曰 : "'愛人'則無所不愛, '知人'則便有分別, 兩箇意思, 自相反. 故疑之."434)

주자(朱子 : 朱熹)가 말하였다. "'애인(愛人)'은 사람을 사랑하지 않는 것이 없고, '지인(知人)'은 곧 분별함이 있으니, 두 개의 뜻이 저절로 서로 반대되는 것이다. 그러므로 의심한 것이다."

○ 以相反者而一槩言之, 故疑之耳. 雖然, 遲所以未達之意, 終未了了, 自分才識, 又下於遲一等, 故如是耳.

서로 반대되는 것으로써 전부 말하였기 때문에 의심한 것일 뿐이다. 비록 그러하나 번지가 통달하지 못한 뜻을 끝내 훤히 알지 못하였으니, 저절로 재주와 학식이 나눠지면서 또 번지를 한 등급 내렸으므로 이와 같을 뿐이다.

○ 有釋無訓.

경문의 풀이는 있으나 훈고는 없다.

---

432) 호광 편(胡廣 編), 『논어집주대전(論語集註大全)』「안연(顔淵)」.

433) '이(爾)'는 다른 판본에는 '이(耳)'로 썼다 : 『논어집주대전』에는 '耳'로 표기되어 있고, 『논어집주(論語集註)』에 '爾'로 표기되어 있다. 조선 영조본 『논어집주대전』에는 '耳'로 표기되어 있다.

434) 호광 편(胡廣 編), 『논어집주대전(論語集註大全)』「안연(顔淵)」에는 "朱子曰 : '愛人則無所不愛, 知人則便有分別, 兩箇意思, 自相反了. 故疑之.'"로 되어 있다.

[12-22-3]

子曰 : "擧直錯諸枉, 能使枉者直."
공자가 말하였다. "곧은 사람을 들어서 모든 굽은 사람 위에 놓으면 능히 굽은 사람을 곧게 하는 일이다."

朱註

'擧直錯枉'者, 知也; '使枉者直', 則仁矣. 如此, 則二者不惟不相悖, 而反相爲用矣.

'거직조왕(擧直錯枉 : 곧은 사람을 들어서 굽은 사람 위에 놓음)'이라는 것은 지(知)이고, '사왕자직(使枉者直 : 굽은 사람을 곧게 하는 일)'은 곧 인(仁)이다. 이와 같으면 두 가지가 오직 서로 어그러지지 않을 뿐 아니라, 도리어 서로 쓰임이 되는 것이다.

詳說

○ 音措.
'거직조왕(擧直錯枉)'에서 '조(錯)'자는 음이 조(措)이다.

○ 旣相爲用, 則一槩言之, 宜耳.
'반상위용의(反相爲用矣 : 도리어 서로 쓰임이 되는 것)'는 이미 서로 쓰임이 되는 것이니, 곧 전부 말하는 것이 마땅할 뿐이다.

○ 朱子曰 : "每常說仁 · 知, 各自向一路, 惟此二句, 見得仁 · 知合一處."435)
주자(朱子 : 朱熹)가 말하였다. "늘 항상 인(仁)과 지(知)를 말함에 각자 한쪽으로 향하였는데, 오직 이 두 구절에서는 인과 지가 합일하는 곳을 보여준다."

○ 雲峰胡氏曰 : "仁包義 · 禮 · 知, 仁之中, 自有知; 知蔵仁 · 義 · 禮, 知之中, 自有仁, 仁 · 知, 相爲體用."436)

---

435) 호광 편(胡廣 編), 『논어집주대전(論語集註大全)』「안연(顔淵)」에는 "朱子曰 : '每常說仁知, 一箇是慈愛, 一箇是辨別, 各自向一路. 唯是擧直錯諸枉, 能使枉者直, 方見得仁知合一處, 仁裏面有知; 知裏面有仁.'"으로 되어 있고, 『주자어류(朱子語類)』 권42, 「논어24(論語二十四)」, 101 조목에도 동일한 내용이 실려 있다.

436) 호광 편(胡廣 編), 『논어집주대전(論語集註大全)』「안연(顔淵)」에는 다음과 같이 되어 있다. "雲峯胡氏曰 : '知人 · 愛人, 是分言知 · 仁之用, 擧直錯諸枉, 能使枉者, 直是合言知 · 仁之相爲

운봉 호씨(雲峰胡氏 : 胡炳文)가 말하였다. "인(仁)이 의(義)와 예(禮)와 지(知)를 포괄하여 인 속에 저절로 지가 있으며, 지가 인과 의와 예를 저장하여, 지 속에 저절로 인이 있으니, 인과 지는 서로 체(體)와 용(用)이 된다."

◯ 朱子曰 : "此二句, 包子夏所言意思."[437]

주자(朱子 : 朱熹)가 말하였다. "이 두 구절은 자하(子夏)가 말한 뜻[438]을 포함하였다."

◯ 雙峰饒氏曰 : "'諸', 謂衆人, 卽下文'選於衆'之意."[439]

쌍봉 요씨(雙峰饒氏 : 饒魯)가 말하였다. "'제(諸)'는 여러 사람을 이르니, 곧 아래 글의 '선어중(選於衆 : 여러 사람들 중에서 선발함)'의 뜻이다.

◯ 以論釋之, 無訓.

경문의 의미 설명으로 풀이하였고, 훈고는 없다.

◯ '擧枉錯諸直', 必是古有此語. 故於答哀公, 樊遲皆及之.

'거왕조저직(擧枉錯諸直)'[440]은 반드시 옛날에 이 말이 있었다. 그러므로 애공(哀公)에게 대답한 것을 번지(樊遲)가 모두 언급한 것이다.

用. 蓋仁包義·禮·知, 仁之中, 自有知; 知藏仁·義·禮, 知之中, 自有仁. 知·仁本相爲體用. 故見於擧錯之際, 知·仁, 又自相爲體用也.'" ; 『논어통(論語通)』 권6에 이 내용이 실려 있다.

437) 호광 편(胡廣 編), 『논어집주대전(論語集註大全)』「안연(顔淵)」에는 "愛人·知人, 自相爲用. 若不論直枉, 一例去愛他也不得. 大抵唯先知了, 方能頓放得箇仁. 聖人只此二句, 自包上下. 後來子夏所言, 皆不出此兩句意思, 所以爲聖人之言也."로 되어 있고, 『주자어류(朱子語類)』 권42, 「논어24(論語二十四)」, 102조목에 실려 있는 내용은 다음과 같다. "愛人·知人, 自相爲用. 若不論直與枉, 一例愛他也不得. 大抵惟先知了, 方能頓放得箇仁也. 聖人只此兩句, 自包上下. 後來再與子夏所言, 皆不出此兩句意, 所以爲聖人之言.(사람을 사랑하는 것과 사람을 아는 것은 각기 서로 쓰임이 된다. 만일 정직한 사람과 부정한 사람을 논하지 않고 똑같이 사랑한다면 옳지 않다. 대체로 먼저 알아야만 인(仁)을 베풀 수 있게 된다. 성인(聖人)은 이 두 구절만 가지고 위아래를 포괄하였다. 훗날 다시 자하(子夏)와 말할 때는 이 두 구절의 뜻을 꺼내지도 않았으니, 이 점이 바로 성인의 말씀이 된다.)"

438) 자하(子夏)가 말한 뜻 : 아래 경문의 "子夏曰 : '富哉. 言乎! 舜有天下, 選於衆, 擧皐陶, 不仁者遠矣; 湯有天下, 選於衆, 擧伊尹, 不仁者遠矣.'"를 말하는 것이다.

439) 호광 편(胡廣 編), 『논어집주대전(論語集註大全)』「안연(顔淵)」에는 다음과 같이 되어 있다. "雙峯饒氏曰 : '樊遲問仁·知, 是二者平說, 夫子亦平答之及再答以使枉者直一句, 方是串說仁·知.' 問 : '夫子之言, 何獨歸重於知?' 曰 : '雖歸重在知. 然此心所以擧直錯諸枉, 依舊是從仁上發來. 蓋直者此心天理之公, 能擧直, 則是發此天理之公, 是亦仁也. 直枉, 專指人而言諸衆也, 謂衆人之枉者, 卽下文選於衆之意.'"

440) 거왕조저직(擧枉錯諸直) : 『논어(論語)』「위정(爲政)」에서 "哀公問曰 : '何爲則民服?' 孔子對曰 : '擧直錯諸枉則民服, 擧枉錯諸直則民不服.'"라고 하였다.

[12-22-4]

樊遲退, 見子夏曰 : "鄕也, 吾見於夫子而問知, 子曰 : '擧直錯諸枉, 能使枉者直.' 何謂也?"

번지(樊遲)가 물러가서 자하(子夏)를 보고 말하였다. "지난번에 내가 공자를 뵙고 지(知)를 물었더니, 공자가 말씀하시기를, '곧은 사람을 들어서 모든 굽은 사람 위에 놓으면 능히 굽은 사람을 곧게 한다.'라고 하셨다. 무엇을 이르신 것인가?"

朱註

'鄕', 去聲. '見', 賢遍反.[441]

'향야(鄕也)'에서 '향(鄕)'자는 거성(去聲 : 지난번)이다. '오현어부자(吾見於夫子)'에서 '현(見)'은 '현(賢)'과 '편(遍)'의 반절(反切)이다.

詳說

○ '見'音, 指下'見'.

'현(見)'의 음은 아래의 '현(見)'을 가리킨다.

朱註

遲以夫子之言, 專爲知者之事, 又未達所以能使枉者直之理.

번지(樊遲)는 공자의 말로써 오로지 지혜로운 사람의 일이라고 여겼고, 또 굽은 사람을 곧게 할 수 있는 이치에 통달하지 못하였다.

詳說

○ 作也.

'위(爲)'는 간주(看做)함이다.

○ 『大全』曰 : "未曉能使枉者直之兼言仁."

'미달소이능사왕자직지리(未達所以能使枉者直之理 : 굽은 사람을 곧게 할 수 있는 이치에 통달하지 못하였음)'에 대해, 『논어집주대전』에서 말하였다. "굽은 사람을 곧

441) 『논어주소(論語注疏)』「음의」에는 "鄕, 許亮反, 又作嚮同. 見, 賢遍反."이라고 하였다.

게 할 수 있고, 아울러 인(仁)을 말한 것임을 깨닫지 못한 것이다."

○ 以論釋之, 無訓.

경문의 의미 설명으로 풀이하였고, 훈고는 없다.

[12-22-5]

子夏曰:"富哉. 言乎!

자하가 말하였다. "풍부하도다. 말씀이여!"

朱註

歎其所包者廣, 不止言知.

그 포괄한 것이 넓어서 지(知)를 말하는 데 그치지 않음을 감탄하였다.

詳說

○ 富.

'광(廣)'은 풍부함이다.

○ 有釋無訓.

경문의 풀이는 있으나 훈고는 없다.

[12-22-6]

舜有天下, 選於衆, 擧皐陶, 不仁者遠矣; 湯有天下, 選於衆, 擧伊尹, 不仁者遠矣."

순 임금이 천하를 두심에 무리에서 골라서 고요(皐陶)를 들어 쓰니 어질지 않은 사람들이 멀어지고, 탕 임금이 천하를 두심에 무리에서 골라서 이윤(伊尹)을 들어 쓰니 어질지 않은 사람들이 멀어진 것이다."

朱註

'選', 息戀反. '陶', 音遙. '遠', 如字.442) '伊尹', 湯之相也.

'선어중(選於衆)'에서 '선(選)'은 '식(息)'과 '변(戀)'의 반절(反切)이다. '거고요(擧皐陶)'에서 '요(陶)'자는 음이 요(遙)이다. '불인자원의(不仁者遠矣)'에서 '원(遠)'은 본래의 음으로 읽는다. '이윤(伊尹)'은 탕 임금의 재상이다.

詳說

○ 去聲.443)

'탕지상야(湯之相也)'에서 '상(相)'자는 거성(去聲 : 재상)이다.

○ 訓.

훈고이다.

朱註

'不仁者遠', 言人皆化而爲仁, 不見有不仁者, 若其遠去爾, 所謂'使枉者直'也. 子夏蓋有以知夫子之兼仁·知而言矣.

'불인자원(不仁者遠 : 어질지 않은 사람들이 멀어짐)'은 사람들이 모두 감화되어 어질게 됨에 어질지 않은 사람이 있음을 보지 못함이 마치 그 멀리 가 버리는 것과 같을 뿐임을 말한 것이니, 이른바 '사왕자직(使枉者直 : 굽은 사람을 곧게 하는 일)'이다. 자하(子夏)는 대개 공자가 인(仁)과 지(知)를 아울러서 말한 것으로 알고 있었다.

詳說

○ '所謂使枉者直也', 新安陳氏曰 : "選於衆, 擧皐陶·伊尹, 此所謂'擧直錯枉'也.444)

'소위사왕자직야(所謂使枉者直也 : 이른바 굽은 사람을 곧게 하는 일)'에 대해, 신안

442) 『논어주소(論語注疏)』「음의」에는 "選, 息戀反, 又息轉反, 下同. 陶, 音遙. 遠, 如字, 又于萬反, 下同."이라고 하였다.

443) 호광 편(胡廣 編), 『논어집주대전(論語集註大全)』「안연(顔淵)」.

444) 호광 편(胡廣 編), 『논어집주대전(論語集註大全)』「안연(顔淵)」에는 다음과 같이 되어 있다. "新安陳氏曰 : '選於衆而擧皐陶·伊尹, 此知人之知, 所謂擧直錯枉也. 不仁者, 皆化爲仁, 卽愛人之仁, 能使枉者直矣. 夫子二語, 已包子夏之意, 子夏之言, 益發明夫子之旨. 遲問於師, 又問於友, 其問之弗知·弗措者歟.'"

진씨(新安陳氏 : 陳櫟)가 말하였다. "무리에서 뽑아서 고요(皐陶)와 이윤(伊尹)을 들어 썼으니, 이는 이른바 '거직조왕(擧直錯枉 : 곧은 사람을 들어서 굽은 사람 위에 놓음)'이다."

○ **慶源輔氏曰 : "子夏, 卽知人之中, 以見愛人之實. 推知之用, 以極乎仁之功, 暗與聖人之言相發."**445)

경원 보씨(慶源輔氏 : 輔廣)가 말하였다. "자하는 곧 사람을 아는 가운데 사람을 사랑하는 실제를 보였다. 지(知)의 용(用)을 미루어서 인(仁)의 공력을 지극히 하였으니, 암암리에 성인의 말과 더불어 서로 드러낸 것이다."

○ **釋畢.**

경문의 풀이가 끝났다.

朱註

程子曰 : "聖人之語, 因人而變化, 雖若有淺近者, 而其包含, 無所不盡, 觀於此章, 可見矣. 非若他人之言, 語近則遺遠, 語遠則不知近也."

정자(程子 : 程頤)가 말하였다. "성인의 말은 사람에 말미암아 변화하는데 비록 천근(淺近)함이 있는 것 같으나, 그 포함한 것에 다하지 않는 것이 없으니, 이 장을 보면 볼 수 있다. 다른 사람의 말은 천근함을 말하면 원대함을 잃고, 원대함을 말하면 천근함을 알지 못함과는 같은 것이 아니다."

詳說

○ **叔子.**

'정자(程子)'는 동생 정이(程頤)이다.

○ **猶言'陶鑄'.**

'인인이변화(因人而變化 : 사람에 말미암아 변화함)'는 '도주(陶鑄 : 질그릇을 빚고 쇠를 부어 만듦)'라고 말함과 같다.

○ **句.**

---

445) 호광 편(胡廣 編), 『논어집주대전(論語集註大全)』「안연(顔淵)」에는 다음과 같이 되어 있다. "慶源輔氏曰 : '子夏一聞其說, 便歎聖人之言所包者富. 不墮於一偏, 不滯於一隅, 卽知人之中, 以見愛人之實, 推乎知之用, 以極乎仁之功, 其於仁 · 知之體用, 蓋已深體而黙識之矣. 不然, 何其言之, 明決精審, 沛然無疑, 而暗與聖人之言, 相發乎?'"

'비약타인지언(非若他人之言)'에서 구절이 끊어진다.

◯ **雙峰饒氏曰："'愛人'·'知人', 是仁·知之淺近處, 深遠卽枉者化爲直處."**[446]

쌍봉 요씨(雙峰饒氏：饒魯)가 말하였다. "'애인(愛人)'과 '지인(知人)'은 인(仁)과 지(知)의 천근한 곳이고, 심원(深遠)은 곧 굽은 사람이 변화하여 곧게 되는 곳이다."

朱註

尹氏曰："學者之問也, 不獨欲聞其說. 又必欲知其方, 不獨欲知其方. 又必欲爲其事, 如樊遲之問仁·知也. 夫子告之盡矣, 樊遲未達. 故又問焉, 而猶未知其何以爲之也. 及退而問諸子夏然後, 有以知之, 使其未喩, 則必將復問矣. 旣問於師, 又辨於友, 當時學者之務實也, 如是."

윤씨(尹氏：尹焞)가 말하였다. "배우는 사람들이 물을 적에는 오직 그 말을 듣고자 하는 것이 아니다. 또 반드시 그 방도를 알고자 할 적에는 오직 그 방도만 알고자 하는 것이 아니다. 또 반드시 그 일을 하고자 할 적에는 번지(樊遲)가 인(仁)과 지(知)를 물은 것과 같다. 공자가 다 말해 주었는데 번지가 통달하지 못하였다. 그러므로 또 물었거늘 오히려 어떻게 그것을 하는지 알지 못하였다. 물러남에 미쳐서 자하에게 물은 뒤에 그것을 알 수 있었으니, 설사 미처 알지 못하였다면 반드시 장차 다시 물었을 것이다. 이미 스승에게 묻고, 또 벗에게 논의하였으니, 당시 배우는 사람들이 실제에 힘씀이 이와 같았다."

詳說

◯ 已聞其說.

'부자고지진의(夫子告之盡矣：공자가 다 말해 주었는데)'는 이미 그 말을 들은 것이다.

◯ 本文無'問'字, 蓋旣疑之, 問在其中.

'우문언(又問焉：또 물었거늘)'은 본문에는 '문(問)'자 없으니, 대개 이미 의심하여 물음이 그 가운데 있다.

◯ 欲知其方.

그 방도를 알고자 하는 것이다.

---

446) 호광 편(胡廣 編), 『논어집주대전(論語集註大全)』「안연(顔淵)」에는 다음과 같이 되어 있다. "雙峯饒氏曰：'此章愛人·知人, 是仁·知之淺近處, 包含無所不盡, 則深者·遠者, 亦在其中, 深遠, 卽枉者化爲直處.'"

○ 乃知爲其事.

'유이지지(有以知之)'는 이에 그 일을 하는 것을 안다는 말이다.

○ 去聲.[447]

'즉필장부문의(則必將復問矣)'에서 '부(復)'자는 거성(去聲 : 다시)이다.

○ 實得.

'무실(務實)'은 실제로 얻음이다.

447) 호광 편(胡廣 編), 『논어집주대전(論語集註大全)』「안연(顔淵)」에는 "復, 扶又反."이라고 하였다.

[12-23-1]

子貢問友, 子曰 : "忠告而善道之, 不可則止, 無[448] 自辱焉."
자공이 벗에 대해 물었는데, 공자가 말하였다. "충성스럽게 말해 주고 잘 인도하되 가당치 않거든 그쳐서 스스로 욕되지 말아야 한다."

朱註

'告', 工毒反. '道', 去聲.[449]
'충곡이선도지(忠告而善道之)'에서 '곡(告)'은 '공(工)'과 '독(毒)'의 반절(反切)이고, '도(道)'자는 거성(去聲 : 인도하다)이다.

詳說

○ '無', 毋同.
'무(無)'는 무(毋 : 말다)와 같다.

朱註

'友', 所以輔仁. 故盡其心以告之, 善其說以道之. 然以義合者也. 故不可則止, 若以數而見疏, 則自辱矣,
'우(友)'는 인(仁)을 돕는 근거이다. 그러므로 그 마음을 다하여 말해 주고, 그 말을 착하게 하여 이끈다. 그러나 의리로써 합쳐지는 사람이다. 그러므로 가당치 않으면 그쳐야 하거늘 만약 자주 하여 멀어지게 되면 스스로 욕되는 것이다.

詳說

○ 忠.
'진기심(盡其心 : 그 마음을 다함)'은 충(忠)이다.

○ 音朔.[450]
'약이삭이견소(若以數而見疏)'에서 '삭(數)'자는 음이 삭(朔)이다.

---

448) 無 : 『논어집주대전』과 『논어집주(論語集註)』와 『논어주소(論語注疏)』에는 모두 '毋'자로 표기되어 있는데, 조선 영조본 『논어집주대전』에는 '無'자로 표기되어 있다.
449) 『논어주소(論語注疏)』「음의」에는 "告, 古毒反. 道, 導也. 毋, 音無."라고 하였다.
450) 호광 편(胡廣 編), 『논어집주대전(論語集註大全)』「안연(顔淵)」.

○ **此語, 見「里仁」.**

'삭이견소(數而見疏)', 이 말은 「이인(里仁)」에 보인다.[451)]

○ **合「里仁」之'辱'字於友.**

'자욕의(自辱矣 : 스스로 욕되는 것)'는 「이인(里仁)」의 '욕(辱)'자를 우(友)에 합쳤다.[452)]

○ **有釋無訓.**

경문의 풀이는 있으나 훈고는 없다.

---

451) 이 말은 「이인(里仁)」에 보인다 : 『논어(論語)』「이인(里仁)」에서 "**子游曰 : '事君數, 斯辱矣; 朋友數, 斯疏矣.'**"라고 하였고, 『논어집주대전』에는 "**子游曰 : '朋友數, 斯疏矣.'**"라고 하였다.

452) 「이인(里仁)」의 '욕(辱)'자를 우(友)에 합쳤다 : 『논어(論語)』「이인(里仁)」의 "**子游曰 : '事君數, 斯辱矣; 朋友數, 斯疏矣.'**"라는 구절에서처럼 '辱'자가 임금에 붙은 것이 아니라, 벗에 합쳐진 것을 말한다.

[12-24-1]

曾子曰:"君子, 以文會友; 以友輔仁."
증자가 말하였다. "군자는 글로써 벗을 모으고, 벗으로써 인(仁)을 돕는다."

朱註

講學以會友, 則道益明; 取善以輔仁, 則德日進.

학문을 강론(講論)하면서 벗을 만나면 도(道)가 더욱 밝아지고, 벗의 착함을 취하여 자기의 인(仁)을 도우면 덕(德)이 날마다 진취한다.

詳說

○ 文.

'강학(講學)'은 글이다.

○ 覺軒蔡氏曰:"致知之方."453)

'강학이회우, 즉도익명(講學以會友, 則道益明 : 학문을 강론하면서 벗을 만나면 도가 더욱 밝아짐)'에 대해, 각헌 채씨(覺軒蔡氏 : 蔡模)가 말하였다. "앎을 이루는 방도이다."

○ 新安陳氏曰:"益友."454)

'취선(取善 : 벗의 착함을 취함)'에 대해, 신안 진씨(新安陳氏 : 陳櫟)가 말하였다. "익우(益友 : 유익한 벗)이다."

○ 覺軒蔡氏曰:"力行之事."455)

'취선이보인, 즉덕일진(取善以輔仁, 則德日進)'에 대해, 각헌 채씨(覺軒蔡氏 : 蔡模)가 말하였다. "힘써 행해야 하는 일이다."

○ 有釋無訓.

경문의 풀이는 있으나 훈고는 없다.

---

453) 호광 편(胡廣 編), 『논어집주대전(論語集註大全)』「안연(顔淵)」에는 다음과 같이 되어 있다. "覺軒蔡氏曰:'以文會友, 致知之方; 以友輔仁, 力行之事.'"

454) 호광 편(胡廣 編), 『논어집주대전(論語集註大全)』「안연(顔淵)」에는 다음과 같이 되어 있다. "新安陳氏曰:'人之講學脩德, 皆有資於朋友, 旣資朋友以講學而致其知, 尤資朋友以輔仁而力於行, 則學進而德亦進, 朋友爲吾知行之助, 如此, 其斯所謂益友乎.'"

455) 호광 편(胡廣 編), 『논어집주대전(論語集註大全)』「안연(顔淵)」에는 다음과 같이 되어 있다. "覺軒蔡氏曰:'以文會友, 致知之方; 以友輔仁, 力行之事.'"

○ 雲峰胡氏曰："上章, 友之資於我者; 此則我之資於友者."456)

운봉 호씨(雲峰胡氏：胡炳文)가 말하였다. "위의장은 벗이 나를 돕는 일에 관한 것이고, 여기서는 내가 벗을 돕는 일에 관한 것이다."

456) 호광 편(胡廣 編), 『논어집주대전(論語集註大全)』「안연(顔淵)」에는 다음과 같이 되어 있다. "雲峯胡氏曰：'上章, 友之資於我者, 不可無忠告善道之益; 此則我之資於友者, 賴其講學輔仁之功.'" 『논어통』 권6에 이 내용이 실려 있다.

권13

논어집주상설

論語集註詳說

자로。子路 第十三

제13편

朱註

凡二十章.

모두 30장이다.[1]

1) 형병(邢昺)의 『논어주소(論語注疏)』에 의하면, "이 편은 선인(善人)이나 군자(君子)가 나라를 다스리고 백성을 가르칠 때, 인정(仁政)과 효제(孝弟), 중도(中道)와 떳떳한 도덕으로 실천하는 일이 요점임을 논의하였다. 큰 뜻은 이전의 「안연(顔淵)」편과 같다. 안회는 입실(入室)하였고 자로는 승당(升堂)하였기 때문에 이 편을 「안연(顔淵)」 다음에 두었다(此篇, 論善人君子爲邦敎民, 仁政孝弟, 中行常德, 皆治國修身之要, 大意與前篇相類, 且回也入室, 由也升堂, 故以爲次也)"라고 하였다. 전체 30장 가운데 전반부에는 주로 정치에 관한 문답이 많고 후반부에는 정치와 집안에 관한 일, 위정자와 정치가, 정치에 참여하는 선비들이 지켜야 할 도리에 관한 글이 많다.

[13-1-1]

子路問政, 子曰:"先之勞之."
자로가 정사(政事)를 물었는데, 공자가 말하였다. "먼저 하고 애써서 일해야 하는 것이다."

朱註

'勞', 如字. 蘇氏曰:"凡民之行, 以身先之, 則不令而行; 凡民之事, 以身勞之, 則雖勤不怨."

'로(勞)'는 본래의 음으로 읽는다. 소씨(蘇氏 : 蘇軾)[2]가 말하였다. "무릇 백성들이 행할 것을 자신이 먼저 하면 명령하지 않아도 행하며, 무릇 백성들의 일을 자신이 애써 일하면 비록 수고롭게 해도 원망하지 않는다."

詳說

○ 大凡.
'범(凡)'은 무릇이다.

○ '行', 去聲.[3]
'범민지행(凡民之行)'에서 '행(行)'자는 거성(去聲 : 행위)이다.

○ '先', 去聲.
'이신선지(以身先之)'에서 '선(先)'자는 거성(去聲 : 먼저 함)이다.

○ 四字見後章.
'불령이행(不令而行 : 명령하지 않아도 행함)'의 네 글자는 뒷장에 보인다.

○ 勞苦.
'근(勤)'은 애써서 일하는 것이다.

○ 朱子曰:"欲民親其親, 必先之以孝; 欲民長其長, 必先之以弟. '勞', 如循行阡陌,

---

2) 소식(蘇軾 : 1037~1101) : 송나라 때 학자로, 자가 자첨(子瞻)·화중(和仲)이고, 호가 철관도인(鐵冠道人)·동파거사(東坡居士)이며, 세상 사람들이 소동파(蘇東坡) 또는 소선(蘇仙)이라고 불렀으며, 한족(漢族)으로 미주 미산(眉州眉山) 사람이다. 시부(詩賦) 등 문예와 학문에 뛰어난 재능을 보였으며, 한유(韓愈)와 구양수(歐陽脩) 등과 고문운동을 전개한 공헌이 크다. 저서로는 『동파집(東坡集)』·『동파역전(東坡易傳)』·『서전(書傳)』·『논어설(論語說)』 등이 있다.

3) 호광 편(胡廣 編), 『논어집주대전(論語集註大全)』「자로(子路)」.

勸課農桑之類."[4]

주자(朱子 : 朱熹)가 말하였다. "백성들이 그 어버이를 친해 하기를 바란다면 반드시 효행을 먼저 해야 하고, 백성들이 그 어른들을 대접하기를 바란다면 반드시 공경함을 먼저 해야 한다. '로(勞)'는 논밭 사이를 순행(巡行)하면서 농사일과 누에치기 따위를 장려하고 감독하는 것과 같다."

○ 雙峰饒氏曰 : "'行'者, 政之本事者, 政之末."[5]

쌍봉 요씨(雙峰饒氏 : 饒魯)[6]가 말하였다. "'행(行)'이라는 것은 정사(政事)의 근본적인 일이면서 정사의 말단이다."

○ 有釋無訓.

경문의 풀이는 있으나 훈고는 없다.

[13-1-2]

請益, 曰 : "無倦."

더 말해 주기를 청하였는데, 공자가 말하였다. "게을리 하지 말아야 한다."

詳說

○ '無', 古本作'毋'.

'무(無)'는 옛날 판본에는 '무(毋)'로 썼다.

○ 以猶恐有闕之, 子路乃有請益之事, 其意蓋以先勞爲不足, 而以政爲不止於此耳.

---

4) 호광 편(胡廣 編), 『논어집주대전(論語集註大全)』「자로(子路)」에는 다음과 같이 되어 있다. "朱子曰 : '先是率他, 欲民親其親, 必先之以孝; 欲民長其長, 必先之以弟. 勞, 是爲他勤勞, 如循行阡陌, 勸課農桑之類.'"

5) 호광 편(胡廣 編), 『논어집주대전(論語集註大全)』「자로(子路)」에는 다음과 같이 되어 있다. "雙峯饒氏曰 : '『集註』, 以先之爲先其行, 勞之爲勞其事, 是又分政之本末而言. 行者政之本, 孝弟忠信之類, 是也. 事者, 政之本, 農畋師役之類, 是也. 行與事, 雖是分說, 其實是政裏面事.'"

6) 요로(饒魯 : 1193~1264) : 남송 시대 학자로, 자가 백여(伯輿) 또는 중원(仲元)이고, 호가 쌍봉(雙峰)이며, 시호가 문원(文元)이다. 저서로는 『오경강의(五經講義)』·『어맹기문(語孟紀聞)』·『서명도(西銘圖)』 등이 있다.

오히려 아마도 들은 내용이 있을 것으로 생각하였는데 자로(子路)가 이에 더 말해 주기를 청하는 일이 있었으니, 그 뜻은 대개 먼저 하고 애써서 일해야 하는 것으로 부족하다고 여겼으며, 정사(政事)가 여기에 그치지 않는다고 여겼을 뿐이다.

朱註

吳氏曰 : "勇者, 喜於有爲而不能持久. 故以此告之."

오씨(吳氏 : 吳棫)[7]가 말하였다. "용맹한 사람은 일하는 것이 있음을 좋아하나 능히 오래도록 지속하지는 못한다. 그러므로 이것으로써 말해 준 것이다."

詳說

○ 南軒張氏曰 : "使之敦篤乎, 是二者."[8]

남헌 장씨(南軒張氏 : 張栻)[9]가 말하였다. "그[자로]에게 돈독하게 한 것이니, 이는 두 가지의 일[先之勞之]이다."

○ 有釋無訓.

경문의 풀이는 있으나 훈고는 없다.

朱註

程子曰 : "子路問政, 孔子旣告之矣, 及請益, 則曰'無倦'而已, 未嘗復有所告, 姑使之深思也."

---

7) 오역(吳棫 : 약1100~1154) : 송나라 때 학자로, 자가 재로(才老)이고, 서주(舒州) 사람이다. 경학(經學)을 두루 익히고 연구하여 『논어속해(論語續解)』 등을 지었을 뿐 아니라, 음운학에 통달하여 『운보(韻補)』·『시운보(詩韻補)』·『자학보운(字學補韻)』·『초사석음(楚辭釋音)』 등을 지었으며, 훈석(訓釋)에도 정통하여 『패전(稗傳)』 등을 지었으나 전하지는 않는다.

8) 호광 편(胡廣 編), 『논어집주대전(論語集註大全)』「자로(子路)」에는 다음과 같이 되어 있다. "南軒張氏曰 : '先之勞之, 固足以盡爲政之道矣, 而子路猶請益焉, 則告之以無倦, 使之敦篤乎, 是二者而已.'"

9) 장식(張栻 : 1133~1180) : 남송 시대 사람으로, 자가 경부(敬夫)·흠부(欽夫)·낙재(樂齋)이고, 호가 남헌(南軒), 또는 남헌선생(南軒先生)이며, 한주(漢州) 사람이다. 시호가 '선(宣)'이라서 후세에 장선공(張宣公)으로도 불렸다. 학문의 일파를 이루어 주희(朱熹)·여조겸(呂祖謙)과 이름을 나란히 하여 '동남삼현(東南三賢)'으로 칭송되었다. 이종(理宗) 원년(1241)에 공자 사당에서 제사 지냈고, 이관(李寬)·한유(韓愈)·이사진(李士眞)·주돈이(周敦頤)·주희(朱熹)·황간(黃幹)과 함께 석고서원(石鼓書院) 칠현사(七賢祠)에서 제사 지내 '석고칠현(石鼓七賢)'이라고 일컬어졌다.

정자(程子 : 程顥)가 말하였다. "자로가 정사를 물음에 공자가 이미 말해 주었고, 더 말해 주기를 청함에 곧 '게을리하지 말라.'라고 하였을 따름이고 일찍이 다시 말해 준 것이 있지 않았으니, 짐짓 그에게 깊이 생각하게 한 것이다."

詳說

○ 伯子.

'정자(程子)'는 형 정호(程顥)이다.

○ 勿也.

'무(無)'는 '말다'라는 의미의 물(勿)이다.

○ 去聲.[10]

'미상부유소고(未嘗復有所告)'에서 '부(復)'자는 거성(去聲 : 다시)이다.

○ 雲峯胡氏曰 : "子張堂堂, 子路行行, 皆易銳始而怠終. 故告. 其問政, 皆以'無倦'告之, 子張少誠心故, 又加之以忠."[11]

운봉 호씨(雲峯胡氏 : 胡炳文)[12]가 말하였다. "자장(子張)은 거리낌 없이 떳떳하고,[13] 자로(子路)는 굳세고 씩씩하였으나,[14] 모두 쉽사리 처음에는 재빠르고 끝에는 게을렀다. 그러므로 말해준 것이다. 그 정사(政事)를 물어봄에 모두 '무권(無倦)'으로써 말해 주었는데, 자장이 정성된 마음이 적었기 때문에 또 충(忠)을 더하였다.[15]"

---

10) 호광 편(胡廣 編), 『논어집주대전(論語集註大全)』「자로(子路)」에는 "復, 扶又反."이라고 하였다.

11) 호광 편(胡廣 編), 『논어집주대전(論語集註大全)』「자로(子路)」에는 다음과 같이 되어 있다. "雲峯胡氏曰 : '子張堂堂, 子路行行, 皆易銳於始而怠於終. 故答其問政, 皆以無倦告之, 子張少誠心. 故又加之以忠.'" 『논어통』 권7의 내용은 다음과 같다. "通曰 : '子張子路問政, 皆告以無倦者, 子張堂堂, 子路行行, 皆易銳於始而怠於終. 故皆以此告之, 子張少誠心. 故又加之以忠.'"

12) 호병문(胡炳文 : 1250~1333) : 원(元)나라 때 학자로, 자는 중호(仲虎)이고, 호는 운봉(雲峯)이며, 무원 고천(婺源考川) 사람이다. 특히 주자학(朱子學)과 역학(易學) 공부에 조예가 있었다. 저서로는 『운봉집(雲峯集)』·『사서통(四書通)』·『주역본의통석(周易本義通釋)』·『순정몽구(純正蒙求)』 등이 있다.

13) 자장(子張)은 거리낌 없이 떳떳하고 : 『논어(論語)』「자장(子張)」에서 "曾子曰 : '堂堂乎張也, 難與竝爲仁矣.'"라고 하였다.

14) 자로(子路)는 굳세고 씩씩하였으나 : 『논어(論語)』「선진(先進)」에서 "子路, 行行如也; 冉有·子貢, 侃侃如也. 子樂."라고 하였다.

15) 충(忠)을 더하였다 : 『논어(論語)』「안연(顔淵)」에서 "子張問政, 子曰 : '居之無倦, 行之以忠.'"라고 하였다.

○ 上篇'無倦', 以心言, 此則以行言.

위 편의 '무권(無倦)'은 마음으로써 말하였고, 여기서는 곧 행위로써 말하였다.

○ '無倦', 此章之綱領.

'무권(無倦 : 게을리 하지 말아야 한다)'이 이 장의 강령이다.

[13-2-1]

仲弓爲季氏宰, 問政, 子曰 : "先有司, 赦小過, 擧賢才."
중궁(仲弓 : 冉雍)이 계씨(季氏)의 가재(家宰)가 되어서 정사(政事)에 대해 물었는데, 공자가 말하였다. "유사(有司)에게 먼저 하고, 작은 허물을 사면(赦免)하며, 어진 이와 재능 있는 사람을 천거하여 쓰는 일이다."

朱註

'有司', 衆職也, 宰兼衆職. 然事必先之於彼而後, 考其成功, 則己不勞而事畢擧矣.
'유사(有司)'는 여러 직무를 맡으며, 가재(家宰)도 여러 직무를 겸한다. 그러나 일은 반드시 저[유사]에게 먼저 한 뒤에 그 이룬 공과(功過)를 살핀다면 자기는 애써 일하지 않아도 일이 모두 거행될 것이다.

詳說

○ 訓.
'유사, 중직야(有司, 衆職也 : 유사는 여러 직무를 맡음)'은 훈고이다.

○ 總統.
'재겸(宰兼)'은 총괄하여 다스리는 것이다.

○ 有司.
'피(彼)'는 유사(有司)이다.

○ 朱子曰 : "紀綱立而責有所歸."16)
'고기성공(考其成功 : 그 이룬 공과를 살핌)'에 대해, 주자(朱子 : 朱熹)가 말하였다. "기강이 서서 책임이 돌아가는 곳이 있는 것이다."

○ 因訓而釋.
훈고에 말미암아 경문을 풀이하였다.

---

16) 호광 편(胡廣 編), 『논어집주대전(論語集註大全)』「자로(子路)」에는 다음과 같이 되어 있다. "朱子曰 : '先有司而後, 紀綱立而責有所歸.'"

朱註

'過', 失誤也. 大者, 於事或有所害, 不得不懲; 小者, 赦之, 則刑不濫, 而人心悅矣.

'과(過)'는 잘못함이니, 큰 잘못은 일에 간혹 해로운 것이 있어서 징계하지 않을 수 없고, 작은 잘못은 사면하면 형벌이 함부로 행해지지 않아서 사람들이 마음속으로 기뻐하는 것이다.

詳說

○ 訓.

'과, 실오야('過, 失誤也)'는 훈고이다.

○ 因訓而釋.

훈고에 말미암아 경문을 풀이하였다.

朱註

'賢', 有德者; '才', 有能者. 擧而用之, 則有司皆得其人, 而政益修矣.

'현(賢)'은 덕이 있는 사람이고, '재(才)'는 재능이 있는 사람이다. 천거하여 쓰면 유사가 모두 그 사람을 얻어서 정사가 더욱 다스려질 것이다.

詳說

○ 訓.

'현, 유덕자; 재, 유능자(賢, 有德者; 才, 有能者)'는 훈고이다.

○ 因訓而釋之.

훈고에 말미암아 경문을 풀이하였다.

○ 新安陳氏曰: "黃氏·饒氏云, '先有司, 是總腦, 赦有司之小過, 擧有司之賢才.' 蘇氏以爲擧未用之賢才, 須兼言其義方備."[17]

---

17) 호광 편(胡廣 編), 『논어집주대전(論語集註大全)』「자로(子路)」에는 다음과 같이 되어 있다. "新安陳氏曰: '黃氏·饒氏云, 先有司一句, 是總腦, 赦小過擧賢才, 皆承先有司而言. 宰, 家臣之長, 其爲政之要, 當以分任. 有司爲先, 旣先有司矣, 赦有司之小過. 故常人可以自勉, 擧有司之賢才. 故非常之才, 可以自見, 推此心也, 豈但爲季氏宰而已. 范氏以爲擧在位之賢才. 蘇氏以爲擧未用之賢才, 須兼言其義方備. 有司中, 才德有餘而位不足稱者, 固當擧而進之上位, 如有司之才德, 不稱其職, 則又當別擧有才德者, 充之如此. 方說得擧賢才規模濶, 若專說擧有司之賢才, 則狹矣.'"

신안 진씨(新安陳氏 : 陳櫟)[18]가 말하였다. "황씨(黃氏)와 요씨(饒氏)는 이르기를, '선유사(先有司 : 유사에게 먼저 함)가 총괄하는 중심이니, 유사(有司)의 작은 잘못을 사면하며, 유사의 어질고 재능 있는 사람을 들어 쓰는 일이다.'라고 하였으며, 소씨(蘇氏)는 등용되지 못한 어질고 재능 있는 사람을 들어 써야 한다고 여겼으니, 모름지기 그 의리를 바야흐로 갖추어야 함을 아울러 말한 것이다."

○ **上下『集註』, '有司得人', '一時賢才'云云, 其意, 蓋以不用者言, 如是然後, 其路乃廣耳.**

위아래의 『논어집주(論語集註)』에서 '유사가 사람을 얻음'[19]과 '한 때의 어질고 재능 있는 사람'[20]을 운운하였는데, 그 뜻은 대개 등용되지 못한 사람으로 말한 것이니, 이와 같은 뒤라야 그 길이 넓어질 뿐이다.

○ **朱子曰 : "三者, 雖各是一事, 有相須之理. 故蘇楊[21], 以相須言之."[22]**

주자(朱子 : 朱熹)가 말하였다. "세 가지[23]가 비록 각각 하나의 일이지만 서로 의존하는 이치가 있다. 그러므로 소씨(蘇氏 : 蘇軾)와 양씨(楊氏 : 楊時)[24]도 서로 의

18) 진력(陳櫟 : 1252~1334) : 원나라 때 학자로, 자가 수옹(壽翁)·휘지(徽之)이고, 호가 동부노인(東阜老人)·정우선생(定宇先生)이며, 휴녕(休寧) 사람이다. 주희(朱熹)의 학문을 조종으로 삼아 숭앙하였고, 저서로는 『정우집(定宇集)』 외에 『역략(易略)』·『사서발명(四書發明)』·『서전찬소(書傳纂疏)』·『예기집의(禮記集義)』 등이 있다.

19) 유사가 사람을 얻음 : 위의 『집주(集註)』 내용 가운데 '有司皆得其人'을 말한다.

20) 한 때의 어질고 재능 있는 사람 : 아래 『집주(集註)』 내용 가운데 '仲弓慮無以盡知一時之賢才'에 나오는 것을 말한다.

21) 주희(朱熹), 『논어정의(論語精義)』, 권7 상에는 "楊曰 : '職業不分, 則分守不一, 而政廢矣. 故先有司, 有司各任其責, 而小過必誅焉, 則人唯苟免而已. 無樂事勸功之志, 雖有賢才, 不爲用也. 故赦小過而後, 賢才可得而擧. 此仲弓之問季氏之家政而已, 推而達之天下一也.'"로 되어 있다.

22) 『주자어류(朱子語類)』 권43, 「논어25(論語二十五)」, 9조목에는 다음과 같이 되어 있다. "問 : '先有司, 赦小過, 擧賢才, 各是一事. 蘇氏楊氏, 乃相須而言之.' 曰 : '『論語』中有一二處, 如道千乘之國, 敬事而信, 節用而愛人, 使民以時, 雖各是一事, 然有相須之理.'(오필대가 물었다. '유사에게 먼저 처리하게 하고, 작은 허물은 용서해 주며, 어진 이와 유능한 인재를 등용한다.'는 것은 각기 하나의 일입니다. 소씨와 양씨는 서로 의지하는 것으로 말했습니다.' 주희가 말하였다. 『논어(論語)』에도 한두 곳이 있으니, 예컨대 ''천승(千乘)의 나라를 다스리되 일을 공경하고 믿게 하며 쓰기를 절도 있게 하고 백성을 사랑하며, 백성을 부리되 농한기에 해야 한다.'는 경우, 각기 하나의 일이기는 하지만, 서로 의지하는 이치가 있다.')"

23) 세 가지 : "先有司, 赦小過, 擧賢才."의 세 가지를 가리킨다.

24) 양시(楊時 : 1053~1135) : 북송 시대 사람으로, 자는 중립(中立)이고, 호는 구산(龜山)이다. 먼저 정호(程顥)와 정이(程頤)에게 배워서 유작(游酢)·여대림(呂大臨)·사양좌(謝良佐)와 함께

존하는 것으로써 말한 것이다."

[13-2-2]

曰:"焉知賢才而擧之?" 曰:"擧爾所知, 爾所不知, 人其舍諸?"

중궁이 말하였다. "어찌 어진 사람과 재능 있는 사람을 알아서 들어 씁니까?" 공자가 말하였다. "너의 아는 사람을 들어 쓰면 너의 알지 못하는 사람을 다른 사람들이 놔두겠는가?"

朱註

'焉', 於虔反. '舍', 上聲.[25] 仲弓慮無以盡知一時之賢才. 故孔子告之以此.

'언지현재이거지(焉知賢才而擧之)'에서 '언(焉)'은 '어(於)'와 '건(虔)'의 반절(反切)이다. '인기사저(人其舍諸)'에서 '사(舍)'자는 상성(上聲:捨棄)이다. 중궁(仲弓)이 한 때의 어질고 재능 있는 사람을 다 알지 못하는 것을 염려하였다. 그러므로 공자가 이로써 말해 준 것이다.

詳說

○ 猶憂也.

'려(慮)'는 우(憂)와 같다.

○ 於三者, 摘出此一事爲問, 是歸重所在也.

'진지일시지현재(盡知一時之賢才:한 때의 어질고 재능 있는 사람을 다 아는 것)'은 세 가지[26]에서 이 하나의 일을 집어내서 물음을 삼은 것이니, 중요하게 여길 것이 있는 곳이다.

'정문사대제자(程門四大弟子)'라고 불렸으며, 나종언(羅從彦)·이동(李侗)과 함께 '남검삼선생(南劍三先生)'이라고도 불려졌다. 만면에 구산(龜山)에 은거하여 학자들이 '구산선생'이라고 하였다.

25) 『논어주소(論語注疏)』「음의」에는 "焉, 於虔反. 舍, 如字, 置也."라고 하였다.

26) 세 가지:"先有司, 赦小過, 擧賢才."의 세 가지를 말하는 것이다.

○ 有釋無訓.

경문의 풀이는 있으나 훈고는 없다.

○ 此下則論也.

이 아래는 곧 경문의 의미를 설명하였다.

朱註

程子曰 : "人各親其親然後, 不獨親其親. 仲弓曰 : '焉知賢才而擧之?' 子曰 : '擧爾所知, 爾所不知, 人其舍諸?' 便見仲弓與聖人用心之大小. 推此義, 則一心可以興邦, 一心可以喪邦, 只在公私之間爾."

정자(程子 : 程顥)가 말하였다. "사람들이 각각의 어버이를 그 어버이로 여긴 뒤에 오직 그 어버이만을 친애하지 않는 것이다. 중궁(仲弓)이 말하기를 '어찌 어질고 재능 있는 사람을 알아서 들어 씁니까?'라고 하자. 공자가 말하기를 '네가 아는 바를 들어 쓰면 네가 모르는 바를 사람들이 내버려두겠는가?'라고 하였다. 곧 중궁과 성인의 마음 씀의 크고 작음을 보인 것이다. 이 뜻을 미루어 보면 한 마음이 나라를 흥기시킬 수 있고, 한 마음이 나라를 쇠망시킬 수 있으니, 다만 공적(公的)인 일과 사적(私的)인 일 사이에 있을 뿐이다."

詳說

○ 伯子.

'정자(程子)'는 형 정호(程顥)이다.

○ 新安陳氏曰 : "二句, 出『禮記』「禮運」, 程子引以喩'擧賢才'."27)

'인각친기친연후, 부독친기친(人各親其親然後, 不獨親其親 : 사람들이 각각의 어버이를 그 어버이로 여긴 뒤에 오직 그 어버이만을 친애하지 않는 것)'에 대해, 신안 진씨(新安陳氏 : 陳櫟)가 말하였다. "두 구절은 『예기』「예운(禮運)」에 나오니,28) 정자가 인용하여 '거현재(擧賢才)'를 비유한 것이다."

---

27) 호광 편(胡廣 編), 『논어집주대전(論語集註大全)』「자로(子路)」에는 다음과 같이 되어 있다. "新安陳氏曰 : '各親其親, 及人不獨親其親二句, 本出『記』「禮運」, 程子引以爲喩, 若曰人各擧其所知之賢才然後, 不獨擧其所知之賢才.'"

28) 두 구절은 『예기』「예운(禮運)」에 나오니 : 『예기』「예운(禮運)」에서 "今大道旣隱, 天下爲家, 各親其親, 各子其子."라고 하였다.

○ 此三字, 犂牛章以仲弓擧於人而言, 此以仲弓擧人而言.

'기사저(其舍諸 : 내버려두겠는가)'의 이 세 글자는 이우장(犂牛章)[29]에서는 중궁이 사람에게 등용되는 것으로 말하였고, 여기서는 중궁이 사람을 등용하는 것으로 말하였다.

○ 雙峰饒氏曰 : "仲弓, 以自己聰明爲聰明; 聖人, 以天下之耳目爲耳目."[30]

'중궁여성인용심지대소(仲弓與聖人用心之大小 : 중궁과 성인의 마음 씀의 크고 작음)'에 대해, 쌍봉 요씨(雙峰饒氏 : 饒魯)가 말하였다. "중궁은 자기의 총명함으로써 총명으로 삼았고, 공자는 천하의 눈과 귀로써 눈과 귀로 삼았다."

○ 去聲.[31]

'일심가이상방(一心可以喪邦)'에서 '상(喪)'자는 거성(去聲 : 상실하다)이다.

○ 朱子曰 : "人之心量, 本自大緣私, 故小. 程子非謂仲弓至於喪邦, 但一蔽於小, 則其害有時至此. 故極言之, 以警學者用心之私."[32]

---

29) 이우장(犂牛章) : 『논어(論語)』「옹야(雍也)」의 "子謂仲弓曰 : '犂牛之子, 騂且角, 雖欲勿用, 山川, 其舍諸?'"라는 구절을 말한다.

30) 호광 편(胡廣 編), 『논어집주대전(論語集註大全)』「자로(子路)」에는 다음과 같이 되어 있다. "雙峯饒氏曰 : '仲弓之心, 不如聖人之廣大, 仲弓以自己聰明爲聰明. 故有焉知賢才之問. 聖人則以天下之耳目爲耳目. 故說擧爾所知, 爾所不知人, 其舍諸. 如仲弓之言則局於所知之有限, 如聖人之言則未嘗求以盡知, 自無徃而不知, 雖合天下之賢才, 擧而用之, 可也.'"

31) 호광 편(胡廣 編), 『논어집주대전(論語集註大全)』「자로(子路)」.

32) 호광 편(胡廣 編), 『논어집주대전(論語集註大全)』「자로(子路)」에는 다음과 같이 되어 있다. "朱子曰 : '仲弓只緣見識, 未極其開濶. 故如此. 人之心量, 本自大緣私, 故小. 蔽固之極, 則可喪邦矣. 人各擧其所知, 則天下之事, 無不擧矣, 不患無以知天下之賢才也. 興邦喪邦, 蓋極言之, 然必自知而後, 擧之, 則遺才多矣, 未必不由此而喪邦也. 程子之意, 固非謂仲弓有固權市恩之意, 而至於喪邦, 但一蔽於小, 則其害有時而至此, 亦不爲難矣. 故極言之, 以警學者用心之私也.'" 『주자어류(朱子語類)』 권43, 「논어25(論語二十五)」, 8조목에는 다음과 같이 설명하고 있다. "보광이 물었다. '정자는 '중궁과 성인을 보면 그 마음 씀의 크고 작음을 볼 수 있다.'라고 했습니다. 이를 통해 '기꺼이 남에게서 취해 선을 행한다.'는 것이 요임금이 성인이 되는 까닭임을 아니, 모든 일에 반드시 자기를 챙기려는 것이 진실로 사사로운 소인을 만드는 것입니다.' 주희가 말하였다. '여기에서 성현이 마음 씀의 크고 작음을 볼 수 있다. 중궁은 아직 견문을 최고의 경지까지 확장하지 못했기 때문에 이와 같다. 사람이 마음으로 헤아림은 본래 스스로 잘난 체하고 사적인 것에 연연하기 때문에 작은 것이다. 그 극점에 이르면 나라를 망하게 할 수도 있다.'(問 : '程子謂: '觀仲弓與聖人, 便見其用心之小大.' 以此知'樂取諸人以爲善', 所以爲舜之聖, 而凡事必欲出乎己者, 眞成小人之私矣.' 曰 : '於此可見聖賢用心之大小. 仲弓只緣見識未極其開闊, 故如此. 人之心量, 本自大緣私, 故小. 蔽固之極, 則可以喪邦矣.')"

주자(朱子 : 朱熹)가 말하였다. "사람이 마음으로 헤아림은 본래 스스로 잘난 체하고 사적인 것에 연연하기 때문에 작다. 정자가 중궁이 나라를 잃는 데까지 이를 것이라고 말한 뜻은 아니나, 다만 한번 작은 것에 가려지면 그 해로움이 때때로 이에 이름이 있다. 그러므로 지극하게 말하여 배우는 사람들의 마음 씀의 사사로움을 경계한 것이다."

○ 須看'推'字.

모름지기 '추(推)'자를 살펴보아야 한다.

朱註

范氏曰 : "不先有司, 則君行臣職矣; 不赦小過, 則下無全人矣; 不擧賢才, 則百職廢矣. 失此三者, 不可以爲季氏宰, 況天下乎."

범씨(范氏 : 范祖禹)[33]가 말하였다. "유사(有司)에게 먼저 하지 않으면 임금이 신하의 직무를 행할 것이고, 작은 허물을 사면하지 않으면 아래에 온전한 사람이 없을 것이고, 어질고 재능 있는 사람을 등용하지 않으면 온갖 직무가 없어질 것이다. 이 세 가지를 잃으면 계씨(季氏)의 가재(家宰)조차 될 수 없거늘, 하물며 천하에 있어서이랴!"

詳說

○ 曰'君行', 曰'全人', 曰'百職', 似皆通天下言.

'군행(君行)'이라 하고, '전인(全人)'이라 하고, '백직(百職)'이라 한 것은 마치 모두 천하를 통틀어서 말하는 것과 같다.

○ '歸重'之意, 則在'況'下.

'귀중(歸重 : 중요하게 여김)'의 의미는 곧 '황(況)'의 아래에 있다.

○ 慶源輔氏曰 : "范氏推廣其理, 蓋經筵勸講之說."[34]

경원 보씨(慶源輔氏 : 輔廣)[35]가 말하였다. "범씨(范氏 : 范祖禹)가 그 이치를 미루

---

33) 범조우(范祖禹 : 1041~1098) : 송나라 때 학자로, 자가 순보(淳甫) · 순부(淳夫) · 순부(純父), 또는 몽득(夢得)이고, 성도 화양(成都華陽) 사람이다. 정자(程子)를 사사(師事)하였으며, 사마광(司馬光)을 추종하였다. 저서로는 『시해(詩解)』 · 『고문효경설(古文孝經說)』 · 『제의(祭儀)』 · 『경서요언(經書要言)』 등이 있다.

34) 호광 편(胡廣 編), 『논어집주대전(論語集註大全)』「자로(子路)」에는 다음과 같이 되어 있다. "慶源輔氏曰 : '范氏, 蓋經筵勸講之說, 所以推廣其理, 以感切君心者, 至矣.'"

어 넓혔으니, 대개 경연(經筵)에서 임금을 모시고 강의하는 말이다."

○ 吳氏曰 : "仲弓 · 子貢 · 子路 · 冉有, 皆事季氏, 仲弓 · 子貢未嘗責之, 子路之責, 又不若冉有之甚, 此可以見其優劣矣. 惜乎! 四子不能如閔子之辭, 而閔子又不若顔子之賢, 而康子不得知也."36)

오씨(吳氏 : 吳仲迂37))가 말하였다. "중궁과 자공(子貢)과 자로(子路)와 염유(冉有)가 모두 계씨(季氏)를 섬겼는데, 중궁과 자공은 일찍이 책망한 적이 없었으며, 자로의 책망은 염유의 심함과 같지 않으니, 여기서 그 낫고 못함을 볼 수 있다. 안타깝도다! 네 사람이 능히 민자건(閔子騫)의 말과 같지 못하고, 민자건은 또 안자(顔子)와 같지 못하거늘, 계강자(季康子)는 알지 못하였던 것이다."

○ '擧賢才', 此章之綱領.

'거현재(擧賢才 : 재능 있는 사람을 천거하여 쓰다)'가 이 장의 강령이다.

---

35) 보광(輔廣, 생몰년 미상) : 남송 시대 학자로, 자는 한경(漢卿)이고, 호는 잠암(潛庵)이며, 하남성 경원(慶源) 출신이다. 주돈이(周敦頤)와 이정(二程)의 학설을 전공하였고, 여조겸(呂祖謙)과 주희(朱熹)를 사사하였다. 저서로는 『시동자문(詩童子問)』·『회암선생어록(晦庵先生語錄)』·『주자독서법(朱子讀書法)』·『육경집해(六經集解)』·『상서주(尙書注)』·『사서찬소(四書纂疏)』·『통감집의(通鑑集義)』 등이 있다.

36) 호광 편(胡廣 編), 『논어집주대전(論語集註大全)』「자로(子路)」에는 다음과 같이 되어 있다. "吳氏曰 : '仲弓 · 子貢 · 子路 · 冉有, 皆事季氏, 仲弓 · 子貢, 夫子未嘗責之, 子路之責, 又不若冉有之甚, 此可以見其優劣矣. 惜乎! 四子不能如閔子之辭, 而閔子又不若顔子之賢, 而康子不得而知也. 嗟乎! 若淵 · 騫者, 其孔門之超絶者乎!'"

37) 오중우(吳仲迂) : 원나라 때 학자로, 호가 가당(可堂)이고, 번양(番陽) 또는 부량(浮梁) 사람이라고 한다. 박학(博學)하여 경전에 밝았으며, 벼슬을 하지 않고 은거하였다. 저서로는 『사서어록(四書語錄)』·『경전발명(經傳發明)』·『춘추기문(春秋紀聞)』·『어류차(語類次)』 등이 있다.

[13-3-1]

子路曰："衛君, 待子而爲政, 子將奚先?"
자로가 말하였다. "위나라 임금이 선생님을 기다려 정사(政事)를 하려고 하니, 선생님께서는 장차 무엇을 먼저 하시겠습니까?"

朱註

'衛君', 謂出公輒也. 是時, 魯哀公之十年, 孔子自楚反乎衛.
'위군(衛君)'은 출공(出公) 첩(輒)을 이른다. 이때는 노나라 애공(哀公) 10년이니, 공자가 초나라로부터 위나라에 돌아왔다.

詳說

○ 訓.
'위군, 위출공첩야(衛君, 謂出公輒也)'는 훈고이다.

○ 釋. 待以爲政之因, 與齊景公問政之釋, 同.
'시시, 노애공지십년, 공자자초반호위(是時, 魯哀公之十年, 孔子自楚反乎衛)'는 경문의 풀이다. 정사(政事)를 하는 원인을 대비함이 제나라 경공(景公)이 정사를 물은 것의 풀이[38]와 더불어 같다.

[13-3-2]

子曰："必也正名乎."
공자가 말하였다. "반드시 명실(名實)을 바르게 하리라."

朱註

是時, 出公, 不父其父而禰其祖, 名實紊矣. 故孔子以正名爲先.

38) 제나라 경공(景公)이 정사를 물은 것의 풀이 : 『논어(論語)』「안연(顔淵)」에서 "齊景公, 問政於孔子, 孔子對曰 : '君君臣臣父父子子.' 公曰 : '善哉. 信如君不君, 臣不臣, 父不父, 子不子, 雖有粟, 吾得而食諸?'"라고 한 구절을 말한다.

이때 출공(出公)이 그 아버지를 아버지로 여기지 않고, 그 할아버지를 아버지로 섬겨서 명실(名實)이 어지러웠다. 그러므로 공자가 명실을 바르게 하는 것을 먼저 할 일로 삼은 것이다.

詳說

○ 乃禮反.

'불부기부이녜(不父其父而禰 : 그 아버지를 아버지로 여기지 않고, 그 할아버지를 아버지로 섬김)'는 예(禮)에 맞지 않는 것이다.

○ 乃禮反.[39]

'불부기부이녜기조(不父其父而禰其祖)'에서 '녜(禰)'는 '내(乃)'와 '예(禮)'의 반절(反切)이다.

○ 新安陳氏曰 : "輒拒父, 是不父其父. 父廟曰禰, 輒繼靈公, 是禰其祖."[40]

'녜기조(禰其祖)'에 대해, 신안 진씨(新安陳氏 : 陳櫟)가 말하였다. "첩(輒)이 아버지를 거절하였으니, 이것이 그 아버지를 아버지로 여기지 않음이다. 아버지의 사당을 '녜(禰)'라고 하는데 첩(輒)이 영공(靈公)을 계승하였으니, 이것이 그 할아버지를 아버지로 섬긴 것이다."

○ 名與實.

'명실(名實)'은 명분과 실제이다.

○ 音問.[41]

'명실문의(名實紊矣)'에서 '문(紊)'자는 음이 문(問)이다.

○ 齊氏曰 : "無父之人, 非君也, 名之不正, 孰大於是?"[42]

'명실문의(名實紊矣)'에 대해, 제씨(齊氏 : 齊夢龍)[43]가 말하였다. "아버지 없는 사람은 임금이 아니니, 명실이 바르지 않음이 누가 이보다 크겠는가?"

---

39) 호광 편(胡廣 編), 『논어집주대전(論語集註大全)』「자로(子路)」.

40) 호광 편(胡廣 編), 『논어집주대전(論語集註大全)』「자로(子路)」에는 다음과 같이 되어 있다. "新安陳氏曰 : '蒯聵, 乃輒之父也, 蒯聵欲入君衛, 而輒拒之, 是不父其父. 父廟曰禰, 輒繼靈公, 是禰其祖.'"

41) 호광 편(胡廣 編), 『논어집주대전(論語集註大全)』「자로(子路)」.

42) 호광 편(胡廣 編), 『논어집주대전(論語集註大全)』「자로(子路)」에는 다음과 같이 되어 있다. "齊氏曰 : '祖, 非禰也, 而禰之; 父, 非讎也, 而讎之; 無父之人, 非君也, 而君之, 名之不正, 孰大於是?'"

43) 제몽룡(齊夢龍) : 북송 시대 학자로, 자가 절초(節初)이고 심양(番陽) 사람이다. 『주역(周易)』에 밝았으며, 소옹(邵雍)의 학문에 전심(專心)하였다. 저서로는 『논어해(論語解)』 등이 있다.

○ 其事詳在圈下.

'정명(正名 : 명실을 바르게 함)'은 그 일이 동그라미(○ : 圈) 아래에 상세하다.[44]

○ 有釋無訓.

경문의 풀이는 있으나 훈고는 없다.

朱註

謝氏曰 : "正名, 雖爲衛君而言, 然爲政之道, 皆當以此爲先."

사씨(謝氏 : 謝良佐)[45]가 말하였다. "명실(名實)을 바르게 하는 일이 비록 위나라 임금을 위해서 말하는 것이지만, 그러나 정사(政事)를 하는 도는 모두 마땅히 이를 우선으로 삼아야 한다."

詳說

○ 去聲.[46]

'위위군(爲衛君)'에서 위(爲)'자는 거성(去聲 : 위하다)이다.

○ 此則推廣其義, 備一說耳.

이는 곧 그 뜻을 미루어 넓힌 것이니, 하나의 말을 갖추었을 뿐이다.

[13-3-3]

子路曰 : "有是哉. 子之迂也. 奚其正?"

자로(子路)가 말하였다. "이와 같으시군요. 선생님은 우활(迂闊)하십니다. 어찌 그 바르게 하시겠습니까?"

---

44) 아래의 주석 "호씨왈(胡氏曰)" 아래의 내용을 가리킨다.

45) 사량좌(謝良佐 : 1050~1103) : 북송 시대 학자로, 자가 현도(顯道)이고, 호가 상채(上蔡)이며, 하남성 사람이다. 유초(游酢) · 여대림(呂大臨) · 양시(楊時)와 함께 정자(程子) 문하의 4대 제자로 불린다. 저서로는 『논어설(論語說)』 · 『상채어록(上蔡語錄)』 등이 있다.

46) 호광 편(胡廣 編), 『논어집주대전(論語集註大全)』「자로(子路)」.

詳說

○ '有是', 猶言'若是'.

'유시(有是)'는 '약시(若是)'라고 말함과 같다.

朱註

'迂', 謂遠於事情, 言非今日之急務也.

'우(迂)'는 일의 실정에서 먼 것을 이르니, 오늘날의 급선무가 아님을 말하는 것이다.

詳說

○ 諺音誤.

'우(迂)'는 『언해』의 음이 잘못되었다.[47]

○ 訓.

'우, 위원어사정(迂, 謂遠於事情)'은 훈고이다.

○ 厚齋馮氏曰: "時輒已立十二年, 子路之所謂迂, 蓋爲輒也."[48]

후재 풍씨(厚齋馮氏: 馮椅)[49]가 말하였다. "그때 첩(輒)이 이미 즉위한 지가 12년이고, 자로가 이른바 '우(迂)'라고 한 것은 대개 첩(輒)을 위한 것이다."

○ 釋.

'언비금일지급무야(言非今日之急務也)'는 경문의 풀이다.

○ 此章, 當與前篇得仁章參看, 蓋子路之見, 有不及於冉有·子貢之能致疑耳, 孔門高弟猶然, 況衛人乎.

이 장은 마땅히 전편의 득인장(得仁章)과 더불어 참조하여 보아야 하는데, 대개 자로의 견해가 염유(冉有)와 자공(子貢)이 능히 의문을 이루는 데[50] 미치지 못함

47) '우(迂)'는 『언해』의 음이 잘못되었다: 『언해』본에 '迂오'라고 한 것을 지적하였다.

48) 호광 편(胡廣 編), 『논어집주대전(論語集註大全)』「자로(子路)」에는 다음과 같이 되어 있다. "厚齋馮氏曰: '禮莫大於分, 分莫大於名. 夫子正名之論, 蓋不與輒也, 時輒已立十二年矣, 子路之所謂迂者, 蓋爲輒也.'"

49) 풍의(馮椅, 생몰년 미상): 남송 시대 학자로, 자가 의지(儀之)·기지(奇之)이고, 호가 후재(厚齋)이며, 남강 도창(南康都昌) 사람이다. 주희(朱熹)에게 학문을 배웠으며, 저서로는 『논어해(論語解)』 외에 『주역(周易)』·『시경(詩經)』·『서경(書經)』·『맹자(孟子)』·『태극도설』·『서명』의 집설(輯說)이 있고, 『공문제자전(孔門弟子傳)』 등이 있다.

이 있을 뿐이니, 공자 문하의 고명한 제자도 오히려 그러하거늘, 위나라 사람에 있어서이랴.

[13-3-4]

子曰:"野哉. 由也. 君子於其所不知, 蓋闕如也.
공자가 말하였다. "야비(野鄙)하도다. 유(由)여! 군자는 그 알지 못하는 사안에는 의문이 있어도 말하지 않는다.

詳說

○ 上下節'迂'·'野'二字, 正相對, '哉'·'也'二字之語勢, 亦同. 答必稱問, 語中所始有.
위아래 구절의 '우(迂)'와 '야(野)' 두 글자는 완전히 서로 대비되며, '재(哉)'와 '야(也)' 두 글자의 어세는 또한 같다. 대답함이 반드시 물음에 부합하며, 말 가운데 개시하는 것이 있다.

朱註

'野', 謂鄙俗, 責其不能闕疑, 而率爾妄對也.
'야(野)'는 비속(卑俗)함을 이르니, 그 능히 의문되는 것을 말하지 않으며 그냥 있지 못하고 경솔하게 망령되이 대꾸함을 책망한 것이다.

詳說

○ 訓.
'야, 위비속(野, 謂鄙俗)'은 훈고이다.

○ 猶言'闕之'.
'궐여(闕如)'는 '궐지(闕之 : 그것을 빠뜨림)'라고 말함과 같다.

---

50) 염유(冉有)와 자공(子貢)이 능히 의문을 이루는 데 : 『논어(論語)』「술이(述而)」에서 "冉有曰 : '夫子爲衛君乎?' 子貢曰 : '諾. 吾將問之.' 入曰 : '伯夷叔齊, 何人也?' 曰 : '古之賢人也.' 曰 : '怨乎?' 曰 : '求仁而得仁, 又何怨?' 出曰 : '夫子不爲也.'"라고 하였다.

○ 二字見「先進」.

'솔이(率爾)' 두 글자는 「선진(先進)」에 보인다.[51]

○ 釋.

'책기불능궐의, 이솔이망대야(責其不能闕疑, 而率爾妄對也 : 그 능히 의문되는 것을 말하지 않으며 그냥 있지 못하고 경솔하게 망령되이 대꾸함을 책망한 것)'는 경문의 풀이다.

[13-3-5]

名不正, 則言不順; 言不順, 則事不成.

명실(名實)이 바르지 않으면 말이 순조롭지 못하고, 말이 순조롭지 않으면 일이 이루어지지 못하고,

詳說

○ 此下兩節之分斷, 只爲便於楊·范二說之取用耳, 是亦分節之一例也.

이 아래 두 구절을 나누어 자른 것은 단지 양씨(楊氏 : 楊時)와 범씨(范氏 : 范祖禹)의 두 가지 해설을 가져다 쓰는 데 편리하기 때문일 뿐이니, 이 또한 구절을 나누는 하나의 예이다.

朱註

楊氏曰 : "名不當其實, 則言不順; 言不順, 則無以考實, 而事不成."

양씨(楊氏 : 楊時)가 말하였다. "명분이 그 실제에 적합하지 않으면 말이 순조롭지 못하고, 말이 순조롭지 못하면 실제를 살필 것이 없어서 일이 이루어지지 못한다."

51) '솔이(率爾)' 두 글자는 「선진(先進)」에 보인다 : 『논어(論語)』「선진(先進)」에서 "子路率爾而對曰 : '千乘之國, 攝乎大國之間, 加之以師旅, 因之以飢饉, 由也爲之, 比及三年, 可使有勇, 且知方也.' 夫子哂之."라고 하였고 그 『집주(集註)』에서 "率爾, 輕遽之貌."라고 하였다.

詳說

○ 去聲.

'명부당기실(名不當其實)'에서 '당(當)'자는 거성(去聲 : 적합함)이다.

○ 新安陳氏曰 : "『集註』, 於'正名'·'名不正', 凡三以'實'字言, 蓋實者, 名之主也."52)

'무이고실(無以考實 : 실제를 살필 것이 없음)'에 대해, 신안 진씨(新安陳氏 : 陳櫟)가 말하였다. "『논어집주(論語集註)』의 '정명(正名 : 명실이 바름)'과 '명부정(名不正 : 명실이 바르지 못함)'을 모두 세 번 '실(實)'자로써 말하였으니, 대개 실(實)이라는 것은 명분의 중심 내용이다."

○ 有釋無訓.

경문의 풀이는 있으나 훈고는 없다.

○ 吳氏曰 : "'名正'·'言順', 卽下文'禮樂之本', 名正, 禮也; 言順, 樂也."53)

오씨(吳氏 : 吳仲迂)가 말하였다. "'명정(名正 : 명실이 바름)'과 '언순(言順 : 말이 순조로움)'은 곧 아래 글의 '예악(禮樂)'의 근본이니, 명정은 예(禮)이고, 언순은 악(樂)이다."

[13-3-6]

事不成, 則禮樂不興; 禮樂不興, 則刑罰不中; 刑罰不中, 則民無所措手足.

일이 이루어지지 못하면 예악(禮樂)이 일어나지 못하고, 예악이 일어나지 못하면 형벌이 알맞지 못하고, 형벌이 알맞지 못하면 백성들이 손발을 둘 곳이 없다.

朱註

'中', 去聲. 范氏曰 : "事得其序之謂'禮'; 物得其和之謂'樂'.

52) 호광 편(胡廣 編), 『논어집주대전(論語集註大全)』「자로(子路)」에는 다음과 같이 되어 있다. "新安陳氏曰 : '『集註』, 於正名名不正, 凡三以實字言, 前云名實紊; 此云名不當其實. 又云無以考其實, 蓋名當其實, 則名正; 名實紊, 則名不正. 名者, 實之賓; 實者, 名之主也, 實字於名最緊切.'"

53) 호광 편(胡廣 編), 『논어집주대전(論語集註大全)』「자로(子路)」.

'형벌부중(刑罰不中)'에서 '중(中)'자는 거성(去聲 : 부합함)이다. 범씨(范氏 : 范祖禹)가 말하였다. "일이 그 차례를 얻는 것을 일러서 예(禮)라고 하며, 물건이 그 조화를 얻는 것을 일러서 '악(樂)'이라고 한다.

詳說

○ 訓畢.

훈고가 끝났다.

○ 慶源輔氏曰 : "無一事, 無禮樂."[54]

경원 보씨(慶源輔氏 : 輔廣)가 말하였다. "하나의 일이 없으면 예악(禮樂)이 없다."

朱註

事不成, 則無序而不和. 故禮樂不興, 禮樂不興, 則施之政事, 皆失其道. 故刑罰不中."

일이 이루어지지 못하면 차례가 없고 조화롭지 못하다. 그러므로 예악(禮樂)이 일어나지 않나니, 예악이 일어나지 않으면 정사를 시행함에 모두 그 도(道)를 잃는다. 그러므로 형벌이 알맞지 못하다."

詳說

○ 朱子曰 : "'禮樂不興', 以理言."[55]

---

54) 호광 편(胡廣 編), 『논어집주대전(論語集註大全)』「자로(子路)」에는 다음과 같이 되어 있다. "慶源輔氏曰 : '無一事, 無禮樂, 禮只是一箇序; 樂只是一箇和. 事成而有序, 則禮樂自興, 不然則隳壞乖戾, 又烏得有禮樂哉? 禮樂不興, 則凡施於政事者, 無非私意, 率皆倒行逆施, 無序而不知, 所謂刑罰不中, 而民無所措手足, 亦必然之理也.'"

55) 호광 편(胡廣 編), 『논어집주대전(論語集註大全)』「자로(子路)」에는 "朱子曰 : '事不成, 以事言; 禮樂不興, 以理言, 蓋事不成, 則事上面, 都無道理了, 說甚禮樂.'"으로 되어 있고, 『주자어류(朱子語類)』 권43, 「논어25(論語二十五)」, 11조목의 내용은 다음과 같다. "文振問 : '何以謂之事不成, 則禮樂不興?' 曰 : '事不成, 以事言; 禮樂不興, 以理言. 蓋事不成, 則事上都無道理了, 說甚禮樂!' 亞夫問 : '此是禮樂之實, 還是禮樂之文?' 曰 : '實與文, 原相離不得. 譬如影便有形, 要離那形說影不得.'(문진이 물었다. '왜 일이 이루어지지 않으면 예악이 흥하지 않는다.'라고 하는 것입니까?' 주희가 말하였다. '일이 이루어지지 않음은 일(事)로 말한 것이고, 예악이 흥하지 않음은 이치로 말한 것이다. 대개 일이 이루어지지 않으면, 일에 아무 도리가 없게 되는데, 무슨 예악을 말하겠는가!' 아부가 물었다. '이것은 예악의 실(實)입니까, 아니면 예악의 문(文)입니까?' 주희가 말하였다. '실(實)과 문(文)은 원래 서로 분리되지 않는다. 비유하자면 그림자에 바로

'예악불흥(禮樂不興)'에 대해, 주자(朱子 : 朱熹)가 말하였다. "'예악불흥(禮樂不興)'은 이치로써 말한 것이다."

○ **吳氏曰 : "非玉帛 · 鐘鼓之謂."**[56]

오씨(吳氏 : 吳仲迂)가 말하였다. "옥과 비단이나, 종과 북을 이르는 것이 아니다."

○ **釋畢.**

경문의 풀이가 끝났다.

○ **吳氏曰 : "自名正, 推至於民無措手足, 聖人洞燭事情, 深達治體, 如此."**[57]

오씨(吳氏 : 吳仲迂)가 말하였다. "명실(名實)이 바름으로부터 미루어서 백성들이 손발을 둘 곳이 없음에 이르기까지 성인(聖人)이 일의 실정에 훤히 밝고 깊이 예(禮)를 다스리는 데 이른 것이 이와 같은 것이다."

[13-3-7]

故君子名之, 必可言也; 言之, 必可行也, 君子於其言, 無所苟而已矣."
그러므로 군자가 이름하면 반드시 가히 말할 수 있으며, 말을 할 수 있으면 반드시 가히 행할 수 있으니, 군자는 그 말에 구차함이 없을 따름이다."

詳說

○ '之' · '必'二字, 有力.

'지(之)'와 '필(必)' 두 글자에 힘이 있다.

형체가 있으니, 이 형체를 떠나 그림자를 말할 수 없는 것과 같다.')"

56) 호광 편(胡廣 編), 『논어집주대전(論語集註大全)』「자로(子路)」에는 다음과 같이 되어 있다. "吳氏曰 : '此禮樂, 非玉帛 · 鐘鼓之謂. 事事物物, 得其理而後, 和之謂也. 名不正言不順, 則事物之間, 顚倒乖戾, 禮樂何由而起乎? 事失其理而不和. 故慶賞刑威, 無一中節, 獨言刑罰者. 賞過則濫利及小人; 刑過則淫禍及君子, 擧其害之重者言之, 刑罰所及, 非不善之人, 則民莫知趨避之路矣, 將安所置其手足乎? 自名不正, 推而至於民無所措手足, 聖人洞燭事情, 深達治體, 如此.'"

57) 호광 편(胡廣 編), 『논어집주대전(論語集註大全)』「자로(子路)」에는 다음과 같이 되어 있다. "吳氏曰 : '此禮樂, 非玉帛 · 鐘鼓之謂. …… 自名不正, 推而至於民無所措手足, 聖人洞燭事情, 深達治體, 如此.'"

朱註

> **程子曰 : "名實相須, 一事苟, 則其餘皆苟矣."**
> 정자(程子 : 程顥)가 말하였다. "명분과 실제가 서로 의존하니 하나의 일이라도 구차하면 그 나머지도 모두 구차해지는 것이다."

詳說

○ 伯子.

'정자(程子)'는 형 정호(程顥)이다.

○ 上一半.

'명실상수(名實相須)'는 위의 절반이다.

○ 所以必言不苟.

'기여개구의(其餘皆苟矣)'는 반드시 말이 구차하지 않아야 하는 까닭이다.

○ 以論釋之, 無訓.

의미 설명으로써 경문의 풀이를 하였으며, 훈고는 없다.

○ 新安陳氏曰 : "'名', 指名之; '實', 指可行一事, '苟', 謂言之苟, '其餘皆苟', 謂'事不成'·'禮樂不興'·'刑罰不中'也. '名之必可言', 照應前面'名不正則言不順'; '言之必可行', 照應前面'言不順則事不成'."[58)]

신안 진씨(新安陳氏 : 陳櫟)가 말하였다. "'명(名)'은 이름을 가리키는 말이고, '실(實)'은 행할 수 있는 하나의 일을 가리키며, '구(苟)'는 말이 구차함을 이르고, '기여개구(其餘皆苟 : 그 나머지도 모두 구차해짐)'는 '일이 이루어지지 않음'과 '예악(禮樂)이 일어나지 않음'과 '형벌이 알맞지 않음'이다. '명지필가언(名之必可言 : 이름하면 반드시 가히 말할 수 있음)'은 앞쪽의 '명부정즉언불순(名不正則言不順 : 명실이 바르지 않으면 말이 순조롭지 못함)'과 짝이 맞고, '언지필가행(言之必可行 : 말을 할 수 있으면 반드시 가히 행할 수 있음)'은 앞쪽의 '언불순즉사불성(言不順則事不成 : 말이 순조롭지 않으면 일이 이루어지지 못함)'과 짝이 맞는다."

---

58) 호광 편(胡廣 編), 『논어집주대전(論語集註大全)』「자로(子路)」에는 다음과 같이 되어 있다. "新安陳氏曰 : '名, 指名之言; 實, 指可行言, 謂行事之實也. 一事苟, 謂言之苟; 其餘皆苟, 謂事不成·禮樂不興·刑罰不中也. 夫子所謂名不正以下, 是反說. 名之必可言, 照應前面名不正則言不順; 言之必可行, 照應前面言不順則事不成, 此是正說. 言無所苟, 又反說, 從名正·言順来, 蓋於言苟且, 卽是名不正言不順, 其餘, 必無往而不苟且矣.'"

○ '其餘皆苟', 是本文言外之意.

'기여개구(其餘皆苟 : 그 나머지도 모두 구차해짐)'는 본문의 말 밖의 뜻이다.

○ 於其言'無所苟', 蓋至章末, 因上兩'言'字, 而戒子路之妄言, 以終上節'蓋闕如'三字之義, 所以皆取'君子於其'四字而冠之.

그 '무소구(無所苟 : 구차한 것이 없음)'를 말한 데는, 대개 이 장의 끝에 이르러 위의 두 개의 '언(言)'자[59]에 말미암아 자로(子路)의 망령된 말을 경계하면서 위 구절의 '개궐여(蓋闕如)' 세 글자의 의미를 마쳤으니, 모두 '군자어기(君子於其)' 네 글자를 취하여 위에 놓은 까닭인 것이다.

朱註

胡氏曰 : "衛世子蒯聵恥其母南子之淫亂, 欲殺之, 不果而出奔, 靈公欲立公子郢, 郢辭. 公卒, 夫人立之, 又辭, 乃立蒯聵之子輒, 以拒蒯聵. 夫蒯聵, 欲殺母, 得罪於父, 而輒據國以拒父, 皆無父之人也, 其不可有國也明矣.

호씨(胡氏 : 胡寅)[60]가 말하였다. "위나라 세자 괴외(蒯聵)가 그 어머니 남자(南子)의 음란함을 부끄럽게 여겨서 죽이려고 하다가 이루지 못하고 도망하여 달아나자 영공(靈公)이 공자 영(郢)을 세우려고 하니 영(郢)이 사양하였다. 영공이 죽자 부인[南子]이 영(郢)을 즉위시키려고 하였는데 또 사양하여 이에 괴외의 아들인 첩(輒)을 세워 괴외와 겨루도록 하였다. 무릇 괴외는 어머니를 죽이려고 하다가 아버지에게 죄를 얻었는데, 첩(輒)이 나라를 차지하고 아버지와 겨루었으니, 모두 아버지를 무시한 사람들로 나라를 가질 수 없는 것이 분명하다.

詳說

○ '蒯', 苦怪反.[61]

'위세자괴외(衛世子蒯聵)'에서 '괴(蒯)'는 '고(苦)'와 '괴(怪)'의 반절(反切)이다.

---

59) 위의 두 개의 '언(言)'자 : "故君子名之, 必可言也; 言之, 必可行也."에 나오는 두 개의 '言'자를 가리킨다.

60) 호인(胡寅 : 1098~1156) : 북송 시대 학자로, 자가 명중(明仲)이고, 호가 치당(致堂)이라서 학자들이 치당선생(致堂先生)이라고 불렀으며, 건주 숭안(建州崇安) 사람이다. 호안국(胡安国)의 동생 호순(胡淳)의 아들인데 어머니의 명을 받들어 자기 아들처럼 여겼다고 한다. 저서로는 『논어상설』·『독사관견(讀史管見)』·『주서천자문(注叙古千文)』·『비연집(斐然集)』 등이 있다.

61) 호광 편(胡廣 編), 『논어집주대전(論語集註大全)』「자로(子路)」.

○ '聵', 五怪反.[62]

'위세자괴외(衛世子蒯聵)'에서 '외(聵)'는 '오(五)'와 '괴(怪)'의 반절(反切)이다.

○ 見『左』「定」十四年.[63]

'출분(出奔)'은 『춘추좌전(春秋左傳)』「정공(定公)」 14년 기사에 보인다.

○ 以井反.

'영공욕립공자영(靈公欲立公子郢)'에서 '영(郢)'은 '이(以)'와 '정(井)'의 반절(反切)이다.

○ 『大全』曰: "靈公次子."[64]

『논어집주대전』에서 말하였다. "영공(靈公)의 둘째 아들이다."

○ 南子.

'부인(夫人)'은 남자(南子)이다.

○ 立郢.

'입지(立之)'는 영(郢)을 세움이다.

○ 見『左』「哀」二年.[65]

'거괴외(拒蒯聵)'는 『춘추좌전(春秋左傳)』「애공(哀公)」 2년 기사에 보인다.

○ 音扶.[66]

'부인립지(夫人立之)'에서 '부(夫)'자는 음이 부(扶)이다.

朱註

夫子爲政, 以正名爲先, 必將具其事之本末, 告諸天王, 請于方伯, 命公子郢而立之, 則人倫正, 天理得, 名正言順而事成矣.

공자는 정사를 함에 명실(名實)을 바르게 함을 우선으로 여겨서 반드시 장차 그 일의 본말을 갖추어 천자(天子)에게 아뢰고 방백에게 청하여 공자 영(郢)에게 명

62) 호광 편(胡廣 編), 『논어집주대전(論語集註大全)』「자로(子路)」.

63) 호광 편(胡廣 編), 『논어집주대전(論語集註大全)』「자로(子路)」에 "『左傳』「定公」十四年 ……" 라는 내용이 실려 있다.

64) 호광 편(胡廣 編), 『논어집주대전(論語集註大全)』「자로(子路)」. "郢, 以幷反, 靈公次子."

65) 호광 편(胡廣 編), 『논어집주대전(論語集註大全)』「자로(子路)」에 "『左傳』「哀公」二年初, ……." 라는 내용이 실려 있다.

66) 호광 편(胡廣 編), 『논어집주대전(論語集註大全)』「자로(子路)」.

하여 즉위시켰을 것이니, 곧 인륜이 바르고 천리(天理)가 얻어져서 명실이 바르고 말이 순조롭게 되어 일이 이루어지는 것이다.

詳說

○ 卽待子爲政之爲政也.

'부자위정(夫子爲政)'은 곧 공자가 정사(政事)를 하는 것을 기다린다는 위정(爲政)이다.

○ 句.

'천리득(天理得)'에서 구절이 끊어진다.

○ 朱子曰："聖人必不肯北面無父之人. 若輒有意改過, 則夫子須先與斷約, 如此做方與他做. 姚崇猶先以十事與明皇約, 然後爲之相, 況孔子乎."[67]

주자(朱子 : 朱熹)가 말하였다. "성인은 반드시 아버지를 무시하는 사람을 임금으로 섬기기를 즐겨하지 않는다. 만약 첩(輒)이 잘못을 뉘우치고 고칠 뜻이 있다면 공자가 모름지기 먼저 함께 약속을 정하여 이와 같이 만들었을 것이고, 바야흐로 다른 사람과도 더불어 만들었을 것이다. 요숭(姚崇 : 당나라 재상)도 오히려 먼저 열 가지 일로써 명황(明皇 : 당나라 현종의 연호)과 약조한 뒤에 재상이 되었거늘, 하물며 공자에게 있어서이랴."

○ 又曰："使出公用夫子, 夫子必以父子大倫, 明告出公, 使自爲去就而後, 立郢之事, 可議也. 但聖人之稽, 亦必有非常情所可測度者."[68]

---

67) 『주자어류(朱子語類)』 권43, 「논어25(論語二十五)」, 20조목에는 다음과 같이 실려 있다. "問 : '胡氏之說, 只是論孔子爲政正名, 事理合如此. 設若衛君用孔子, 孔子旣爲之臣而爲政, 則此說亦可通否?' 曰 : '聖人必不肯北面無父之人. 若輒有意改過遷善, 則孔子須先與斷約, 如此方與他做. 以姚崇猶先以十事與明皇約, 然後爲之相, 而況孔子乎! 若輒不能然, 則孔子決不爲之臣矣.'(진순이 물었다. '호씨의 설은 단지 공자가 정치를 하면서 명분을 바르게 하는 것을 논하고 있는데, 사리가 마땅히 이와 같습니다. 만약 위나라 군주가 공자를 등용하고 공자가 그의 신하가 되어 정치를 한다면, 이 말 또한 통할 수 있겠습니까?' 주희가 말하였다. '성인은 아버지를 아버지로 섬기지 않는 사람을 군주로 기꺼이 섬기지는 않을 것이다. 만약 첩(輒)이 잘못을 뉘우치고 선을 행할 뜻이 있다면, 공자는 반드시 먼저 그와 맹약을 하고 나서 비로소 그와 함께 할 것이다. 요숭(姚崇) 같은 사람도 먼저 명황(明皇)과 열 가지 일을 약속한 뒤에 그의 재상이 되었는데, 하물며 공자는 어떻겠는가! 만약 첩(輒)이 그렇게 하지 않는다면, 공자는 결코 그의 신하가 되지 않을 것이다.')" 『논어집주대전』「자로(子路)」의 내용은 다음과 같다. "問 : '胡氏只是論孔子爲政正名, 合當如此, 設若衛君輒用孔子, 孔子旣爲之臣, 則此說亦可通否?' 曰 : '聖人必不肯北面無父之人. 若輒有意改過遷善, 則夫子須先與斷約, 如此做方與他做. 若輒不能然, 則夫子決不爲之臣矣.'"

주자(朱子 : 朱熹)가 또 말하였다. "출공(出公)에게 공자를 등용하게 하면 공자는 반드시 아버지와 아들의 인륜 대도(大道)로써 출공에게 분명하게 말하고 스스로 거취를 삼게 한 뒤에 영(郢)을 세우는 일을 의논하였을 것이다. 다만 성인의 생각은 또한 보통 사람의 심정으로 헤아릴 수 있는 것이 아님이 있다."

○ 雙峰饒氏曰 : "『集註』引胡氏說, 蓋以其辭嚴義正, 爲萬世綱常, 特著之. 若眞欲行此, 須是孔子爲衛世卿, 而有權力, 當靈公初死輒未立之時, 爲之則可."[69]

쌍봉 요씨(雙峰饒氏 : 饒魯)가 말하였다. "『논어집주(論語集註)』에서 호씨(胡氏 : 胡寅)의 해설을 인용하였는데, 대개 그 말과 뜻이 엄정하여 영원히 강상(綱常)이 되어 특별히 드러낸 것이다. 만약 진실로 이것을 행하고자 한다면 모름지기 공자(孔子)가 위나라의 세경(世卿)이 되어 권력을 소유하고, 마땅히 영공(靈公)이 애당초 첩(輒)을 죽여 세우지 않았을 때 그것을 했더라면 가능하였을 것이다."

○ 若如饒說, 則是以力而不以德也. 徒知常人之時勢, 而不知聖人之化神也. 仇香尙能化陳元, 豈謂夫子而不能化衛輒子父乎?

만약에 요씨(饒氏 : 饒魯)의 해설과 같다면 이는 권력으로써 하는 것이지 덕으로써 하는 것이 아니다. 다만 보통 사람의 당시 추세만 알고 성인의 과화존신(過化存神)[70]을 알지 못한 것이다. 구향(仇香 : 東漢 仇覽의 別名. 자는 季智. 일명 主簿)이 오히려 능히 진원(陳元)을 감화시켰거늘,[71] 어찌 공자가 능히 위나라 첩(輒)의 아

---

68) 호광 편(胡廣 編), 『논어집주대전(論語集註大全)』「자로(子路)」에는 다음과 같이 되어 있다. "問 : '胡氏說, 使孔子得政, 則是出公用之, 卽謀逐之, 此豈近於人情? 意夫子果仕衛, 必以父子大倫, 明告出公, 使自爲去就而後, 立郢之事, 可議也.' 朱子曰 : '此說得之, 但聖人之權, 亦必有非常情所可測度者.'" 『주자어류(朱子語類)』 권43, 「논어25(論語二十五)」, 21조목에 실려 있는 내용은 다음과 같다. "問 : '胡氏云云. 使孔子得政, 則是出公用之也, 如何做得此等事?' 曰 : '據事理言之, 合當如此做耳. 使孔子仕衛, 亦必以此事告之出公. 若其不聽, 則去之耳.'(보광이 물었다. '호씨가 이러저러한 말을 했습니다. 공자에게 정치를 하게 한다면, 출공(出公)이 등용한다고 하는데, 어떻게 이러한 일을 할 수 있습니까?' 주희가 말하였다. '사리에 근거하여 말한다면, 이와 같이 하는 것이 마땅하다. 공자가 위나라에서 벼슬하면, 또한 반드시 이 일을 출공에게 알릴 것이다. 만약 그가 들어주지 않으면 그를 떠날 것이다.')"

69) 호광 편(胡廣 編), 『논어집주대전(論語集註大全)』「자로(子路)」에는 다음과 같이 되어 있다. "雙峯饒氏曰 : '『集註』引胡氏說, 蓋以其辭嚴義正, 可爲萬世綱常. 作主使亂臣賊子, 知所警懼. 故特著之. 若真欲行此, 須是孔子爲衛世卿而有權力, 當靈公初死輒未立之時, 爲之則可.'"

70) 성인의 과화존신(過化存神) : 성인이 이르는 곳에는 백성들이 감화를 입고, 성인이 머물러 있는 곳에는 신이한 변화가 있음을 말한다. 『맹자(孟子)』「진심상(盡心上)」에서 "夫君子所過者化, 所存者神, 上下與天地同流."라고 하였고, 조기(趙岐)의 주석에 의하면 "過此世能化之, 存在此國, 其化如神."라고 하였다.

버지와 아들을 감화시키지 못하겠는가?

朱註

夫子告之之詳, 如此, 而子路終不喩也. 故事輒不去, 卒死其難, 徒知食焉不避其難之爲義, 而不知食輒之食爲非義也."

공자가 말해 준 것의 상세함이 이와 같은데 자로가 끝내 깨닫지 못하였다. 그러므로 첩(輒)을 섬기면서 떠나지 않다가 마침내 그 위난(危難) 속에 죽었으니, 다만 봉록을 먹으면 그 위난을 피하지 않는 것이 의리가 된다고만 알았지, 첩(輒)의 봉록을 먹는 것이 의리가 되지 않음을 알지 못한 것이다."

詳說

○ 去聲, 下同.[72)]

'졸사기난(卒死其難)'에서 '난(難)'자는 거성(去聲 : 위난)이니, 아래도 같다.

○ 見『左』「哀」十五年.

'식언불피기난(食焉不避其難 : 봉록을 먹으면 그 위난을 피하지 않는 것)'은 자로(子路)의 말이니, 『춘추좌전(春秋左傳)』「애공(哀公)」 15년 기사에 보인다.

○ 祿也.

'식(食)'은 봉록이다.

---

71) 구향(仇香 : 東漢 仇覽의 別名. 자는 季智. 일명 主簿)이 오히려 능히 진원(陳元)을 감화시켰거늘 : 『후한서(後漢書)』 권106, 「순리열전(循吏列傳) 제66 · 구람전(仇覽傳)」에 의하면 대략 다음과 같다. 진류군(陳留郡)의 구향은 행실이 지극하고 조용하여 마을에서 아는 사람이 없었는데, 40살에 포정장(蒲亭長)이 되어 사람들에게 생업을 권장하고, 제과령(制科令)이 되어 자제들을 학교에 들어가도록 하며, 가난하고 불쌍한 백성들을 도와주었더니 한 해만에 크게 감화되었다. 백성 가운데 진원(陳元)이라는 사람이 오직 어머니와 함께 살았는데 그 어머니가 구향에게 와서 진원의 불효를 말하자 구향에 슬퍼하면서 말하였다. "내가 근래에 진원의 집을 지났는데 집안이 잘 정돈하고 때때로 논밭을 갈고 김을 맸습니다. 이는 나쁜 사람이 아니고 마땅히 교화가 이르지 못했을 뿐입니다. 어머니가 홀로 자식을 키우면서 늙도록 고달프게 살아오셨지만, 어찌 하루아침의 분한 마음으로 지난 세월의 부지런히 살아오신 것을 포기하시겠습니까? 장차 어머니가 외로운 아들을 키우는 일을 능히 하지 못하여 만약 죽은 아버지가 알게 된다면 백년 뒤에 어떻게 만날 수 있겠습니까?" 어머니가 울면서 일어나자 구향에 이에 직접 진원의 집에 이르러 진원에게 인륜(人倫)을 재앙과 행복으로써 비유해 주니 진원이 감오(感悟)하여 마침내 효자가 되었다.

72) 호광 편(胡廣 編), 『논어집주대전(論語集註大全)』「자로(子路)」.

○ **朱子曰 : "子路爲人粗, 於精微處多未達."**[73)]

주자(朱子 : 朱熹)가 말하였다. "자로(子路)의 사람됨이 조악(粗惡)하여 정미한 곳에는 많이 이르지 못하였다."

○ **'正名', 此章之題目.**

'정명(正名 : 명실을 바르게 하다)'이 이 장의 제목이다.

73) 호광 편(胡廣 編), 『논어집주대전(論語集註大全)』「자로(子路)」에는 다음과 같이 되어 있다. "子路爲人粗, 於精微處多未達, 合下仕衛便不是了. 孔悝卽出公之黨他, 不以出公爲非. 故其事悝自以爲善而爲之, 而不知其非義, 宜其以正名爲迂也." 『주자어류(朱子語類)』 권39, 「논어21(論語二十一)」, 31조목의 내용은 다음과 같다. "子路爲人粗, 於精微處多未達. 其事孔悝, 蓋其心不以出公爲非故也. 悝卽出公之黨. 何以見得他如此? 如衛君待子爲政, 夫子欲先正名, 他遂以爲迂, 可見他不以出公爲非. 故其事悝, 蓋自以爲善而爲之, 而不知其非義也.(자로는 사람됨이 거칠어 정미한 것에 대해서는 대부분 밝지 않았다. 그가 공회를 섬긴 것은 아마도 그의 마음이 출공이 그르다고 여기지 않았기 때문일 것이다. 회는 바로 출공의 무리이다. 무엇으로 그가 이와 같다는 것을 알 수 있습니까? 예를 들어 '위나라 임금이 선생님을 모셔다가 국정을 다스리려고 하는데, 선생님께서는 무엇부터 하시겠습니까?'라는 질문에 공자께서 먼저 명분을 바로잡겠다고 하자, 그는 마침내 현실에 어둡다고 여겼는데, 이를 통해 그는 출공이 그르지 않다고 여겼음을 알 수 있다. 그러므로 그가 공회를 섬긴 것은 아마도 스스로 선이라고 여겼기 때문이었겠지만, 그것이 옳지 않다는 것은 몰랐다.)"

[13-4-1]

樊遲請學稼, 子曰 : "吾不如老農." 請學爲圃, 曰 : "吾不如老圃."
번지(樊遲)가 곡식 심는 일에 대해 배우기를 청하였는데, 공자가 말하였다. "나는 노숙한 농부만 같지 못하다." 나물밭 가꾸는 일에 대해 배우기를 청하였는데, 말하였다. "나는 노숙한 채소 농부만 같지 못하다."

朱註

種五穀曰'稼', 種蔬菜曰'圃'.

오곡(五穀 : 稻·黍·稷·麥·菽) 심는 일을 '가(稼)'라고 하며, 채소 심는 일을 '포(圃)'라고 한다.

詳說

○ 以事言.
'종오곡왈가(種五穀曰稼)'는 일로써 말한 것이다.

○ 以地言. 故本文有'爲'字.
'종소채왈포(種蔬菜曰圃)'는 땅으로써 말한 것이다. 그러므로 본문에 '위(爲)'자가 있다.

○ 朱子曰 : "當時須自有一種說話, 如許行之類."[74]
주자(朱子 : 朱熹)가 말하였다. "당시에 모름지기 자연스럽게 한 부류의 말이 있었으니, 허행(許行)[75]과 같은 따위이다."

○ 有訓無釋.
훈고는 있으나 경문의 풀이는 없다.

○ 新安陳氏曰 : "兩言'吾不如', 雖不顯闢, 已婉拒之矣."[76]

---

74) 『주자어류(朱子語類)』 권43, 「논어25(論語二十五)」, 24조목에는 다음과 같이 되어 있다. "樊遲學稼, 當時須自有一種說話, 如有爲神農之言許行'君民竝耕'之說之類.(번지가 농사짓는 법을 배우려는 것은 당시에 모름지기 자연스럽게 한 부류의 말이 있었을 것이니, 예를 들어 신농을 위해 말한 허행의 '군주와 백성이 함께 농사짓는다.'는 것과 같은 종류이다.)"

75) 허행(許行) : 『맹자(孟子)』「등문공상(滕文公上)」에 나오는 초나라 사람으로 신농(神農)의 가르침을 실천한 고루한 농가자류(農家者流)인데, 여기서는 번지가 정도(正道)에 어두웠음을 빗대어 말한 것이다.

76) 호광 편(胡廣 編), 『논어집주대전(論語集註大全)』「자로(子路)」.

신안 진씨(新安陳氏 : 陳櫟)가 말하였다. "두 번 '나는 같지 못하다'라고 말한 것은 비록 드러내 놓고 물리치지는 않았으나 이미 완곡하게 거절한 것이다."

[13-4-2]

樊遲出, 子曰 : "小人哉. 樊須也!
번지(樊遲)가 나가거늘, 공자가 말하였다. "소인이로다. 번수여!"

朱註

'小人', 謂細民, 『孟子』所謂'小人之事'者也.
'소인(小人)'은 세민(細民)을 이르니, 『맹자(孟子)』에서 이른바 '소인의 일'이라는 것이다.

詳說

○ 「滕文公」.
'『맹자(孟子)』'는 「등문공(滕文公)」이다.[77]

○ 有訓無釋.
훈고는 있으나 경문의 풀이는 없다.

○ 對人而言須, 故稱樊. 或云 : "有外之之意."
다른 사람에 상대하여 수(須)를 말하였다. 그러므로 번(樊)을 일컬은 것이다. 어떤 사람이 이르기를 "그를 도외시하는 뜻이 있다."라고 하였다.

○ 勉齋黃氏曰 : "貧而爲老圃之事, 亦未爲過遲之志, 慕許行之說. 故夫子以大人之事, 告之."
면재 황씨(勉齋黃氏 : 黃幹)[78]가 말하였다. "가난하여 노숙한 채소 농부의 일을 하

---

77) '『맹자(孟子)』'는 「등문공(滕文公)」이다 : 『맹자(孟子)』「등문공상(滕文公上)」에서 "然則治天下, 獨可耕且爲與? 有大人之事, 有小人之事."라고 하였다.

78) 황간(黃幹 : 1152~1221) : 송나라 때 학자로, 자가 직경(直卿)이고, 호가 면재(勉齋) · 삼산(三山)이고, 시호가 문숙(文肅)이며, 복주 민현(福州閩縣) 사람이다. 황우(黃瑀)의 넷째 아들로 어려서부터 총영(聰穎)하였고, 1175년에 유청지(劉淸之)에게 배움을 청하였는데 기발한 재능을 본 유청지가 주자에게 학업을 배우도록 권하여 주자의 문하에 들어가서 공부하였으며, 뒤에 주자의

는 것이 또한 번지의 뜻에 지나침이 되지 않으나, 허행의 이야기를 뒤따르는 것이다. 그러므로 공자가 대인(大人)의 일로써 말해준 것이다."

○ **以其事, 則曾子亦爲之; 以其學, 則自有其流, 非儒者所當治也.**
그 일로써 하면 증자(曾子)도 또한 그것을 하였을 것이지만, 그 배움으로써 하면 스스로 그런 농가류(農家流)를 두게 되니, 유학자가 마땅히 다스릴 것은 아니다.

○ **上蔡謝氏曰: "遲將以爲民非役志於自殖貨財也."**[79]
상채 사씨(上蔡謝氏 : 謝良佐)가 말하였다. "번지는 장차 백성들이 스스로 재화(財貨)를 불리는 데 마음 쓰는 것이 아니라고 여겼다."

○ **野人謂之小人, 此語與'野哉由也', 同意.**
야인(野人)을 일러서 소인(小人)이라고 하니, 이 말은 '야재유야(野哉由也)'[80]와 더불어 뜻이 같다.

[13-4-3]

上好禮, 則民莫敢不敬; 上好義, 則民莫敢不服; 上好信, 則民莫敢不用情, 夫如是, 則四方之民, 襁負其子而至矣, 焉用稼?"
임금이 예(禮)를 좋아하면 백성이 감히 공경하지 않을 리 없고, 임금이 의(義)를 좋아하면 백성이 감히 신복(信服)하지 않을 리 없고, 임금이 신(信)을 좋아하면 백성이 감히 실정(實情)을 쓰지 않을 리 없을 것이니, 이같이 하면 사방의 백성이 그 자식을 포대기로 업고 이를 것이니, 어찌 곡식 심는 것을 쓰겠는가?"

사위가 되었다. 주자의 학문을 지극하게 터득하여 주자의 4대 제자 가운데 한 명으로 추존되었다. 저서로는 『황면재문집(黃勉齋文集)』 외에 『논어통석(論語通釋)』·『맹자강의(孟子講義)』 등이 포함된 『오경강의(五經講義)』·『사서기문(四書紀聞)』 등이 있으며, 『주자행장(朱子行狀)』을 지었다.

79) 주희(朱熹), 『논어정의(論語精義)』 권7 상에는 다음과 같이 되어 있다. "謝曰: '樊遲問學稼與圃於夫子, 將以爲民非役志於自殖貨財也. 若後世許行之學, 其近之乎, 以其不知大體也. 故稱小人, 如脅弱暴寡之事, 皆生於不欽服安分以服事, 其上易使故也, 用情不愛其情.'"

80) 야재유야(野哉由也) : 위의 경문 가운데 "子曰: '野哉. 由也. 君子於其所不知, 蓋闕如也.'(공자가 말하였다. '야비하도다. 유여! 군자는 그 알지 못하는 것에는 의문이 있어도 말하지 않는 것이다.')"에 나오는 내용이다.

朱註

'好', 去聲. '夫', 音扶. '襁', 居丈反. '焉', 於虔反. 禮·義·信, 大人之事也. 好義則事合宜. '情', 誠實也. 敬服用情, 蓋各以其類而應也. '襁', 織縷爲之, 以約小兒於背者.

'상호(上好)'에서 '호(好)'자는 거성(去聲 : 애호하다)이다. '부여시(夫如是)'에서 '부(夫)'자는 음이 부(扶)이다. '강부기자이지의(襁負其子而至矣)'에서 '강(襁)'은 '거(居)'와 '장(丈)'의 반절(反切)이다. '언용가(焉用稼)'에서 '언(焉)'은 '어(於)'와 '건(虔)'의 반절(反切)이다. 예(禮)와 의(義)와 신(信)은 대인(大人)의 일이다. 의(義)를 좋아하면 일이 합당해진다. '정(情)'은 성실함이다. 공경하고 신복(信服)하고 실정(實情)을 좇는 것은 대개 각각 그 유형에 따라 대응하는 것이다. '강(襁)'은 실로 짠 것으로 만들어 어린애를 등에 묶는 것이다.

詳說

○ 新安陳氏曰 : "對小人以位而言."[81]

'대인지사야(大人之事也)'에 대해, 신안 진씨(新安陳氏 : 陳櫟)가 말하였다. "소인에 대비하여 지위로써 말한 것이다."

○ 慶源輔氏曰 : "正己而物正."[82]

'각이기류이응야(各以其類而應也 : 각각 그 유형에 따라 대응하는 것)'에 대해, 경원 보씨(慶源輔氏 : 輔廣)가 말하였다. "자기를 바르게 해야 남도 바르게 된다."

○ 三'敢'字, 見大小之分嚴矣.

세 개의 '감(敢)'자[83]는 대인과 소인의 구분이 엄정함을 보여주는 것이다.

○ 縛也.

'약(約)'은 묶음이다.

---

81) 호광 편(胡廣 編), 『논어집주대전(論語集註大全)』「자로(子路)」에는 다음과 같이 되어 있다. "新安陳氏曰 : '此小人, 是以位而言者. 下文『集註』云 : 禮義信, 大人之事也, 是自此, 小人上推廣而對言之. 南軒曰 : 孟子所謂有大人之事·有小人之事, 正本此意.'"

82) 호광 편(胡廣 編), 『논어집주대전(論語集註大全)』「자로(子路)」에는 다음과 같이 되어 있다. "慶源輔氏曰 : '在己者, 皆盡其道; 在下者, 各以其類應之, 所謂正己而物正者, 非大人之德, 其孰能之?'"

83) 세 개의 '감(敢)'자 : 위의 경문 "上好禮, 則民莫敢不敬; 上好義, 則民莫敢不服; 上好信, 則民莫敢不用情."에 나오는 세 개의 '敢'자를 말하는 것이다.

○ 訓間釋.

훈고 사이에 경문을 풀이하였다.

○ 雙峰饒氏曰 : "民自歸之, 爲之耕稼, 豈必自耕稼哉?"84)

쌍봉 요씨(雙峰饒氏 : 饒魯)가 말하였다. "백성들이 스스로 돌아와서 논밭을 갈고 곡식을 심음에 어찌 반드시 스스로 논밭을 갈고 곡식을 심겠는가?"

○ 蓋遲欲明農利以來民. 故夫子以民至言.

대개 번지는 농사가 이로워서 백성들이 오는 것임을 밝히고자 하였다. 그러므로 공자가 백성들이 이름으로써 말한 것이다.

○ '焉用稼', 是擧一以結兩也, 蓋'稼'可以包'圃', '圃'不足以包'稼'也.

'언용가(焉用稼 : 어찌 곡식 심는 것을 쓰겠는가?)'는 하나를 들어서 두 가지를 맺은 것이니, 대개 '가(稼 : 곡식 심음)'는 가히 '포(圃 : 나물농사)'를 포괄할 수 있으나, '포(圃 : 나물농사)'는 족히 '가(稼 : 곡식 심음)'를 포괄하지 못한다.

朱註

楊氏曰 : "樊須遊聖人之門而問稼圃, 志則陋矣. 辭而闢之, 可也, 待其出而後, 言其非, 何也? 蓋於其問也, 自謂農圃之不如, 則拒之者至矣. 須之學, 疑不及此, 而不能問, 不能以三隅反矣. 故不復.

양씨(楊氏 : 楊時)가 말하였다. "번수(樊須)가 성인의 문하에서 학습하면서 곡식 심는 일과 채소 농사에 대하여 물었는데, 심지(心志)가 보잘 것 없었다. 말하면서 물리쳐도 괜찮은데 그가 나가기를 기다린 뒤에 그 그릇됨을 말한 것은 무엇인가? 대개 그 물음에서 스스로 농부와 채소 농부만 같지 못하다고 일렀으니, 거절한 것이 지극함이다. 번수의 배움은 의문이 여기에 미치지 못하여 능히 묻지 못하였는데, 세 모퉁이로써 반증하지 못한 것이다. 그러므로 다시 말해 주지 않는다.

詳說

○ 言之.

'사(辭)'는 그에게 말하는 것이다.

84) 호광 편(胡廣 編), 『논어집주대전(論語集註大全)』「자로(子路)」에는 다음과 같이 되어 있다. "雙峯饒氏曰 : '居大人之位, 有大人之德, 四方之民, 自歸之而爲之耕稼, 豈必自耕稼哉?'"

○ **不能疑, 其爲拒之之辭. 或曰:"非指遲之疑, 乃我疑也." 與下篇其然章註'疑未及此', 同.**

'의불급차(疑不及此 : 의문이 여기에 미치지 못함)'는 능히 의문하지 못하여 그를 거절한 말이다. 어떤 사람이 말하였다. "번지의 의문을 가리킨 것이 아니라, 바로 나의 의문이다." 아래편 기연장(其然章)[85]의 『집주(集註)』 '의미급차(疑未及此 : 의문이 아직 이에 미치지 못함)'[86]와 더불어 같다.

○ **『大全』曰:"使其疑, 則必問."**[87]

'불능문(不能問 : 능히 묻지 못한 것)'에 대해, 『논어집주대전』에서 말하였다. "의심나게 하면 반드시 물어야 한다."

○ **去聲, 下同.**[88]

'고불부(故不復)'에서 '부(復)'자는 거성(去聲 : 다시 함)이니, 아래도 같다.

○ **見「述而」.**

'불능이삼우반의. 고불부(不能以三隅反矣. 故不復 : 세 모퉁이로써 반증하지 못한 것이다. 그러므로 다시 말해주지 않는다)'는 「술이(述而)」에 보인다.[89]

---

85) 下篇「其然章」: 『논어(論語)』「헌문(憲問)」의 "子問公叔文子於公明賈曰:'信乎夫子不言, 不笑, 不取乎?' 公明賈對曰:'以告者過也. 夫子時然後言, 人不厭其言; 樂然後笑, 人不厭其笑; 義然後取, 人不厭其取.' 子曰:'其然? 豈其然乎?'"를 말한다.

86) 기연장(其然章)의 『집주(集註)』 '의미급차(疑未及此 : 의문이 아직 이에 미치지 못함)' : 기연장(其然章)은 『논어(論語)』「헌문(憲問)」에서 "子問公叔文子於公明賈曰:'信乎夫子不言, 不笑, 不取乎?' 公明賈對曰:'以告者過也. 夫子時然後言, 人不厭其言; 樂然後笑, 人不厭其笑; 義然後取, 人不厭其取.' 子曰:'其然? 豈其然乎?'"라고 한 구절을 말한다. 그 『집주(集註)』에서 "염이라는 것은 그 많음을 괴로워하고 싫어하는 말이니 일이 그 옳음에 맞으면 사람들이 싫어하지 않으며, 이것이 있음을 깨닫지도 못한다. 그래서 칭찬함이 간혹 지나쳐서 '말하지도 않고 웃지도 않고 취하지도 않는다.'고 한 것이다. 그러나 이 말은 예의가 가슴속에 차고 넘치며 때에 알맞게 쓸 수 있는 사람이 아니면 능할 수 없는 것이니, 공숙문자가 비록 어질어도 의문이 아직 여기에 미치지 못한 것이다. 다만 군자는 사람과 더불어 선행을 하고 그 그릇됨을 똑바로 말하려 하지 않는다. 그러므로 말하기를, '그가 그러한가? 어찌 그가 그러한가?'라고 한 것이니, 대개 그를 의심한 것이다.(厭者, 苦其多而惡之之辭. 事適其可, 則人不厭, 而不覺其有是矣. 是以稱之, 或過而以爲'不言不笑不取'也. 然此言也, 非禮義充溢於中, 得時措之宜者, 不能, 文子雖賢, 疑未及此. 但君子, 與人爲善, 不欲正言其非也. 故曰:'其然? 豈其然乎?' 蓋疑之也.)"라고 하였으며, 여기에 나오는 '疑未及此'를 말하는 것이다.

87) 호광 편(胡廣 編), 『논어집주대전(論語集註大全)』「자로(子路)」.

88) 호광 편(胡廣 編), 『논어집주대전(論語集註大全)』「자로(子路)」.

89) 「술이(述而)」에 보인다 : 『논어(論語)』「술이(述而)」에서 "子曰:'不憤, 不啓; 不悱, 不發, 擧一

朱註

及其旣出, 則懼其終不喩也, 求老農·老圃而學焉, 則其失愈遠矣. 故復言之, 使知前所言者, 意有在也.

이미 밖으로 나감에 미쳐서 곧 끝내 깨닫지 못할까봐 두려워한 것이니, 노숙한 농부와 노숙한 채소 농부를 구하여 배운다면 그 잘못이 더욱 멀어지는 것이다. 그러므로 다시 말하여 앞에서 말한 것은 뜻이 처소가 있음을 알게 한 것이다.

詳說

○ 眞以爲夫子之讓於老農·老圃.

'기종불유야(其終不喩也 : 끝내 깨닫지 못함)'는 참으로 공자가 노숙한 농부와 노숙한 채소 농부에게 미치지 못한다고 여긴 것이다.

○ 『大全』曰 : "二不如."[90]

'전소언자(前所言者 : 앞에서 말한 것)'에 대해, 『논어집주대전』에서 말하였다. "두 가지가 같지 않다."[91]

○ 拒之.

'의유재야(意有在也 : 뜻이 처소가 있음)'는 거절한 것이다.

○ 此論, 足以當釋.

이 의미 설명은 충분히 경문을 풀이하는 데 마땅하다.

○ 待其出而言之者, 欲其得聞也, 是亦敎誨之一道.

그가 나가기를 기다려서 말한 것은 들어보려고 함이니, 이는 또한 가르침의 한 가지 방도이다.

○ '焉用稼', 此章之題目.

'언용가(焉用稼 : 어찌 곡식 심음을 쓰겠는가?)'가 이 장의 제목이다.

隅, 不以三隅反, 則不復也."라고 하였다.

90) 호광 편(胡廣 編), 『논어집주대전(論語集註大全)』「자로(子路)」.

91) 두 가지가 같지 않다 : 두 가지는 위 경문의 "樊遲請學稼, 子曰 : '吾不如老農.' 請學爲圃, 曰 : '吾不如老圃'."에서 '學稼'와 '學爲圃'를 말하는 것인데, 위에서 이미 '稼'는 '以事言'이라 하고, '圃'는 '以勉言'이라고 하여 같지 않은 것임을 밝힌 바 있다.

[13-5-1]

子曰："誦詩三百, 授之以政, 不達; 使於四方, 不能專對, 雖多, 亦奚以爲?"
공자가 말하였다. "시 3백 편을 외워도 정사로써 맡겨 줌에 통달하지 못하며, 사방에 사신(使臣)감에 능히 전대(專對)하지 못하면 비록 많이 외우나 또한 무엇에 쓰겠는가?"

朱註

'使', 去聲.[92] '專', 獨也.

'시어사방(使於四方)'에서 '시(使)'자는 거성(去聲 : 사신감)이다. '전(專)'은 홀로이다.

詳說

○ 雙峰饒氏曰："正使自能致辭, 不假介使之助, 是謂'專對'."[93]

쌍봉 요씨(雙峰饒氏 : 饒魯)가 말하였다. "정사(正使)가 스스로 능히 말을 잘하여 개사(介使 : 副使)의 도움을 빌리지 않으니, 이것을 일러 '전대(專對)'라고 한다."

○ 訓.

훈고이다.

朱註

詩本人情, 該物理, 可以驗風俗之盛衰, 見政治之得失, 其言, 溫厚和平, 長於風諭. 故誦之者, 必達於政而能言也.

시는 사람의 성정(性情)에 근본하고 사물의 이치를 갖추어 가히 풍속의 성쇠(盛衰)를 징험하고 정치의 득실(得失)을 볼 수 있으니, 그 말은 온후(溫厚)하고 화평하며 풍자와 비유를 숭상한다. 그러므로 시를 외우는 사람은 반드시 정치에 통달하고 말을 잘할 수 있는 것이다.

---

92) 『논어주소(論語注疏)』「음의」에는 "使, 所吏反."이라고 하였다.

93) 호광 편(胡廣 編), 『논어집주대전(論語集註大全)』「자로(子路)」에는 다음과 같이 되어 있다. "雙峯饒氏曰 : '詩本人情, 人情有好有惡. …… 問專對曰 : 使有正有介, 正使不能答, 則介使助之. 如正使自能致辭, 不假衆介之助, 是謂能專對. 達於專對, 非誦詩時, 便思量要如此. 誦詩而有得, 則自然有此效驗. ……'"

詳說

◯ 胡氏曰 : "原於人情."[94]

'시본인정(詩本人情 : 시는 사람의 성정에 근본함)'에 대해, 호씨(胡氏 : 胡泳)[95]가 말하였다. "사람의 성정(性情)에 근원한다."

◯ 去聲.[96]

'견정치지득실(見政治之得失)'에서 '치(治)'자는 거성(去聲 : 다스림)이다.

◯ 胡氏曰 : "其情合事理之正, 則可以達於政."[97]

'견정치지득실(見政治之得失 : 정치의 득실을 봄)'에 대해, 호씨(胡氏 : 胡泳)가 말하였다. "시인의 성정이 사리의 바름에 적합하면 가히 정치에 통달할 수 있다."

◯ 雙峰饒氏曰 : "政無不善, 是之謂'達'."[98]

쌍봉 요씨(雙峰饒氏 : 饒魯)가 말하였다. "정치가 착하지 않음이 없으니, 이를 일러 '달(達)'이라고 한다."

◯ 去聲.[99]

'장어풍유(長於風諭)'에서 '풍(風)'자는 거성(去聲 : 풍자하다)이다.

◯ 胡氏曰 : "言不薄訐, 人易曉. 故能言."[100] 春秋諸國往來, 多尚辭令.

---

94) 호광 편(胡廣 編), 『논어집주대전(論語集註大全)』「자로(子路)」에는 다음과 같이 되어 있다. "胡氏曰 : '詩之作也, 有邪有正, 皆原於人情, 其所言於事物之理, 莫不具載. ……'"

95) 호영(胡泳) : 송나라 때의 학자로, 자가 백량(伯量)이고, 호가 동원(桐原)이고, 남강(南康) 출신이다. 저서로는 『논어연설(論語衍說)』 등이 있다.

96) 호광 편(胡廣 編), 『논어집주대전(論語集註大全)』「자로(子路)」.

97) 호광 편(胡廣 編), 『논어집주대전(論語集註大全)』「자로(子路)」에는 다음과 같이 되어 있다. "胡氏曰 : '詩之作也, 有邪有正, 皆原於人情, 其所言於事物之理, 莫不具載. 其情合事理之正, 則可以知風俗之盛政治之得; 其情背事理之正, 則可以知風俗之衰政治之失. 故誦詩而有得, 則可以達於政矣. ……'"

98) 호광 편(胡廣 編), 『논어집주대전(論語集註大全)』「자로(子路)」에는 다음과 같이 되어 있다. "雙峯饒氏曰 : '詩本人情, 人情有好有惡. 讀詩而有得, 則知人情之所好者在甚處; 所惡者在甚處. 得之於心, 施之於政, 則必能順民之所好, 而達其所惡, 其政無不善矣, 是之謂達. ……'"

99) 호광 편(胡廣 編), 『논어집주대전(論語集註大全)』「자로(子路)」.

100) 호광 편(胡廣 編), 『논어집주대전(論語集註大全)』「자로(子路)」에는 다음과 같이 되어 있다. "胡氏曰 : '詩之作也, 有邪有正, 皆原於人情, 其所言於事物之理, 莫不具載. 其情合事理之正, 則可以知風俗之盛政治之得; 其情背事理之正, 則可以知風俗之衰政治之失. 故誦詩而有得, 則可以達於政矣. 詩之言温厚, 則不至於薄; 和平則不至於訐, 長於諷諭, 則人易曉. 故誦詩而有得, 則能言語.'"

'장어풍유(長於風諭 : 풍자와 비유를 숭상함)'에 대해, 호씨(胡氏 : 胡泳)가 말하기를 "말이 천박하고 비방하지 않으니 사람들이 알기 쉽다. 그러므로 말을 잘할 수 있는 것이다."라고 하였으니, 춘추 시대 여러 나라가 왕래할 적에는 대부분 서로 응대(應對)하는 말을 숭상하였다.

○ 雙峯饒氏曰 : "非誦詩時, 便思量要如此, 誦詩而有得, 則自然有此效驗."[101]

쌍봉 요씨(雙峰饒氏 : 饒魯)가 말하였다. "시를 외울 때가 아니면 곧 깊이 생각하여 헤아리면서 이와 같기를 바랐으며, 시를 외워서 얻음이 있으면 자연스럽게 이 효험이 있었다."

○ 又曰 : "以訓用'爲'字, 只語助辭."[102]

쌍봉 요씨(雙峰饒氏 : 饒魯)가 또 말하였다. "훈고에 '위(爲)'자를 사용하는데, 다만 어조사일 뿐이다."

○ 猶言'焉用彼誦也', 蓋本文反說, 而『集註』正釋之.

'어찌 저 암송(暗誦)함을 쓰겠는가?'라고 말함과 같으니, 대개 본문에서 반대로 말하였는데, 『집주(集註)』에서 제대로 그것을 풀이하였다.

○ 釋畢.

경문의 풀이가 끝났다.

朱註

程子曰 : "窮經, 將以致用也, 世之誦詩者, 果能從政而專對乎? 然則其所學者, 章句之末耳, 此學者之大患也."

정자(程子 : 程頤. 伊川)가 말하였다. "경서를 궁구함은 장차 그 쓰임새를 다하려는 뜻이니, 세상에 시를 외우는 사람들이 과연 능히 정치에 종사하여 혼자서 응대(應對)를 잘할 수 있겠는가? 그렇다면 그 배우는 것은 장구(章句)의 말단일 뿐이니, 이는 배우는 사람들의 큰 병통이다."

---

101) 호광 편(胡廣 編), 『논어집주대전(論語集註大全)』「자로(子路)」에는 다음과 같이 되어 있다. "雙峯饒氏曰 : '詩本人情, 人情有好有惡. …… 達於專對, 非誦詩時, 便思量要如此, 誦詩而有得, 則自然有此效驗. 一.'"

102) 호광 편(胡廣 編), 『논어집주대전(論語集註大全)』「자로(子路)」에는 다음과 같이 되어 있다. "雙峯饒氏曰 : '詩本人情, 人情有好有惡. …… 誦詩而有得, 則自然有此效驗. 以訓用爲字, 只語助辭.'"

詳說

○ 當考.

'정자(程子)'는 동생 정이(程頤)인지 형 정호(程顥)인지 마땅히 살펴봐야 한다.[103)]

○ 二字, 見「雍也」.

'종정(從政)' 두 글자는 「옹야(雍也)」에 보인다.[104)]

○ '然', 不能.

'연즉(然則)'의 '연(然)'은 능하지 못함이다.

○ 從'乎'字, 反辭之意而云'然'.

'호(乎)'자부터 반대로 말한 뜻이어서 '연(然)'이라고 이른 것이다.

○ 厚齋馮氏曰 : "讀書, 必明其理; 明理, 必達諸用, 讀書不明其理, 記誦之末學也; 明理而不達諸用, 章句之腐儒也."[105)]

后재 풍씨(厚齋馮氏 : 馮椅)가 말하였다. "독서는 반드시 그 이치를 밝혀야 하고, 명리(明理)는 반드시 쓰임에 통달해야 하니, 독서함에 그 이치를 밝히지 못하면 기송(記誦)만 하는 말단 학문이고, 이치를 밝히되 쓰임에 통달하지 못하면 장구(章句)만 하는 부패한 선비이다."

○ 又曰 : "子刪詩, 在末年, 而平日兩言'詩三百', 則知子之刪去, 無幾, 特釐正之耳."[106)]

后재 풍씨(厚齋馮氏 : 馮椅)가 또 말하였다. "공자가 시를 산삭(刪削)한 것이 말년

103) '정자(程子)'는 동생 정이(程頤)인지 형 정호(程顥)인지 마땅히 살펴봐야 한다: 주희(朱熹), 『논어정의(論語精義)』 권7 상에 의하면, "伊川曰 : ……"라 하고, 다시 "又曰 : '窮經, 將以致用也, 世之號爲知經者, 果能達於政事專對乎? 所謂窮經者, 章句之末耳, 此學者之大患也'"라고 하였다.

104) '종정(從政)' 두 글자는 「옹야(雍也)」에 보인다 : 『논어(論語)』「옹야(雍也)」에서 "季康子問 : '仲由, 可使從政也與?' 子曰 : '由也, 果, 於從政乎, 何有?' 曰 : '賜也, 可使從政也與?' 曰 : '賜也, 達, 於從政乎, 何有?' 曰 : '求也, 可使從政也與?' 曰 : '求也, 藝, 於從政乎, 何有?'"라고 하였고, 그 『집주(集註)』에서 "從政, 謂爲大夫."라고 하였다.

105) 호광 편(胡廣 編), 『논어집주대전(論語集註大全)』「자로(子路)」에는 다음과 같이 되어 있다. "厚齊馮氏曰 : '讀書, 必明其理; 明理, 必達諸用, 讀書不明其理, 記誦之末學也; 明理而不達諸用, 章句之腐儒也. 子刪詩, 在晩年, 而平日兩言詩三百, 則知子之刪去者, 無幾, 特釐正之, 以系於風雅頌之末云耳.'"

106) 호광 편(胡廣 編), 『논어집주대전(論語集註大全)』「자로(子路)」에는 다음과 같이 되어 있다. "厚齊馮氏曰 : '子刪詩, 在晩年, 而平日兩言詩三百, 則知子之刪去者, 無幾, 特釐正之, 以系於風雅頌之末云耳.'"

에 있었는데, 평상시에 두 번 '시삼백(詩三百)'을 말하였으니,107) 곧 공자가 산삭한 것이 얼마 되지 않았고, 다만 정리하고 바로잡았을 뿐임을 알 수 있다."

○ **雲峰胡氏曰:"『易』·『書』·『禮』·『春秋』, 皆多也, 擧『詩』以例其餘爾."108)**

운봉 호씨(雲峰胡氏:胡炳文)가 말하였다. "『주역(周易)』·『서경(書經)』·『예기』·『춘추(春秋)』에도 모두 많으니, 『시경(詩經)』을 들어서 그 나머지를 예시하였을 뿐이다."

○ **'誦詩', 此章之題目.**

'송시(誦詩:시를 외우다)'가 이 장의 제목이다.

---

107) 평상시에 두 번 '시삼백(詩三百)'을 말하였으니:『논어(論語)』「위정(爲政)」에서 "子曰:'詩三百, 一言以蔽之, 曰思無邪.'"라고 한 것과, 『논어(論語)』「자로(子路)」에서 "子曰:'誦詩三百, 授之以政, 不達; 使於四方, 不能專對, 雖多, 亦奚以爲?'"라고 한 것을 가리킨다.

108) 호광 편(胡廣 編), 『논어집주대전(論語集註大全)』「자로(子路)」에는 다음과 같이 되어 있다. "雲峯胡氏曰:'習溫柔敦厚之教者, 必能爲慈祥豈弟之政, 必能爲溫厚和平之言要之. 三百篇固多, 『易』三百八十四爻, 『書』五十八篇, 『禮』三千三百, 『春秋』二百四十二年之事, 皆多也. 窮經而不能致用, 皆多而無益者也, 擧詩以例其餘爾.'"

[13-6-1]

子曰："其身正, 不令而行; 其身不正, 雖令不從."
공자가 말하였다. "그 몸이 바르면 명령하지 않아도 행하고, 그 몸이 바르지 않으면 비록 명령하나 좇지 않는다."

詳說

○ 『集註』無文者, 始見於此, 而下從政章及後篇失言·無能·廢言·仰之四章, 亦然. 蓋本文明白, 無事於訓釋. 故不復有言, 今亦何敢以一辭贅疣哉?
『논어집주(論語集註)』에 글[주석]이 없는 것은 비로소 여기서 보니, 아래의 종정장(從政章)[109] 및 뒤편의 실언장(失言章)[110]·무능장(無能章)[111]·폐언장(廢言章)[112]·앙지장(仰之章)[113] 네 장도 또한 그러하다. 대개 본문이 명백하여 훈고나 경문의 풀이를 한 일이 없는 것이다. 그러므로 다시 말을 두지 않았거늘, 지금 또한 어찌 감히 한마디 말의 군더더기를 붙이겠는가?

---

109) 종정장(從政章):『논어(論語)』「자로(子路)」의 "子曰:'苟正其身矣, 於從政乎, 何有; 不能正其身, 如正人, 何?'"를 말한다.
110) 실언장(失言章):『논어(論語)』「위령공(衛靈公)」의 "子曰:'可與言而不與之言, 失人; 不可與言而與之言, 失言, 知者, 不失人; 亦不失言.'"이라는 구절을 말한다.
111) 무능장(無能章):『논어(論語)』「위령공(衛靈公)」의 "子曰:'君子, 病無能焉; 不病人之不己知也.'"라는 구절을 말한다.
112) 폐언장(廢言章):『논어(論語)』「위령공(衛靈公)」의 "子曰:'君子, 不以言擧人; 不以人廢言.'"이라는 구절을 말한다.
113) 앙지장(仰之章):『논어(論語)』「자장(子張)」의 "子貢曰:'君子之過也, 如日月之食焉. 過也, 人皆見之; 更也, 人皆仰之.'"라는 구절을 말한다.

[13-7-1]

子曰 : "魯衛之政, 兄弟也."
공자가 말하였다. "노나라와 위나라의 정사(政事)가 형제로다."

朱註

'魯', 周公之後; '衛', 康叔之後.
'노(魯)'는 주공(周公)의 후손이고, '위(衛)'는 강숙(康叔)의 후손이다.

詳說

○ 訓畢.
훈고가 끝났다.

朱註

本兄弟之國, 而是時衰亂, 政亦相似. 故孔子歎[114]之.
본래 형제의 나라인데, 이때 쇠퇴하고 혼란하더니 정치가 또한 서로 닮았던 것이다. 그러므로 공자가 탄식한 것이다.

詳說

○ 蘇氏曰 : "衛之政, 父不父, 子不子; 魯之政, 君不君, 臣不臣. 卒之哀公, 遜于邾, 而死于越; 出公奔宋, 而亦死于越, 其不相遠, 如此."[115]
'정역상사(政亦相似 : 정치가 서로 닮음)'에 대해, 소씨(蘇氏 : 蘇軾)가 말하였다. "위나라의 정사는 부모가 부모답지 못하고 자식이 자식답지 못하였으며, 노나라의 정사는 임금이 임금답지 못하고 신하가 신하답지 못하였다. 마침내 애공(哀公)이 주(邾)에게 양보하고 월(越)나라에서 죽었으며, 출공(出公)이 송나라로 달아나서 월나라에서 죽었으니, 그 서로 멀지 않음이 이와 같다."

---

114) 歎 : 『논어집주(論語集註)』과 『논어집주대전』에는 '歎'으로 표기되어 있는데, 조선 영조본 『논어집주대전』에는 '嘆'으로 표기되어 있다.

115) 호광 편(胡廣 編), 『논어집주대전(論語集註大全)』「자로(子路)」에는 다음과 같이 되어 있다. "蘇氏曰 : '是歲魯哀公七年, 衛出公五年也. 衛之政, 父不父, 子不子; 魯之政, 君不君, 臣不臣, 卒之哀公, 孫于邾, 而死于越; 出公奔宋, 而亦死于越, 其不相遠如此.'"

◯ '孔子歎之', 華陽范氏曰 : "譏之."[116]

'공자탄지(孔子歎之 : 공자가 탄식함)'에 대해, 화양 범씨(華陽范氏 : 范祖禹)가 말하였다. "그를 나무란 것이다."

◯ 釋畢.

경문의 풀이가 끝났다.

116) 주희(朱熹), 『논어정의(論語精義)』 권7 상에는 "范曰 : '「孔子世家」曰 : 子適衛, 見出公曰 : 魯衛之政兄弟也, 二國本兄弟之親, 及其衰也, 政亦相類. 故譏之也.'"라고 하였다.

[13-8-1]

子謂衛公子荊, "善居室. 始有曰'苟合矣'; 少有曰'苟完矣'; 富有曰'苟美矣'."
공자가 위나라 공자 형(荊)을 평하였다. "집에 거처함을 잘하였도다. 비로소 재산(財産)을 둠에 '대충이나마 모였다.'라 하고, 조금 재산을 둠에 '대충이나마 갖추었다.'라 하며, 많이 둠에 '대충이나마 아름답다.'라고 하였다.

詳說

○ 尤菴曰 : "'居室', 是處家之意."
우암(尤庵 : 宋時烈)이 말하였다. "'거실(居室)'은 집에 거처한다는 뜻이다."

○ '謂', 猶論也. '有', 蓋通屋宅財物而言.
'위(謂)'는 논평(論評)함과 같다. '유(有)'는 대개 집과 재물을 통틀어서 말하는 것이다.

朱註

公子荊, 衛大夫. '苟', 聊且粗略之意. '合', 聚也. '完', 備也.
공자 형(荊)은 위나라 대부이다. '구(苟)'는 잠시 대충이라는 뜻이다. '합(合)'은 모음이다. '완(完)'은 갖춤이다.

詳說

○ 『諺』音誤.
'형(荊)'은 『언해』의 음이 잘못되었다.[117)]

○ 坐五反.
'요차조략지의(聊且粗略之意)'에서 '조(粗)'는 '좌(坐)'와 '오(五)'의 반절(反切)이다.

○ 兼此四字之意.
'구, 요차조략지의구(苟, 聊且粗略之意 : 구는 는 잠시 대충이라는 뜻이다)'는 이 네 글자의 뜻을 아우른 것이다.

117) '형(荊)'은 『언해』의 음이 잘못되었다 : 『언해』본에는 '형'으로 표기되어 있는데, 아마도 '경'으로 파악한 듯하다.

○ 訓畢.

훈고가 끝났다.

朱註

言其循序而有節, 不以欲速盡美累其心.

차례를 좇고 절차를 두어 빨리 하고자 하고 아름다움을 다하려는 것으로써 그 마음을 얽매지 않음을 말한 것이다.

詳說

○ 新安陳氏曰: "由合而完; 由完而美, 見其循序而無欲速之心, 皆曰'苟'而已. 又見其欲易足而有節, 無盡美之心, 非賢而能之乎?"118)

신안 진씨(新安陳氏 : 陳櫟)가 말하였다. "재산을 모음에 말미암아 갖추었고, 갖춤에 말미암아 아름다운 것이니, 그 차례를 좇고 빨리 하고자 하는 마음이 없으므로 모두 '구(苟)'라고 말하였을 따름이다. 또 평탄하게 만족하고자 하여 절차를 두었고 아름다움을 다하려는 마음이 없음을 보였으니, 어진 사람이 아니고서 능할 수 있겠는가?"

○ 釋畢.

경문의 풀이가 끝났다.

朱註

楊氏曰: "務爲全美, 則累物而驕吝之心生. 公子荊, 皆曰'苟'而已, 則不以外物爲心, 其欲, 易足故也."

양씨(楊氏 : 楊時)가 말하였다. "힘써 완전히 아름다움을 한다면 사물에 얽매여서 교만하고 인색한 마음이 생기는 것이다. 공자 형(荊)이 모두 '구(苟)'라고 말하였을 따름이니, 곧 바깥 사물로써 마음을 삼지 않고 그 하고자 함에 평탄하게 만족하였기 때문이다."

118) 호광 편(胡廣 編), 『논어집주대전(論語集註大全)』「자로(子路)」에는 다음과 같이 되어 있다. "新安陳氏曰: '由合而完; 由完而美, 既見其循序漸進, 而無欲速之心, 而其合完美, 皆曰苟而已. 又見其所欲易足而有節, 曾無盡美之心, 非賢而能之乎?'"

詳說

○ 慶源輔氏曰 : "爲外物所累, 得之, 則驕心生; 失之, 則吝心生."119)

'누물이교린지심생(累物而驕吝之心生 : 사물에 얽매여서 교만하고 인색한 마음이 생기는 것)'에 대해, 경원 보씨(慶源輔氏 : 輔廣)가 말하였다. "바깥 사물에 얽매인 것이 되어서 그것을 얻으면 교만한 마음이 생기고, 그것을 잃으면 인색함 마음이 생긴다."

○ 去聲.

'이족고야(易足故也)'에서 '이(易)'자는 거성(去聲 : 평탄하다)이다.

○ 新安陳氏曰 : "楊氏只於'苟'字上, 見有節不盡美之意; 不見循序不欲速之意, 必如『集註』之說, 該備矣."120)

신안 진씨(新安陳氏 : 陳櫟)가 말하였다. "양씨(楊氏 : 楊時)는 다만 '구(苟)'자에서 절차를 두고 아름다움을 다하지 않는 뜻을 보았고, 차례를 좇고 빨리 하고자 하지 않는 뜻을 보지 못하였으나, 반드시 『논어집주(論語集註)』의 해설과 같이 갖추었다."

○ 朱子曰 : "姑擧其一事之善而稱之, 又安知其他無所長乎?"121)

주자(朱子 : 朱熹)가 말하였다. "짐짓 한 가지 착한 일을 들어서 칭찬한 것이니, 또 어찌 그밖에 잘하는 것이 없음을 알겠는가?"

○ 長樂陳氏曰 : "荊爲衛之公子, 而未始有累, 此季札所以謂之君子也."122)

장락 진씨(長樂陳氏 : 陳用之)123)가 말하였다. "형(荊)이 위나라 공자가 되어 비로소 사물에 얽매임이 있지 않았으니, 이는 계찰(季札 : 吳나라 왕 壽夢의 막내아들)이 군자라고 이르는 까닭인 것이다."

---

119) 호광 편(胡廣 編), 『논어집주대전(論語集註大全)』「자로(子路)」에는 다음과 같이 되어 있다. "慶源輔氏曰 : '居室, 務爲全美, 是爲外物所累, 得之則驕心生; 失之則吝心生.'"

120) 호광 편(胡廣 編), 『논어집주대전(論語集註大全)』「자로(子路)」에는 다음과 같이 되어 있다. "新安陳氏曰 : '楊氏只於苟字上, 見有節不盡美之意; 不見循序不欲速之意, 必如上文朱子之說, 則該備矣.'"

121) 호광 편(胡廣 編), 『논어집주대전(論語集註大全)』「자로(子路)」에는 다음과 같이 되어 있다. "問 : '公子荊, 夫子止稱其居室之善, 如何?' 曰 : '此亦姑擧其一事之善而稱之, 又安知其他無所長乎?'"

122) 호광 편(胡廣 編), 『논어집주대전(論語集註大全)』「자로(子路)」에는 다음과 같이 되어 있다. "長樂陳氏曰 : '士庶之家, 多循理; 世祿之家, 多怙侈, 其勢然也. 荊爲衛之公子, 善於居室而未始有累焉, 此季札所以謂之君子也.'"

123) 장용지(陳用之) : 호가 장락(長樂)이고, 절강 여요(浙江餘姚) 사람이다. 일찍이 서법(書法)과 회화를 익혔으며, 저서로는 『논어전해의(論語全解義)』 등이 있다.

◯ '居室', 此章之題目.

'거실(居室 : 집에 거처하다)'이 이 장의 제목이다.

[13-9-1]

子適衛, 冉有僕.
공자가 위나라에 가실 때 염유(冉有)가 수레를 몰았더니

詳說

○ 以「序說」考之, 蓋是始適衛, 主顏濁鄒時也.124)
「논어서설」로써 살펴보건대, 대개 비로소 위나라에 가서 자로(子路)의 처형인 안탁추(顏濁鄒)의 집에 주인을 정할 때이다.

朱註

'僕', 御車也.
'복(僕)'은 수레를 모는 일이다.

詳說

○ 有訓無釋.
훈고는 있으나 경문의 풀이는 없다.

[13-9-2]

子曰 : "庶矣哉."
공자가 말하였다. "번성하도다."

朱註

'庶', 衆也.
'서(庶)'는 많음이다.

---

124) 『논어집주(論語集註)』「논어서설」; 『논어집주대전』「논어집주서설」에서 "適衛, 主於子路妻兄顏濁鄒家. 『孟子』作顏讎由."라고 하였다.

詳說

◯ 有訓無釋.

훈고는 있으나 경문의 풀이는 없다.

◯ 此, 蓋初見之辭.

이는 대개 처음 만났을 때의 말이다.

[13-9-3]

冉有曰 : "旣庶矣, 又何加焉?" 曰 : "富之."

염유가 말하였다. "이미 번성하거든 또 무엇을 더하시겠습니까?" 공자가 말하였다. "부유하게 할 것이다."

朱註

庶而不富, 則民生不遂. 故制田里, 薄賦斂以富之.

백성들이 번성하되 부유하지 못하면 백성들의 생활이 이루어지지 못한다. 그러므로 논밭과 집을 만들어 주고, 부세 거둠을 적게 하여 부유하게 만드는 것이다.

詳說

◯ 民之生活.

'민생(民生)'은 백성들의 생활이다.

◯ 雙峯饒氏曰 : "『孟子』所謂'百畝之田'·'五畝之宅'."[125]

'제전리(制田里 : 논밭과 집을 만들어줌)'에 대해, 쌍봉 요씨(雙峯饒氏 : 饒魯)가 말하였다. "『맹자(孟子)』에서 이른바 '백무지전(百畝之田)'과 '오무지택(五畝之宅)'[126]

125) 호광 편(胡廣 編), 『논어집주대전(論語集註大全)』「자로(子路)」에는 다음과 같이 되어 있다. "雙峯饒氏曰 : '田是所耕之田, 『孟子』所謂百畞之田, 勿奪其時, 是也. 里是所居之地, 『孟子』所謂五畞之宅, 樹墻下以桑, 是也. 田出穀粟, 里出布帛, 有穀粟則不飢; 有布帛則不寒, 二者, 富之之道.'"

126) '백무지전(百畝之田)'과 '오무지택(五畝之宅)' : 『맹자(孟子)』「양혜왕상(梁惠王上)」에서 "五畝之宅, 樹之以桑, 五十者可以衣帛矣; 鷄豚狗彘之畜, 無失其時, 七十者可以食肉矣; 百畝之田, 勿奪其時, 數口之家可以無飢矣; 謹庠序之敎, 申之以孝悌之義, 頒白者不負戴於道路矣, 七十者衣

이다."

○ 去聲.[127]

'박부렴이부지(薄賦斂以富之)'에서 '렴(斂)'자는 거성(去聲 : 거듬)이다.

○ 有釋無訓.

경문의 풀이는 있으나 훈고는 없다.

[13-9-4]

> **曰 : "旣富矣, 又何加焉?" 曰 : "教之."**
> 염유가 말하였다. "이미 부유하거든 또 무엇을 더하시겠습니까?" 공자가 말하였다. "가르칠 것이다."

朱註

> 富而不教, 則近於禽獸. 故必立學校, 明禮義以教之.
> 부유하되 가르치지 않으면 짐승에 가까워진다. 그러므로 반드시 학교를 세워 예의를 밝혀서 가르치는 것이다.

詳說

○ 見『孟子』「滕文公」.

'근어금수(近於禽獸 : 짐승에 가까워짐)'는 『맹자(孟子)』「등문공(滕文公)」에 보인다.[128]

○ 音效.

'고필립학효(故必立學校)'에서 '효(校)'는 음이 효(效)이다.

帛食肉, 黎民不飢不寒, 然而不王者, 未之有也."라고 하였다.

127) 호광 편(胡廣 編), 『논어집주대전(論語集註大全)』「자로(子路)」.

128) 『맹자(孟子)』「등문공(滕文公)」에 보인다 : 『맹자(孟子)』「등문공상(滕文公上)」에서 "人之有道也, 飽食煖衣, 逸居而無教, 則近於禽獸, 聖人有憂之, 使契爲司徒, 教以人倫, 父子有親; 君臣有義; 夫婦有別; 長幼有序; 朋友有信. 放勳曰 : '勞之來之; 匡之直之; 輔之翼之, 使自得之, 又從而振德之', 聖人之憂民, 如此而暇耕乎?"라고 하였다.

○ 有釋無訓.

경문의 풀이는 있으나 훈고는 없다.

○ 雙峰饒氏曰 : "制田里, 薄賦斂; 立學校, 明禮義, 各是兩兩相因, 皆不可廢."[129)]

쌍봉 요씨(雙峰饒氏 : 饒魯)가 말하였다. "논밭과 집을 만들어 주고, 부세 거둠을 적게 하며, 학교를 세워서 예의를 밝힘에 각각 둘씩 서로 연유하니 모두 없어서는 안 되는 것이다."

○ 按, 孟子之陳王道於齊 · 梁 · 滕, 亦不出'富' · '教'二事.

살펴보건대, 맹자가 왕도(王道)를 제나라와 양나라와 등나라에 진술한 것이 또한 '부(富)'와 '교(教)'의 두 가지 일에서 벗어나지 않는다.

朱註

○ 胡氏曰 : "天生斯民, 立之司牧, 而寄以三事.

호씨(胡氏 : 胡寅)가 말하였다. "하늘이 이 백성을 낳고, 사목(司牧 : 君主)을 세워서 세 가지 일을 맡겼다.

詳說

○ 主養也, 謂君也.

'사목(司牧)'은 양인(養人)을 주관하는 일이니, 임금을 이른다.

○ 委任也.

'기(寄)'는 위임함이다.

○ 慶源輔氏曰 : "父生; 師教; 君治."[130)]

'삼사(三事)'에 대해, 경원 보씨(慶源輔氏 : 輔廣)가 말하였다. "부모는 낳고, 스승은 가르치고, 임금은 다스린다."

---

129) 호광 편(胡廣 編), 『논어집주대전(論語集註大全)』「자로(子路)」에는 다음과 같이 되어 있다. "雙峯饒氏曰 : '制田里, 薄賦斂; 立學校, 明禮義, 各是兩事相因. 田里, 是富之之原, 不制田里, 則衣食無所從出, 如何可使之富? 然田里雖制, 而不薄賦斂, 則過取於民, 非藏富於民矣. 學校, 是教之之地, 不立學校, 則教化無所從施, 如何可使之知禮義? 然學校雖設, 而不明禮義, 以道之, 則人心無自而開明, 學校亦徒設而已, 所以兩兩相因, 皆不可廢.'"

130) 호광 편(胡廣 編), 『논어집주대전(論語集註大全)』「자로(子路)」에는 "慶源輔氏曰 : '父生; 師教; 君治, 爲三事.'"라고 하였다.

○ 『大全』曰 : "庶 · 富 · 教."131)

『논어집주대전』에서 말하였다. "서(庶)와 부(富)와 교(教)이다."

○ 父 · 君 · 師之生 · 食 · 教, 卽庶 · 富 · 教之事也. 蓋作之君 · 作之師, 固然矣, 父生則恐不可以司牧言. 且此下文'此職'與'庶且富' · '教', 皆蒙三事, 『大全』說恐長.

부모와 임금과 스승의 낳음과 먹임과 가르침은 곧 서(庶)와 부(富)와 교(教)의 일이다. 대개 임금 됨과 스승 됨이 진실로 그러하지만, 부모가 낳음의 경우에는 아마도 사목(司牧)으로써 말해서는 안 되는 것이다. 또 이 아래의 글에서 '차직(此職)'과 '서차부(庶且富)'와 '교(教)'는 모두 삼사(三事)를 이은 것이니, 『논어집주대전』의 설명을 아마도 늘인 것이다.

朱註

然自三代之後, 能擧此職者, 百無一二. 漢之文 · 明, 唐之太宗, 亦云'庶且富矣'. 西京之教, 無聞焉, 明帝, 尊師重傳, 臨雍拜老, 宗戚子弟, 莫不受學. 唐太宗, 大召名儒, 增廣生員, 教亦至矣. 然而未知所以教也. 三代之教, 天子公卿, 躬行於上, 言行政事, 皆可師法, 彼二君者, 其能然乎?"

그러나 삼대(三代 : 하 · 은 · 주) 이후에 능히 이 직분을 거행한 사람이 백에 한둘도 없었다. 한나라의 문제(文帝)와 명제(明帝), 당나라의 태종(太宗)이 또한 '번성하고 또 부유하였다.'라고 이른다. 서경(西京)의 교육은 들은 것이 없는데, 명제(明帝)는 사부(師傅)을 존중하고, 벽옹(辟雍)에 임하여 삼로(三老)에게 절하여 왕의 종친과 외척의 자제들이 배움을 받지 않은 이가 없었다. 당나라 태종은 유명한 선비들을 크게 부르고, 생원(生員)들을 증광(增廣)하여 교육이 또한 지극하였다. 그런데도 가르치는 까닭을 알지 못하였다. 삼대의 교육은 천자와 공경(公卿)이 몸소 위에서 거행하여 언행(言行)과 정사(政事)가 모두 스승 삼고 법 삼을 만하였지만, 저 두 임금 노릇하는 사람[한 明帝와 당 太宗]이 능히 그렇게 할 수 있었겠는가?"

詳說

○ '亦'字, 有斟酌.

'역운서차부의(亦云庶且富矣 : 또한 '번성하고 또 부유하였다.'고 이른다)'의 '역(亦)'

131) 호광 편(胡廣 編), 『논어집주대전(論語集註大全)』「자로(子路)」에는 "或曰 : '庶富教, 是也.'"라고 하였다.

자에는 짐작함이 있다.

○ 此間, 有'然'字意.

이 사이에 '연(然)'자의 뜻이 있다.[132]

○ 『大全』曰 : "漢文帝都長安."[133]

'서경지교무문언(西京之教無聞焉 : 서경의 교육은 들은 것이 없음)'에 대해, 『논어집주대전』에서 말하였다. "한나라 문제(文帝)는 장안(長安)에 도읍하였다."

○ 文帝專尙黃老.

문제(文帝)는 오로지 황로(黃老 : 黃帝와 老子)를 숭상하였다.

○ 養老于辟雍.

'임옹배로(臨雍拜老 : 벽옹에 임하여 삼로에게 절함)'는 벽옹(辟雍)에서 삼로(三老)를 봉양하는 일이다.

○ 見『後漢書』「禮儀志」.[134]

'종척자제, 막불수학(宗戚子弟, 莫不受學 : 왕의 종친과 외척의 자제들이 배움을 받지 않은 이가 없었다)'은 『후한서』「예의지(禮儀志)」에 보인다.

○ 以爲學官.

'대소명유(大召名儒 : 유명한 선비들을 크게 불렀다)'는 학관(學官)으로 삼은 일을 말한다.

○ 至八千餘人.

'증광생원(增廣生員 : 생원들을 증광함)'의 경우, 8천여 명에 이르렀다.

○ 見『唐書』「儒學傳」.[135]

『당서』「유학전(儒學傳)」에 보인다.

○ 『大全』曰 : "總說二君."[136]

'교역지의(教亦至矣 : 교육이 또한 지극하였다)'에 대해, 『논어집주대전』에서 말하

---

132) 이 사이에 '연(然)'자의 뜻이 있다 : "自三代之後, 能擧此職者, 百無一二. 漢之文·明, 唐之太宗, 亦云'庶且富矣'." 중간에 '연(然)'자의 뜻이 들어 있다고 본 것이다.

133) 호광 편(胡廣 編), 『논어집주대전(論語集註大全)』「자로(子路)」에는 다음과 같이 되어 있다. "前漢文帝, 都長安, 是爲西京."

134) 호광 편(胡廣 編), 『논어집주대전(論語集註大全)』「자로(子路)」에 관련 내용이 실려 있다.

135) 호광 편(胡廣 編), 『논어집주대전(論語集註大全)』「자로(子路)」에 관련 내용이 실려 있다.

136) 호광 편(胡廣 編), 『논어집주대전(論語集註大全)』「자로(子路)」에는 "此下, 總說二君."이라 하였다.

였다. "두 임금을 총괄하여 말한 것이다."

○ 此語, 似予而實奪, 蓋各就其世言.

이 말은 마치 베풀어 준 것 같으나 실제는 빼앗았으니, 대개 각각 그 시대에서 말한 것이다.

○ 此'教'字, 主三代言.

'미지소이교야(未知所以教也 : 가르치는 까닭을 알지 못하였다)'에서 이 '교(教)'자는 삼대(三代)를 중심으로 말한 것이다.

○ '行', 去聲.[137]

'언행(言行)'에서 '행(行)'자는 거성(去聲 : 행동)이다.

○ 躬行, 反在文帝下, 而太宗之於明帝, 又有誠僞之分.

몸소 실행함은 도리어 문제(文帝) 이후에 있었으며, 태종(太宗)은 명제(明帝)와 비교해 볼 때 또 진실과 거짓의 구분이 있다.

○ '教'字, 此章之骨子.

'교(教 : 가르치다)'자가 이 장의 핵심이다.

---

137) 호광 편(胡廣 編), 『논어집주대전(論語集註大全)』「자로(子路)」.

[13-10-1]

子曰："苟有用我者, 朞月而已, 可也, 三年, 有成."
공자가 말하였다. "진실로 나를 쓰는 사람이 있으면 1년뿐이라도 괜찮으니, 3년이면 이룸이 있을 것이다."

詳說

○ 葉氏少蘊曰："所謂'用我', 非嘗試而使之也, 擧國, 委而聽之也."[138]
섭소온(葉少蘊 : 葉夢得)[139]이 말하였다. "이른바 '용아(用我 : 나를 씀)'는 일찍이 시험하여 부리는 것이 아니고, 온 나라를 맡겨서 정사를 듣도록 하는 일이다."

○ '苟'字, 非虛字, 與'苟志於仁'之'苟', 同.
'구(苟)'자는 허자(虛字)가 아니니, '구지어인(苟志於仁 : 진실로 인에 뜻을 둠)'[140]의 '구(苟)'와 더불어 같다.

朱註

'朞月', 謂周一歲之月也. '可'者, 僅辭, 言紀綱布也. '有成', 治功成也.
'기월(朞月)'은 한 해를 돌아온 달을 이른다. '가(可)'라는 것은 겨우 하는 말이니, 기강이 베풀어짐을 말한다. '유성(有成)'은 다스리는 공적이 이루어짐이다.

---

138) 호광 편(胡廣 編), 『논어집주대전(論語集註大全)』「자로(子路)」에는 다음과 같이 되어 있다. "葉氏少蘊曰 : '因爲不用己而言, 又論善人. 王者之功, 此書所記, 先後初無序, 亦有一時之言, 而倂記之者, 若此編是也. 所謂用我者, 非嘗試而使之也, 擧國委己而聽之也. 哀公, 以夫子爲中都宰, 一年而四方則之, …… 每用輒效如此, 況委國而聽之, 至於三年之久哉?'"

139) 섭몽득(葉夢得 : 1077~1148) : 송나라 때 문인으로, 자가 소온(少蘊)이고, 호가 석림(石林) 또는 석림거사(石林居士)이며, 소주오현(蘇州吳縣) 사람이다. 송나라 철종(哲宗) 4년(1097)에 진사과에 급제한 뒤 한림학사·호조상서 등을 역임하였고, 만년에 호주(湖州) 변산(弁山) 영롱산(玲瓏山) 석림(石林)에 은거하였다. 저서로는 『석림연어(石林燕語)』·『석림사(石林詞)』·『석림시화(石林詩話)』 등이 있다.

140) 구지어인(苟志於仁 : 진실로 인에 뜻을 둠) : 『논어(論語)』「이인(里仁)」에서 "子曰 : '苟志於仁矣, 無惡也.'"라고 하였고, 그 『집주(集註)』에서는 "苟, 誠也."라고 하였다.

詳說

○ 朞.

'주일세(周一歲 : 한해를 돌아옴)'는 기(朞)이다.

○ 去聲.

'치공성야(治功成也)'에서 '치(治)'자는 거성(去聲 : 다스림)이다.

○ 朱子曰 : "財足兵強; 教行民服."141)

주자(朱子 : 朱熹)가 말하였다. "재물이 풍족하면 군대가 강해지고, 교육이 행해지면 백성들이 복종한다."

○ 此本伊川說.142)

이는 본래 이천(伊川 : 程頤)의 말이다.

○ 訓兼釋.

훈고에 경문의 풀이를 겸하였다.

○ 南軒張氏曰 : "三年所成者, 卽充其朞月所立之規模也."143)

남헌 장씨(南軒張氏 : 張栻)가 말하였다. "3년에 이루는 것은 곧 그 한 해 동안 세운 규모를 채우는 일이다."

朱註

尹氏曰 : "孔子歎當時莫能用己也. 故云然." 愚按, 『史記』, 此蓋爲衛靈公不能用而發.

윤씨(尹氏 : 尹焞)144)가 말하였다. "공자가 당시에 능히 자기를 쓰는 일이 없음을

---

141) 호광 편(胡廣 編), 『논어집주대전(論語集註大全)』「자로(子路)」에는 다음과 같이 되어 있다. "朱子曰 : '聖人爲政, 一年之間, 想見己前不好底事, 都革得盡到三年, 便財足兵強; 教行民服. 聖人做時, 須一切將許多不好底, 撤換了, 方做自家底, 必三年方可有成也.'"

142) 주희(朱熹), 『논어정의(論語精義)』 권7 상에 다음과 같이 실려 있다. "或問爲政遲速, 曰 : '仲尼嘗言之矣, 苟有用我者, 期月而已, 可也, 三年有成, 仲尼言有成者, 蓋欲立致治之功業, 如堯舜之時, 夫是之謂有成. 此聖人之事, 他人不可及. 某嘗言後世之論治者, 皆不中道理. …… 聖人之言, 自有次序. 所謂朞月而已可也, 綱紀布也. 三年有成, 治功成也. 聖人之事, 後世雖不敢望如此. 然二帝之治, 惟聖人能之, 三王以下事業, 大賢可爲也.'"

143) 호광 편(胡廣 編), 『논어집주대전(論語集註大全)』「자로(子路)」에는 다음과 같이 되어 있다. "南軒張氏曰 : '朞月而大綱立, 三年而治功成. 然三年之所成者, 卽其朞月所立之規模也, 充之而已矣.'"

144) 윤돈(尹焞 : 1071~1142) : 북송 시대 사람으로, 자가 언명(彦明) 또는 덕충(德充)이고, 하남(河

탄식한 것이다. 그러므로 그렇게 말하였다.” 내가 살펴보건대, 『사기(史記)』에 이는 대개 위나라 영공(靈公)이 능히 쓰지 않음에 말미암아서 말한 것이라고 하였다.

詳說

○ 「世家」.

'『사기(史記)』'는 「공자세가(孔子世家)」이다.

○ 去聲.[145]

'차개위위령공(此蓋爲衛靈公)'에서 '위(爲)'자는 거성(去聲 : 말미암다)이다.

○ 此說之置圈下, 亦與好德章之爲靈公發者, 同.

이 설명을 동그라미(○ : 圈) 아래에 두었으나[146], 또한 호덕장(好德章)[147]의 영공(靈公)을 위해서 말한 것과 더불어 같다.

○ 雲峰胡氏曰 : "言'用我'者二, 一爲衛不能用; 一爲魯不能用, 此亦可見兄弟之政也."[148]

운봉 호씨(雲峰胡氏 : 胡炳文)가 말하였다. "'용아(用我 : 나를 씀)'를 말한 것이 둘이니, 하나는 위나라에서 능히 쓰지 않은 것이고, 하나는 노나라에서 능히 쓰지 않은 것이니,[149] 여기서 또한 형제의 정사[150]를 볼 수 있다."

南) 낙양(洛陽) 사람이며, 사호(賜號)가 화정처사(和靖處士)이다. 정자(程子 : 程頤)의 제자인데, 주희(朱熹)가 화정선생첩(和靖先生帖)을 얻어서 1180년에 백록동서원에 새겨 두었다고 한다. 저서로는 『화정선생집(和靖先生集)』·『논어해(論語解)』·『맹자해(孟子解)』 등이 있다.

145) 호광 편(胡廣 編), 『논어집주대전(論語集註大全)』「자로(子路)」.

146) 위의 주석 "윤씨왈(尹氏曰)" 아래의 구절을 말한다.

147) 호덕장(好德章) : 『논어(論語)』「자한(子罕)」에서 "子曰 : '吾未見好德, 如好色者也.'"라 하였고, 그 『집주(集註)』에 의하면, "『史記』, 孔子居衛, 靈公與夫人同車, 使孔子爲次乘, 招搖市過之, 孔子醜之. 故有是言."이라 하였다. 『논어(論語)』「위령공(衛靈公)」에도 "子曰 : '已矣乎. 吾未見好德, 如好色者也.'"라 하였다.

148) 호광 편(胡廣 編), 『논어집주대전(論語集註大全)』「자로(子路)」에는 다음과 같이 되어 있다. "雲峯胡氏曰 : '夫子言有用我者二, 一爲衛不能用; 一爲魯不能用, 卽此亦可見魯衛之政兄弟矣.'"

149) 노나라에서 능히 쓰지 않은 것이니 : 『논어(論語)』「양화(陽貨)」의 "子曰 : '夫召我者, 而豈徒哉? 如有用我者, 吾其爲東周乎?'"를 가리킨다.

150) 형제의 정사 : 위 경문의 "子曰 : '魯衛之政, 兄弟也.'"를 말한다.

[13-11-1]

子曰："善人, 爲邦百年, 亦可以勝殘去殺矣, 誠哉. 是言也!"
공자가 말하였다. "'착한 사람이 나라를 다스림이 백 년이면 또한 가히 잔포(殘暴)함을 이기며, 죽이는 것을 버릴 것이다.'라고 하니, 성실하도다. 이 말이여!"

朱註

'勝', 平聲. '去', 上聲.
'역가이승잔거살의(亦可以勝殘去殺矣)'에서 '승(勝)'자는 평성(平聲 : 능멸하다)이고, '거(去)'자는 상성(上聲 : 버림)이다.

詳說

○ 程子曰："善人不踐迹, 亦不入於室之人也."151)
정자(程子 : 程頤)가 말하였다. "착한 사람은 자취[惡迹]를 밟지 않고, 또한 방[道]에 들어가지 못한 사람이다."

朱註

'爲邦百年', 言相繼而久也. '勝殘', 化殘暴之人, 使不爲惡也. '去殺', 謂民化於善, 可以不用刑殺也. 蓋古有是言, 而夫子稱之.
'위방백년(爲邦百年 : 나라를 다스림이 100년임)'은 서로 이어서 오래함을 말한다. '승잔(勝殘)'은 잔혹하고 포악한 사람을 교화시켜 악행을 저지르지 않게 하는 일이다. '거살(去殺)'은 백성들이 선에 감화되어 죽이는 형벌을 쓰지 않아도 되는 일이다. 대개 옛날부터 이런 말이 있었음에도, 공자가 이를 칭찬한 것이다.

詳說

○ 本文語勢, 有嫌於一人爲邦百年. 故特明之.
'위방백년, 언상계이구야(爲邦百年, 言相繼而久也)'는 본문의 어세가 한 사람이 백 년 동안 나라를 다스리는 것을 혐의함이 있었다. 그러므로 특별히 밝힌 것이다.

---

151) 주희(朱熹), 『논어정의(論語精義)』 권7 상에는 다음과 같이 되어 있다. "伊川曰 : '勝殘去殺, 只是能使人不爲惡. 善人者不踐迹, 亦不入於室之人也, 不踐已前爲惡之迹. 然亦未入於道也.'"

○ 雙峰饒氏曰："我之善化, 足以勝其殘暴."[152]

'승잔, 화잔폭지인, 사불위악야(勝殘, 化殘暴之人, 使不爲惡也)'에 대해, 쌍봉 요씨(雙峰饒氏 : 饒魯)가 말하였다. "나의 착한 교화가 충분히 그 잔혹하고 포악한 사람을 이길 수 있는 것이다."

○ '勝', 非克勝之勝, 謂能堪當而馴擾也.

'승(勝)'은 이긴다는 승(勝)이 아니라, 능히 감당하여 길들이고 굴복시킬 수 있음을 이른다.

○ 訓兼釋.

'거살, 위민화어선, 가이불용형살야(去殺, 謂民化於善, 可以不用刑殺也)'는 훈고에 경문의 뜻풀이를 겸하였다.

○ 雙峰饒氏曰："惟其能勝殘, 所以可去殺, 謂之'亦可'者, 微寓不足之意."[153]

쌍봉 요씨(雙峰饒氏 : 饒魯)가 말하였다. "오직 그 능히 잔혹하고 포악한 사람을 이겨야 죽이는 형벌을 내버릴 수 있으며, '역가(亦可)'라고 말한 것은 미미하게 뜻을 부치고 충족시키지 않는 뜻이다."

○ 此釋'誠哉', 是言一句. 此下則論也.

'부자칭지(夫子稱之 : 공자가 칭찬함)'의 경우, 이는 경문의 '성재(誠哉)'를 풀이한 것이니, 이 말은 한 구절이다. 이 아래는 의미를 설명하였다.

朱註

程子曰："漢自高惠, 至于文景, 黎民醇厚, 幾致刑措, 庶乎其近之矣."

정자(程子 : 程顥)가 말하였다. "한나라는 고조(高祖)와 혜제(惠帝)로부터 문제(文帝)과 경제(景帝)에 이르기까지 백성들이 순수하고 돈후하여 거의 형벌을 버리고 쓰지 않는 데 이르렀으니, 거의 그것에 가까워질 것이다."

詳說

○ 伯子.

---

152) 호광 편(胡廣 編), 『논어집주대전(論語集註大全)』「자로(子路)」에는 다음과 같이 되어 있다. "雙峯饒氏曰 : '勝殘, 是我之善化, 足以勝其殘暴. 去殺, 是民無極惡大罪, 可以不用刑殺. ……'"

153) 호광 편(胡廣 編), 『논어집주대전(論語集註大全)』「자로(子路)」에는 다음과 같이 되어 있다. "雙峯饒氏曰 : '…… 惟其能勝殘, 所以可去殺, 謂之亦可者, 微寓不足之意, 似有未能必其殘果盡, 勝殺果盡去之意. 蓋亦所謂幾致刑措者也, 善人力量其極功, 只到得此地位以上, 更去不得.'"

'정자(程子)'는 형 정호(程顥)이다.

○ 一作'於'.

'우(于)'는 어떤 판본에는 '어(於)'로 썼다.

○ 刑見捨也.

'기치형조(幾致刑措)'는 형벌이 버림을 당하는 것이다.

○ 以漢事實之, 而'庶'·'近'二字, 有斟酌.

한나라의 일로써 실증하였는데, '서(庶)'와 '근(近)'에는 짐작함이 있다.

朱註

尹氏曰: "勝殘去殺, 不爲惡而已, 善人之功, 如是. 若夫聖人, 則不待百年, 其化亦不止此."

윤씨(尹氏: 尹焞)가 말하였다. "잔혹하고 포악한 사람을 이기고 죽이는 형벌을 내버리는 것은 악행을 저지르지 않게 할 따름이니, 착한 사람의 공효(功效)는 이와 같다. 만약 저 성인과 같다면 백년을 기다리지 않을 것이며, 그 교화가 또한 여기에 그치지 않는다."

詳說

○ 音扶.

'약부성인(若夫聖人)'에서 '부(夫)'자는 음이 부(扶)이다.

○ 朱子曰: "聖人綏來動化, 殺不怨, 利不庸, 民日遷善, 而不知爲之."[154)]

---

154) 호광 편(胡廣 編), 『논어집주대전(論語集註大全)』「자로(子路)」에는 다음과 같이 되어 있다. "問: '『集註』, 謂民化於善, 可以不用刑殺, 乃聖人之事, 善人未易至此.' 朱子曰: '聖人比善人, 自是不同, 綏之斯来, 動之斯和, 殺之不怨, 利之不庸, 民日遷善, 而不知爲之者, 此聖人事, 善人定是未便得如此. 然他做百年工夫, 積累到此, 自是亦能使人興於善, 不陷刑辟, 如文·景幾致刑措, 豈不勝殘去殺?'". 『주자어류(朱子語類)』 권43, 「논어25(論語二十五)」, 32조목의 내용은 다음과 같다. "安卿問: '『集注』云: 民化於善, 可以不用刑殺. 恐善人只是使風俗醇朴. 若化於善, 恐是聖君之事?' 曰: '大概論功效是如此. 其深淺在人, 不必恁地粘皮著骨去說. 不成說聖人便得如此, 善人便不得如此! 不必恁地分別. 善人是他做百年工夫, 積累到此, 自是能使人興善, 人自是不陷於刑辟. 如文·景恁地, 後來海內富庶, 豈不是勝殘去殺. 如漢循吏, 許多人才循良, 也便有效. 如陳太丘·卓茂·魯恭只是縣令, 也能如此. 不成說你便不是聖人, 如何做得這箇! 只看他功效處, 又何必較量道聖人之效是如此, 善人之效是如彼? 聖人比善人自是不同. 且如綏之斯來, 動之斯和; 殺之而不怨, 利之而不庸, 民日遷善而不知爲之, 善人定是未能到這田地. 但是有這般見識,

주자(朱子 : 朱熹)가 말하였다. "성인이 편안하게 대해 줌에 돌아오고 감동을 줌에 동화하여 죽여도 원망하지 않고 이로워도 쓰지 않으며, 백성들이 날로 선(善)으로 옮겨가도 그렇게 됨을 알지 못하는 것이다."

○ 新安陳氏曰 : "下二句, 隱然說下章, 聖人卽王者."155)

신안 진씨(新安陳氏 : 陳櫟)가 말하였다. "아래 두 구절은 은연중에 아래 장을 말하였고, 성인은 곧 임금 노릇하는 사람이다."

○ 亦說上章事.

또한 윗 장의 일을 말한 것이다.

有這般心胸, 積累做將去, 亦須有效. 且如而今寬刑薄賦, 民亦自能興起, 而不陷於刑. 聖人論功效, 亦是大概如此. 只思量他所以致此效處如何便了, 何必較他優劣. 便理會得, 也無甚切己處.' (진안경이 물었다. 『논어집주(論語集註)』에 '백성이 선에 교화되어 형벌로 죽이지 않는다.'고 한 것은 선한 사람이 풍속을 순박(醇朴)하게 할 수 있어서일 뿐입니다. 선에 교화됨과 같은 것은 아마도 성인의 일인 듯합니다. 주희가 말하였다. '대개 공효를 논하면 이와 같다. 그 깊고 얕음은 사람에게 달려 있으므로 대충 갖다 붙여 말할 필요는 없다. 성인은 이와 같고 선인은 이러지 못한다고 말할 필요도 없다. 꼭 이렇게 나눌 필요가 없다. 선한 사람이 백 년 동안 공부하여 여기에 도달하면, 저절로 사람들을 선에 흥기하게 하니, 사람들 스스로 형벌에 빠지지 않는 것이다. 문제(文帝)와 경제(景帝)는 이렇게 하여 나중에 온 천하를 부유하게 했으니, 어찌 잔악한 사람이 선하게 되고 중형을 쓸 필요가 없을 정도로 백성들이 모두 선하게 되지 않겠는가. 예를 들어 한나라의 순리(循吏)의 경우, 수많은 인재가 선량하여 곧바로 효과가 있었던 것과 같다. 진태구(陳太丘) 탁무(卓茂) 노공(魯恭)은 단지 현령(縣令)에 지나지 않았지만, 능히 이와 같이 하였다. 내가 성인이 아닌데 어떻게 이런 일을 하겠는가라고 말하지 말라. 그의 공효처(功效處)만 보아야지, 왜 성인의 공효는 이와 같고 선인의 공효는 저와 같은지 비교하는가? 성인은 선인과 비교하면 본래 같지 않다. 즉 '편안하게 해주면 이에 따라오고, 고무시키면 이에 화합하며,' '죽여도 원망하지 않으며, 이롭게 하여도 공(功)으로 여기지 않는다. 그러므로 백성들이 날로 개과천선(改過遷善) 하면서도 누가 그렇게 만든 줄을 알지 못하는' 것과 같으므로, 선인은 결코 이와 같은 경지에 이르지 못하였다. 그렇지만 이러한 식견과 이러한 마음을 가지고 점차 축적해나가면 반드시 효과가 있을 것이다. 이제 형벌을 관대하게 하고 세금을 낮추면, 백성 또한 스스로 선에 흥기하여 형벌에 빠지지 않을 것이다. 성인이 공효를 논하는 것 또한 이와 같다. 그가 이러한 공효를 가져온 이유가 무엇인지 생각해 보면 바로 이해할 것인데, 무엇 때문에 그 우열을 비교하는가. 그렇게 하여 이해했다하더라도 자기에게 절실한 면이 없을 것이다.')"

155) 호광 편(胡廣 編), 『논어집주대전(論語集註大全)』「자로(子路)」에는 다음과 같이 되어 있다. "新安陳氏曰 : '上三句說本章下二句, 隱然說下章, 聖人卽王者. 不待百年, 卽一世化不止, 此卽仁澤浹也.'"

[13-12-1]

子曰："如有王者, 必世而後仁."
공자가 말하였다. "만일에 임금 노릇을 하는 사람이 있을지라도 반드시 한 세대 뒤라야 어질어질 것이다."

詳說

○ '如'字, 有承上之意. 且上章雖古語, 而亦字是承上之辭, 蓋此三章, 似一時語耳.
'여(如)'자는 위의 뜻을 이어받음이 있다. 또 위의 장이 비록 옛말이지만, 또한 글자가 위의 말을 이은 것이니, 대개 이 세 장은 흡사 한 때의 말인 것 같다.

朱註

'王者', 謂聖人受命而興也. 三十年, 爲一世. '仁', 謂敎化浹也.
'왕자(王者)'는 성인이 명을 받아서 일어난 것이다. 30년은 한 세대가 된다. '인(仁)'은 교화가 두루 미침을 이른다.

詳說

○ 一作'則'.
'인위(仁謂)'에서 '위(謂)'자는 다른 판본에는 '즉(則)'으로 썼다.

○ 卽業反.[156]
'위교화협야(謂敎化浹也)'에서 '협(浹)'은 '즉(卽)'과 '업(業)'의 반절(反切)이다.

○ 朱子曰："擧一世之人, 皆這道理浸灌透徹."[157]
주자(朱子 : 朱熹)가 말하였다. "한 세대의 사람을 든 것이니, 모두 저 도리에 깊이 젖어들고 환하게 통달하였다."

○ 南軒張氏曰："使民, 皆由於仁."[158]
남헌 장씨(南軒張氏 : 張栻)가 말하였다. "백성들에게 모두 인(仁)에 말미암게 하는

156) 호광 편(胡廣 編), 『논어집주대전(論語集註大全)』「자로(子路)」.
157) 호광 편(胡廣 編), 『논어집주대전(論語集註大全)』「자로(子路)」에는 다음과 같이 되어 있다. "朱子曰 : '自己之仁而言之, 這箇道理浸灌透徹; 自天下言之, 擧一世之人, 皆是這箇道理浸灌透徹.'"
158) 호광 편(胡廣 編), 『논어집주대전(論語集註大全)』「자로(子路)」에는 다음과 같이 되어 있다. "南軒張氏曰 : '使民, 皆由於仁, 非仁心涵養之深, 仁政薰陶之久, 莫能然也. 此則非善人, 所能及矣.'"

것이다.”

○ 『語』中諸‘仁’字, 惟‘後仁’之訓, ‘教化浹’; ‘里仁’之訓, ‘仁厚俗’; ‘如其仁’之訓, ‘利澤及人’者, 各自爲一例耳.

『논어(論語)』 가운데 여러 ‘인(仁)’자가 있는데, 그중에 오직 ‘후인(後仁)’[159]의 뜻은 ‘교화협(教化浹)’이고, ‘이인(里仁)’[160]의 뜻은 ‘인후속(仁厚俗)’[161]이고, ‘여기인(如其仁)’의 뜻은 ‘이택급인(利澤及人)’이니,[162] 각각 스스로 하나의 예가 될 뿐이다.

○ 訓兼釋.

훈고에 경문의 풀이를 겸하였다.

○ 此下則論也.

이 아래는 곧 경문의 의미를 설명하였다.

朱註

程子曰 : “周自文 · 武, 至于成王而後, 禮 · 樂興, 卽其效也.”

정자(程子 : 程顥)가 말하였다. “주나라는 문왕과 무왕으로부터 성왕 이후에 이르기까지 예(禮)와 악(樂)이 흥기하였으니, 바로 그 효험이다.”

詳說

○ 伯子.

‘정자(程子)’는 형 정호(程顥)이다.

○ 以同事實之, 而‘卽’字有斷然歸之之意. 上下註程子之論, 蓋亦一時語, 而其衡尺之嚴, 如此云.

같은 일로써 실증하였는데, ‘즉(卽)’자에는 단연하게 돌아오는 뜻이 있다. 위와 아래 주석에서 정자(程子)의 논의는 대개 또한 동일한 때의 말이지만 그 평가하고

---

159) 후인(後仁) : 위의 경문 “子曰 : ‘如有王者, 必世而後仁.’”에 나오는 ‘後仁’을 말한다.

160) 이인(里仁) : 『논어(論語)』「이인(里仁)」에서 “子曰 : ‘里仁, 爲美, 擇不處仁, 焉得知?’”라고 하였다.

161) 인후속(仁厚俗) : 위 「이인(里仁)」의 주석 “里有仁厚之俗, 爲美, 擇里而不居於是焉, 則失其是非之本心, 而不得爲知矣.”에 나오는 ‘仁厚之俗’을 말한다.

162) ‘여기인(如其仁)’의 뜻은 ‘이택급인(利澤及人)’이니 : 여기인(如其仁)은 『논어(論語)』「헌문(憲問)」에서 “子曰 : ‘桓公, 九合諸侯, 不以兵車, 管仲之力也, 如其仁如其仁?’”라고 한 구절에 보이고, 그 『집주(集註)』에서 “如其仁, 言誰如其仁者, 又再言以深許之, 蓋管仲, 雖未得爲仁人, 而其利澤及人, 則有仁之功矣.”에 나오는 ‘利澤及人’을 가리킨다.

헤아리는 엄정함이 이와 같은 것이다.

朱註

或問："三年·必世, 遲速不同, 何也?" 程子曰："三年有成, 謂法度·紀綱有成而化行也. 漸民以仁, 摩民以義, 使之浹於肌膚, 淪於骨髓, 而禮樂可興, 所謂仁也, 此非積久, 何以能致?"

어떤 사람이 물었다. "3년이라고도 하고, 반드시 한 세대라고도 하여 더딤과 빠름이 같지 않음은 어째서인가?" 정자(程子：程頤)가 말하였다. "3년이면 이루어짐이 있다고 함은 법도와 기강이 이루어지고 교화가 시행됨을 이른다. 백성들을 인(仁)으로써 젖어들고, 백성들을 의(義)로써 연마하여 그들에게 피부에 사무치고 골수에 빠져들게 하여야 예(禮)와 악(樂)이 일어날 수 있으니, 이른바 인(仁)이라는 것이다. 이는 오래도록 쌓인 것이 아니면 어떻게 이룰 수 있겠는가?"

詳說

○ '三年·必世', 問一章而合論者, 此亦圈註之一例也.

'삼년·필세(三年·必世)'는 하나의 장을 물어서 논의를 합친 것이니, 이 또한 동그라미(○：圈) 주석의 하나의 예이다.[163]

○ 叔子.

'정자(程子)'는 동생 정이(程頤)이다.

○ 順說.

'삼년유성, 위법도·기강유성이화행야(三年有成, 謂法度·紀綱有成而化行也：3년이면 이루어짐이 있다고 함은 법도와 기강이 이루어지고 교화가 시행됨을 이른다)'는 순차적인 해설이다.

○ 將廉反.[164]

'점민이인(漸民以仁)'에서 '점(漸)'은 '장(將)'과 '렴(廉)'의 반절(反切)이다.

○ 出『漢書』「董仲舒傳」.

'점민이인, 마민이의(漸民以仁, 摩民以義：백성들을 인으로써 젖어들고, 백성들을 의로써 연마함)'는 『한서(漢書)』「동중서전(董仲舒傳)」에 나온다.[165]

---

163) 위의 "혹문(或問)"이하 주석을 말한다.

164) 호광 편(胡廣 編), 『논어집주대전(論語集註大全)』「자로(子路)」.

○ 倒說.

'사지협어기부, 륜어골수, 이예악가흥, 소위인야(使之浹於肌膚, 淪於骨髓, 而禮樂可興, 所謂仁也 : 그들에게 피부에 사무치고 골수에 빠져들게 하여야 예와 악이 일어날 수 있으니, 이른바 인이라는 것)'는 도치한 설명이다.

165) 『한서(漢書)』「동중서전(董仲舒傳)」에 나온다 : 『한서(漢書)』 권56, 「동중서전(董仲舒傳) 제26」에서 "漸民以仁, 摩民以誼. 師古曰 : '漸, 謂浸潤之也; 摩, 謂砥礪之也.'"라고 하였다.

[13-13-1]

子曰 : "苟正其身矣, 於從政乎, 何有, 不能正其身, 如正人何?"
공자가 말하였다. "진실로 그 몸을 바르게 하면 정사를 좇음에 무슨 어려움이 있으며, 능히 그 몸을 바르게 못하면 사람을 바르게 함을 어찌 하겠는가?"

詳說

○ 『集註』無文.

『논어집주(論語集註)』에는 글[주석]이 없다.166)

○ **朱子曰 : "此與第六章, 何異而復出者? 鼂氏以爲此章專爲臣而發, 理或然也."**167)

주자(朱子 : 朱熹)가 말하였다. "이 장은 제6장168)과 무엇이 다른데 다시 나온 것인가? 조씨(鼂氏 : 晁說之)169)는 이 장이 신하를 위하여 말한 것이라고 하는데, 이치가 혹 그럴 듯하다."

○ **雙峰饒氏曰 : "'從政'與'爲政'不同, '爲政'是人君事; '從政'是大夫事. 此章爲大夫而發."**170)

쌍봉 요씨(雙峰饒氏 : 饒魯)가 말하였다. "'종정(從政)'과 '위정(爲政)'은 같지 않으

---

166) 『주자어류(朱子語類)』 권43, 「논어25(論語二十五)」, 35조목에는 다음과 같은 견해가 있다. "오필대가 물었다. '범씨는 먼저 자신을 바르게 하는 것은 왕이 덕으로 인을 행하는 일이고, 자신을 바르게 하지도 못하면서 다른 사람을 바르게 하려는 것은 물리적 힘으로 인을 가장하는 일이라고 했습니다.' 주희가 말하였다. '왕자와 패자는 왕패의 도를 가리키는 것이다. 범씨의 설은 느슨하여 절실하지 못하다.'(問 : '范氏以先正其身, 爲王者以德行仁之事; 不能正其身而正人, 爲以力假仁之事.' 曰 : '王者霸者, 只是指王霸之道. 范氏之說, 緩而不切.)"

167) 호광 편(胡廣 編), 『논어집주대전(論語集註大全)』「자로(子路)」에는 다음과 같이 되어 있다. "問 : '此章, 與第六章, 其身正不令而行; 其身不正雖令不從, 何異而復出之?' 朱子曰 : '晁氏以爲此章, 專爲臣而發, 理或然也.'"

168) 제6장 : "子曰 : '其身正, 不令而行; 其身不正, 雖令不從.'"라는 구절을 말한다.

169) 조열지(晁說之 : 1059~1129 : 송나라 때 학자로, 자가 이도(以道) · 백이(伯以)이고, 사마광(司馬光)의 사람됨을 사모하여 자호를 경우생(景迂生)이라 하고, 대대로 단주(澶州)에 살았으며, 거야(鉅野) 사람이다. 저서로는 『역상구대전(易商瞿大傳)』 · 『서론(書論)』 · 『역상소전(易商小傳)』 · 『상구역전(商瞿易傳)』 · 『친씨역식(親氏易式)』 · 『조씨시전(晁氏詩傳)』 · 『시론(詩論)』 · 『조씨서전(晁氏書傳)』 · 『조씨춘추전(晁氏春秋傳)』 · 『논어강의(論語講義)』 · 『주역태극전(周易太極傳)』 · 『중용전(中庸傳)』 · 『홍범소전(洪范小傳)』 · 『경우생집(景迂生集)』 등이 있다.

170) 호광 편(胡廣 編), 『논어집주대전(論語集註大全)』「자로(子路)」에는 다음과 같이 되어 있다. "雙峯饒氏曰 : '從政與爲政不同, 爲政是人君事; 從政是大夫事. 夫子此言, 蓋爲大夫而發.'"

니, '위정(爲政)'은 임금의 일이고, '종정(從政)'은 대부의 일이다. 이 장은 대부를 위하여 말한 것이다."

◯ 第六章之'其'字, 蓋通君·大夫而汎指耳.

제6장의 '기(其)'자[171]는 대개 임금과 대부를 통틀어서 두루 가리켰다.

◯ '政'者, 正人也, 上下句, 互言之.

'정(政)'이라는 것은 사람을 바르게 함이니, 위와 아래의 구절에서 서로 말하였다.

◯ '何有'·'如何'二訓, 已見前篇.

'하유(何有)'[172]와 '여하(如何)'[173] 두 개의 훈고는 이미 앞의 편에서 보였다.

---

171) 제6장의 '기(其)'자 : "子曰 : '其身正, 不令而行; 其身不正, 雖令不從.'"에 나오는 '其'자를 말한다.

172) 하유(何有) : 『논어(論語)』「이인(里仁)」에서 "子曰 : '能以禮讓, 爲國乎, 何有; 不能以禮讓, 爲國, 如禮, 何?'"라 하였고, 그 『집주(集註)』에서 "何有, 言不難也."라고 하였다. 그리고 『논어(論語)』「옹야(雍也)」에서도 다음과 같이 '何有'가 보인다. "季康子問 : '仲由, 可使從政也與?' 子曰 : '由也, 果, 於從政乎, 何有?' 曰 : '賜也, 可使從政也與?' 曰 : '賜也, 達, 於從政乎, 何有?' 曰 : '求也, 可使從政也與?' 曰 : '求也, 藝, 於從政乎, 何有?'"

173) 여하(如何) : 『논어(論語)』「팔일(八佾)」에서 "子曰 : '人而不仁, 如禮, 何; 人而不仁, 如樂, 何?'"라 하였고, 『논어(論語)』「이인(里仁)」에서 "子曰 : '能以禮讓, 爲國乎, 何有; 不能以禮讓, 爲國, 如禮, 何?'"라 하고, 그 『집주(集註)』에서 "其禮文雖具, 亦且無如之何矣, 而況於爲國乎?"라고 하였다.

[13-14-1]

冉子退朝, 子曰 : "何晏也?" 對曰 : "有政." 子曰 : "其事也. 如有政, 雖不吾以, 吾其與聞之."

염자(冉子 : 冉有)가 조회에서 물러 나오거늘 공자가 말하였다. "어찌 늦었느냐?" 대답하여 말하였다. "정사(政事)가 있었습니다." 공자가 말하였다. "그냥 일이로다. 만일 정사가 있었다면 비록 나를 쓰지 않으나 내가 그것에 참여하여 들었을 것이다."

朱註

'朝', 音湖. '與', 去聲. 冉有, 時爲季氏宰. '朝', 季氏之私朝也. '晏', 晩也. '政', 國政. '事', 家事. '以', 用也.

'염자퇴조(冉子退朝)'에서 '조(朝)'자는 음이 조(潮)이다. '오기여문지(吾其與聞之)'에서 '여(與)'자는 거성(去聲 : 참여함)이다. 염유(冉有)가 당시에 계씨(季氏)의 가재(家宰)가 되었다. '조(朝)'는 계씨의 사사로운 조회이다. '안(晏)'은 늦음이다. '정(政)'은 나라의 정사이다. '사(事)'는 집안의 일이다. '이(以)'는 씀이다.

詳說

○ 厚齋馮氏曰 : "臣見君曰'朝', 宰之見季氏, 亦曰'朝', 僭禮之稱也."[174]

후재 풍씨(厚齋馮氏 : 馮椅)가 말하였다. "신하기 임금을 뵙는 것을 '조(朝)'라고 하는데, 가재(家宰)가 계씨를 만나는 것도 또한 '조(朝)'라고 하였으니, 예의에 어긋나는 일컬음이다.

○ 記者, 仍時俗之稱, 猶陳成子耳.

기록하는 사람이 당시 습속의 일컬음에 말미암은 것이니, 진성자(陳成子)와 같을 뿐이다.[175]

---

174) 호광 편(胡廣 編), 『논어집주대전(論語集註大全)』「자로(子路)」에는 다음과 같이 되어 있다. "厚齋馮氏曰 : '臣見君曰朝. 故其廷謂之朝廷. 季氏專魯之政, 其臣之見季氏, 亦曰朝, 僭禮之稱也.'"

175) 진성자(陳成子)와 같을 뿐이다 : 『논어(論語)』「헌문(憲問)」에서 "陳成子, 弑簡公."이라고 하였는데, 계씨가 참례(僭禮)한 일이 제나라 대부 진성자가 제나라 임금인 간공을 시해한 일과 같다고 말한 것이다.

○ 吳氏曰 : "政事汎言則通, 別言則大曰'政', 小曰'事'; 公朝曰'政', 私家曰'事'."[176]

오씨(吳氏 : 吳仲迂)가 말하였다. "정사(政事)는 두루 말하면 통하지만, 따로 말하면 큰 것은 '정(政)'이라 하고, 작은 것은 '사(事)'라고 하며, 조정(朝廷)은 '정(政)'이라 하고, 개인집은 '사(事)'라고 한다."

○ 訓畢.

훈고가 끝났다.

朱註

禮, 大夫雖不治事, 猶得與聞國政. 是時, 季氏專魯, 其於國政, 蓋有不與同列, 議於公朝, 而獨與家臣謀於私室者.

예(禮)에 대부는 비록 정사(政事)를 다스리지 않아도 오히려 나라 정사에 참여하여 들을 수 있었다. 이때 계씨는 노나라를 전횡(專橫)하여 나라 정사에서 대개 같은 지위의 대부들과 조정에서 의논하지 않고, 홀로 가신들과 방안에서 도모한 사람이었다.

詳說

○ 先言常禮.

'예, 대부수불치사, 유득여문국정(禮, 大夫雖不治事, 猶得與聞國政 : 예에 대부는 비록 정사를 다스리지 않아도 오히려 나라 정사에 참여하여 들을 수 있었다)'은 먼저 일반적인 예를 말한 것이다.

○ 吳氏曰 : "哀公十二年, 爲夫子告老之年, 康子用田賦, 使冉有問曰 : '子爲國老, 待子而行', 蓋至是, 不復以告矣."[177]

오씨(吳氏 : 吳仲迂)가 말하였다. "애공(哀公) 12년은 공자가 나이가 많아 사직을 한 해인데, 강자(康子)가 전답의 부세를 쓰면서 염유에게 묻게 하여 말하기를 '공자께서 국로(國老)가 되셨으니 공자를 기다려서 시행하겠습니다.'라고 하였는데, 대개 이에 이르러 다시는 말해 주지 않았다."

---

176) 호광 편(胡廣 編), 『논어집주대전(論語集註大全)』「자로(子路)」에는 다음과 같이 되어 있다. "吳氏曰 : '政事泛言之則通, 別言之則大曰政, 小曰事; 公朝之事曰政, 私家之事曰事.'"

177) 호광 편(胡廣 編), 『논어집주대전(論語集註大全)』「자로(子路)」에는 다음과 같이 되어 있다. "吳氏曰 : '以夫子此語推之, …… 夫子哀公十一年冬, 反魯, 年六十九, 明年爲告老之年. 『左傳』「哀公十二年」春, 用田賦, 康子使冉有問曰 : 子爲國老, 待子而行, 蓋至是, 不復以告矣.'"

○ 請討陳恒, 是係大事. 故雖在致仕後, 猶自往告之也.[178]

진환(陳恒 : 陳成子. 제나라 大臣)을 칠 것을 청한 것은 나라의 큰일에 관계된다. 그러므로 비록 벼슬을 그만둔 뒤라도 오히려 스스로 가서 애공에게 말해 주었던 것이다.

○ '與', 如字.

'개유불여(蓋有不與)'에서 '여(與)'는 본래의 음으로 읽는다.

○ '同列', 大夫.

'동렬(同列)'은 대부이다.

○ '與', 如字.

'독여(獨與)'에서 '여(與)'는 본래의 음으로 읽는다.

○ 次言本事之變.

'독여가신모어사실자(獨與家臣謀於私室者 : 홀로 가신들과 방안에서 도모한 사람이었다)'의 의미는 다음으로 근본적인 일이 변하였음을 말한 것이다.

朱註

故夫子爲不知者而言, '此必季氏之家事耳. 若是國政, 我嘗爲大夫, 雖不見用, 猶當與聞, 今旣不聞, 則是非國政也.

그러므로 공자는 알지 못하는 사람처럼 하여 말하기를 '이는 반드시 계씨의 집안일일 뿐이다. 만약 나라의 정사였다면 내가 일찍이 대부가 되어 비록 쓰이지 못하였으나 오히려 마땅히 참여하여 들을 수 있었는데 지금껏 이미 듣지 못하였으니, 이는 나라의 정사가 아닌 것이다.'

詳說

○ 『大全』曰 : "此與『記』「檀弓」'夫子爲弗聞也者而過之'[179], 同一文勢."[180]

---

178) 『논어(論語)』「헌문(憲問)」에서 "陳成子, 弑簡公, 孔子沐浴而朝, 告於哀公曰 : '陳恒, 弑其君, 請討之.'"라고 하였다.

179) 『예기』「단궁 하(檀弓下)」에 "孔子之故人, 曰原壤, 其母死, 夫子助之沐椁, 原壤登木曰 : '久矣. 予之不託於音也. 歌曰 : 貍首之斑然, 執女手之卷然.' 夫子爲弗聞也者而過之, 從者曰 : '子未可以已乎?' 夫子曰 : '丘聞之, 親者, 毋失其爲親也; 故者, 毋失其爲故也.'"라고 하였다.

180) 호광 편(胡廣 編), 『논어집주대전(論語集註大全)』「자로(子路)」에는 "此與『記』「檀弓下」'夫子爲弗聞也者而過之', 同一文勢."로 되어 있다.

‘부자위부지자이언(夫子爲不知者而言 : 공자는 알지 못하는 사람처럼 하여 말함)’에 대해, 『논어집주대전』에서 말하였다. “이는 『예기』「단궁(檀弓)」의 ‘공자가 듣지 못한 사람처럼 하여 지나갔다.’라는 것과 더불어 동일한 글의 형세이다.”

○ ‘此必’二字, 釋‘其’字. 或云 : “‘其’, 指季氏”, 文勢恐不然.

‘차필(此必)’ 두 글자는 ‘기(其)’자를 풀이한 것이다. 어떤 사람은 이르기를, “‘기(其)’는 계씨(季氏)를 가리킨다.”라고 하였는데, 글의 형세가 아마도 그렇지 않다.

○ 釋畢.

‘유당여문(猶當與聞 : 오히려 마땅히 참여하여 들을 수 있었음)’에서 경문의 풀이가 끝났다.

○ ‘是’, 此也.

‘즉시(則是)’의 ‘시(是)’는 이것이다.

○ 此, 補本文未足之意.

이는 경문의 부족한 뜻을 보충하였다.

朱註

語意, 與魏徵獻陵之對, 略相似, 其所以正名分, 抑季氏, 而教冉有之意, 深矣.

말의 뜻을 보면, 위징(魏徵)이 헌릉(獻陵)의 대답과 더불어 대략 서로 비슷한데, 그 명분을 바르게 한 까닭은 계씨를 억제하여 염유를 가르친 뜻이니, 깊도다.

詳說

○ 『唐書』「魏徵傳」曰 : “文德皇后, 旣葬, 帝卽苑中作層觀, 以望昭陵. 引徵同升, 徵熟視曰 : ‘臣昏眊不能見帝指示之.’ 徵曰 : ‘臣以爲陛下望獻陵, 昭陵則臣固見之矣.’ 帝泣爲毁觀.”181)

‘약상사(略相似)’에 대해 『당서』「위징전(魏徵傳)」에서 말하였다. “문덕황후를 이미 장례 지낸 후에 황제는 정원 가운데 층진 건물을 짓고 소릉(昭陵)을 바라보았다. 위징을 끌고 같이 올랐는데, 위징이 익숙하게 눈여겨보더니 말하기를 ‘신은 눈이 어두워 능히 황제께서 가리키시는 곳을 볼 수 없습니다.’라고 하였다. 위징

---

181) 호광 편(胡廣 編), 『논어집주대전(論語集註大全)』「자로(子路)」에는 다음과 같이 되어 있다. “『唐書』「魏徵傳」, 文德皇后, 太宗之后, 旣葬, 帝卽苑中作層觀, 以望昭陵后陵. 引徵同升, 徵熟視曰 : ‘臣昏眊不能見帝指示之.’ 徵曰 : ‘臣以爲陛下望獻陵太宗母陵, 昭陵則臣固見之矣.’ 帝泣爲毁觀.”

이 말하기를 '신은 폐하가 헌릉(獻陵)을 바라보시는 줄 여겼으며, 소릉은 신이 진실로 보았습니다.'라고 하니, 황제가 눈물을 흘리면서 층진 건물을 헐어 버렸다."

○ **『大全』曰 : "昭陵, 太宗后陵; 獻陵, 太宗母陵."**

『논어집주대전』에서 말하였다. "소릉은 태종의 후비 능이고, 헌릉은 태종 어머니의 능이다."

○ **其佯, 若不知之事相彷彿, 此則語意之證也.**

그 거짓행세는 마치 알지 못하는 일과 같이 서로 비슷하니, 이는 말의 뜻을 증명한다.

○ **去聲.**[182)]

'기소이정명분(其所以正名分)'에서 '분(分)'자는 거성(去聲 : 본분)이다.

○ **抑其專.**

'억계씨(抑季氏)'는 그 전횡함을 억제한 것이다.

○ **吳氏曰 : "譏無能改於其德, 婉而嚴矣."**[183)]

오씨(吳氏 : 吳仲迂)가 말하였다. "능히 그 덕(德)을 고침이 없음을 기롱하였으니, 완곡하면서도 엄격한 것이다."

○ **此則言外之正意也.**

이는 곧 말 밖의 진정한 뜻이다.

---

182) 호광 편(胡廣 編), 『논어집주대전(論語集註大全)』「자로(子路)」에는 "分, 扶問反."이라고 하였다.

183) 호광 편(胡廣 編), 『논어집주대전(論語集註大全)』「자로(子路)」에는 다음과 같이 되어 있다. "吳氏曰 : '以夫子此語推之, 意古者大夫雖致仕, 國有大政, 亦必與之共謀. 蓋詢黃髮之意, 若小事則不必然爾, 冉有仕季氏, 無能改於其德. 故夫子因其有政之語, 而深譏之, 可謂微而顯, 婉而嚴矣. ……'"

[13-15-1]

定公問:"一言而可以興邦, 有諸?" 孔子對曰:"言不可以若是其幾也,
정공(定公)이 물었다. "하나의 말로써 나라를 흥하게 할 수 있다고 하는데, 그런 말이 있습니까?" 공자가 대답하여 말하였다. "말은 이렇듯이 기대(期待)할 수 없지만

詳說

○ 以'有諸'二字, 推之, 一言興邦, 一言喪邦, 蓋古語, 或俗語耳.
'유저(有諸 : 그런 말이 있습니까?)' 두 글자로써 미루어 보면 하나의 말로써 나라를 일으키고 하나의 말로써 나라를 잃게 한다는 것은 대개 옛날 말이거나, 혹은 세상 사람들의 말일 뿐이다.

朱註

'幾', 期也, 『詩』曰:"如幾如式."
'기(幾)'는 기대함이니, 『시경(詩經)』에서 말하였다. "기대함과 같고 법도와 같도다."

詳說

○ 「楚茨」.[184]
'『시경(詩經)』'은 「초자(楚茨)」이다.[185]

○ 訓.
훈고이다.

朱註

言一言之間, 未可以如此而必期其效.
하나의 말 사이에 이와 같이 반드시 그 효과를 기대할 수 없음을 말한 것이다.

184) 호광 편(胡廣 編), 『논어집주대전(論語集註大全)』「자로(子路)」에 "見「小雅 · 楚茨篇」."이라고 하였다. 또 "詩幾, 音機."라 하였다.

185) '『시경(詩經)』'은 「초자(楚茨)」이다 : 『시경(詩經)』「소아(小雅) · 초자(楚茨)」에서 "많은 복을 내려주시되 기대함과 같고 법도와 같도다.(卜爾百福, 如幾如式.)"라고 하였다.

詳說

○ 一句.

'일언(一言)'은 하나의 구절이다.

○ 釋.

경문의 풀이다.

[13-15-2]

人之言曰:'爲君難, 爲臣不易',

사람들의 말에 '임금 됨이 어려우며, 신하 됨이 쉽지 않다.'라고 하였으니,

朱註

'易', 去聲. 當時, 有此言也.

'위신불이(爲臣不易)'에서 '이(易)'자는 거성(去聲 : 쉽다)이다. 당시에 이 말이 있었다.

詳說

○ 有釋無訓.

경문의 풀이는 있으나 훈고는 없다.

○ 只取於'爲君難'一言, 而'爲臣不易'一句, 則是帶引耳.

다만 '위군난(爲君難 : 임금 됨이 어려움)'이라는 하나의 말만 취하였고, '위신불이(爲臣不易 : 신하 됨이 쉽지 않음)'라는 하나의 구절은 곧 묶어서 인용한 것일 뿐이다.

[13-15-3]

如知爲君之難也, 不幾乎一言而興邦乎?"

만약 임금 됨이 어려운 줄 안다면 하나의 말로써 나라를 흥하게 하는 것을 기대하지 않겠습니까?"

朱註

因此言而知爲君之難, 則必戰戰兢兢, 臨深履薄, 而無一事之敢忽, 然則此言也, 豈不可以必期於興邦乎?

이 말에 말미암아 임금 됨의 어려움을 알았으니, 곧 반드시 두려워 벌벌 떨면서 조심하여 깊은 못에 임하고 얇은 얼음을 밟는 듯이 하여 하나의 일이라도 감히 소홀히 함이 없을 텐데, 그렇다면 이 말이 어찌 반드시 나라를 흥하게 함을 기대할 수 없는 것이겠는가?

詳說

○ 蒙前篇啓手章而省文言之.

'임심리박(臨深履薄 : 깊은 못에 임하고 얇은 얼음을 밟음)은 전편의 계수장(啓手章)[186]과 연관되는 것인데, 문장을 생략하여 말한 것이다.

○ 本文, 蒙上節'不可幾'而省'可'字, 讀者若不察其蒙上, 只依文看之, 則此'幾'字, 必認爲'近'義. 故『集註』補'可'字.

경문은 위 구절의 '불가기(不可幾)'[187]와 연관되는데 '가(可)'자를 생략하였다. 읽는 사람들이 만약 위 구절과 연관된 것을 살피지 못하고 다만 문장에 의거하여 본다면, 이 '기(幾)'자를 반드시 '가깝다'는 뜻으로 인식하였을 것이다. 그러므로 『논어집주(論語集註)』에서 '가(可)'자를 보충하였다.

○ 釋畢.

경문의 풀이가 끝났다.

○ 此下則論也.

이 아래는 곧 경문의 의미를 설명하였다.

朱註

爲定公言. 故不及臣也.

186) 계수장(啓手章) : 『논어(論語)』「태백(泰伯)」에서 "有疾, 召門弟子曰 : '啓予足, 啓予手. 『詩』云: 戰戰兢兢, 如臨深淵, 如履薄冰, 而今而後, 吾知免夫. 小子!'"라고 하였다. 여기서 '『詩』'는 『시경(詩經)』「소아(小雅) · 소민(小旻)」을 말한다.

187) 위 구절의 '불가기(不可幾)' : 위의 경문 "孔子對曰 : '言不可以若是其幾也.'"에 나오는 '不可～幾'를 가리킨다.

정공을 위하여 말한 것이다. 그러므로 신하를 언급하지 않았다.

詳說

○ 去聲.[188]

'위정공언(爲定公言)'에서 '위(爲)'자는 거성(去聲 : 위하다)이다.

○ 『大全』曰 : "不再拈及'爲臣不易'一句."[189]

『논어집주대전』에서 말하였다. "'위신불이(爲臣不易 : 신하 됨이 쉽지 않음)'라는 한 구절을 두 번 집어서 언급하지 않았다.

[13-15-4]

曰 : "一言而喪邦, 有諸?" 孔子對曰 : "言不可以若是其幾也, 人之言曰 : '予無樂乎爲君, 唯其言而莫予違也.'"

정공(定公)이 말하였다. "하나의 말로써 나라를 잃을 수 있다고 하였으니, 그런 말이 있었습니까?" 공자가 대답하여 말하였다. "말은 이렇듯이 기대할 수 없지만 사람들의 말에 '나는 임금 됨을 즐거워함이 없고, 오직 말함에 나를 어기지 말라.'라고 하였으니,

朱註

'喪', 去聲, 下同. '樂', 音洛.[190]

'일언이상방(一言而喪邦)'에서 '상(喪)'자는 거성(去聲 : 喪失함)이니, 아래도 같다. '여무악호위군(予無樂乎爲君)'에서 '락(樂)'자는 음이 락(洛)이다.

詳說

○ '幾也'下, 無可訓釋, 故不分節.

'기야(幾也)' 아래는 훈고와 경문 풀이를 할 수 없으므로 단락을 나누지 않은 것

188) 호광 편(胡廣 編), 『논어집주대전(論語集註大全)』「자로(子路)」.

189) 호광 편(胡廣 編), 『논어집주대전(論語集註大全)』「자로(子路)」.

190) 『논어주소(論語注疏)』「음의」에는 "易, 以豉反. 喪, 息浪反. 樂, 音洛, 注同."이라고 하였다.

이다.

○ '唯其', 猶言'唯此'.

'유기(唯其)'는 '유차(唯此)'라고 말함과 같다.

○ 言者君, 莫違者臣.

말하는 사람은 임금이고, 어기지 말아야 하는 사람은 신하이다.

○ 只取於'唯其言而莫予違也'一言, 而'予無樂乎爲君'一句, 則是陪引耳.

다만 '유기언이막여위(唯其言而莫予違也 : 오직 말함에 나를 어기지 말라)'라는 하나의 말만을 취하였고, '여무락호위군(予無樂乎爲君 : 나는 임금 됨을 즐거워함이 없음)'이라는 하나의 글귀는 곧 보태서 인용한 것일 뿐이다.

朱註

言他無所樂, 惟樂此耳.

다른 것은 즐거워할 일이 없고, 오직 이것만 즐거울 뿐임을 말하였다.

詳說

○ 添'樂'字.

'락(樂)'자를 더하였다.

○ '莫違', 『諺』釋未瑩.

'막위(莫違 : 어기지 말라)'는 『언해본』의 해석이 분명하지 않다.[191]

○ 有釋無訓.

경문의 풀이는 있으나 훈고는 없다.

[13-15-5]

如其善而莫之違也, 不亦善乎? 如不善而莫之違也, 不幾乎一言而喪邦乎?"

만약 그 말이 착한데 어기지 않는다면 또한 좋지 않겠습니까? 만약 착하지 않은데도 어기지 않는다면 하나의 말로써 나라 잃음을 기대하지 않겠습니까?"

---

191) '막위(莫違 : 어기지 말라)'는 『언해』본의 해석이 분명하지 않다 : 『언해』본 해석이 "오직 그 言홈애 나를 違위티 말라"로 되어 있음을 지적한 것이다.

詳說

○ 人之云云, 無分於人之善不善. 故夫子先言善, 此則賓意也, 下文之不善, 爲主意.

사람들이 운운한 것이 사람의 착함과 착하지 않음을 분별함이 없다. 그러므로 공자가 먼저 착함을 말하였으니, 이는 곧 부차적인 뜻이고, 아래 글의 착하지 않음[192]은 중심적인 뜻이 된다.

○ 雙峰饒氏曰 : "分兩股說, 一輕一重之間, 斟酌裁量, 不令分毫有偏."[193]

쌍봉 요씨(雙峰饒氏 : 饒魯)가 말하였다. "양 갈래의 해설을 나눔에 하나의 가벼움과 하나의 무거움 사이에서 짐작하고 재량하여 터럭만큼을 나눔에도 치우침이 있지 않도록 하였다."

朱註

范氏曰 : "如不善而莫之違, 則忠言不至於耳, 君日驕而臣日諂, 未有不喪邦者也."

범씨(范氏 : 范祖禹)가 말하였다. "만약 착하지 않은데도 어김이 없다면 충직한 말이 귀에 이르지 않아서 임금은 날로 교만하고 신하는 날로 아첨하니, 나라를 잃지 않는 사람이 있지 않을 것이다."

詳說

○ 本文上下'善'字, 以言言; 中'善'字, 以事言.

경문 위아래의 '선(善)'자는 임금의 말로써 말한 것이고, 가운데의 '선(善)'자[194]는 일로써 말한 것이다.

○ 丑驗反.[195]

'군일교이신일첨(君日驕而臣日諂)'에서 '첨(諂)'은 '축(丑)'과 '험(驗)'의 반절(反切)이다.

---

192) 아래 글의 착하지 않음 : 위 경문의 "如不善而莫之違也"에 나오는 '不善'을 말한다.

193) 호광 편(胡廣 編), 『논어집주대전(論語集註大全)』「자로(子路)」에는 다음과 같이 되어 있다. "雙峯饒氏曰 : '聖人說話, 直是平無些子高低, 謂一言便能興邦喪邦, 固不可; 謂一言不可以興邦喪邦, 亦不可. 又如唯其言而莫予違, 固不是. 然善而莫之違, 猶自可. 故又分兩股說, 一輕一重之間, 斟酌劑量, 不令分毫有偏.'"

194) 가운데의 '선(善)'자 : 위 경문의 "不亦善乎?"에 나오는 '善'자를 말한다.

195) 호광 편(胡廣 編), 『논어집주대전(論語集註大全)』「자로(子路)」.

○ 有釋無訓.

경문의 풀이는 있으나 훈고는 없다.

○ 此必因定公有好諂之病而言耳.

이는 반드시 정공(定公)이 아첨함을 좋아하는 병폐에 말미암아서 말하였을 뿐이다.

朱註

謝氏曰 : "知爲君之難, 則必敬謹以持之, 唯其言而莫予違, 則讒諂面諛之人, 至矣, 邦未必遽興喪也, 而興喪之源, 分於此. 然此非識微之君子, 何足以知之?"

사씨(謝氏 : 謝良佐)가 말하였다. "임금 됨이 어려움을 알면 반드시 공경하고 근신(謹愼)하여 유지할 것이며, 오직 그 말에 어김이 없으면 참소하고 아첨하며 눈앞에서 비위를 맞추는 사람이 이를 것이니, 나라가 반드시 갑자기 흥하고 망하지는 않지만 흥하고 망하는 근원이 여기에서 나누어진다. 그러나 이는 은미함을 아는 군자가 아니라면 어찌 충분히 알 수 있겠는가?"

詳說

○ 戰兢之意.

'경근이지지(敬謹以持之 : 공경하고 근신(謹愼)하여 유지할 것)'는 전전긍긍(戰戰兢兢 : 두려워 벌벌 떨면서 조심함)하는 뜻이다.

○ 此句, 出『孟子』「告子」.

'참첨면유지인, 지의(讒諂面諛之人, 至矣.)' 이 구절은 『맹자(孟子)』「고자(告子)」에 나온다.[196]

○ 胡氏曰 : "'幾', 舊或以爲'近', 或以爲'微', '近'與'不幾乎'之義同, 與'若是其幾'之'幾', 不協. '微'則其文義, 皆不可讀, 故不可從. 謝氏說'未必遽興喪', 似以'幾'爲'近', '源分'·'識微', 又似以'幾'訓'微', 終取之者, 豈以其大旨有所發明歟?"[197]

호씨(胡氏 : 胡泳)가 말하였다. "'기(幾)'는 옛날에 간혹 '근(近)'으로 하거나, 혹은

196) 『맹자(孟子)』「고자(告子)」에 나온다 : 『맹자(孟子)』「고자하(告子下)」에서 "士止於千里之外, 則讒諂面諛之人, 至矣, 與讒諂面諛之人, 居, 國欲治, 可得乎?"라고 하였다.

197) 호광 편(胡廣 編), 『논어집주대전(論語集註大全)』「자로(子路)」에는 다음과 같이 되어 있다. "胡氏曰 : '幾舊說, 或以爲近, 或以爲微, 近與不幾乎之義同, 與若是其幾之幾不協, 微則其文義, 皆不可讀, 故不可從也. 謝氏說邦未必遽興喪, 則似以幾爲近. 又曰: 興喪之源, 分於此; 非識微者, 不足以知之, 則又似以幾訓微, 終取之者, 豈以其大旨, 有所發明歟?'"

'미(微)'로 하였는데, '근(近)'은 '불기호(不幾乎 : 기대하지 않겠습니까?)'의 뜻과는 같으나, '약시기기(若是其幾 : 이렇듯이 기대함)'의 '기(幾)'와는 맞지 않는다. '미(微)'는 곧 그 문장의 뜻을 모두 읽을 수가 없기 때문에 좇지 않는다. 사씨(謝氏)의 해설에 '미필거흥상(未必遽興喪 : 반드시 갑자기 흥하고 망하지는 않음)'은 마치 '기(幾)'로써 '근(近)'으로 삼은 것 같고, '원분(源分 : 興喪之源, 分於此)'과 '식미(識微 : 非識微者, 不足以知之)'는 또 마치 '기(幾)'로써 '미(微)'를 새긴 것 같으니, 마침내 그것을 취한들 어찌 큰 뜻으로써 드러내 밝히는 것이 있겠는가?"

○ '言'字, 此章之題目.

'언(言 : 말)'자가 이 장의 제목이다.

[13-16-1]

葉公, 問政,
섭공(葉公)이 정사(政事)를 물었는데

朱註

葉, 音攝.[198] 音義, 幷見第七篇.
'섭공(葉公)'에서 '섭(葉)'은 음이 섭(攝)이다. 음과 뜻은 아울러서 제7편에 보인다.[199]

詳說

○ 音現.[200]
'병현제칠편(幷見第七篇)'에서 '현(見)'자는 음이 현(現)이다.

○ 無訓釋.
훈고와 경문의 풀이가 없다.

○ 意, 葉公得聞夫子'忘食忘憂'之語而有感. 故來見而有問政語直之事, 蓋亦慕聖者云.
생각하건대, 섭공이 공자의 '먹는 것도 잊고 근심을 잊는다'는 말을 듣고서 느낀 것이 있었다. 그러므로 찾아와 만나서 정사를 물음에 말이 곧았던 일이 있었으니, 대개 또한 성인을 사모한 사람이라고 한다.

[13-16-2]

子曰 : "近者說, 遠者來."
공자가 말하였다. "가까운 사람들은 기뻐하며, 먼 사람들은 온다."

---

198) 葉, 音攝 : 호광 편 『논어집주대전』「자로(子路)」에는 실려 있으나, 본 『논어집주상설(論語集註詳說)』에는 누락되어 있다.

199) 음과 뜻은 아울러서 제7편에 보인다 : 『논어(論語)』「술이(述而)」의 "葉公, 問孔子於子路, 子路不對."의 집주에서 "葉公, 楚葉縣尹, 沈諸梁, 字子高, 僭稱公也."이라 하였다.

200) 호광 편(胡廣 編), 『논어집주대전(論語集註大全)』「자로(子路)」에는 "見, 形甸反."이라 하였다.

朱註

'說', 音悅.201) 被其澤則說, 聞其風則來.

'근자열(近者說)'에서 '열(說)'자는 음이 열(悅)이다. 그 은택을 입으면 기뻐하고, 그 풍도(風度)를 들으면 온다.

詳說

○ 新安陳氏曰 : "聞近者說之風."202)

'문기풍(聞其風 : 그 풍도를 들음)'에 대해, 신안 진씨(新安陳氏 : 陳櫟)가 말하였다. "가까이 있는 사람들이 기뻐하는 풍도를 듣는 것이다."

○ 有釋無訓.

경문의 풀이는 있으나 훈고는 없다.

○ 朱子曰 : "專言其效者, 此須有施爲之次第, 葉公老成, 必能曉解."203)

주자(朱子 : 朱熹)가 말하였다. "오로지 정사(政事)의 효과를 말한 것이니, 이는 모름지기 베풀어서 행하는 차례가 있어 섭공이 노련하고 숙련되어 반드시 깨달아 알았던 것이다."

○ 謂曉得先施澤之意.

먼저 은혜를 베풀어야 하는 뜻을 깨달아 알았음을 말한다.

○ 勉齋黃氏曰 : "此非有意於求其說且來也."204)

면재 황씨(勉齋黃氏 : 黃幹)가 말하였다. "이는 그 기뻐하고 또 오는 것을 구하는

---

201) 『논어주소(論語注疏)』「음의」에도 "說, 音悅."이라고 하였다.

202) 호광 편(胡廣 編), 『논어집주대전(論語集註大全)』「자로(子路)」에는 다음과 같이 되어 있다. "新安陳氏曰 : '近說遠來, 皆政之驗, 非媚於民而求其說也. 失人心之事不行, 而所行皆不咈民心之事, 近者自說矣, 遠者聞其風, 卽聞近者說之風也.'"

203) 『주자어류(朱子語類)』 권43, 「논어25(論語二十五)」, 37조목의 내용은 다음과 같다. "曾問 : '近者悅, 遠者來. 夫子答葉公之問政者, 專言其效, 與答季康子子夏等不同, 如何?' 曰 : '此須有施爲之次第, 葉公老成, 必能曉解也.'(인걸이 물었다. '가까이 있는 사람들이 기뻐하고, 멀리 있는 사람들이 오도록 한다.'는 섭공의 정치에 대해 묻자 공자가 전적으로 그 효과만 말했는데, 계강자와 자하의 물음에 대한 대답과는 같지 않습니다. 왜 그렇습니까?' 주희가 말하였다. '이는 정치를 베푸는 데 순서가 있어야 한다는 의미이다. 섭공은 노련하고 경륜이 많은 사람이기 때문에 반드시 말의 의미를 깨달을 것이다.')"

204) 호광 편(胡廣 編), 『논어집주대전(論語集註大全)』「자로(子路)」에는 다음과 같이 되어 있다. "勉齋黃氏曰 : '此非有意於求其說且來也, 有意於求其說且來, 則必有不說不來者矣. 行吾之所當行, 而其效如此, 乃所謂政.'"

데 뜻이 있는 것이 아니다."

朱註

然必近者說而後遠者來也.

그러나 반드시 가까이 있는 사람들이 기뻐한 뒤에 먼 곳의 사람들이 오는 것이다.

詳說

◯ 此則論也, 而歸重於上句, 蓋其序然耳.

이는 곧 경문의 의미를 설명한 것이지만, 위 구절에 중요함이 있으니, 대개 그 차례가 그런 것이다.

[13-17-1]

子夏爲莒父宰, 問政, 子曰 : "無欲速, 無見小利, 欲速則不達, 見小利則大事不成."
자하가 거보(莒父)의 읍재(邑宰)가 되어서 정사(政事)를 물었는데, 공자가 말하였다. "빨리 하고자 하지 말며, 작은 이익을 보지 말아야 하니, 빨리 하고자 하면 이르지 못하고, 작은 이익을 보면 큰일을 이루지 못한다."

朱註

'莒', 音擧. '父', 音甫.[205]
'자하위거보재(子夏爲莒父宰)'에서 '거(莒)'자는 음이 거(擧)이고, '보(父)'자는 음이 보(甫)이다.

詳說

○ '無', 毋同.
'무(無)'자는 무(毋)와 같다.

朱註

'莒父', 魯邑名.
'거보(莒父)'는 노나라 고을 이름이다.

詳說

○ 訓.
훈고이다.

朱註

欲事之速成, 則急遽無序, 而反不達; 見小者之爲利, 則所就者小, 而所失者大矣.
일을 빨리 이루려고 하면 급작스럽게 하여 질서가 없어서 도리어 이르지 못하며, 작은 것의 이익이 됨을 보면 성취하는 것은 작고 잃는 것이 크다.

---

205) 『논어주소(論語注疏)』「음의」에는 "莒, 居呂反. 父, 音甫, 注同."이라고 하였다.

詳說

○ 勉齋黃氏曰 : "欲速見小, 私心而非正理矣."206)

면재 황씨(勉齋黃氏 : 黃幹)가 말하였다. "빨리 하고자 하고 작은 이익을 보는 것은 사사로운 마음으로서 바른 도리가 아니다."

○ 釋畢.

경문의 풀이가 끝났다.

○ 雙峰饒氏曰 : "二事相因, 纔要速成, 便只見得, 目前小小利便處."207)

쌍봉 요씨(雙峰饒氏 : 饒魯)가 말하였다. "두 가지 일이 서로 말미암아서 겨우 빨리 이룸을 원하나 곧 다만 이득을 보는 것은 눈앞의 자잘한 이롭고 편한 곳일 뿐이다."

朱註

程子曰 : "子張問政, 子曰 : '居之無倦, 行之以忠', 子夏問政, 子曰 : '無欲速, 無見小利', 子張, 常過高而未仁, 子夏之病, 常在近小. 故各以切己之事告之."

정자(程子 : 程顥)가 말하였다. "자장(子張)이 정사를 물었는데, 공자가 말하기를 '마음에 둔 것을 게을리하지 말고, 일을 행함에 충직함으로써 하라.'고 하였고, 자하(子夏)가 정사를 물었는데, 공자가 말하기를 '빨리 하려고 하지 말고, 작은 이익을 보지 말라.'라고 하였으니, 자장은 항상 지나치게 행실이 높아서 어질지 못하였고, 자하의 병폐는 항상 천근하고 작은 것에 있었다. 그러므로 각각 자기에게 절실한 일을 말해 준 것이다."

詳說

○ 伯子.

'정자(程子)'는 형 정호(程顥)이다.

---

206) 호광 편(胡廣 編), 『논어집주대전(論語集註大全)』「자로(子路)」에는 다음과 같이 되어 있다. "勉齋黃氏曰 : '事之久速, 有自然之次第; 事之大小, 有自然之分量, 循其自然之理而無容心可也. 一有欲速見小利之心, 則私心而非正理矣, 宜其不達而大事不成也.'"

207) 호광 편(胡廣 編), 『논어집주대전(論語集註大全)』「자로(子路)」에는 다음과 같이 되어 있다. "雙峯饒氏曰 : '見小與欲速相因, 纔要速成, 便只是見得, 目前小小利便處. 所以急要收效, 若是胷中有遠大規模, 自然是急不得.'"

○ 見上篇.

'자장문정, 자왈 : 거지무권, 행지이충(子張問政, 子曰 : "居之無倦, 行之以忠." : 자장이 정사를 물었는데, 공자가 말하기를, "마음에 둔 것을 게을리 하지 말고, 일을 행함에 충직함으로써 하라."고 함)'은 위의 편에 보인다.[208]

○ 二字見「子張」.

'미인(未仁)'이라는 두 글자는 「자장(子張)」에 보인다.[209]

○ 近與小.

'근소(近小)'는 근(近)과 소(小)이다.

○ 二子之過不及, 正相反. 故『語』中多相形言之.

'두 사람의 지나치고 미치지 못함이 진짜 서로 반대이다. 그러므로 『논어(論語)』 안에서는 대부분 서로 비교하여 말하였다.

---

208) 자장문정, 자왈 : 거지무권, 행지이충 …… 위의 편에 보인다 : 『논어(論語)』「안연(顔淵)」에서 "子張問政, 子曰 : '居之無倦, 行之以忠.'"라고 하였다.

209) '미인(未仁)'이라는 두 글자는 「자장(子張)」에 보인다 : 『논어(論語)』「자장(子張)」에서 "子游曰 : '吾友張也, 爲難能也, 然而未仁.'"라고 하였고, 그 『집주(集註)』에 "子張, 行過高而少誠實惻怛之意."라고 하였다.

[13-18-1]

葉公, 語孔子曰 : "吾黨, 有直躬者, 其父攘羊, 而子證之."
섭공(葉公)이 공자에게 말하였다. "우리 무리 가운데 몸을 곧게 한 사람이 있으니, 그 아버지가 양을 훔쳤는데 아들이 그것을 증명하였던 것입니다."

朱註

'語', 去聲. 直躬, 直身而行者. 有因而盜曰'攘'.
'어공자왈(語孔子曰)'에서 '어(語)'자는 거성(去聲 : 고소하다)이다. '직궁(直躬)'은 몸을 곧게 하여 행하는 일이다. 까닭이 있어서 훔치는 것을 '양(攘)'이라고 한다.

詳說

○ 直道持身.
'직신(直身)'은 정직한 도리로써 자신을 견지(堅持)하는 일이다.

○ 卽『孟子』攘鷄註'物自來'者也.
'유인이도왈양(有因而盜曰攘 : 까닭이 있어서 훔치는 것을 '양'이라고 한다)'은, 『맹자(孟子)』 양계(攘鷄 : 닭을 훔침)의 주석에 '물자래(物自來 : 물건이 스스로 옴)'라는 말이다.[210)]

○ 有訓無釋.
훈고는 있으나 경문의 풀이는 없다.

○ '證', 謂以實告其主, 蓋此時葉公之鄕, 適有行是事者. 故葉公稱之.
'증(證)'은 사실을 그 주인에게 말해 주는 것을 이르니, 대개 이때에 섭공(葉公)의 마을에 마침 이 일을 행한 사람이 있었다. 그러므로 섭공이 그를 지칭한 것이다.

---

210) 『맹자(孟子)』 양계(攘鷄 : 닭을 훔침)의 주석에 '물자래(物自來 : 물건이 스스로 옴)'라는 말이다 : 『맹자(孟子)』「등문공하(滕文公下)」에서 "맹자가 말하였다. '이제 어떤 사람이 날마다 그 이웃의 닭을 훔치자, 어떤 사람이 말해주기를, 이는 군자의 도가 아니라고 하니, 청컨대 마리 수를 줄여서 한 달에 닭 한 마리만 훔치다가 내년이 된 뒤에 그만 두겠다고 하였는데, 만일에 그것이 옳지 않은 것임을 안다면 이에 빨리 그만 두어야지 어찌 내년까지 기다리겠는가?'(孟子曰 : '今有人, 日攘其隣之鷄者, 或告之曰: 是非君子之道, 曰: 請損之, 月攘一鷄, 以待來年然後已. 如知其非義, 斯速已矣, 何待來年?')"라 하였고, 그 『집주(集註)』에서 "攘, 物自來而取之也."라고 하였다.

[13-18-2]

孔子曰 : "吾黨之直者, 異於是, 父爲子隱, 子爲父隱, 直在其中矣."
공자가 말하였다. "우리 무리 중에 곧은 사람은 이와 다르니, 아버지가 아들을 위하여 숨기며 아들이 아버지를 위하여 숨기니, 곧은 것이란 그 가운데 있는 것이다."

朱註

'爲', 去聲.
'부위자은(父爲子隱)'에서 '위(爲)'자는 거성(去聲 : 위하다)이다.

詳說

○ 稱'孔子'者, 外葉公之辭也.
'공자(孔子)'라고 일컬은 것은 섭공(葉公)의 말을 도외시한 뜻이다.

○ 此'直'者, 是汎說耳.
여기의 '직(直)'이라는 것은 두루 뭉뚱그려서 한 말일 뿐이다.

朱註

父子相隱, 天理人情之至也. 故不求爲直, 而直在其中.
아버지와 아들이 서로 숨겨줌은 천리(天理)와 인정(人情)의 지극함이다. 그러므로 정직함이 됨을 구하지 않아도 정직함이 그 가운데 들어있다.

詳說

○ 隱.
'불구위직(不求爲直 : 정직함이 됨을 구하지 않음)'은 숨김이다.

○ 胡氏曰 : "非指隱爲直也. 雖不得正, 謂之直. 然理所當然, 不失, 其爲直也."211)

211) 호광 편(胡廣 編), 『논어집주대전(論語集註大全)』「자로(子路)」에는 다음과 같이 되어 있다. "胡氏曰 : '是曰是, 非曰非; 有謂有, 無謂無, 曰直, 直之常也. 父爲子隱, 子爲父隱, 權也. 故曰: 直在其中, 非指隱以爲直也. 如學以自脩而祿在其中, 亦然. 蓋直躬, 人之細行, 父子, 人之大倫, 伸一己之細行, 傷人道之大倫, 非天理也. 父子主恩, 委曲以全其恩, 雖不得正, 謂之直. 然亦理所當然, 順理而行不失, 其爲直也. 葉公徒知一偏一曲之異乎. 人者爲高夫子, 則合全體大用而觀之也. 夫一偏一曲之高, 非不足尚於正理, 一有所虧, 尚何言哉?'"

호씨(胡氏 : 胡泳)가 말하였다. "숨기는 일이 정직함이 됨을 가리키는 것이 아니다. 비록 바름을 얻지 못하더라도 정직함이라고 말한다. 그러나 도리는 마땅히 그러한 것이니, 잃지 않아야 정직함이 된다."

○ 以事則非直, 而以理則是直.

일로써 하면 정직함이 아니고, 도리로써 하면 정직함이다.

○ 有釋無訓.

경문의 풀이는 있으나 훈고는 없다.

朱註

謝氏曰 : "順理爲直, 父不爲子隱, 子不爲父隱, 於理順耶[212]? 瞽瞍殺人, 舜竊負而逃, 遵海濱而處. 當是時, 愛親之心勝, 其於直不直, 何暇計哉?"

사씨(謝氏 : 謝良佐)가 말하였다. "도리를 좇는 것이 정직함이 되니, 아버지가 아들을 위하여 숨기지 않고 아들이 아버지를 위하여 숨기지 않음이 도리를 좇는 것인가? 고수(瞽瞍)가 사람을 죽였다면 순 임금은 몰래 업고 도망가서 바닷가를 따르면서 머물렀을 것이다. 이때를 맞아서 어버이를 사랑하는 마음이 왕성하였으니, 그 정직함과 정직하지 않음에 대하여 어느 겨를에 헤아렸겠는가?"

詳說

○ 雙峰饒氏曰 : "是說理."[213]

'순리위직(順理爲直 : 도리를 좇는 것이 정직함이 됨)'에 대해, 쌍봉 요씨(雙峰饒氏 : 饒魯)가 말하였다. "이는 도리를 말한다."

○ 上聲.[214]

'준해빈이처(遵海濱而處)'에서 '처(處)'자는 상성(上聲 : 살다, 머물다)이다.

○ 見『孟子』「盡心」, 本假設之言.

'준해빈이처(遵海濱而處 : 바닷가를 따르면서 머물렀을 것)'는 『맹자(孟子)』「진심(盡

---

212) 耶 : 『논어집주(論語集註)』에는 '耶'로 표기하였으며, 『논어집주대전』에는 '邪'로 표기하고, 주석에 "邪, 俗作耶."라고 하였다.

213) 호광 편(胡廣 編), 『논어집주대전(論語集註大全)』「자로(子路)」에는 다음과 같이 되어 있다. "雙峯饒氏曰 : '父子主恩, 於理當相隱, 於情亦當相隱. 故以是順天理合人情, 而直在其中. 若是父子相證, 則天理人情, 兩有所乖, 何取其爲直? 『集註』, 順理爲直, 是說理; 愛親之心勝, 是說情.'"

214) 호광 편(胡廣 編), 『논어집주대전(論語集註大全)』「자로(子路)」.

心)」에 보이니,[215] 본래 가설적인 말이다.

○ 雙峰饒氏曰 : "是說情."[216]

'애친지심승(愛親之心勝 : 어버이를 사랑하는 마음이 왕성하였음)'에 대해, 쌍봉 요씨(雙峰饒氏 : 饒魯)가 말하였다. "이는 감정을 말한다."

○ 朱子曰 : "邢氏引律, 大功以上, 得相容隱, 告言父祖者, 入十惡, 以爲得此意善乎? 其推言之也. 諸說, 或本乎情, 或本乎理; 情可體而易見, 理近汎而不切. 然徒徇夫情, 而不要之以至正之公理, 則霍光之夫婦相隱, 可以爲直, 而周公之兄弟·石碏之父子, 反陷於曲矣, 而可乎?"[217]

주자(朱子 : 朱熹)가 말하였다. "형씨(邢氏)가 율령(律令)을 인용함에, 대공(大功) 이상이 서로 너그럽게 숨겨주고 아버지와 할아버지에게 아뢰는 것을 십악(十惡)에 넣었으니, 이러한 뜻을 선(善)이라 할 수 있겠는가? 미루어서 말한 것이다. 여러 가지 말 가운데 어떤 것은 감정에 근본하고, 어떤 것은 도리에 근본한다. 감정은 체득할 수 있어 쉽게 드러나고, 도리는 평범함에 가까워서 절실하지 않은 것이다. 그러나 다만 저 감정만 좇아서 지극히 바른 공정한 도리를 요구하지 않는다면 곽광(霍光)의 부부가 서로 숨겨준 일[218]은 정직함이 될 수 있고, 주공(周公)의 형

---

215) '준해빈이처(遵海濱而處 : 바닷가를 따르면서 머물렀을 것)'는 『맹자(孟子)』「진심(盡心)」에 보이니 : 『맹자(孟子)』「진심상(盡心上)」에서 "桃應問曰 : '舜爲天子, 皐陶爲士, 瞽瞍殺人, 則如之何?' …… 曰 : '舜視棄天下, 猶棄敝蹝也, 竊負而逃, 遵海濱而處, 終身訢然樂而忘天下.'"라고 하였다.

216) 호광 편(胡廣 編), 『논어집주대전(論語集註大全)』「자로(子路)」에는 다음과 같이 되어 있다. "雙峯饒氏曰 : '父子主恩, …… 『集註』, 順理爲直, 是說理; 愛親之心勝, 是說情.'"

217) 호광 편(胡廣 編), 『논어집주대전(論語集註大全)』「자로(子路)」에는 다음과 같이 되어 있다. "問'父子相隱之說'. 朱子曰 : '邢氏引律, 大功以上, 得相容隱, 告言父祖者, 入十惡, 以爲得此意善乎? 其推言之也. 諸說, 或本乎情, 或本乎理, 各有不同. 今試以身處之, 則所謂情者, 蓋可體而易見, 所謂理者, 近於汎而不切. 然徒狗夫易見之近情, 而不要之以至正之公理, 則人情之或邪或正, 初無準, 則若之何必順此而皆可以爲直邪? 苟順其情而皆可以謂之直, 則霍光之夫婦相隱, 可以爲直, 而周公之兄弟·石碏之父子, 皆咈其情而反陷於曲矣, 而可乎?'" 『사서혹문(四書或問)』 권80, 「논어·자로(子路)제13」의 내용은 다음과 같다. "或問'父子相隱之說'. 曰 : '邢氏引律, 大功以上, 得相容隱, 告言父祖者, 入十惡, 以爲得此意善乎? 其推言之也.' 曰 : '諸說如何?' 曰 : '范氏推廣言之, 甚善. 至於本章之旨, 則楊氏之說, 本乎情, 謝侯氏尹氏之說, 本乎理, 皆有所不同也. 今試以身處之, 則所謂情者, 可體而易見, 所謂理者, 近於汎而不切. 然徒徇夫易見之近情, 而不要之以至正之公理, 則人情之或邪或正, 初無準, 則若之何其必順此而皆可以爲直也邪? 苟順其情而皆可謂之直, 則霍光之夫婦相隱, 可以爲直, 而周公之兄弟·石碏之父子, 皆咈其情而反陷於曲矣, 而可乎哉? 況孟子所謂情乃指下文四端之善而言, 而所謂若者, 未必其果爲順也, 讀者詳之.'"

제[219]와 석작(石碏)의 부자(父子)[220]가 도리어 바르지 못함에 빠질 테니, 옳은 것이겠는가?"

○ 陳氏曰 : "家私主恩, 國事主義. 故碏殺子."[221]

진씨(陳氏 : 陳埴)[222]가 말하였다. "집안의 개인적인 일은 은혜에 주력하고, 나라의 일은 의리에 주력한다. 그러므로 석작이 아들을 죽인 것이다."

○ 吳氏曰 : "司敗以諱君爲黨, 葉公以證父爲直, 微夫子, 則一偏一曲之說起, 而仁義塞矣."[223]

오씨(吳氏 : 吳仲迂)가 말하였다. "진(陳)나라 사패(司敗)가 임금의 악(惡)을 숨기는 것을 당(黨)으로 여기고, 섭공이 아버지의 악을 숨기는 것을 직(直)으로 여겼으니, 공자가 아니었다면 하나의 치우침과 하나의 바르지 못한 말이 일어나서 인의(仁義)가 막혔을 것이다."

---

218) 곽광(霍光)의 부부가 서로 숨겨준 일 : 한(漢)나라 곽광(霍光)은 일 처리가 분명하고 엄정한 인물이었다. 그러나 흉악한 아내 현(顯)이 딸 성군(成君)을 귀하게 해주려고 음모를 꾸며 허황후(許皇后)를 독살하였다. 이에 집안이 망하게 된 것을 말한다.

219) 주공(周公)의 형제 : 주공(周公)의 형제인 관숙선(管叔鮮)과 채숙도(蔡叔度)가 주왕(紂王)의 아들 무경(武庚)과 결탁하여 반란을 일으키자, 관숙선과 무경을 죽이고 채숙도를 추방한 일을 말한다.

220) 석작(石碏)의 부자(父子) : 춘추 시대 위(衛)나라 석작이 군주의 시해에 가담한 아들 석후(石厚)를 죽이게 한 일을 말한다.

221) 호광 편(胡廣 編), 『논어집주대전(論語集註大全)』「자로(子路)」에는 다음과 같이 되어 있다. "問 : '父當爲子隱, 而石碏涖殺子厚如何?' 陳氏曰 : '證父家之私, 事事主恩, 故見父而不見他人, 除亂國之大, 事事主義, 故見君而不見其子. 道理不可執一, 當在父子則父子重, 當在君臣則君臣重; 爲子止孝, 爲臣止忠, 地位各不同也.'" 진식(陳埴), 『목종집(木鍾集)』 권1, 「논어」에 있는 내용은 다음과 같다. "孔子曰 : '父爲子隱, 石碏使人涖殺石厚, 大義滅親如何?' '證父家之私, 事事主恩, 故見父而不見他人, 除亂國之大, 事事在義, 故見君而不見其子. 道理不一, 當在父子則父子重, 在君臣則君臣重, 所謂爲人子止於孝, 爲人臣止於忠, 地位各不同也.'"

222) 진식(陳埴, 생몰년 미상) : 남송 시대 학자로, 자가 기지(器之)이고, 호가 잠실(潛室)이며, 영가(永嘉) 출신이다. 주자의 제자로서 협미도(叶味道)와 함께 목종학파(木鍾學派)를 만들었는데, 이는 『예기』「학기(學記)」의 "질문을 잘하는 사람은 굳은 나무를 다스리는 것과 같으며, 질문에 잘 대하는 사람은 종을 치는 것과 같다.(善問者, 如攻堅木; 善待問者, 如撞鍾.)"라고 말한 것에서 취한 말이다. 저서로는 정주(程朱) 이학(理學) 사상에 관한 문답 형식의 내용을 실은 『목종집(木鍾集)』 등이 있다.

223) 호광 편(胡廣 編), 『논어집주대전(論語集註大全)』「자로(子路)」에는 다음과 같이 되어 있다. "吳氏曰 : '直, 天理也, 父子之親, 又天理之大者也. 二者相礙, 則屈直以伸, 親非不貴乎直也. 當是時, 父子之情勝, 而直不直, 固有所不知也. 陳司敗以隱君之惡爲黨; 葉公以證父之惡爲直, 徒知直之爲公, 黨之爲私, 而君臣之義, 父子之親, 乃有不察, 微夫子, 則一偏一曲之說起, 而仁義塞矣.'"

[13-19-1]

樊遲問仁, 子曰 : "居處恭, 執事敬, 與人忠, 雖之夷狄, 不可棄也."
번지(樊遲)가 인(仁)에 대해 물었는데, 공자가 말하였다. "홀로 지냄에 공손히 하며, 일을 잡음에 공경히 하며, 사람과 더불어 함에 충성스럽게 함을 비록 오랑캐 땅에 갈지라도 버려서는 안 되는 것이다."

詳說

○ 勉齋黃氏曰 : "'居處', 幽獨而未有事也; '執事', 應事而未涉乎人也; '與人', 則涉乎人矣."224)

면재 황씨(勉齋黃氏 : 黃幹)가 말하였다. "'거처(居處)'는 그윽한 곳에 홀로 있으면서 일을 두지 않는 것이고, '집사(執事)'는 일에 응하여 남과 관계하지 않는 것이며, '여인(與人)'은 남과 관계하는 것이다."

朱註

'恭', 主容; '敬', 主事, '恭'見於外; '敬'主乎中. '之夷狄, 不可棄', 勉其固守而勿失也.
'공(恭)'은 몸가짐에 주력함이고 '경(敬)'은 일에 주력함이니, '공'은 밖에 나타나고 '경'은 마음속에 주력한다. '오랑캐 땅에 갈지라도 버려서는 안 된다.'라는 말은 굳게 지켜서 잃지 말도록 권면한 것이다.

詳說

○ 音現.225)

'공현어외('恭'見於外)'에서 '현(見)'자는 음이 현(現)이다.

○ 朱子曰 : "主於中者, 是本."226)

---

224) 호광 편(胡廣 編), 『논어집주대전(論語集註大全)』「자로(子路)」에는 다음과 같이 되어 있다. "勉齋黃氏曰 : '居處, 指幽獨而言未有事者也; 執事, 指應事而言未涉乎人也; 與人, 指接物而言則涉乎人矣. 能恭敬而忠, 則天理常行而人欲不萌矣. 又能無適而不然, 則流行而無間斷, 仁之爲道, 孰外乎此?'"

225) 호광 편(胡廣 編), 『논어집주대전(論語集註大全)』「자로(子路)」에는 "見, 形甸反."이라고 하였다.

226) 호광 편(胡廣 編), 『논어집주대전(論語集註大全)』「자로(子路)」에는 다음과 같이 되어 있다.

주자(朱子 : 朱熹)가 말하였다. “마음속에 주력하는 것이 근본이다.”

◯ 朱子曰 : “無間斷.”227)

주자(朱子 : 朱熹)가 말하였다. “그치거나 끊어짐이 없는 것이다.”

◯ 釋兼訓.

경문 풀이에 훈고를 겸하였다.

◯ 新安陳氏曰 : “此與仲弓問仁章, 當參看.”228)

신안 진씨(新安陳氏 : 陳櫟)가 말하였다. “이는 중궁문인장(仲弓問仁章)229)과 더불어 마땅히 참조하여 보아야 한다.”

朱註

程子曰 : “此, 是徹上徹下語, 聖人初無二語也. 充之則睟面盎背, 推而達之, 則篤恭而天下平矣.”

정자(程子)가 말하였다. “이는 위에도 통하고 아래에도 통하는 말이니, 성인은 처음부터 두 말이 없었던 것이다. 확충하면 얼굴에 빛이 나고 등에 가득하며, 미루어 천하에 이르면 공손함이 도탑게 되어 천하가 화평해지는 것이다.”

“朱子曰 : ‘發於外者, 比主於中者, 較大, 蓋必充積盛滿而後, 發於外. 然主於中者, 却是敬.’”

227) 호광 편(胡廣 編), 『논어집주대전(論語集註大全)』「자로(子路)」에는 다음과 같이 되어 있다. “問 : ‘如何雖之夷狄不可棄?’ 曰 : ‘道不可須臾離, 可離非道, 須是無間斷, 方得. 若有間斷, 此心便死了. 在中國, 是這箇道理, 在夷狄也, 只是這箇道理.’” 『주자어류(朱子語類)』 권43, 「논어25(論語二十五)」, 41조목에는 다음과 같이 설명하고 있다. “아부가 물었다. ‘어떻게 ‘오랑캐의 땅에 가도 버릴 수 없다.’는 것입니까?’ 주희가 말하였다. ‘‘도는 잠시라도 떨어져서는 안 되는 것이니, 떨어질 수 있다면 도가 아니다.’ 모름지기 틈이나 단절이 없어야 된다. 만약 틈이나 단절이 있다면, 이 마음이 죽은 것이다. 나라의 중앙에서 이 도리는 오랑캐 땅에서도 이 도리일 뿐이다.’(亞夫問 : ‘如何‘雖之夷狄不可棄’?’ 曰 : ‘‘道不可須臾離, 可離非道.’ 須是無間斷方得. 若有間斷, 此心便死了. 在中國是這箇道理, 在夷狄也只是這箇道理.’)”

228) 호광 편(胡廣 編), 『논어집주대전(論語集註大全)』「자로(子路)」에는 다음과 같이 되어 있다. “新安陳氏曰 : ‘此與「答仲弓問仁章」, 當參看. 彼以敬恕言, 此以恭敬忠言. 蓋居處恭, 靜時敬也. 執事敬, 動時敬也. 忠卽恕之體, 恕卽忠之用也, 一而已矣. 動靜 · 恭敬 · 表裏 · 忠恕, 又能持守而無間斷, 則私意何所容, 而仁豈外是哉?’”

229) 중궁문인장(仲弓問仁章) : 『논어(論語)』「안연(顔淵)」에서 “仲弓問仁, 子曰 : ‘出門如見大賓; 使民如承大祭; 己所不欲, 勿施於人, 在邦無怨, 在家無怨.’ 仲弓曰 : ‘雍雖不敏, 請事斯語矣.’”라고 하였다.

詳說

○ '程子', '背'以上伯子, '推'以下叔子.

'정자(程子)'는 '충지즉수면앙배(充之則睟面盎背)'의 '배(背)' 위로는 형 정호(程顥)의 말이고, '추이달지(推而達之)'의 '추(推)' 아래는 동생 정이(程頤)의 말이다.

○ 指本文三件事.

'차(此)'는 본문의 세 가지 일을 가리킨다.[230]

○ 以此三事充之.

'충지(充之)'는 이 세 가지 일로써 확충하는 것이다.

○ 音粹.[231]

'충지즉수면앙배(充之則睟面盎背)'에서 '수(睟)'자는 음이 수(粹)이다.

○ 烏浪反.

'충지즉수면앙배(充之則睟面盎背)'에서 '앙(盎)'은 '오(烏)'와 '랑(浪)'의 반절(反切)이다.

○ 出『孟子』「盡心」.

'수면앙배(睟面盎背)'는 『맹자(孟子)』「진심(盡心)」에 나온다.[232]

○ 自此三事推之.

'추이달지(推而達之)'는 이 세 가지 일로부터 미루어가는 것이다.

○ 出『中庸』.

'독공이천하평의(篤恭而天下平矣)'는 『중용(中庸)』에 나온다.[233]

○ 慶源輔氏曰: "聖人之言, 貫徹上下, 此数言, 自始學, 至成德, 不過如此, 近而睟盎一身, 遠而治平天下, 亦不外此."[234]

경원 보씨(慶源輔氏: 輔廣)가 말하였다. "성인의 말은 위와 아래에 관철된다. 이

230) '차(此)'는 본문의 세 가지 일을 가리킨다: "居處恭, 執事敬, 與人忠."을 말한다.

231) 호광 편(胡廣 編), 『논어집주대전(論語集註大全)』「자로(子路)」에는 "睟, 雖醉反."이라고 하였다.

232) 『맹자(孟子)』「진심상(盡心上)」에는 "君子所性, 仁義禮智根於心, 其生色也, 睟然見於面, 盎於背, 施於四體, 四體不言而喩"로 되어 있다.

233) 『중용(中庸)』 제33장에 "君子篤恭而天下平"이라 하였다.

234) 호광 편(胡廣 編), 『논어집주대전(論語集註大全)』「자로(子路)」에는 다음과 같이 되어 있다. "慶源輔氏曰: '聖人之言, 貫徹上下, 此數言, 自始學, 至成德, 皆不過如此. 近而睟盎於一身, 遠而治平乎天下, 亦不外乎此, 皆是徹上徹下.'"

몇 가지 말은 비로소 배울 때부터 덕을 이룰 때까지 이와 같음에 지나지 않으니, 가까이는 한 몸이 빛나고 가득하며, 멀리는 천하를 다스리고 화평하게 함이 또한 여기서 벗어나지 않는다."

○ 陳氏曰 : "小則樊遲可用, 大則堯舜不過."[235]

진씨(陳氏 : 陳埴)가 말하였다. "작은 것이면 곧 번지(樊遲)가 쓸 수 있을 것이고, 큰 것이면 요순(堯舜)이 지나치지 않았을 것이다."

朱註

胡氏曰 : "樊遲問仁者三, 此最先, '先難'次之, '愛人'其最後乎."

호씨(胡氏 : 胡寅)가 말하였다. "번지(樊遲)가 인(仁)을 물은 것이 세 개인데, 이것이 가장 먼저이고, '선난(先難 : 어려운 것을 먼저 함)'이 그 다음이고, '애인(愛人 : 사람을 사랑함)'이 가장 나중이로다."

詳說

○ 見「雍也」.

'선난(先難 : 어려운 것을 먼저 함)'은 「옹야(雍也)」에 보인다.[236]

○ 見上篇.

'애인(愛人 : 사람을 사랑함)'은 위의 편에 보인다.[237]

○ 朱子曰 : "胡氏說三者, 先後, 雖無明證, 看來是如此, 若未嘗告以'恭'·'敬'·'忠', 則所謂'先難'者, 將何從下手乎? 至於'愛人', 則又以其發於外者言之."[238]

---

235) 호광 편(胡廣 編), 『논어집주대전(論語集註大全)』「자로(子路)」에는 다음과 같이 되어 있다. "陳氏曰 : '徹上徹下, 謂凡聖皆是此理, 小則樊遲可用, 大則堯舜不過.'" 진식(陳埴), 『목종집(木鍾集)』 권1, 「논어」에 있는 내용은 다음과 같다. "'居處恭執事敬與人忠, 程子以爲是徹上徹下語, 如何?' '徹上徹下, 謂凡聖皆是此理, 聖人一語, 小則樊遲可用, 大則堯舜不過.'"

236) '선난(先難 : 어려운 것을 먼저 함)'은 「옹야(雍也)」에 보인다 : 『논어(論語)』「옹야(雍也)」에서 "樊遲問知, 子曰 : '務民之義, 敬鬼神而遠之, 可謂知矣.' 問仁, 曰 : '仁者, 先難而後獲, 可謂仁矣.'"라 하였다.

237) '애인(愛人 : 사람을 사랑함)'은 위의 편에 보인다 : 『논어(論語)』「옹야(雍也)」에서 "樊遲問仁, 子曰 : '愛人.' 問知, 子曰 : '知人.'"이라 하였다.

238) 호광 편(胡廣 編), 『논어집주대전(論語集註大全)』「자로(子路)」에는 다음과 같이 되어 있다. "朱子曰 : '胡氏說三者, 先後, 雖無明證, 看来是如此, 若未嘗告以恭敬忠, 則所謂先難者, 將何從下手乎. 至於愛人, 則又以其發於外者言之.'" 『주자어류(朱子語類)』 권43, 「논어25(論語二十

주자(朱子 : 朱熹)가 말하였다. “호씨(胡氏 : 胡寅)가 세 개라고 말한 것에는 앞뒤가 비록 분명하게 증명됨이 없으나 보기에 이와 같으니, 만약 일찍이 ‘공(恭)’과 ‘경(敬)’과 ‘충(忠)’으로써 말해주지 않았다면 이른바 ‘선난(先難)’이라는 것이 장차 어디서부터 시작하겠는가? ‘애인(愛人)’에 이르러서는 곧 그 밖에 드러난 것으로써 말하였다.

○ 覺軒蔡氏曰 : “諸子問仁, 而所答各異, 因其所稟之資也. 樊遲問仁, 而所答各異, 因其所學之至也. 聖人教人, 物各付物, 猶化工之妙.”[239]

각헌 채씨(覺軒蔡氏 : 蔡模)[240]가 말하였다. “여러 제자들이 인(仁)에 대해 물었는데 대답한 내용이 각각 다른 것은 그 타고난 자질에 말미암았기 때문이다. 번지(樊遲)가 인(仁)에 대해 물었는데 대답한 내용이 각각 다른 것은 그 배움이 이른 정도에 말미암았기 때문이다. 성인이 사람을 가르침은 물건마다 각각 물건을 부여함이니 조화를 이루는 우주 자연의 오묘함과 같다.”

五)」, 45조목에는 다음과 같이 설명하고 있다. “어떤 이가 물었다. 호씨는 ‘번지가 인에 대해 물은 것이 셋인데, 이것이 가장 먼저이며, 어려운 것을 먼저 하라는 것(「옹야(雍也)」)이 그 다음이고, 사람을 사랑하라는 것(「안연(顔淵)」)이 가장 뒤의 것이다.’라고 했습니다. 그런 것을 어떻게 압니까?’ 주희가 말하였다. ‘명백한 증거가 없기는 하지만, 보면 이와 같다는 것을 안다. 만약 공손과 공경과 충신의 설로 알려주지 않았다면, 이른바 ‘어려운 것을 먼저 한다.’는 것을 어디에서부터 시작하겠는가? ‘사람을 사랑하라.’는 것 또한 그것이 밖으로 표현되는 것을 가지고 말하였다.’(或問 : ‘胡氏謂: ‘樊遲問仁者三: 此最先, ‘先難’次之, ‘愛人’其最後乎!’ 何以知其然?’ 曰 : ‘雖無明證, 看得來是如此. 若未嘗告之以恭敬忠之說, 則所謂‘先難’者, 將從何下手? 至於‘愛人’, 則又以發於外者言之矣.’)”

239) 호광 편(胡廣 編), 『논어집주대전(論語集註大全)』「자로(子路)」에는 다음과 같이 되어 있다. “覺軒蔡氏曰 : ‘諸子問仁, 而所答各異者, 因其所禀之資而發也. 樊遲問仁, 而所答各異者, 因其所學之至而發也. 聖人教人, 猶化工之妙, 物各付物, 於此見之.’”

240) 채모(蔡模 : 1188~1246) : 남송 시대 학자로, 자가 중각(仲覺)이고, 호가 각헌(覺軒)이어서 학자들이 각헌선생(覺軒先生)이라고 불렀으며, 각헌 채씨(覺軒蔡氏) 또는 건안 채씨(建安蔡氏)라고도 일컬었다. 주자의 사위인 채침(蔡沈)의 큰 아들이다. 저서로는 『대학연설(大學演說)』·『논어집소(論語集疏)』·『맹자집소(孟子集疏)』·『역전집해(易傳集解)』·『속근사록(續近思錄)』·『하락탐신(河洛探賾)』 등이 있다.

[13-20-1]

子貢問曰："何如, 斯可謂之士矣?" 子曰："行己有恥, 使於四方, 不辱君命, 可謂士矣."

자공(子貢)이 물어 말하였다. "어떠해야 이에 가히 선비라고 이르겠습니까?" 공자가 말하였다. "자기 몸을 행함에 부끄러워함이 있으며, 사방에 사신 가서 임금의 명을 욕되게 하지 않으면 가히 선비라고 이를 것이다."

朱註

'使', 去聲. 此, 其志有所不爲, 而其材足以有爲者也.

'사어사방(使於四方)'에서 '사(使)'자는 거성(去聲 : 사신가다)이다. 이는 그 뜻으로는 하지 않는 것이 있지만, 그 재능으로는 충분히 할 수 있는 사람이다.

詳說

○ '行'·'使'二事.

'차(此)'는 '행(行)'과 '사(使)'의 두 가지 일이다.

○ 慶源輔氏曰："行己有恥."241)

'기지유소불위(其志有所不爲 : 그 뜻으로는 하지 않는 것이 있음)'에 대해, 경원 보씨(慶源輔氏 : 輔廣)가 말하였다. "자기 몸을 행함에 부끄러워함이 있다."

○ 慶源輔氏曰："使不辱命."242)

'기재족이유위자야(其材足以有爲者也 : 그 재능으로는 충분히 할 수 있는 사람임)'에 대해, 경원 보씨(慶源輔氏 : 輔廣)가 말하였다. "사신 가서 임금의 명을 욕되게 하지 않는 것이다."

○ 雲峰胡氏曰："本末俱有可觀."243)

---

241) 호광 편(胡廣 編), 『논어집주대전(論語集註大全)』「자로(子路)」에는 다음과 같이 되어 있다. "慶源輔氏曰：'志存於隱, 而才見於顯, 且志易肆而才難彊. 故常人之志, 患在於無所不爲, 而其才則患在無所能爲. 行己有恥, 則是其志有所不爲也; 使不辱命, 則是其才足以有爲也. 惟其志有所不爲然後, 其才足以有爲也.'"

242) 호광 편(胡廣 編), 『논어집주대전(論語集註大全)』「자로(子路)」에는 다음과 같이 되어 있다. "慶源輔氏曰：'…… 行己有恥, 則是其志有所不爲也; 使不辱命, 則是其才足以有爲也. 惟其志有所不爲然後, 其才足以有爲也.'"

243) 호광 편(胡廣 編), 『논어집주대전(論語集註大全)』「자로(子路)」에는 다음과 같이 되어 있다.

운봉 호씨(雲峰胡氏 : 胡炳文)가 말하였다. "근본과 말단에 모두 볼만한 것이 있다."

○ 以論釋之, 無訓.

경문의 의미 설명으로 풀이하였고, 훈고는 없다.

○ 此下, 又申論使一事.

이 아래에서는 또 거듭하여 사신 가는 한 가지 일을 논의하였다.

朱註

子貢能言. 故以使事告之, 蓋爲使之難, 不獨貴於能言而已.

자공(子貢)은 말에 능숙하였다. 그러므로 사신의 일로써 말해 준 것이니, 대개 사신 됨의 어려움이란 오직 말을 잘하는 것만 귀중하게 여기지 않을 따름이다.

詳說

○ 子貢一使齊·吳·越·晉, 以能言名.

'이사사고지(以使事告之 : 사신의 일로써 말해준 것)'의 경우, 자공(子貢)이 한번 제나라와 오나라와 월나라와 진나라에 사신 가서 말을 잘하는 것으로 이름이 났음을 말한다.

○ 新安陳氏曰 : "以'行己有恥', 爲本."244)

신안 진씨(新安陳氏 : 陳櫟)가 말하였다. "'행기유치(行己有恥 : 자기 몸을 행함에 부끄러워함이 있음)'로써 근본으로 삼았다."

○ 雙峯饒氏曰 : "有其行又有其能, 全才也. 故可謂士."245)

쌍봉 요씨(雙峯饒氏 : 饒魯)가 말하였다. "그 행함이 있고 또 그 능함이 있으니, 온전한 재능이다. 그러므로 선비라고 이를 수 있다."

"雲峯胡氏曰 : '須看本末二字, 蓋士之所以爲士者, 行其本也, 才其末也. 志有所不爲, 而才足以有爲, 是本末俱有可觀. 其次則但取其本立, 又其次則本末皆無足取, 而猶不失爲自守. 故曰: 下此則市井之人, 不復可爲士矣.'"

244) 호광 편(胡廣 編), 『논어집주대전(論語集註大全)』「자로(子路)」에는 다음과 같이 되어 있다. "新安陳氏曰 : '不獨貴於能言, 蓋以行己有恥, 爲本也.'"

245) 호광 편(胡廣 編), 『논어집주대전(論語集註大全)』「자로(子路)」에는 다음과 같이 되어 있다. "雙峯饒氏曰 : '有恥士之行, 不辱命士之能, 有其行又有其能, 全才也. 故可謂士.'"

[13-20-2]

曰:"敢問其次." 曰:"宗族稱孝焉, 鄕黨稱弟焉."
자공이 말하였다. "감히 그 다음을 묻겠습니다." 공자가 말하였다. "종족이 효성스럽다고 일컬으며, 향당에서 공손하다고 일컫는 것이다."

朱註

'弟', 去聲.246) 此, 本立而材不足者. 故爲'其次'.
'향당칭제언(鄕黨稱弟焉)'에서 '제(弟)'자는 거성(去聲 : 차례)이다. 이는 근본이 섰으나 재능이 부족한 사람이다. 그러므로 '그 다음'이라고 한 것이다.

詳說

○ '孝'·'弟'二事.
'차(此)'는 '효(孝)'와 '제(弟)'의 두 가지 일이다.

○ 見首篇.
'본립(本立)'은 머리 편에 보인다.247)

○ 朱子曰:"守一夫之私行, 無益於人之國."248)
'본립이재부족자(本立而材不足者 : 근본이 섰으나 재능이 부족한 사람)'에 대해, 주자(朱子 : 朱熹)가 말하였다. "한 사내의 사사로운 행실만 지키고, 사람 사는 나라에 이로움이 없는 것이다."

○ 以論釋之, 無訓.
경문의 의미 설명으로 풀이하였고, 훈고는 없다.

---

246) 『논어주소(論語注疏)』「음의」에는 "弟, 亦作悌."라고 하였다. 거성(去聲)의 '次第'라는 뜻이 아니라, '悌'의 뜻으로 쓰였기 때문에 마땅히 '상성(上聲)'이라고 해야 한다.

247) '본립(本立)'은 머리 편에 보인다 : 『논어(論語)』「학이(學而)」에서 "有子曰 : '其爲人也孝弟, 而好犯上者鮮矣, 不好犯上, 而好作亂者未之有也. 君子務本, 本立而道生, 孝弟也者, 其爲仁之本與.'"라고 한 구절을 말한다.

248) 호광 편(胡廣 編), 『논어집주대전(論語集註大全)』「자로(子路)」에는 다음과 같이 되어 있다. "朱子曰 : '孝弟, 豈不是第一等人, 而聖人未以爲士之上者, 僅能使其身無過, 而無益於人之國, 守一夫之私行, 而不能廣其固有之良心也.'"

[13-20-3]

曰 : "敢問其次." 曰 : "言必信, 行必果, 硜硜然小人哉, 抑亦可以爲次矣."
자공이 말하였다. "감히 그다음을 묻겠습니다." 공자가 말하였다. "말을 반드시 믿게 하며, 행동을 반드시 과단(果斷)하게 하는 것이 자잘한 소인이지만, 또한 다음이 될 수 있는 것이다."

朱註

'行', 去聲. '硜', 苦耕反.[249] '果', 必行也. '硜', 小石之堅確者. '小人', 言其識量之淺狹也.

'행필과(行必果)'에서 '행(行)'자는 거성(去聲 : 행위)이다. '경경연소인재(硜硜然小人哉)'에서 '경(硜)'은 '고(苦)'와 '경(耕)'의 반절(反切)이다. '과(果)'는 반드시 행하는 것이다. '경(硜)'은 작은 돌이 굳고 단단한 것이다. '소인(小人)'은 그 식견과 도량이 얕고 좁은 것을 말한다.

詳說

○ 如字.
'행(行)'은 본래의 음으로 읽는다.

○ 克角反.[250]
'소석지견확자(小石之堅確者)'에서 '확(確)'은 '극(克)'과 '각(角)'의 반절(反切)이다.

○ 物小而有可取.
'소석지견확자(小石之堅確者 : 작은 돌이 굳고 단단한 것)'는 물건이 작아서 취할 수 있는 것이다.

○ 去聲.[251]
'언기식량지천협야(言其識量之淺狹也)'에서 '량(量)'자는 거성(去聲 : 도량)이다.

○ 程子曰 : "對大人爲小, 非爲惡之小人."[252]

---

249) 『논어주소(論語注疏)』「음의」에는 "行, 下孟反, 注同. 硜, 苦耕反."이라고 하였다.
250) 호광 편(胡廣 編), 『논어집주대전(論語集註大全)』「자로(子路)」.
251) 호광 편(胡廣 編), 『논어집주대전(論語集註大全)』「자로(子路)」.
252) 주자, 『논어정의(論語精義)』 권7 상에는 다음과 같이 되어 있다. "明道曰 : '言不必信, 行不必果, 唯義所在, 大人之事. 言必信, 行必果, 硜硜然小人之事. 小人, 對大人爲小, 非爲惡之小人也.

정자(程子 : 程顥)가 말하였다. "대인(大人)에 대하여 작음이 되는 것이지, 악행을 하는 소인은 아니다."

○ 訓畢.

훈고가 끝났다.

朱註

此, 其本末皆無足觀, 然亦不害其爲自守也. 故聖人猶有取焉.

이는 그 근본과 말단이 모두 충분히 볼 것이 없으나, 또한 스스로 지킴을 하는 데는 해롭지 않다. 그러므로 성인이 오히려 취함이 있었던 것이다.

詳說

○ '信'·'果'二事.

'차(此)'는 '신(信)'과 '과(果)'의 두 가지 일이다.

○ 朱子曰 : "規規於'信''果'之小節."253)

'기본말개무족관(其本末皆無足觀 : 그 근본과 말단이 모두 충분히 볼 것이 없음)'에 대해, 주자(朱子 : 朱熹)가 말하였다. "'신(信)'과 '과(果)'의 대수롭지 않은 예절에 쩔쩔매는 것이다."

○ 雖力不及於鄕黨宗族, 而能守一身.

'불해기위자수야(不害其爲自守也 : 스스로 지킴을 하는 데는 해롭지 않음)'는 비록 힘이 향당(鄕黨)과 종족에는 미치지 못하나 능히 한 몸을 지킬 수 있다는 말이다.

○ 以論釋畢.

경문의 의미 설명으로 풀이가 끝났다.

○ 此下, 又推其言外說, 出最下等, 以爲下節張本.

이 아래에서는 또 그 말 밖의 설명을 미루어서 가장 아래 등급의 것을 내서 아래 단락의 발판으로 삼았다.

故亦可以爲士.'"

253) 호광 편(胡廣 編), 『논어집주대전(論語集註大全)』「자로(子路)」에는 다음과 같이 되어 있다. "朱子曰 : '硜硜小人, 亦可爲士者, 其識量雖淺, 而非惡也. 至其所守, 雖規規於信果之小節, 然與誕謾苟賤之人, 則不可同日語矣.'"

朱註

下此則市井之人, 不復可爲士矣.

여기서 내려가면 저자거리의 사람이니, 다시 선비가 될 수 없는 것이다.

詳說

○ 『大全』曰 : "言誕行縱."[254)]

'시정지인(市井之人 : 저자거리의 사람)'에 대해, 『논어집주대전』에서 말하였다. "말이 허망하고 행실이 방종하다."

○ 去聲.[255)]

'불부가위사(不復可爲士)'에서 '부(復)'자는 거성(去聲 : 다시)이다.

○ 厚齋馮氏曰 : "言不必信, 行不必果, 孟子謂之大人."[256)]

후재 풍씨(厚齋馮氏 : 馮椅)가 말하였다. "말을 반드시 미덥지 않게 하며, 행동을 반드시 과단(果斷)하지 않게 함을 맹자가 일러서 대인(大人)이라고 하였다.[257)]"

○ 有恥之志, 近於狂, 必果之行, 近於狷, 上下章, 豈一時語歟?

부끄러워하는 뜻이 있으면 광(狂)에 가깝고, 과단한 행실을 기필하면 견(狷)에 가까우니, 위와 아래의 문장[258)]이 어찌 같은 때의 말이겠는가?

---

254) 호광 편(胡廣 編), 『논어집주대전(論語集註大全)』「자로(子路)」.

255) 호광 편(胡廣 編), 『논어집주대전(論語集註大全)』「자로(子路)」에는 "復, 扶又反."이라 하였다.

256) 호광 편(胡廣 編), 『논어집주대전(論語集註大全)』「자로(子路)」에는 다음과 같이 되어 있다. "厚齋馮氏曰 : '言不必信, 行不必果, 孟子謂之大人, 惟義所在, 而不拘執, 所應者廣也. 言必信, 行必果, 夫子謂之小人, 確於自守, 而不可轉移, 所成者狹也.'"

257) 맹자가 일러서 대인(大人)이라고 하였다 : 『맹자(孟子)』「이루하(離婁下)」에서 "孟子曰 : '大人者, 言不必信, 行不必果, 惟義所在.'"라고 하였다.

258) 아래의 문장 : 『논어(論語)』「자로(子路)」의 "子曰 : '不得中行而與之, 必也狂狷乎. 狂者, 進取; 狷者, 有所不爲也.'"라는 구절을 말한다.

[13-20-4]

曰："今之從政者, 何如?" 子曰："噫! 斗筲之人, 何足算也?"
자공이 말하였다. "이제 정사(政事)를 좇는 사람은 어떠합니까?" 공자가 말하였다. "슬프다! 한 말 두 되의 사람을 어찌 충분히 헤아릴 수 있겠는가?"

朱註

'筲', 所交反. '算', 亦作筭, 悉亂反. 今之從政者, 蓋如魯三家之屬. '噫', 心不平聲. '斗', 量名, 容十升; '筲', 竹器, 容斗二升, '斗筲之人', 言鄙細也. '算', 數也.

'두소지인(斗筲之人)'에서 '소(筲)'는 '소(所)'와 '교(交)'의 반절(反切)이다. '하족산야(何足算也)'에서 '산(算)'자의 음은 또한 산(筭)으로 쓰며, '실(悉)'과 '란(亂)'의 반절(反切)이다. 지금 정사(政事)에 참여하는 사람은 대개 노나라 삼가(三家)[259]의 무리와 같다. '희(噫)'는 마음이 평온하지 못한 소리이다. '두(斗)'는 양기(量器)의 이름이니, 열 되를 담는다. '소(筲)'는 대그릇이니 한 말 두 되를 담는다. '두소지인(斗筲之人)'은 비루하고 자잘함을 말한다. '산(算)'은 세는 것이다.

詳說

○ 未定之辭.
'개여(蓋如)'는 확정하지 못한 말이다.

○ 去聲.[260]
'량명(量名)'에서의 '량(量)'자는 거성(去聲 : 량기(量器))이다.

○『諺』音誤.
'소(筲)'는 『언해』본의 음이 잘못되었다.[261]

○ 此本字之訓.
'두, 양명, 용십승; 소, 죽기, 용두이승(斗, 量名, 容十升; 筲, 竹器, 容斗二升)'는, 이는 본래 글자의 새김이다.

---

259) 노나라 삼가(三家) : 『논어(論語)』「팔일(八佾)」에서 "三家者, 以「雍」徹."이라 하였고, 주자의 『집주(集註)』에 "三家, 魯大夫孟孫·叔孫·季孫之家也."라고 하였다.
260) 호광 편(胡廣 編), 『논어집주대전(論語集註大全)』「자로(子路)」.
261) '소(筲)'는 『언해』본의 음이 잘못되었다 : 『언해』본에서 '쵸'라고 한 것을 지적하였다.

○ **此本文之訓.**

'두소지인, 언비세야(斗筲之人, 言鄙細也)'는, 이는 본래 구문의 새김이다.

○ **卽上『註』所云'市井之人'.**

곧 위의 『집주(集註)』에서 이른바 '시정지인(市井之人)'[262]이다.

○ **上聲.**[263]

'수야(數也)'에서 '수(數)'자는 상성(上聲 : 계산하다)이다.

○ **訓畢.**

훈고가 끝났다.

朱註

> 子貢之問, 每下故, 夫子以是警之.
> 자공의 물음이 늘 낮았기 때문에 공자가 이로써 경계한 것이다.

詳說

○ **朱子曰 : "每問皆下, 到下面問, '今之從政者', 却問錯了, 聖人便與他截斷."**[264]

---

262) 시정지인(市井之人) : 위의 『집주(集註)』 "下此則市井之人, 不復可爲士矣."에 나오는 '市井之人'을 말한다.

263) 호광 편(胡廣 編), 『논어집주대전(論語集註大全)』「자로(子路)」.

264) 호광 편(胡廣 編), 『논어집주대전(論語集註大全)』「자로(子路)」에는 다음과 같이 되어 있다. "問 : '程子謂: 子貢欲爲皎皎之行, 是如此否?' 朱子曰 : '子貢平日, 雖有此意思. 然這章却是他大段平實了. 渠見行已有恥, 使不辱命, 不是些小事, 故又問其次. 凡此節次, 皆是要向平實處做工夫, 每問皆下. 到下面問, 今之從政者, 却問錯了. 聖人便與他截斷.'" 『주자어류(朱子語類)』 권43, 「논어25(論語二十五)」, 48조목의 내용은 다음과 같다. "文振擧程子曰 : '子貢欲爲皎皎之行, 聞於人者, 夫子告之, 皆篤實自得之事. 謂子貢發問節次, 正如此.' 曰 : '子貢平日, 雖有此意思, 然這一章卻是他大段平實了. 蓋渠見行己有恥, 使於四方, 不是些小事, 故又問其次. 至宗族稱孝, 鄕黨稱弟, 他亦未敢自信, 故又問其次. 凡此節次, 皆是他要放平實去做工夫, 故每問皆下. 到下面問, 今之從政者何如, 卻是問錯了. 聖人便云, 何足算也, 乃是爲他截斷了也. 此處, 更宜細看.(문진이 정자를 거론하면서 말하였다. '자공은 자신의 깨끗한 행실을 사람들에게 알리려는 사람이기 때문에 공자가 말해준 것이 모두 독실하여 스스로 만족해하는 일이었다고 했는데 자공의 질문 순서도 바로 이와 같습니다.' 주희가 말하였다. '자공이 평소에 이런 생각을 가지기는 했지만, 이 장은 아주 평범하다. 그대가 보는 것처럼, '자기 행동에 염치가 있으며 다른 나라에 사절로 간다.'는 것이 사소한 일이 아니기 때문에, 또 그 다음을 질문한 것이다. '친척들이 효성스럽다고 칭찬하고 마을 사람들이 공손하다고 칭찬하는 것' 또한 감히 스스로 자신

주자(朱子 : 朱熹)가 말하였다. "늘 물음이 모두 낮았는데, 아래 면의 물음에 이르러 '지금 정사(政事)에 참여하는 사람'이라고 한 것은 도리어 물음이 잘못되었다. 성인은 곧 다른 것과 더불어 자르고 끊는다."

○ 不足數者, 而掛齒牙, 所謂錯了. 竊意, 子貢本欲問'今之從政者', 而先汎問數次然後, 及之於'硜硜小人'之下, 其意蓋亦可知也. 然則夫子之警子貢, 豈非警'今之從政者'乎?

셀 수 없는 것에 대해서 치아를 걸어둠은 이른바 잘못되었다. 가만히 생각하건대, 자공(子貢)이 본래는 '지금 정사에 참여하는 사람'을 물어보려고 하다가, 먼저 두루 여러 차례 물어본 뒤에 '자잘한 소인'의 아래에 미친 것이니, 그 뜻을 대개 또한 알 수 있다. 그렇다면 공자가 자공을 경계한 일이 어찌 '지금 정사에 참여하는 사람'을 경계한 것이 아니겠는가?

○ 以論釋之.

경문의 의미 설명으로 풀이하였다.

朱註

程子曰 : "子貢之意, 蓋欲爲皎皎之行, 聞於人者, 夫子告之, 皆篤實自得之事."

정자(程子 : 程頤)가 말하였다. "자공의 뜻은 대개 분명한 행동을 하여 사람들에게 알려지고자 한 것이었는데, 공자가 알려준 것은 모두 독실하게 하여 스스로 터득하는 일이었다."

詳說

○ 當考.

'정자(程子)'는 동생 정이(程頤)인지 형 정호(程顥)인지 마땅히 살펴봐야 한다.[265)]

할 수 없었기 때문에 또 그 다음을 물었다. 무릇 이러한 순서는 모두 그가 평소에 독실하게 공부하려는 것이다. 그래서 늘 다음을 물었다. 아래의 '요즘 정치에 종사하는 사람들은 어떻습니까?'라는 물음은 질문이 뒤바뀌었다. 성인이 '어찌 족히 셈하겠는가'라고 한 말도 그것을 끊어버린 것이다. 이 부분은 마땅히 다시 자세하게 살펴보아야 한다.')"

265) '정자(程子)'는 동생 정이(程頤)인지 형 정호(程顥)인지 마땅히 살펴봐야 한다 : 주자(朱子)의 『논어정의』 권7 상에 의하면 이천(伊川)이라고 하였다. 그 내용은 다음과 같다. "伊川解曰 : '子貢之意, 欲爲皎皎之行, 聞於人者, 而夫子所告, 乃篤實自得之事. 子貢未喻, 而復問其次, 故答以言必信, 行必果, 硜硜然小人哉. 抑亦可以爲次矣. 子貢方悟而推之曰: 然則今之從政者何如? 子曰: 志求斗筲之人, 何足數也? 志苟急於斗筲, 唯恐不能暴見也, 非盡謂今之從政, 爲斗筲之人也.'"

○ 去聲.[266]

'개욕위교교지행(蓋欲爲皎皎之行)'에서 '행(行)'자는 거성(去聲 : 행동)이다.

○ 朱子曰 : "子貢平日, 雖有此意思, 然此章所問節次, 却是大段平實."[267]

'문어인자(聞於人者 : 사람들에게 알려짐)'에 대해, 주자(朱子 : 朱熹)가 말하였다. "자공이 평일에 비록 이런 뜻이 있었으나, 이 장에서 물은 절차가 도리어 대략 평실(平實)하였다."

○ 所告者.

'고지(告之)'는 말해준 것이다.

○ 指'孝弟'·'志行'等.

'독실자득지사(篤實自得之事 : 독실하게 하여 스스로 터득하는 일)'는 '효제(孝弟)'와 지행(志行)' 등을 가리킨다.

---

266) 호광 편(胡廣 編), 『논어집주대전(論語集註大全)』「자로(子路)」.

267) 호광 편(胡廣 編), 『논어집주대전(論語集註大全)』「자로(子路)」에는 다음과 같이 되어 있다. "問 : '程子謂: 子貢欲爲皎皎之行, 是如此否?' 朱子曰 : '子貢平日, 雖有此意思. 然這章却是他大段平實了. ……'" 『주자어류(朱子語類)』 권43, 「논어25(論語二十五)」, 48조목에는 다음과 같이 되어 있다. "文振擧程子曰 : '子貢欲爲皎皎之行, 聞於人者, 夫子告之, 皆篤實自得之事. 謂子貢發問節次, 正如此.' 曰 : '子貢平日, 雖有此意思, 然這一章卻是他大段平實了. 蓋渠見行己有恥, 使於四方, 不是些小事, 故又問其次. 至宗族稱孝, 鄕黨稱弟, 他亦未敢自信, 故又問其次. 凡此節次, 皆是他要放平實去做工夫, 故每問皆下. 到下面問, 今之從政者何如, 卻是問錯了. 聖人便云, 何足算也, 乃是爲他截斷了也. 此處, 更宜細看.(문진이 정자를 거론하면서 말하였다. '자공은 자신의 깨끗한 행실을 사람들에게 알리려는 사람이기 때문에 공자가 말해준 것이 모두 독실하여 스스로 만족해하는 일이었다고 했는데 자공의 질문 순서도 바로 이와 같습니다.' 주희가 말하였다. '자공이 평소에 이런 생각을 가지기는 했지만, 이 장은 아주 평범하다. 그대가 보는 것처럼, '자기 행동에 염치가 있으며 다른 나라에 사절로 간다.'는 것이 사소한 일이 아니기 때문에, 또 그 다음을 질문한 것이다. '친척들이 효성스럽다고 칭찬하고 마을 사람들이 공손하다고 칭찬하는 것' 또한 감히 스스로 자신할 수 없었기 때문에 또 그 다음을 물었다. 무릇 이러한 순서는 모두 그가 평소에 독실하게 공부하려는 것이다. 그래서 늘 다음을 물었다. 아래의 '요즘 정치에 종사하는 사람들은 어떻습니까?'라는 물음은 질문이 뒤바뀌었다. 성인이 '어찌 충분히 셈하겠는가'라고 한 말도 그것을 끊어버린 것이다. 이 부분은 마땅히 다시 자세하게 살펴보아야 한다.')"

[13-21-1]

子曰："不得中行而與之, 必也狂狷乎. 狂者, 進取; 狷者, 有所不爲也."
공자가 말하였다. "중도에 맞는 행실을 얻어서 더불어 하지 못할진댄 반드시 광(狂)한 사람과 견(狷)한 사람이리라. 광(狂)한 사람은 나가서 취하고, 견(狷)한 사람은 하지 않는 것이 있다."

詳說

○ '狷', 音絹.[268]
'필야광견호(必也狂狷乎)'에서 '견(狷)'자는 음이 견(絹)이다.

○ 按, 『孟子』, 改歸與章'斐然成章', 作'進取', 而註以'求望高遠', 釋'進取'云.
살펴보건대, 『맹자(孟子)』에서는 귀여장(歸與章)[269]의 '비연성장(斐然成章 : 찬란하게 문장을 이룸)'을 고쳐서 '진취(進取)'로 썼으며,[270] 주석에서는 '구망고원(求望高遠 : 높고 원대함을 추구하고 기대함)'으로써 '진취(進取)'를 풀이하였다.[271]

朱註

'行', 道也. '狂者', 志極高而行不掩; '狷者', 知未及而守有餘.
'행(行)'은 도(道)이다. '광자(狂者)'는 뜻이 지극히 높으나 행동이 미치지 못함이고, '견자(狷者)'는 앎이 미치지 못하나 지킴이 넉넉함이다.

詳說

○ 去聲, 下同.

---

268) 『논어주소(論語注疏)』에서 "狷, 音絹."이라고 하였다.

269) 귀여장(歸與章) : 『논어(論語)』「공야장(公冶長)」에서 "子在陳曰 : '歸與! 歸與! 吾黨之小子, 狂簡, 斐然成章, 不知所以裁之."라고 하였다.

270) 『맹자(孟子)』에서는 귀여장(歸與章)의 …… '진취(進取)'로 썼으며 : 『맹자(孟子)』「진심하(盡心下)」의 "萬章問曰 : '孔子在陳 曰: 盍歸乎來? 吾黨之士, 狂簡, 進取, 不忘其初, 孔子在陳, 何思魯之狂士?' 孟子曰 : '孔子不得中道而與之, 必也狂獧乎. 狂者進取, 獧者有所不爲也. 孔子豈不欲中道哉? 不可必得故, 思其次也.'"라는 구절에서 '進取'를 말한다.

271) 주석에서는 '구망고원(求望高遠 : 높고 원대함을 추구하고 기대함)'으로써 '진취(進取)'를 풀이하였다 : 위의 『맹자(孟子)』「진심하(盡心下)」 구절에 대한 『집주(集註)』에서 "狂簡, 謂志大而略於事. 進取, 謂求望高遠. 不忘其初, 謂不能改其舊也, 此語, 與『論語』小異."라고 하였다.

'이행(而行)'에서 '행(行)'자는 거성(去聲 : 행동)이니, 아래도 같다.

○ **朱子曰 : "狂者, 知之過; 狷者, 行之過."**[272]

주자(朱子 : 朱熹)가 말하였다. "광자(狂者)는 앎이 지나치고, 견자(狷者)는 행동이 지나치다."

○ **訓畢.**

훈고가 끝났다.

朱註

蓋聖人本欲得中道之人而教之. 然旣不可得, 而徒得謹厚之人, 則未必能自振拔而有爲也.

대개 성인은 본래 중도(中道)의 사람을 얻어서 가르치고자 하였다. 그러나 이미 얻을 수 없어서 다만 근후(謹厚)한 사람만 얻으면 반드시 능히 스스로 떨쳐 일어나 하는 일을 두지 못할 것이다.

詳說

○ **本文不曰'教', 而曰'與', 謙辭.**

'개성인본욕득중도지인이교지(蓋聖人本欲得中道之人而教之 : 대개 성인은 본래 중도의 사람을 얻어서 가르치고자 하였음)'는 본문에서 '교(教)'라고 하지 않고, '여(與)'라고 한 것[273]은 겸양의 말이다.

○ **朱子曰 : "孔門只顔子純粹, 曾子過於剛, 與孟子相似."**[274]

---

272) 호광 편(胡廣 編), 『논어집주대전(論語集註大全)』「자로(子路)」. 『주자어류(朱子語類)』 권43, 「논어25(論語二十五)」, 51조목에도 동일한 내용이 실려 있다.

273) '여(與)'라고 한 것 : 위의 경문 "不得中行而與之"의 '與'자를 말한다.

274) 『주자어류(朱子語類)』 권43, 「논어25(論語二十五)」, 55조목의 내용은 다음과 같다. "問 : '狂狷, 『集注』云: 善人胡爲亦不及狷者?' 曰 : '善人只循循自守, 據見定, 不會勇猛精進; 循規蹈矩則有餘, 責之以任道則不足. 狷者, 雖非中道, 然這般人終是有筋骨. 其志孤介, 知善之可爲而爲之, 知不善之不可爲而不爲, 直是有節操. 狂者, 志氣激昂. 聖人本欲得中道而與之, 晩年磨來磨去, 難得這般恰好底人, 如狂狷, 尙可因其有爲之資, 裁而歸之中道. 且如孔門只一箇顔子如此純粹. 到曾子, 便過於剛, 與孟子相似.'(서우가 물었다. '광견(狂狷)'에 대해, 『집주(集註)』에서 '선한 사람이 어찌해서 견자(狷者)에 미치지 못하는가?'라고 했습니다.' 주희가 말하였다. '선한 사람은 단순히 따르고 스스로 지키기만 하고 정해진 견해에 의거하며 용맹하게 정진하려 하지 않는다. 규범을 따르고 지키는 것에는 여유가 있지만 책임을 지고 도를 맡기에는 부족하다.

'기불가득(旣不可得 : 이미 얻을 수 없음)'에 대해, 주자(朱子 : 朱熹)가 말하였다. "공자 문하에 다만 안자(顏子)만 순수하였고, 증자(曾子)는 강함에 지나쳤으니, 맹자(孟子)와 더불어 서로 비슷하다."

◯ **雙峰饒氏曰 : "是怕事底人, 雖不爲惡, 亦不足與爲善."**[275]

'도득근후지인(徒得謹厚之人 : 다만 근후한 사람만 얻음)'에 대해, 쌍봉 요씨(雙峰饒氏 : 饒魯)가 말하였다. "이는 일을 두려워하는 사람이니, 비록 악하지 않더라도 또한 충분히 더불어 선(善)을 하지는 못한다."

朱註

故不若得此狂狷之人, 猶可因其志節, 而激厲裁抑之, 以進於道, 非與其終於此而已也.

그러므로 이 광견(狂狷)한 사람을 얻는 것만 같지 못하니, 오히려 그 의지(意志)와 절조(節操)에 말미암아 격려하고 억제하여 도(道)에 나아가게 할 수 있어서 이 정도에서 끝남을 허여하는 것이 아닐 따름이다.

詳說

◯ **必不免爲鄕原之歸, 『孟子』論'狂獧', 而以'鄕原'終之, 蓋以是耳.**

반드시 향원(鄕原)으로 돌아감을 면하지 못한다. 『맹자(孟子)』에서 '광견(狂獧)'을 논변하면서 '향원(鄕原)'으로써 마쳤으니,[276] 대개 이에 말미암았을 뿐이다.

견자(狷者)는 비록 중도(中道)는 아니지만, 이러한 사람은 끝까지 근골(筋骨)이 있다. 그 뜻이 청정하니, 선이란 할 만한 것으로 해야 한다는 것을 알고 불선은 해서는 안 되는 것으로 하지 말아야 한다는 것을 알아 줄곧 절조(節操)가 있다. 광자(狂者)는 지조가 물결이 부딪쳐 오르는 듯하다. 성인은 본래 중도를 얻어 함께 하고자 하였지만, 만년에 이르도록 오고가면서도 이처럼 좋은 사람은 얻기가 어려웠고, 광견(狂狷) 같은 이가 오히려 훌륭한 일을 할 만한 자질이 있기 때문에 그를 다듬어 중도로 돌아가게 하려 한 것이다. 공자 문하에서 안연 한 사람만이 이와 같이 순수했던 것과 같다. 증자에 와서, 강(剛)에 지나쳤으니, 맹자와 서로 비슷하다.')"

275) 호광 편(胡廣 編), 『논어집주대전(論語集註大全)』「자로(子路)」에는 다음과 같이 되어 있다. "雙峯饒氏, 裁抑狂者, 是不然. 狂者, 志極高, 是過處; 行不掩, 是不及處. 狷者, 知未及, 是不及處; 守有餘, 是過處. 二者各有過不及, 於過處裁抑之, 使之俯而就中; 於不及處, 激厲之, 使之跂而及中. 如此則皆近道矣. 狂狷, 自是病處, 聖人所以取之者, 以狂者, 有進取之志; 狷者, 不爲非理之事, 雖有病處, 亦有好處, 尚可教以中道. 若徒謹厚者, 只是怕事底人, 雖不爲惡, 亦不足與爲善, 反不若狂狷之可取也."

276) 『맹자(孟子)』에서 '광견(狂獧)'을 논변하면서 '향원(鄕原)'으로써 마쳤으니 : 『맹자(孟子)』「진

○ 『大全』曰 : "狂者之志, 狷者之節."277)

'기지절(其志節)'에 대해, 『논어집주대전』에서 말하였다. "광자의 의지(意志)이고, 견자의 절조(節操)이다."

○ 雙峰饒氏曰 : "或以爲激厲狷者, 裁抑狂者, 是不然. 二者各有過不及, 於過處裁抑; 不及處激厲."278)

'격려재억지(激厲裁抑之 : 격려하고 억제함)'에 대해, 쌍봉 요씨(雙峰饒氏 : 饒魯)가 말하였다. "어떤 사람이 견자를 격려하고, 광자를 억제하는 것이라고 여겼으나, 그렇지 않다. 두 사람에게 각각 지나치고 미치지 못함이 있으니, 지나친 곳에는 억제하고, 미치지 못한 곳에는 격려한다."

○ 朱子曰 : "歸之中道."279)

심하(盡心下)」에서 "孔子曰 : '過我門而不入我室, 我不憾焉者, 其惟鄕原乎. 鄕原, 德之賊也.' 曰 : '何如, 斯可謂之鄕原矣?' 曰 : '何以是嘐嘐也? 言不顧行, 行不顧言, 則曰: 古之人古之人. 行何爲踽踽涼涼? 生斯世也, 爲斯世也, 善斯可矣. 閹然媚於世也者, 是鄕原也.'"라 하였고, 그 『집주(集註)』에서 "鄕原, 非有識者, 原與愿同, 『荀子』原慤字, 皆讀作愿, 謂謹愿之人也. 故鄕里所謂愿人, 謂之鄕原. 孔子以其似德而非德故, 以爲德之賊. 過門不入而不恨之, 以其不見親就, 爲幸, 深惡而痛絶之也. …… 不見親厚於人也. 鄕原, 譏狂者曰 : '何用如此嘐嘐然行, 不掩其言, 而徒每事必稱古人邪?' 又譏狷者曰 : '何必如此踽踽涼涼, 無所親厚哉? 人旣生於此世, 則但當爲此世之人, 使當世之人, 皆以爲善則可矣, 此鄕原之志也. 閹, 如奄人之奄, 閉藏之意也, 媚求悅於人也. 孟子言此深自閉藏, 以求親媚於世, 是鄕原之行也."라고 하였다.

277) 호광 편(胡廣 編), 『논어집주대전(論語集註大全)』「자로(子路)」.

278) 호광 편(胡廣 編), 『논어집주대전(論語集註大全)』「자로(子路)」에는 다음과 같이 되어 있다. "雙峯饒氏, 裁抑狂者, 是不然. 狂者, 志極高, 是過處; 行不掩, 是不及處. 狷者, 知未及, 是不及處; 守有餘, 是過處. 二者各有過不及, 於過處裁抑之, 使之俯而就中; 於不及處, 激厲之, 使之跂而及中. 如此則皆近道矣."

279) 호광 편(胡廣 編), 『논어집주대전(論語集註大全)』「자로(子路)」에는 다음과 같이 되어 있다. "朱子曰 : '謹厚者, 雖是好, 又無益於事. 故有取於狂狷者. 又各墮於一偏, 中道之人, 有狂者之志, 而所爲又精密; 有狷者之節, 又不至過激, 此極難得之人. 狷者, 雖非中道, 然有筋骨, 其志孤介, 知善之可爲而爲之; 知不善之不可爲而不爲, 直是有節操. 狂者, 志氣激昂, 聖人本欲得中道而與之, 晩年磨来磨去, 難得這般恰好底人, 如狂狷尚可因, 其有爲之資, 裁而歸之中道.'" 『주자어류(朱子語類)』 권43, 「논어25(論語二十五)」, 55조목의 내용은 다음과 같다. "問 : '狂狷, 『集注』云: 善人胡爲亦不及狷者?' 曰 : '善人只循循自守, 據見定, 不會勇猛精進; 循規蹈矩則有餘, 責之以任道則不足. 狷者, 雖非中道, 然這般人終是有筋骨. 其志孤介, 知善之可爲而爲之, 知不善之不可爲而不爲, 直是有節操. 狂者, 志氣激昂. 聖人本欲得中道而與之, 晩年磨來磨去, 難得這般恰好底人, 如狂狷, 尚可因其有爲之資, 裁而歸之中道. 且如孔門只一箇顔子如此純粹. 到曾子, 便過於剛, 與孟子相似.'(서우가 물었다. '광견(狂狷)'에 대해, 『집주(集註)』에서 '선한 사람

'진어도(進於道 : 도에 나아감)'에 대해, 주자(朱子 : 朱熹)가 말하였다. "중도(中道)로 돌아감이다."

◯ 以論釋畢.

경문의 의미 설명으로 풀이가 끝났다.

◯ 以前篇歸與章及『孟子』狂獧章, 參看爲可.

앞의 편에 나온 귀여장(歸與章)[280] 및 『맹자(孟子)』의 광견장(狂獧章)[281]을 참조하여 보면 좋다.

朱註

孟子曰 : "孔子豈不欲中道哉? 不可必得故, 思其次也. 如琴張·曾晳·牧皮者, 孔子之所謂狂也, 其志嘐嘐然曰 : '古之人! 古之人!' 夷考其行而不掩焉者也. 狂者, 又不可得, 欲得不屑不潔之士而與之, 是狷也, 是又其次也."

맹자(孟子)가 말하였다. "공자(孔子)가 어찌 중도(中道)의 사람을 바라지 않았겠는가? 반드시 얻을 수 없었기 때문에 그 다음을 생각한 것이다. 금장(琴張)과 증석(曾晳)과 목피(牧皮) 같은 사람은 공자가 이른바 광자(狂者)이니, 그 뜻이 크고 커서 말하기를, '옛사람이여! 옛사람이여!'라고 하며, 평소에 그 행동을 살펴보았는데 말이 행동에 미치지 못하는 사람이었다. 광자를 또 얻지 못하면 깨끗하지 못함을 달갑게 여기지 않는 선비를 얻어서 함께 하고자 하였으니, 이가 견자

이 어찌해서 견자(狷者)에 미치지 못하는가?'라고 했습니다.' 주희가 말하였다. '선한 사람은 단순히 따르고 스스로 지키기만 하고 정해진 견해에 의거하며 용맹하게 정진하려 하지 않는다. 규범을 따르고 지키는 것에는 여유가 있지만 책임을 지고 도를 맡기에는 부족하다. 견자(狷者)는 비록 중도(中道)는 아니지만, 이러한 사람은 끝까지 근골(筋骨)이 있다. 그 뜻이 청정하니, 선이란 할 만한 것으로 해야 한다는 것을 알고 불선은 해서는 안 되는 것으로 하지 말아야 한다는 것을 알아 줄곧 절조(節操)가 있다. 광자(狂者)는 지조가 물결이 부딪쳐 오르는 듯하다. 성인은 본래 중도를 얻어 함께 하고자 하였지만, 만년에 이르도록 오고가면서도 이처럼 좋은 사람은 얻기가 어려웠고, 광견(狂狷) 같은 이가 오히려 훌륭한 일을 할 만한 자질이 있기 때문에 그를 다듬어 중도로 돌아가게 하려 한 것이다. 공자 문하에서 안연 한 사람만이 이와 같이 순수했던 것과 같다. 증자에 와서, 강(剛)에 지나쳤으니, 맹자와 서로 비슷하다.')"

280) 귀여장(歸與章) : 『논어(論語)』「공야장(公冶長)」에 "子在陳曰 : '歸與! 歸與! 吾黨之小子狂簡, 斐然成章, 不知所以裁之.'"라 하였다.

281) 광견장(狂獧章) : 『맹자(孟子)』「진심하(盡心下)」에는 "孔子不得中道而與之, 必也狂獧乎! 狂者進取, 獧者有所不爲也."라 하였다.

이고, 이가 또 그 다음인 것이다."

詳說

○ 「盡心」.

'맹자(孟子)'는 「진심(盡心)」이다.[282]

○ 『大全』曰 : "狂者."[283]

'사기차야(思其次也 : 그 다음을 생각함)'에 대해, 『논어집주대전』에서 말하였다. "광자(狂者)이다."

○ 火交反.

'기지교교연왈(其志嘐嘐然曰)'에서 '교(嘐)'는 '화(火)'와 '교(交)'의 반절(反切)이다.

○ 『大全』曰 : "以上, 皆說狂者."[284]

'이고기행이불엄언자야(夷考其行而不掩焉者也 : 평소에 그 행동을 살펴보았는데 말이 행동에 미치지 못하는 사람임)'에 대해, 『논어집주대전』에서 말하였다. "이상은 모두 광자를 말한다."

○ 不潔者, 不屑之.

'불설불결지사(不屑不潔之士 : 깨끗하지 못함을 달갑게 여기지 않는 선비)'는 깨끗하지 못함을 달갑게 여기지 않는다.

○ '是又其次也', 初學之士, 須從狷者入.[285]

'시우기차야(是又其次也 : 이가 또 그 다음임)'는 처음 배우는 선비가 모름지기 견자를 좇아서 들어가는 것이다.

○ '狂狷', 此章之題目.

'광견(狂狷 : 앎과 행동이 지나치다)'이 이 장의 제목이다.

---

282) '맹자(孟子)'는 「진심(盡心)」이다 : 『맹자(孟子)』「진심하(盡心下)」에서 "孟子曰 : '孔子, 不得中道而與之, 必也狂獧乎? 狂者進取, 獧者有所不爲也, 孔子豈不欲中道哉? 不可必得故, 思其次也.' '敢問, 何如, 斯可謂狂矣?' 曰 : '如琴張 · 曾晳 · 牧皮者, 孔子之所謂狂矣.' '何以謂之狂也?' 曰 : '其志嘐嘐然曰: 古之人! 古之人! 夷考其行而不掩焉者也. 狂者, 又不可得, 欲得不屑不潔之士而與之, 是獧也, 是又其次也.'"라고 하였다.

283) 호광 편(胡廣 編), 『논어집주대전(論語集註大全)』「자로(子路)」에는 "次, 謂狂者."라고 하였다.

284) 호광 편(胡廣 編), 『논어집주대전(論語集註大全)』「자로(子路)」.

285) 호광 편(胡廣 編), 『논어집주대전(論語集註大全)』「자로(子路)」에는 "又次, 謂狷者."라고 하였다.

[13-22-1]

子曰："南人有言曰: '人而無恒, 不可以作巫醫.' 善夫!"
공자가 말하였다. "남방 사람이 말하기를 '사람으로서 항덕(恒德)이 없으면 가히 무당과 의원도 되지 못할 것이다.'라고 하니, 착하도다!"

朱註

'恒', 胡登反. '夫', 音扶. '南人', 南國之人. '恒', 常久也.

'인이무항(人而無恒)'에서 '항(恒)'은 '호(胡)'와 '등(登)'의 반절(反切)이다. '선부(善夫)'에서 '부(夫)'자는 음이 부(扶)이다. '남인(南人)'은 남쪽 나라의 사람이다. '항(恒)'은 변하지 않고 오래가는 것이다.

詳說

○ 楚俗尚巫, 豈楚人言歟?

'남국지인(南國之人)'은 초나라 풍속에 무예(武藝)를 숭상하였다고 하니, 어찌 초나라 사람의 말이겠는가?

○ 朱子曰："'恒'字, 象船兩頭靠岸, 可見徹頭徹尾."[286]

주자(朱子 : 朱熹)가 말하였다. "'항(恒)'은 배의 양쪽 머리가 언덕에 기댄 것을 형상하였으니, 철두철미(徹頭徹尾)함을 볼 수 있다."

○ 訓畢.

훈고가 끝났다.

朱註

'巫', 所以交鬼神; '醫', 所以寄死生. 故雖賤役, 而尤[287]不可以無常, 孔子稱其言而善之.

'무(巫)'는 귀신과 사귀는 것이고, '의(醫)'는 죽고 삶을 맡기는 것이다. 그러므로 비록 비천한 직업이지만 오히려 항덕(恒德)이 없어서는 안 되니, 공자가 그 말을

---

286) 호광 편(胡廣 編), 『논어집주대전(論語集註大全)』「자로(子路)」에는 다음과 같이 되어 있다. "朱子曰 : '恒字, 古作恆, 其說, 象一隻船, 兩頭靠岸, 可見徹頭徹尾.'"

287) 尤 : 『논어집주(論語集註)』나 『논어집주대전』 등에는 '尤'자로 표기되어 있다.

칭찬하여 좋게 여긴 것이다.

詳說

○ 一作'尤', 誤.

'유(尤 : 오히려)'는 다른 판본에는 '우(尤 : 더욱)'로 썼으니, 잘못이다.

○ 沙溪曰 : "'尤', 古'猶'字也, '尤'誤作'尤', 非一."[288]

사계(沙溪 : 金長生)[289]가 말하였다. "'유(尤)'는 옛날 '유(猶)'자이니, '유(尤)'를 잘못하여 '우(尤)'로 쓴 것이 하나가 아니다."

○ 按, 『書』「大禹謨」'舍己從人'註, 有可證也, 此註'尤'與'雖'正相應言, 雖賤役, 猶不可無常, 況士之執德乎.

살펴보건대, 『서경(書經)』「대우모(大禹謨)」 '사기종인(舍己從人 : 자기를 버리고 남을 좇음)'의 주석에서 증명할 만한 것이 있다.[290] 이 주석에서 '유(尤)'와 '수(雖)'는 바로 서로 호응하는 말이니, 비록 비천한 직업일지라도 오히려 항덕이 없어서는 안 되니, 하물며 선비가 덕을 잡음에 있어서랴.

○ 慶源輔氏曰 : "警人者, 深矣."[291]

경원 보씨(慶源輔氏 : 輔廣)가 말하였다. "사람을 경계하는 것이 깊다."

○ 蓋警學者, 使恆其德也, 此當與前篇有恆章, 參看.

대개 배우는 사람을 경계하여 그 덕을 항상 하도록 함이니, 이는 마땅히 앞 편의

---

288) 김장생(金長生), 『經書辨疑』「論語」.

289) 김장생(金長生 : 1548~1631) : 조선 중기 학자로, 자가 희원(希元)이고, 호가 사계(沙溪)이며, 본관이 광산(光山)이다. 아버지는 대사헌 김계휘(金繼輝)이며, 아들은 김집(金集)이다. 송익필(宋翼弼)로부터 사서(四書)와 『근사록(近思錄)』 등을 배웠고, 20세 무렵에 이이(李珥)의 문하에 들어갔다. 1578년(선조11)에 학행(學行)으로 천거되어 정계에 들어갔다. 학문이 정밀하였으며, 특히 예학(禮學)을 깊이 연구하고 아들 김집에게 계승시켜 조선시대 예학의 태두가 되었다.

290) 『서경(書經)』「대우모(大禹謨)」 '사기종인 …… 증명할 만한 것이 있다 : 『서경(書經)』「대우모(大禹謨)」 "帝曰 : '兪! 允若茲, 嘉言罔攸伏, 野無遺賢, 萬邦咸寧, 稽于衆, 舍己從人, 不虐無告, 不廢困窮, 惟帝時克.'"라고 하였는데, 채침의 주석에 의하면, "程子曰 : '舍己從人, 最爲難事, 己者, 我之所有, 雖痛舍之, 猶懼守己者固而從人者輕也.'"라고 하였는데, '猶'자를 '尤"로 쓴 것도 있음을 지적한 것이다.

291) 호광 편(胡廣 編), 『논어집주대전(論語集註大全)』「자로(子路)」에는 다음과 같이 되어 있다. "慶源輔氏曰 : '無常之人, 則在我者無定守矣, 何所用而可? 巫醫雖賤役, 然必有常, 乃可爲之. 蓋交鬼神而無常, 則鬼神之不享; 治疾病而無常, 則人何敢寄以死生哉? 孔子稱其言而善之, 其所以警於人者, 深矣.'"

유항장(有恒章)[292]과 더불어 참조하여 보아야 한다.

[13-22-2]

不恒其德, 或承之羞.
'그 덕을 항상 하지 않으면 간혹 부끄러움을 받으리라.'라고 하니

朱註

此, 『易』「恒卦」九三爻辭. '承', 進也.
이는 『주역(周易)』「항괘(恒卦)」 구삼(九三)의 효사(爻辭)이다. '승(承)'은 나아감이다.

詳說

○ 朱子曰: "人送羞辱, 與之."[293]
주자(朱子: 朱熹)가 말하였다. "사람이 수치와 모욕을 보내고 그것[恒德]과 함께 하는 일이다."

○ 雙峰饒氏曰: "如『儀禮』'承致多福'之承, 言擧而進之."[294]
쌍봉 요씨(雙峰饒氏: 饒魯)가 말하였다. "『의례』의 '승치다복(承致多福: 많은 복을 받들어 이름)'[295]의 '승(承)'과 같으니, 받들어 나아감을 말한다.

○ 有訓無釋.
훈고는 있으나 경문의 풀이는 없다.

---

292) 유항장(有恒章): 『논어(論語)』「술이(述而)」에는 "子曰: '聖人, 吾不得而見之矣, 得見君子者, 斯可矣.' 子曰: '善人, 吾不得而見之矣, 得見有恒者, 斯可矣. 亡而爲有, 虛而爲盈, 約而爲泰, 難乎有恒矣.'"라 하였다.

293) 호광 편(胡廣 編), 『논어집주대전(論語集註大全)』「자로(子路)」에는 다음과 같이 되어 있다. "朱子曰: '承, 如奉承之承, 如人送羞辱, 與之也.'"

294) 호광 편(胡廣 編), 『논어집주대전(論語集註大全)』「자로(子路)」에는 다음과 같이 되어 있다. "雙峯饒氏曰: '承字, 如『儀禮』皇尸命工祝, 承致多福, 于爾孝孫之承, 言奉而進之也.'"

295) 『의례』의 '승치다복(承致多福: 많은 복을 받들어 이름)': 『의례(儀禮)』「소뢰궤식례(少牢饋食禮)제16」에서 "皇尸命工祝, 承致多福, 無疆于女, 孝孫來女, 孝孫使女, 受祿于天宜, 稼于田, 眉壽萬年, 勿替引之."라고 하였다.

○ 上節'善南言'之正意, 在此節.

위의 구절 '선남언(善南言 : 남쪽 나라 사람의 말을 좋게 여김)'[296]의 바른 뜻이 이 구절에 있다.

[13-22-3]

子曰 : "不占而已矣."

공자가 말하였다. "점치지 않을 따름이니라."

朱註

復加'子曰', 以別『易』文也, 其義未詳.

다시 '자왈(子曰)'를 더한 것은 『주역(周易)』의 글과 구별하기 위해서인데, 그 뜻이 자세하지 않다.

詳說

○ 去聲.[297]

'부가'자왈'(復加'子曰')'에서 '부(復)'자는 거성(去聲 : 다시)이다.

○ 者.

'부가자왈(復加子曰 : 다시 자왈을 더한 것)'은 '~것'이다.

○ 彼列反.[298]

'이별『역(易)』문야(以別『易』文也)'에서 '별(別)'은 '피(彼)'와 '렬(列)'의 반절(反切)이다.

○ 不占之義.

'기의(其義)'는 점치지 않는다는 뜻이다.

○ 程子曰 : "不待占."[299]

---

296) 선남언(善南言 : 남쪽 나라 사람의 말을 좋게 여김) : 위 경문의 "子曰 : '南人有言曰: 人而無恒, 不可以作巫醫. 善夫!'"를 말한다.

297) 호광 편(胡廣 編), 『논어집주대전(論語集註大全)』「자로(子路)」에는 "復, 扶又反."이라고 하였다.

298) 호광 편(胡廣 編), 『논어집주대전(論語集註大全)』「자로(子路)」.

정자(程子 : 程頤)가 말하였다. "점괘(占卦)에 의지하지 않는 일이다."

朱註

楊氏曰 : "君子於『易』, 苟玩其占, 則知無常之取羞矣, 其爲無常也, 蓋亦不占而已矣, 意亦略通."

양씨(楊氏 : 楊時)가 말하였다. "군자가 『주역(周易)』에서 진실로 그 점괘를 연토(硏討)한다면 항덕(恒德) 없음이 부끄러움을 취한다는 것을 알게 된다. 항덕 없음이 되는 것은 대개 또한 점치지 않을 따름이니, 뜻이 또한 대략이나마 통한다."

詳說

○ **平聲, 下同.**[300]

'구완기점(苟玩其占)'에서 '점(占)'자는 평성(平聲 : 점치다)이니, 아래도 같다.

○ **三字, 出「繫辭」.**

'완기점(玩其占)' 세 글자는 「계사전(繫辭傳)」에 나온다.[301]

○ **朱子曰 : "只是不讀書之意."**[302]

'부점이이의(不占而已矣 : 점치지 않은 따름임)'에 대해, 주자(朱子 : 朱熹)가 말하였다. "다만 책을 읽지 않는다는 뜻이다."

○ **雲峰胡氏曰 : "『易』爲占筮之書, 不恒其德, 由平日不占而已."**[303]

운봉 호씨(雲峰胡氏 : 胡炳文)가 말하였다. "『주역(周易)』은 점서(占筮)의 책이니, 그 덕이 항상 하지 못하는 것은 평일에 점치지 않음에 말미암을 따름이다."

---

299) 주희(朱熹), 『논어정의(論語精義)』 권7 상의 내용은 다음과 같다. "伊川曰 : '有吉凶, 便占, 無恒之人, 更不待占.'"

300) 호광 편(胡廣 編), 『논어집주대전(論語集註大全)』「자로(子路)」에는 "占, 平聲."이라고 하였다.

301) '완기점(玩其占)' 세 글자는 「계사전(繫辭傳)」에 나온다 : 『주역(周易)』「계사전상(繫辭傳上)」에서 "君子居, 則觀其象而玩其辭, 動則觀其變而玩其占."라고 하였다.

302) 호광 편(胡廣 編), 『논어집주대전(論語集註大全)』「자로(子路)」의 내용은 다음과 같다. "朱子曰 : 不占而已, 此只是不讀書之意." 『주자어류(朱子語類)』 권43, 「논어25(論語二十五)」, 56조목에도 동일하게 실려 있다.

303) 호광 편(胡廣 編), 『논어집주대전(論語集註大全)』「자로(子路)」의 내용은 다음과 같다. "雲峯胡氏曰 : '『易』爲占筮之書, 不恒其德, 或承之羞, 此「恒卦」九三占辭也. 凡其不知不恒之患者, 由平日不占而已矣.'"

◯ 有釋無訓.

경문의 풀이는 있으나 훈고는 없다.

◯ 此章, 始以'巫醫'起之, 末以'占筮'結之, 中間'不恆其德'四字, 是上下之樞紐, 而一章之題目也.

이 장은 처음에는 '무의(巫醫)'로써 일으키고, 끝에는 '점서(占筮)'로써 맺었으며, 중간에 '불항기덕(不恆其德 : 그 덕을 항상 하지 못함)' 네 글자는 위와 아래의 중요한 관건이면서 한 장의 제목이다.

◯ 程子曰 : "'狂狷'·'無恒', 當通爲一段, 『論語』若此者多. 中間雖有'曰'字, 文勢隔, 不斷. 狂狷是有常, 若無常, 則鄕原是其一也."[304]

정자(程子 : 程頤)가 말하였다. "'광견(狂狷)'과 '무항(無恒)'은 마땅히 통틀어서 하나의 단락으로 해야 하니, 『논어(論語)』에는 이와 같은 것이 많다. 중간에 비록 '왈(曰)'자를 두어 글의 형세가 떨어졌으나 끊어지지 않았다. 광자(狂者)와 견자(狷者)는 항덕(恒德)이 있으니, 만약 항덕이 없으면 향원(鄕原)과 한 가지인 것이다."

304) 주희(朱熹), 『논어정의(論語精義)』 권7 상의 내용은 다음과 같다. "伊川曰 : '…… 子曰: 不得中行而與之, 必也狂狷乎. 狂者進取, 狷者有所不爲也; 子曰: 南人有言曰, 人而無恒, 不可以作巫醫, 善夫. 不恒其德, 或承之羞; 子曰: 不占而已矣, 當通爲一段, 其間雖有子曰字, 然文勢隔不斷, 『論語』若此者多. 中行固然, 然狂狷亦是有常, 若無常則不可測度, 鄕愿是其一. 故曰: 不占而已矣.'"

[13-23-1]

子曰 : "君子, 和而不同; 小人, 同而不和."
공자가 말하였다. "군자는 화해(和諧)하고 부동(附同)하지 아니하고, 소인은 부동하고 화해하지 않는 것이다."

朱註

'和'者, 無乖戾之心; '同'者, 有阿比之意.
'화(和)'라는 것은 어그러지고 맞지 않는 마음이 없음이고, '동(同)'이라는 것은 알랑거리고 뒤따르는 뜻이 있음이다.

詳說

○ 必二反.[305]
'유아비지의(有阿比之意)'에서 '비(比)'는 '필(必)'과 '이(二)'의 반절(反切)이다.

○ 心公而意私.
'유아비지의(有阿比之意)'는 마음이 공변되나 뜻이 사사로운 것이다.

○ 呂氏曰 : "五味相合爲和, 以水濟水爲同."[306]
여씨(呂氏 : 呂大臨[307])가 말하였다. "다섯 가지 맛이 서로 합해지는 것이 '화(和)'이고, 물에 물을 더하는 것이 '동(同)'이다."

○ 有訓無釋.
훈고는 있으나 경문의 풀이는 없다.

○ 厚齋馮氏曰 : "'和'與'同', 近似而公私不同, 如'比周'·'驕泰'之類. 故夫子辨之."[308]

---

305) 호광 편(胡廣 編), 『논어집주대전(論語集註大全)』「자로(子路)」에는 "比, 毗至反."이라고 하였다.

306) 주희(朱熹), 『논어정의(論語精義)』 권7 상의 내용은 다음과 같다. "呂曰 : '和則可否相濟, 同則隨彼可否. 調羹者, 五味相合爲和, 以水濟水爲同.'"

307) 여대림(呂大臨 : 1040~1092) : 북송 시대 금석학자로, 자가 여숙(與叔)이고, 호가 운각(芸閣) 또는 남전(藍田)이며, 경조 남전(京兆藍田) 사람이다. 먼저 장재(張載) 문하에 들어갔다가 뒤에 이정(二程) 문하에 들어가 구하여 유초(游酢)·양시(楊時)·사양좌(謝良佐)와 함께 정문사대제자(程門四大弟子)라고 일컬었다. 주요 저서로는 『사서주(四書注)』·『역장구(易章句)』·『예기해(禮記解)』·『성덕집(誠德集)』 등이 있다.

308) 호광 편(胡廣 編), 『논어집주대전(論語集註大全)』「자로(子路)」의 내용은 다음과 같다. "厚齋馮氏曰 : '和, 如和羹, 異味而相調爲一也. 同, 如雷同, 隨聲而無分別也. 和與同, 近似而公私不

후재 풍씨(厚齋馮氏 : 馮椅)가 말하였다. "'화(和)'와 '동(同)'은 비슷한 것 같으나 공(公)과 사(私)가 같지 않으니, '비주(比周 : 比而不周)'309)와 '교태(驕泰 : 驕而不泰)310)의 따위와 같다. 그러므로 공자가 구별한 것이다."

朱註

尹氏曰 : "君子尙義, 故有不同; 小人尙利, 安得而和?"

윤씨(尹氏 : 尹焞)가 말하였다. "군자는 의리를 숭상하기 때문에 같지 않음이 있으며, 소인은 이익을 숭상하니 어찌 화해(和諧)할 수 있겠는가?"

詳說

○ **朱子曰 : "此乃君子小人情狀之隱微, 韓 · 范 · 富311)上前議論, 或至失色, 卒未嘗失和氣. 王 · 呂 · 章 · 魯 · 蔡, 父子兄弟, 同惡相濟, 而其隙無不至, 足以驗聖言之不可易矣."312)**

주자(朱子 : 朱熹)가 말하였다. "이는 바로 군자와 소인의 정상이 은미함이니, 인종(仁宗) 때 대신 한공(韓公) · 범공(范公) · 부공(富公)이 임금 앞에서 의론한 것이 간혹 얼굴빛을 잃음에 이르렀으나 마침내 온화한 기색을 잃은 적이 일찍이 없었다. 왕씨(王氏) · 여씨(呂氏) · 장씨(章氏) · 노씨(魯氏) · 채씨(蔡氏)는 아버지와 아들 사

同, 如比周驕泰之類, 夫子故辨之.'"

309) 비주(比周 : 比而不周) : 『논어(論語)』「위정(爲政)」의 "君子, 周而不比; 小人, 比而不周."라는 구절을 말한다.

310) 교태(驕泰 : 驕而不泰) : 『논어(論語)』「자로(子路)」의 "子曰 : '君子, 泰而不驕; 小人, 驕而不泰.'"라는 구절을 말한다.

311) 韓 · 范 · 富 : 『논어집주대전』과 『사서혹문(四書或問)』에는 '韓 · 富 · 范'으로 표기되어 있다.

312) 호광 편(胡廣 編), 『논어집주대전(論語集註大全)』「자로(子路)」의 내용은 다음과 같다. "朱子曰 : '君子之和, 乃以其同寅協恭, 而無乖爭忌克之意; 其不同者, 乃以其守正循理, 而無阿諛黨比之風, 小人反是. 此二者外, 相似而內實相反, 乃君子小人, 情狀之隱微, 自古至今, 如出一軌. 如韓 · 富 · 范公, 上前議論不同, 或至失色, 至卒未嘗失和氣. 王 · 呂 · 章曾 · 蔡氏, 父子兄弟, 同惡相濟, 而其隙無不至, 亦足以驗聖言之不可易矣.'" 『사서혹문(四書或問)』 권18, 「논어」의 내용은 다음과 같다. "『或問』二十三章之說曰 : '…… 蓋此所論君子之和者, 乃以其同寅協恭, 而無乖爭忌克之意; 其不同者, 乃以其守正循理, 而無阿諛黨比之風. 若小人則反是焉. 此二者外, 雖相似而內實相反, 乃君子小人,情狀之隱微, 自古至今, 如出一軌, 非聖人不能究極, 而發明之也. 且以本朝諸公論之, 韓 · 富 · 范公, 上前議論不同, 或至失色, 而未嘗失和氣; 呂 · 王 · 章 · 曾 · 蔡氏, 父子兄弟, 同惡相濟, 而其隙也, 無所不至焉, 此亦足以驗聖言之不可易矣. ……'."

이나, 형과 아우 사이에 악행(惡行)을 같이 하면서 서로 도와주어 그 흠이 이르지 않는 데가 없었으니, 성인의 말을 가벼이 해서는 안 됨을 증험할 수 있는 것이다."

○ **雙峯饒氏曰 : "『語』中說'小人硜硜', 以器量淺狹; '樊須', 以所務者小事; '小人儒', 所業雖正, 用心則私, 是儒者中小人. 至於'比'·'驕'·'同'與夫'窮濫'·'長戚'之類, 是全然不好, 對君子反說."**[313]

쌍봉 요씨(雙峯饒氏 : 饒魯)가 말하였다. "『논어(論語)』 가운데 '소인갱갱(小人硜硜 : 소인은 자잘함)'[314]이라 한 것은 기량이 얕고 좁음으로써 한 말이며, '번수(樊須)'[315]는 힘쓰는 것이 작은 일로써 한 말이며, '소인유(小人儒 : 소인배 선비)'[316]는 하는 일이 비록 바르나 마음씀씀이가 사사로우니, 이가 유자(儒者) 가운데 소인인 것이다. '비(比 : 阿比)'[317]·'교(驕 : 驕慢)'[318]·'동(同 : 雷同)'[319]과 저 '궁람(窮濫 : 궁하면 넘침)'[320]·'장척(長戚: 오래도록 근심함)'[321]의 따위에 이르면 전혀 좋지 못하니, 군자에 대하여 반대로 말한 것이다."

---

313) 호광 편(胡廣 編), 『논어집주대전(論語集註大全)』「자로(子路)」의 내용은 다음과 같다. "雙峯饒氏曰 : '『論語』中, 說小人有數樣硜硜然小人哉, 是以其氣量淺狹. 故謂之小人小人哉. 樊須也, 是以其所務者小事, 故謂之小人. 毋爲小人儒, 以其所業, 雖正而用心則私, 此是儒者中之小人. 至於小人, 比而不周·驕而不泰·同而不和與夫窮斯濫·長戚戚之類, 是指其心術全然不好底. 故每每把對君子反說.'"

314) 소인갱갱(小人硜硜 : 소인은 자잘함) : 『논어(論語)』「자로(子路)」의 "曰 : '言必信, 行必果, 硜硜然小人哉, 抑亦可以爲次矣.'"라는 구절을 말한다.

315) 번수(樊須) : 『논어(論語)』「자로(子路)」의 "樊遲請學稼, 子曰 : '吾不如老農.' 請學爲圃, 曰 : '吾不如老圃.' 樊遲出, 子曰 : '小人哉. 樊須也!'"라는 구절을 말한다.

316) 소인유(小人儒 : 소인배 선비) : 『논어(論語)』「옹야(雍也)」의 "子謂子夏曰 : '女爲君子儒, 無爲小人儒.'"라는 구절을 말한다.

317) 비(比 : 阿比) : 『논어(論語)』「위정(爲政)」의 "君子, 周而不比; 小人, 比而不周."라는 구절을 말한다.

318) 교(驕 : 驕慢) : 『논어(論語)』「자로(子路)」의 "子曰 : '君子, 泰而不驕; 小人, 驕而不泰.'"라는 구절을 말한다.

319) 동(同 : 雷同) : 『논어(論語)』「자로(子路)」의 "子曰 : '君子, 和而不同; 小人, 同而不和.'"라는 구절을 말한다.

320) 궁람(窮濫 : 궁하면 넘침) : 『논어(論語)』「위령공(衛靈公)」의 "子路慍見曰 : '君子, 亦有窮乎?' 子曰 : '君子固窮, 小人窮斯濫矣.'"라는 구절을 말한다.

321) 장척(長戚: 오래도록 근심함) : 『논어(論語)』「술이(述而)」의 "子曰 : '君子, 坦蕩蕩; 小人, 長戚戚.'"라는 구절을 말한다.

[13-24-1]

子貢問曰:“鄕人皆好之, 何如?” 子曰:“未可也.” “鄕人皆惡之, 何如?” 子曰:“未可也. 不如鄕人之善者好之, 其不善者惡之.”
자공(子貢)이 물어 말하였다. “마을 사람들이 다 좋아하면 어떠하겠습니까?” 공자가 말하였다. “옳지 않은 것이다.” “마을 사람들이 다 미워하면 어떠하겠습니까?” 공자가 말하였다. “옳지 않은 것이다. 마을 사람이 착한 사람을 좋아하고, 착하지 않은 사람을 미워함만 같지 못한 것이다.”

朱註

‘好’·‘惡’, 去聲.[322] 一鄕之人, 宜有公論矣. 然其間, 亦各以類自爲好惡也.
‘향인개호지(鄕人皆好之)’에서 ‘호(好)’자와 ‘향인개오지(鄕人皆惡之)’에서 ‘오(惡)’자는 모두 거성(去聲 : 좋아하다, 미워하다)이다. 한 마을의 사람들은 마땅히 공통된 의견을 갖고 있다. 그러나 그 사이에 또한 각각 나누어 놓은 갈래로써 스스로 좋아하거나 미워하게 된다.

詳說

○ 槩言好惡之常.
‘의유공론의(宜有公論矣 : 마땅히 공통된 의견을 갖고 있음)’는 대개 좋아하고 미워하는 떳떳함을 말한다.

○ 別言好惡之異.
‘각이류자위호오야(各以類自爲好惡也 : 각각 나누어 놓은 갈래로써 스스로 좋아하거나 미워하게 됨)’는 따로 좋아하고 미워하는 다름을 말한다.

朱註

故善者好之, 而惡者不惡, 則必其有苟合之行;
그러므로 착한 사람을 좋아하는데, 악한 사람을 미워하지 않는다면 반드시 구차하게 비위에 맞추는 행태가 있으며,

322) 『논어집주(論語集註)』에는 “‘好’·‘惡’. 竝去聲.”이라 하였으나, 『논어집주대전』에는 “‘好’·‘惡’, 皆去聲.”이라고 하였고, 조선 영조본에서도 “‘好’·‘惡’, 皆去聲.”이라고 하였다.

詳說

○ 好我, 下同.

'선자호지(善者好之 : 착한 사람을 좋아함)'는 나를 좋아함이니, 아래도 같다.

○ '惡', 如字.323)

'악자(惡者 : 악한 사람)'의 '악(惡)'은 본래의 음으로 읽는다.

○ 惡我, 下同. 蓋人之好我惡我, 皆我之好人惡人, 有以召之.

'악자불오(惡者不惡 : 악한 사람을 미워하지 않음)'는 나를 미워함이니, 아래도 같다. 대개 사람들이 나를 좋아하고 나를 미워함은 모두 내가 남을 좋아하고 남을 미워함이 있어서 초래된 것이다.

○ 去聲.324)

'즉필기유구합지행(則必其有苟合之行)'에서 '행(行)'자는 거성(去聲 : 행태)이다.

○ 慶源輔氏曰 : "同流合汙之人."325)

'필기유구합지행(必其有苟合之行 : 반드시 구차하게 비위에 맞추는 행태가 있음)'에 대해, 경원 보씨(慶源輔氏 : 輔廣)가 말하였다. "세상 흐름과 같이하고 더러운 속세에 부합하는326) 사람이다."

朱註

惡者惡之, 而善者不好, 則必其無可好之實.

악한 사람을 미워하는데, 착한 사람을 좋아하지 않는다면 반드시 좋게 여길 만한 실체가 없는 것이다.

詳說

○ '惡', 如字.327)

---

323) 호광 편(胡廣 編), 『논어집주대전(論語集註大全)』「자로(子路)」.

324) 호광 편(胡廣 編), 『논어집주대전(論語集註大全)』「자로(子路)」.

325) 호광 편(胡廣 編), 『논어집주대전(論語集註大全)』「자로(子路)」의 내용은 다음과 같다. "慶源輔氏曰 : '鄕人皆好, 恐是同流合汙之人; 鄕人皆惡, 恐是詭世戾俗之人. 故皆以爲未可. 惟鄕人之善者, 以其同乎己而好之, 則有可好之實矣. 不善者, 以其異乎己而惡之, 則無苟容之行矣, 方可必其人之賢也.'"

326) 세상 흐름과 같이하고 더러운 속세에 부합하는 : 『맹자(孟子)』「진심하(盡心下)」에서 "同乎流俗, 合乎汚世."라고 하였다.

'악자(惡者)'의 '악(惡)'은 본래의 음으로 읽는다.

○ 慶源輔氏曰 : "詭世戾俗之人."328)

경원 보씨(慶源輔氏 : 輔廣)가 말하였다. "세상을 속이고 풍속을 어그러트리는 사람이다."

○ 以論釋之, 無訓.

경문의 의미 설명으로 풀이하였고, 훈고는 없다.

○ 一不如所以終, 二未可之意也.

첫째329)는 마치는 것만 같지 못하고, 둘째330)는 옳지 못한 뜻이다.

○ 鄕人, 善者少而惡者多. 故爲善者, 寧得罪於千萬人, 無得罪於一二人.

마을 사람 중에는 착한 사람이 적고 악한 사람이 많다. 그러므로 착한 사람이 되어 차라리 천만 사람에게 죄를 얻을지언정 한두 사람에게 죄를 얻지 말아야 하는 것이다.

○ 覺軒蔡氏曰 : "此乃夫子答子貢, 皆好皆惡之問耳, 非謂必欲不善者惡之也. 如明道先生, 狡僞者, 獻其誠; 暴慢者, 致其恭, 不善者, 曷嘗惡之耶?"331)

각헌 채씨(覺軒蔡氏 : 蔡模)가 말하였다. "이는 바로 공자가 자공(子貢)에게 답한 것이니, 모두 좋아하고 모두 미워하는 것의 물음일 뿐이고, 반드시 착하지 않은 사람을 미워하고자 함을 이른 것은 아니다. 예를 들면 명도(明道 : 程顥) 선생은 교활하고 속이는 사람에게는 정성을 바치고, 사납고 거만한 사람에게는 공손함을 다한다고 하였으니, 착하지 않은 사람을 어찌 일찍이 미워했겠는가?"

○ 如孟子·伊川·朱子, 則又與明道同.

맹자(孟子)와 이천(伊川 : 程頤)과 주자(朱子) 같으면 또 명도(明道 : 程顥)와 더불어 같을 것이다.

---

327) 호광 편(胡廣 編), 『논어집주대전(論語集註大全)』「자로(子路)」.

328) 호광 편(胡廣 編), 『논어집주대전(論語集註大全)』「자로(子路)」의 내용은 다음과 같다. "慶源輔氏曰 : '鄕人皆好, 恐是同流合汙之人; 鄕人皆惡, 恐是詭世戾俗之人. ……'"

329) 첫째 : "善者好之, 而惡者不惡, 則必其有苟合之行."을 말한다.

330) 둘째 : "惡者惡之, 而善者不好, 則必其無可好之實."을 말한다.

331) 호광 편(胡廣 編), 『논어집주대전(論語集註大全)』「자로(子路)」의 내용은 다음과 같다. "覺軒蔡氏曰 : '不如鄕人之善者好之, 其不善者惡之, 乃夫子答子貢, 鄕人皆好之皆惡之之問耳. 非謂必欲不善者惡之也, 如明道先生, 狡僞者獻其誠; 暴慢者致其恭, 雖小人趨向之異, 亦必以先生爲君子, 則不善者, 曷嘗惡之耶?'"

[13-25-1]

子曰 : "君子, 易事而難說也, 說之不以道, 不說也, 及其使人也, 器之. 小人, 難事而易說也, 說之, 雖不以道, 說也, 及其使人也, 求備焉."
공자가 말하였다. "군자는 섬기기는 쉽고 기쁘게 하기는 어려우니 기쁘게 함을 도(道)로써 아니하면 기뻐하지 아니하고, 그 사람을 부림에 미쳐서는 기량(器量)으로써 하는 것이다. 소인은 섬기기는 어렵고 기쁘게 하기는 쉬우니 기쁘게 함을 비록 도(道)로써 아니해도 기뻐하고 그 사람을 부림에 미쳐서는 전비(全備)한 사람을 구하는 것이다."

朱註

'易', 去聲. '說', 音悅.[332] '器之', 謂隨其材器而使之也.
'이사이난열야(易事而難說也)'에서 '이(易)'자는 거성(去聲 : 쉽다)이고, '열(說)'자는 음이 열(悅)이다. '기지(器之)'는 그 재능과 기량(器量)에 따라서 부리는 것을 이른다.

詳說

○ 訓.
훈고이다.

朱註

君子之心, 公而恕; 小人之心, 私而刻,
군자의 마음은 공변되어 용서할 줄 알며, 소인의 마음은 사사로워서 인정이 없으니,

詳說

○ 『大全』曰 : "公故, 難說; 恕故, 易事."[333]
'공이서(公而恕 : 공변되어 용서할 줄 알음)'에 대해, 『논어집주대전』에서 말하였다. "공변되기 때문에 기쁘게 하기 어렵고, 용서하기 때문에 섬기기 쉽다."

---

332) 『논어주소(論語注疏)』에는 "易, 以豉反, 下同. 說, 音悅, 下同."이라 하였다.
333) 호광 편(胡廣 編), 『논어집주대전(論語集註大全)』「자로(子路)」.

○ 『大全』曰 : "私故, 易說: 刻故, 難事."[334]

'사이각(私而刻 : 사사로워서 인정이 없음)'에 대해, 『논어집주대전』에서 말하였다. "사사롭기 때문에 기쁘게 하기 쉽고, 인정이 없기 때문에 섬기기 어렵다."

○ 厚齋馮氏曰 : "'君子'·'小人', 指當時卿大夫之得政者."[335]

후재 풍씨(厚齋馮氏 : 馮椅)가 말하였다. "'군자(君子)'와 '소인(小人)'은 당시의 경대부(卿大夫) 가운데 정사에 참여한 사람을 가리킨다."

○ 南軒張氏曰 : "君子之所說者, 義理而已."[336]

남헌 장씨(南軒張氏 : 張栻)가 말하였다. "군자가 기뻐하는 것은 의리일 따름이다."

○ 慶源輔氏曰 : "小人說人之順己."[337]

경원 보씨(慶源輔氏 : 輔廣)가 말하였다. "소인은 사람들이 자기에게 순종하는 것을 기뻐한다."

○ 雙峰饒氏曰 : "說, 不以道, 不說, 是難說. '器之', 是易事. 說, 不以道, 亦說, 是易說. '求備', 是難事."[338]

쌍봉 요씨(雙峰饒氏 : 饒魯)가 말하였다. "기쁘게 함을 도(道)로써 하지 않으면 기뻐하지 않으니 기쁘게 함이 어렵다. '기지(器之 : 기량으로써 함)'하니 섬기기 쉽다. 기쁘게 함을 도로써 하지 않는데도 또한 기뻐하니 기쁘게 함이 쉬운 것이다. '구비(求備 : 완전하게 갖춘 사람을 구하는 것)'하니 섬기기 어렵다."

朱註

天理·人欲之間, 每相反而已矣.

---

334) 호광 편(胡廣 編), 『논어집주대전(論語集註大全)』「자로(子路)」.

335) 호광 편(胡廣 編), 『논어집주대전(論語集註大全)』「자로(子路)」의 내용은 다음과 같다. "厚齋馮氏曰 : '君子·小人, 蓋指當時卿大夫之得政者而言.'"

336) 호광 편(胡廣 編), 『논어집주대전(論語集註大全)』「자로(子路)」의 내용은 다음과 같다. "南軒張氏曰 : '易事者, 平恕之心也, 難說者, 正大之情也. 其所說者, 義理而已, 而非說人之說己也. 故說之不以道則不說, 與人爲善, 而取之不求備. 故使人則器之. 若小人, 則狗於一己之私而已. 故順己則喜, 而不察其非道也; 勝己則忌, 而惟欲責其全也, 此公私之分也.'"

337) 호광 편(胡廣 編), 『논어집주대전(論語集註大全)』「자로(子路)」의 내용은 다음과 같다. "慶源輔氏曰 : '君子持己之道, 甚嚴, 而待人之心, 甚恕; 小人治己之方, 甚寬, 而責人之意, 甚刻. 君子說人之順理; 小人說人之順己. 君子貴重人材, 隨才器而使之, 而天下無不可用之人; 小人輕視人才故, 求全責備, 而卒至無可用之人.'"

338) 호광 편(胡廣 編), 『논어집주대전(論語集註大全)』「자로(子路)」.

천리(天理 : 올바른 이치)와 인욕(人欲 : 사람의 욕심) 사이에서 늘 서로 어긋나고 등질 따름이다.

詳說

◯ 以論釋之.

경문의 의미 설명으로 풀이하였다.

◯ 朱子曰 : "五峰云: 天理 · 人欲, 同體異用, 同行異情. 說'同行異情', 却是所謂'同體'者, 却成是體中, 亦有人欲. 五峰, 只緣錯認性無善惡, 便做出無限病痛."[339]

주자(朱子 : 朱熹)가 말하였다. "오봉(五峰 : 胡宏)[340]이 이르기를 '천리(天理)와 인욕(人欲)은 체(體)가 같고 용(用)이 다르며, 행(行)이 같고 정(情)이 다르다. '동행이정(同行異情)'을 말했지만 도리어 이는 이른바 '동체(同體)'라는 것이고, 다시 이 체(體) 가운데 또한 인욕(人欲)이 있다. 오봉(五峰)은 다만 성(性)에는 선악(善惡)이 없다고 잘못 인식하여 곧바로 끝없는 병통을 만들어 냈다."

---

339) 『주자어류(朱子語類)』 권43, 「논어25(論語二十五)」, 58조목의 내용에서 발췌한 것이다. 그 전문은 다음과 같다. "問 : '諸說, 皆以和如和羹爲義, 如何?' 曰 : '不必專指對人說. 只君子平常自處, 亦自和, 自然不同. 大抵君子 · 小人, 只在公私之間. 和是公底同, 同是私底和. 如周而不比, 亦然. 周是公底比, 比是私底周, 同一事而有公私. 五峰云: 天理 · 人欲, 同體異用, 同行異情. 以同行異情, 卻是. 所謂同體者, 卻只是言同一事. 但旣犯了體用字, 卻成是體中, 亦有人欲. 五峰只緣錯認了性無善惡, 便做出無限病痛. 知言中節節如此.'(진순이 물었다. '여러 설들 모두가 '화(和)'를 '화갱(和羹)'과 같은 의미로 보는데, 어떻습니까?' 주희가 말하였다. '반드시 다른 사람에게 말한 것을 가리킨다고 할 수는 없다. 단지 군자는 평소 생활할 때 저절로 조화를 이루고 자연스레 부화뇌동하지 않는다. 군자와 소인의 차이는 공(公)이냐 사(私)이냐에 달려 있을 뿐이다. 화는 공정한 동(同)이고, 동(同)은 사사로운 화(和)이다. '주이불비(周而不比)'와 같은 것도 그러하다. 주(周)는 공정한 비(比)이며, 비(比)는 사사로운 주(周)이니, 동일한 일에 공사(公私)의 차이가 있는 것이다. 오봉이 '천리와 인욕은 본체는 같지만 작용이 다르므로, 함께 행하지만 감정이 다르다'고 했는데, 맞는 말이다. 이른바 본체가 같다는 것은 동일한 일임을 말할 것뿐이다. 이미 '체용(體用)'이란 말을 썼다면, 본체 가운데 또한 인욕이 있다. 오봉은 단지 본성에는 선악이 없다는 잘못된 인식에 근거했기 때문에 끝없이 잘못된 논의를 하고 있다. 『지언』의 모든 구절이 이와 같다.')"

340) 호굉(胡宏 : 1102~1161) : 송나라 때의 학자로, 자가 인중(仁仲)이고, 호가 오봉(五峰)이며, 숭안(崇安) 사람이다. 호안국(胡安國)의 아들로 호상학파(湖湘學派)의 창립자이기도 하다. 어려서 양시(楊時) · 후중량(侯仲良)을 사사(師事)하였으며, 필찰(筆札)을 잘하였다. 주요 저서로는 『지언(知言)』 · 『황왕대기(皇王大紀)』 · 『역외전(易外傳)』 등이 있다.

[13-26-1]

子曰："君子, 泰而不驕; 小人, 驕而不泰."
공자가 말하였다. "군자는 태평(泰平)하고 교만하지 아니하고, 소인은 교만하고 태평하지 아니하다."

朱註

君子, 循理故, 安舒而不矜肆; 小人, 逞欲故, 反是.
군자는 올바른 도리를 좇기 때문에 편안하고 느긋하여 뻐기거나 제멋대로 하지 않으며, 소인은 지나치게 욕심 부리기 때문에 이와 반대이다.

詳說

○ 泰.
'안서(安舒)'는 태평함이다.

○ 驕.
'긍사(矜肆)'는 교만함이다.

○ 有釋無訓.
경문의 풀이는 있으나 훈고는 없다.

○ 新安倪氏曰："此以'泰'與'驕'對言, 則'泰'者, '驕'之反. 『大學』以'泰'與'驕'合言, 則'泰', 亦'驕'之類. 各隨其旨觀, 可也."341)
신안 예씨(新安倪氏 : 倪士毅)342)가 말하였다. "이는 '태(泰)'와 '교(驕)'를 상대적으로 말한 것이니, 곧 '태(泰)'라는 것은 '교(驕)'의 반대이다. 『대학(大學)』에서는 '태(泰)'와 '교(驕)'를 합쳐서 말하였으니,343) 곧 '태(泰)'는 또한 '교(驕)'의 따위이

341) 호광 편(胡廣 編), 『논어집주대전(論語集註大全)』「자로(子路)」의 내용은 다음과 같다. "新安倪氏曰：'此以泰與驕對言, 則泰者, 驕之反, 本乎循理而安舒. 『大學』以泰與驕合言, 則泰亦驕之類, 根乎逞欲而侈肆. 各隨其旨觀之, 可也.'"

342) 예사의(倪士毅 : 1303~1348) : 원나라 때 학자로, 자가 중굉(仲宏) 또는 중홍(仲弘)이고, 호가 도천(道川)이며, 흡현(歙縣) 또는 휴녕(休寧) 사람이다. 진역(陳櫟)을 사사(師事)하였으며, 저서로는 『사서집석(四書集釋)』·『작의요결(作義要訣)』 등이 있다.

343) 『대학(大學)』에서는 '태(泰)'와 '교(驕)'를 합쳐서 말하였으니 : 『대학장구(大學章句)』 전(傳)10장에서 "是故, 君子有大道, 必忠信以得之, 驕泰以失之."라고 하였고, 그 『집주(集註)』에 의하면 "驕者, 矜高; 泰者, 侈肆."라고 하였다.

다. 각각 그 뜻에 따라 보는 것이 좋다."[344]

344) 『주자어류(朱子語類)』 권43, 「논어25(論語二十五)」, 61조목에는 다음과 같이 설명하고 있다. "태(泰)는 종용자재(從容自在)한다는 의미이고, 교(驕)는 사의(私意)가 있는 것이다. 그를 자주 배반하지 않고, 그를 속이고 기만하여 이해하지 못하는 것은 나의 이러한 것에 의거하므로 이 모두를 일러 교만이라 한다. 예를 들어 한나라 고조는 거칠지만 태연하고 교만하지 않았다. 그는 비록 멋대로 사람을 욕하는 측면이 있었지만 사사로운 생각은 많지 않았다. 당나라 태종은 총명하게 사람들과 논변했지만, 교만한 의미가 있었다.(泰是從容自在底意思, 驕便有私意. 數負他無, 欺負他理會不得, 是靠我這些子, 皆驕之謂也. 如漢高祖有箇粗底泰而不驕. 他雖如此胡亂罵人之屬, 卻無許多私意. 唐太宗好作聰明與人辯, 便有驕底意思.)"

[13-27-1]

子曰："剛毅木訥, 近仁."
공자가 말하였다. "굳세고 강하며, 박후(樸厚)하고 지둔(遲鈍)함이 인(仁)에 가깝다."

朱註

程子曰："'木'者, 質樸. '訥'者, 遲鈍.
정자(程子 : 程頤)가 말하였다. "'목(木)'이라는 것은 질박함이고, '눌(訥)'이라는 것은 느리고 무딤이다.[345]

詳說

○ 當考.
'정자(程子)'는 동생 정이(程頤)인지 형 정호(程顥)인지 마땅히 살펴봐야 한다.[346]

○ 訓畢.
훈고가 끝났다.

朱註

四者, 質之近乎仁者也."
네 가지는 밑바탕이 인(仁)에 가까운 것이다.

詳說

○ 資質.
'질(質)'은 자질이다.

---

345) 『주자어류(朱子語類)』 권43, 「논어25(論語二十五)」, 62조목에서는 "강(剛)은 체질이 견강(堅强)하여 단단한 사물과 같은 것으로 유연하거나 굽혀지지 않는 것이고, 의(毅)는 분발하여 흥기하는 기상이다.(剛是體質堅强, 如一箇硬物一般, 不軟不屈; 毅卻是有奮發作興底氣象.)"라고 하였다.

346) '정자(程子)'는 동생 정이(程頤)인지 형 정호(程顥)인지 마땅히 살펴봐야 한다 : 주희(朱熹), 『논어정의(論語精義)』 권7 상에서 "伊川曰" 다음에 이어 "『語録』曰 : '剛者, 強而不屈; 毅者, 有所發; 木者, 質朴; 訥者, 遲鈍, 四者質之, 近乎仁者也.'"라고 하였으며, 또 『이정외서(二程外書)』 권6, 「나씨본습유(羅氏本拾遺)」에서 "剛者, 堅之體; 發而有勇曰毅; 木者, 質朴; 訥者, 遲鈍, 此四者, 比之巧言令色, 則近於仁, 亦猶不得中行而與狂狷也. 伊川."이라고 하였다.

○ 釋.

경문의 풀이다.

○ 胡氏曰 : "非論其問學工夫, 卽其資稟而言."347)

호씨(胡氏 : 胡泳)가 말하였다. "그 묻고 배우는 공부를 논한 것이 아니고, 곧 그 타고난 밑바탕으로써 말한 것이다."

朱註

楊氏曰 : "'剛'·'毅', 則不屈於物欲, '木'·'訥', 則不至於外馳. 故近仁."

양씨(楊氏 : 楊時)가 말하였다. "'강(剛)'과 '의(毅)'는 곧 물욕에 굽히지 않으며, '목(木)'과 '눌(訥)'은 곧 겉치레에 마음 가는 일에 이르지 않는다. 그러므로 인(仁)에 가깝다."

詳說

○ 王氏曰 : "'木', 無令色; '訥', 無巧言."348)

왕씨(王氏 : 王柏349))가 말하였다. "'목(木)'은 아름답게 꾸민 낯빛이 없고, '눌(訥)'은 교묘하게 하는 말이 없다."

○ 申釋.

경문의 풀이를 거듭하였다.

○ 朱子曰 : "言如此之人, 於求仁爲近."350)

---

347) 호광 편(胡廣 編), 『논어집주대전(論語集註大全)』「자로(子路)」의 내용은 다음과 같다. "胡氏曰 : '剛毅, 則有堅强不已之意; 木訥, 則無巧令, 必飾之資. 故於仁爲近. 然非論其問學工夫, 卽其資稟而言也. 資稟之近, 若合於仁矣, 未可以爲仁也. 蓋仁雖出於天生之本, 然唯上智之資, 氣命於理, 自然合於中和, 而不墮於一偏, 其不屈於物欲, 固剛毅矣. 然待人接物, 未嘗不溫然而和順也, 其不至於外馳, 固木訥矣. 然威儀文辭, 未嘗不粲然而宣明也. 若資質之美, 則拘於一偏而已, 大約言之, 固於仁爲近, 由學者言之, 必庶幾其全體, 可也.'"

348) 호광 편(胡廣 編), 『논어집주대전(論語集註大全)』「자로(子路)」의 내용은 다음과 같다. "王氏曰 : '剛, 必無欲; 毅, 必能行; 木, 無令色; 訥, 無巧言.'"

349) 왕백(王柏 : 1197~1274) : 송나라 때 학자로, 자가 회지(會之)이고, 호가 노재(魯齋)이며, 금화무주(金華婺州) 사람이다. 어려서 제갈량(諸葛亮)의 사람됨을 사모하여 스스로 호를 장소(長嘯)라고 하였다가, 30살이 된 뒤 "장소(長嘯)는 성인 문하의 지경(持敬)의 도(道)가 아니다." 하고 호를 노재(魯齋)로 바꾼 다음 학문에 매진하였다. 주요 저서로는 『시의(詩疑)』·『서의(書疑)』·『비점표주사서(批點標注四書)』·『왕문헌공문집(王文憲公文集)』 등이 있다.

주자(朱子 : 朱熹)가 말하였다. "이와 같은 사람이라야 인(仁)을 구함에 가깝게 됨을 말하였다."

○ **雲峰胡氏曰 : "加以學力, 則不止於近矣."**351)

운봉 호씨(雲峰胡氏 : 胡炳文)가 말하였다. "학문의 실력을 더하면 가까워짐에 그치지 않을 것이다."

---

350) 호광 편(胡廣 編), 『논어집주대전(論語集註大全)』「자로(子路)」의 내용은 다음과 같다. "朱子曰 : '剛, 是體質堅强, 不軟不屈; 毅, 却有奮發作興氣象. 近仁之說, 原聖人之意, 非是教人, 於此體仁, 乃是言如此之人, 於求仁爲近耳. 雖有此質, 正須實下求仁工夫, 乃可實見近處. 未能如此, 卽須矯揉, 到此地位然後, 於仁爲近. ……'" 『주자어류(朱子語類)』 권43, 「논어25(論語二十五)」, 63조목에서는 이와 관련하여 다음과 같이 설명하고 있다. "인은 설명하기 어려운데, 다만 측은·수오(羞惡)가 아직 일어나지 않은 것이다. 이는 측은·수오가 되고, 공경·시비(是非)가 된다. 강직하고 과감하고 질박하고 어눌함(剛毅木訥)은 질박하고 후중(厚重)하여 이것을 지킬 수 있기 때문에 '인에 가깝다(近仁)'고 하였다.(仁之爲物難說, 只是箇惻隱·羞惡未發處. 這箇物事, 能爲惻隱·羞惡, 能爲恭敬·是非. 剛毅木訥, 只是質朴厚重, 守得此物, 故曰'近仁'.)"

351) 호광 편(胡廣 編), 『논어집주대전(論語集註大全)』「자로(子路)」의 내용은 다음과 같다. "雲峯胡氏曰 : '四者, 天資之近仁者也, 加以學力, 則不止於近矣.'"

[13-28-1]

子路問曰："何如, 斯可謂之士矣?" 子曰："切切·偲偲·怡怡如也, 可謂士矣, 朋友, 切切·偲偲; 兄弟, 怡怡."
자로(子路)가 물어 말하였다. "어찌해야 이에 선비라고 이를 수 있겠습니까?" 공자가 말하였다. "간절(懇切)하고 권면(勸勉)하며 화열(和悅)하면 선비라고 이를 수 있을 것이니, 벗들에게는 간절하게 다가가고 자상하게 권면하며, 형제에게는 화평하게 기뻐해야 하는 것이다."

朱註

胡氏曰："'切切', 懇到也. '偲偲', 詳勉也. '怡怡', 和悅也.352)
호씨(胡氏：胡寅)가 말하였다. "'절절(切切)'은 간절하게 다가감이다. '시시(偲偲)'는 자상하게 권면함이다. '이이(怡怡)'는 화평하게 기뻐함이다.

詳說

○ 朱子曰："切德, 有忠愛之誠, 而無勁訐之害."353)
주자(朱子：朱熹)가 말하였다. "간절한 덕은 충심으로 사랑하는 정성이 있고, 드세게 들추어내는 해악이 없다."

---

352) 『주자어류(朱子語類)』 권43, 「논어25(論語二十五)」, 65조목의 내용은 다음과 같다. "問：'胡氏說: 切切, 懇到也; 偲偲, 詳勉也. 如何是懇到詳勉意思?' 曰：'古人多下聯字去, 形容那事, 亦難大段解說, 想當時人, 必是曉得這般字. 今人只是想像其聲音, 度其意是如此耳. 切切偲偲, 胡氏說爲當. 懇到, 有苦切之意. 然一向如此苦切, 而無浸灌意思, 亦不可. 又須著詳細相勉, 方有相親之意.'(서우가 물었다. '호씨는 '절절(切切)은 지극히 간곡함이고, 시시(偲偲)는 자세히 권면함이다.'라고 하였는데, 무엇이 지극히 간곡하고(懇到) 자세히 권면(詳勉)한다는 의미입니까?' 주희가 말하였다. '옛사람들은 대부분 아래로 연결하여 이 일을 형용하는 것 또한 해설하기가 대단히 어렵다. 생각하건대 당시 사람들은 반드시 이런 글자를 알았을 것이다. 지금 사람들은 그 소리[聲音]만으로 그 뜻이 이와 같을 것이라고 생각한다. '절절시시(切切偲偲)'는 호씨의 설명이 합당하다. 간도(懇到)는 고절(苦切)의 의미이다. 그러나 줄곧 이와 같이 고절(苦切)하기만 하고 침관(浸灌)이 없다는 것은 안 된다. 반드시 서로 상세하게 권면해야 비로소 서로 친하다는 뜻이 있게 된다.')"

353) 호광 편(胡廣 編), 『논어집주대전(論語集註大全)』「자로(子路)」의 내용은 다음과 같다. "朱子曰：'切切者, 教告懇惻而不揚其過; 偲偲者, 勸勉詳盡而不强其從, 二者, 皆有忠愛之誠, 而無勁訐之害.'"

○ 又曰:"古人多下聯字, 形容那事."

주자(朱子:朱熹)가 또 말하였다. "옛날 사람들은 많이 연철(聯綴)한 글자를 놓아서 어떤 일들을 형용하였다."

○ 訓畢.

훈고가 끝났다.

○ 雙峰饒氏曰:"'切切·偲偲·怡怡如也', 一句."[354]

쌍봉 요씨(雙峰饒氏:饒魯)가 말하였다. "'절절·시시·이이여야(切切·偲偲·怡怡如也:간절하고 권면하며 화열함)'는 하나의 구절이다."

○ 幷蒙上三字.

'여야(如也:然也)'는 위의 세 자구(字句)를 아울러서 이어받는다.

朱註

皆子路所不足. 故告之. 又恐其混於所施, 則兄弟有賊恩之禍, 朋友有善柔之損, 故又別而言之."

모두 자로가 부족한 것이다. 그러므로 말해준 것이다. 또 이것을 베풂에서 혼동하면 형제 사이에 은혜를 해치는 허물이 있고, 친구 사이에 비위 맞추기를 잘하는 손해가 있을까 염려하였기 때문에 또 나누어서 말해준 것이다."

詳說

○ 龜山楊氏曰:"皆救子路之行行."[355]

'고지(告之)'에 대해, 구산 양씨(龜山楊氏:楊時)가 말하였다. "모두 자로의 행행(行行:드셈)[356]을 제지하는 일이다."

○『大全』曰:"兄弟切·偲, 朋友怡怡."[357]

---

354) 호광 편(胡廣 編),『논어집주대전(論語集註大全)』「자로(子路)」의 내용은 다음과 같다. "雙峯饒氏曰:'切切·偲偲·怡怡如也, 只是一句, 總言士之爲士, 其氣象當如此, 下文又分別其義.'"

355) 주희(朱熹),『논어정의(論語精義)』권7 상에는 다음과 같이 되어 있다. "楊曰:'朋友之交, 親而後, 有切·偲之義; 兄弟無責善, 怡怡而已, 皆救子路之行行.'"

356) 자로의 행행(行行:드셈):『논어(論語)』「선진(先進)」에서 "子路, 行行如也; 冉有子貢, 侃如也. 子樂."라 하였고, 이에 대해 정현(鄭玄)은 "行行, 剛強之貌."라고 하였다.

357) 호광 편(胡廣 編),『논어집주대전(論語集註大全)』「자로(子路)」의 내용은 다음과 같다. "兄弟切偲, 則易賊恩. 朋友怡怡, 則失於善柔."

‘기혼어소시(其混於所施 : 베풂에서 혼동함)’에 대해, 『논어집주대전』에서 말하였다. “형제 사이에 간절하게 권면하는 일이고, 친구 사이에 화열(和悅)하는 일이다.”

○ 出『孟子』「離婁」.

‘적은(賊恩 : 은혜를 해침)’은 『맹자(孟子)』「이루(離婁)」에 나온다.[358]

○ 見「季氏」.

‘붕우유선유지손(朋友有善柔之損 : 친구 사이에 비위 맞추기를 잘하는 손해가 있음)’은 「계씨(季氏)」에 보인다.[359]

○ 彼列反.[360]

‘고우별이언지(故又別而言之)’에서 ‘별(別)’은 ‘피(彼)’와 ‘렬(列)’의 반절(反切)이다.

○ 釋畢.

경문의 풀이가 끝났다.

○ 覺軒蔡氏曰 : “爵有五士, 居其列民, 有四士爲之, 先誠可貴也. 由·賜二子, 以士爲問, 夫子答以人道之大端, 後世則記誦文辭而已, 未見其可貴也.”[361]

각헌 채씨(覺軒蔡氏 : 蔡模)가 말하였다. “벼슬에 오사(五士 : 五爵. 公·侯·伯·子·男)를 두어 많은 백성들을 다스렸고, 사사(四士 : 禹·契·皐陶·后稷)[362]를 두어 정

---

358) ‘적은(賊恩 : 은혜를 해침)’은 『맹자(孟子)』「이루(離婁)」에 나온다 : 『맹자(孟子)』「이루하(離婁下)」에서 “責善, 朋友之道也; 父子責善, 賊恩之大者.”라고 하였다.

359) ‘붕우유선유지손(朋友有善柔之損 …… 「계씨(季氏)」에 보인다 : 『논어(論語)』「계씨(季氏)」에서 “孔子曰 : ‘益者三友, 損者三友, 友直, 友諒, 友多聞, 益矣; 友便辟, 友善柔, 友便佞, 損矣.’”라 하였고, 그 『집주(集註)』에 “善柔, 謂工於媚悅而不諒.”이라고 하였다.

360) 호광 편(胡廣 編), 『논어집주대전(論語集註大全)』「자로(子路)」에는 “別, 必列反.”이라고 하였다.

361) 호광 편(胡廣 編), 『논어집주대전(論語集註大全)』「자로(子路)」의 내용은 다음과 같다. “覺軒蔡氏曰 : ‘黃氏云: 爵有五士, 居其列民, 有四士爲之, 先謂之士者, 誠可貴也. 士之爲貴, 何哉? 以其記誦之多, 文辭之工耶? 則由與賜, 優爲之矣, 而二子乃汲汲然, 以士爲問, 何也? 至夫子所以答之者, 不過於行己事君入孝出悌, 言信行果, 與夫處兄弟朋友之間, 又何耶? 人之大倫五, 父子也; 君臣也; 兄弟也; 夫婦也; 朋友之交也. 舜命契爲司徒, 必先於敷五教, 三代之學, 所以明人倫, 則謂之士者, 捨是何急焉? 後世則不然, 父兄之所告詔, 師友之所訓誨, 有司之所論選, 記誦而已爾. 人道之大端, 不暇講也, 如是則謂之士, 其果可以當此名耶? 謂之可貴, 未見其真可貴也.’”

362) 사사(四士 : 禹·契·皐陶·后稷) : 『관자(管子)』 제16편인 「법법(法法)」에서 “舜之有天下也, 禹爲司空, 契爲司徒, 皐陶爲李, 后稷爲田. 此四士者, 天下之賢人也.”라고 하였다. 전체 내용은 다음과 같다. “명철한 임금은 국가를 공유하고 민심을 한결같이 하여 세상을 다스리고, 충성스러운 신하는 정직으로 나아가 그 능력을 논의한다. 명철한 임금은 아끼는 사람에게 작록을 사사로이 주지 않고, 충성스러운 신하는 능력을 속여서 작록을 구하지 않는다. 임금이 국가를

사(政事)를 하였는데, 솔선(率先)함을 진실로 가히 귀중하게 여겼던 것이다. 자로(子路)와 자공(子貢) 두 제자가 사(士)로써 물음에 공자가 사람 도리의 중요한 단서로써 대답하였는데, 후세에는 곧 글이나 말을 외우고 읽기만 할 따름이니, 그 귀중하게 여기는 것을 볼 수 없었다."

사유하지 않고 신하가 능력을 속이지 않으면, 이 도를 행하는 사람은 크게 다스리지는 못할망정 백성을 바로잡는 법칙을 가진 셈이다. 능력을 속이는 신하가 국가를 사유하는 임금을 섬기면서 공명을 이루는 자는 예나 지금이나 어디에도 없다. 능력을 속이는 사람은 알기 쉽다. 신(臣)은 선왕(先王)을 헤아려 보건대, 순(舜)이 천하를 소유함에 우(禹)는 사공(司空 : 관직명)이었고 설(契)은 사도(司徒 : 관직명)였고 고요(皐陶)는 사리(司李 : 관직명)였고 후직(后稷)은 전정(田正 : 관직명)이었다. 이 네 명의 선비는 천하의 어진 사람이었는데도 오히려 한결같은 덕을 정밀하게 하여 그 임금을 섬겼다. 지금 능력을 속이는 사람들이 일을 행하며 관직을 맡음에 모두 네 명의 어진 이의 직능을 겸하고 있다. 이로부터 살펴보건대 공명이 수립되지 않는 것을 또한 쉬이 알겠다. 그러므로 반열이 높고 녹봉이 많으면 받지 않음이 없고, 권세가 이롭고 관직이 크면 따르지 않음이 없다. 이것으로 임금을 섬기니, 이것이 이른바 능력을 속이고 이익을 빼앗는 신하이다. 세상에 국가를 공유하는 임금이 없으면 정직으로 나아가는 선비가 없고, 능력을 논의하는 임금이 없으면 공을 이루는 신하가 없다. 옛날 하·은·주 삼대에 천하를 서로 내려주는 데 걸(桀)·주(紂) 두 임금만이 어찌 천하를 둘로 하여 사유할 수 있었는가?(明君公國一民以聽於世, 忠臣直進以論其能. 明君不以祿爵私所愛, 忠臣不誣能以干爵祿. 君不私國, 臣不誣能, 行此道者, 雖未大治, 正民之經也. 今以誣能之臣, 事私國之君, 而能濟功名者, 古今無之. 誣能之人易知也. 臣度之先王者, 舜之有天下也, 禹爲司空, 契爲司徒, 皐陶爲李, 后稷爲田. 此四士者, 天下之賢人也, 猶尚精一德以事其君. 今誣能之人, 服事任官, 皆兼四賢之能. 自此觀之, 功名之不立, 亦易知也. 故列尊祿重, 無以不受也, 勢利官大, 無以不從也, 以此事君, 此所謂誣能篡利之臣者也. 世無公國之君, 則無直進之士; 無論能之主, 則無成功之臣. 昔者三代之相授也, 安得二天下而殺之?)"

[13-29-1]

子曰 : "善人, 教民七年, 亦可以卽戎矣."
공자가 말하였다. "착한 사람이 백성을 가르침이 7년이면 또한 가히 군사(軍事)에 나갈 수 있을 것이다."

朱註

'教民'者, 教之以孝 · 弟 · 忠 · 信之行, 務農講武之法. '卽', 就也. '戎', 兵也.
'교민(教民)'이라는 것은 효(孝) · 제(弟) · 충(忠) · 신(信)의 행실과, 농사에 종사하고 무예를 익히는 방법을 가르치는 것이다. '즉(卽)'은 나아감이다. '융(戎)'은 군사(軍事)이다.

詳說

○ '弟', 去聲.363)
'효 · 제 · 충 · 신지행(孝 · 弟 · 忠 · 信之行)'에서 '제(弟)'자는 거성(去聲 : 悌. 공경함)이다.

○ '行', 去聲.364)
'효 · 제 · 충 · 신지행(孝 · 弟 · 忠 · 信之行)'에서 '행(行)'자는 거성(去聲 : 행실)이다.

○ 訓畢.
훈고가 끝났다.

朱註

民知親其上 · 死其長. 故可以卽戎.
백성들이 그 윗사람이 친애(親愛)하고, 그 어른을 위해 죽을 줄 아는 것이다. 그러므로 군사(軍事)에 나갈 수 있다.

詳說

○ 上聲.365)

363) 호광 편(胡廣 編), 『논어집주대전(論語集註大全)』「자로(子路)」.
364) 호광 편(胡廣 編), 『논어집주대전(論語集註大全)』「자로(子路)」.
365) 호광 편(胡廣 編), 『논어집주대전(論語集註大全)』「자로(子路)」.

'사기장(死其長)'에서 '장(長)'자는 상성(上聲 : 어른)이다.

○ 出『孟子』「梁惠王」.

'친기상 · 사기장(親其上 · 死其長)'은 『맹자(孟子)』「양혜왕(梁惠王)」에 나온다.[366)]

○ 雙峰饒氏曰 : "卽'善人'爲邦之, '善人', 天資好善之人也. '亦可', 僅可之辭."[367)]

쌍봉 요씨(雙峰饒氏 : 饒魯)가 말하였다. "곧 '선인(善人 : 착한 사람)'이 나라를 다스리는 것이니, '선인(善人)'은 타고난 밑바탕이 선(善)을 좋아하는 사람이다. '역가(亦可)'는 겨우 가능하다는 말이다."

○ 釋畢.

경문의 풀이가 끝났다.

○ 雲峰胡氏曰 : "'教民', 本非爲'卽戎'而設, 教之之深, 亦可以'卽戎'矣."[368)]

운봉 호씨(雲峰胡氏 : 胡炳文)가 말하였다. "'교민(教民 : 백성들을 가르침)'은 본래 '즉융(卽戎 : 군사에 나아감)'을 위해서 베푸는 일이 아니고, 백성들을 가르침이 깊으면 또한 '즉융(卽戎)'할 수 있다는 뜻이다.

○ 厚齋馮氏曰 : "古之教士七年, 謂之小成, '教民', 雖不如士之詳七年, 亦教成之節也. 若王者教民, 不待如此之久."[369)]

후재 풍씨(厚齋馮氏 : 馮椅)가 말하였다. "옛날에 선비 교육을 7년 동안 하는 것을 소성(小成)[370)]이라고 하였는데, '백성들을 가르침'이 비록 선비들을 7년 동안 살피는 것만 같지 않으나, 또한 가르쳐서 이룩하는 절차이다. 왕 노릇하는 사람이 백성들을 가르칠 것 같으면 이와 같이 오랜 기간을 기다리지 않는 것이다."

---

366) '친기상 · 사기장(親其上 · 死其長)'은 『맹자(孟子)』「양혜왕(梁惠王)」에 나온다 : 『맹자(孟子)』「양혜왕하(梁惠王下)」에서 "君行仁政, 斯民親其上, 死其長矣."라고 하였다.

367) 호광 편(胡廣 編), 『논어집주대전(論語集註大全)』「자로(子路)」의 내용은 다음과 같다. "雙峯饒氏曰 : '善人, 卽善人爲邦之, 善人, 天資好善之人也. 教民, 不是專教之戰, 教之孝 · 悌 · 忠 · 信, 則民知尊君 · 親上之義; 教之務農, 則民知重本, 足食足兵, 皆卽戎之本也. 亦可者, 僅可之辭.'"

368) 호광 편(胡廣 編), 『논어집주대전(論語集註大全)』「자로(子路)」.

369) 호광 편(胡廣 編), 『논어집주대전(論語集註大全)』「자로(子路)」의 내용은 다음과 같다. "厚齋馮氏曰 : '古之教士七年, 謂之小成, 教民雖不如士之詳而七年, 亦教成之節也. 如稱朞月 · 三年 · 百年 · 一世 · 大國五年 · 小國七年之類, 是皆以其勢之大小 · 事之難易 · 時之遲速而言, 非臆度也. 亦可以云者, 若王者教民, 不待如此之久也. 善人政事不足, 若能教民, 則有其政矣. 雖無速效遲之七年, 亦可也, 此言不可以不教之民戰也.'"

370) 소성(小成) : 『예기』「학기(學記)」. "一年視離經辨志, 三年視敬業樂群, 五年視博習親師, 七年視論學取友, 謂之小成."

朱註

程子曰 : "'七年'云者, 聖人度其時可矣, 如云'期月'·'三年'·'百年'·'一世'·'大國五年'·'小國七年'之類, 皆當思其作爲如何, 乃有益."

정자(程子 : 程頤)가 말하였다. "'7년'이라고 이른 것은 성인이 그 시한(時限)이면 가능하다고 헤아린 것이니, '기월(期月)'·'3년'·'백년'·'일세(一世)'·'대국 5년(大國五年)'·'소국 7년(小國七年)'이라고 한 따위와 같으며, 모두 마땅히 그 작위(作爲)를 어떻게 할 것인가 생각해야 이에 이익이 있다."

詳說

○ 叔子.

'정자(程子)'는 동생 정이(程頤)이다.

○ 入聲.

'성인탁기시가의(聖人度其時可矣)'에서 '탁(度)'자는 입성(入聲 : 헤아림)이다.

○ 則知其可. 或云 : "度其時之可."

'탁기시(度其時 : 그 시한을 헤아림)'는 곧 그 가능함을 아는 것이니, 어떤 사람은 말하였다. "그 시한에 가능함을 헤아리는 일이다."

○ 朱子曰 : "此有分明界限, 如古人三十年制國用, 有九年之食."[371]

주자(朱子 : 朱熹)가 말하였다. "이는 분명한 한계를 둔 것이니, 옛사람은 30년 동안 나라의 소용(所用)을 제한하여 9년의 식량을 두었던 것이다."

○ 慶源輔氏曰 : "致知之極功, 如燭照而數計, 非臆度也."[372]

경원 보씨(慶源輔氏 : 輔廣)가 말하였다. "치지(致知)의 지극한 공력은 등불로 밝게 비추어 세고 헤아림과 같으니, 근거 없이 짐작하고 헤아림이 아니다."

○ 一作朞.

'기(期)'는 다른 판본에는 '기(朞)'로 썼다.[373]

---

371) 호광 편(胡廣 編), 『논어집주대전(論語集註大全)』「자로(子路)」의 내용은 다음과 같다. "問 : '善人教民七年, 亦可以卽戎矣, 如何恰限七年?' 朱子曰 : '如此等, 他須有箇分明界限. 如古人謂三十年制國用, 則有九年之食. 至班固, 則推得出那三十年, 果可以有九年食處. 料得七年之類, 亦如此.'" 『주자어류(朱子語類)』 권43, 「논어25(論語二十五)」, 66조목에 동일한 내용이 실려 있다.

372) 호광 편(胡廣 編), 『논어집주대전(論語集註大全)』「자로(子路)」의 내용은 다음과 같다. "慶源輔氏曰 : '聖人度其時可矣, 蓋致知格物之極功, 不啻如燭照而數計, 非臆度之謂也.'"

373) '기(期)'는 다른 판본에는 '기(朞)'로 썼다 : 『논어집주(論語集註)』에는 '期'로 표기하였고, 『논

○ '期月 · 三年 · 百年 · 一世', 皆在前章.

'기월(期月)' · '삼년(三年)'[374] · '백년(百年)'[375] · '일세(一世)'[376]는 모두 앞장에 있다.

○ 見『孟子』「離婁」.

'대국5년 · 소국7년(大國五年 · 小國七年)'은 『맹자(孟子)』「이루(離婁)」에 보인다.[377]

○ 雙峰饒氏曰 : "朞月紀綱布, 一世敎化浹洽, 是'作爲'."[378]

쌍봉 요씨(雙峰饒氏 : 饒魯)가 말하였다. "1년이면 기강에 펼쳐지고, 한 세대이면 교화가 두루 미치니, 이것이 '작위(作爲)'이다."

○ 主學者言.

배우는 사람을 중심으로 말한 것이다.

어집주대전』에는 '朞'로 표기하였다. 조선 영조본에도 '朞'로 표기하였다.

374) '기월(期月)' · '삼년(三年)' : 『논어(論語)』「자로(子路)」에서 "子曰 : '苟有用我者, 朞月而已, 可也, 三年, 有成.'"이라 하였다.

375) 백년(百年) : 『논어(論語)』「자로(子路)」에서 "子曰 : '善人爲邦百年, 亦可以勝殘去殺矣, 誠哉. 是言也!'"라 하였다.

376) 일세(一世) : 『논어(論語)』「자로(子路)」에서 "子曰 : '如有王者, 必世而後仁.'"이라 하였다.

377) '대국 5년 · 소국 7년(大國五年 · 小國七年)'은 『맹자(孟子)』「이루(離婁)」에 보인다 : 『맹자(孟子)』「이루상(離婁上)」에서 "如恥之, 莫若師文王, 師文王, 大國五年, 小國七年, 必爲政於天下矣."라 하였다.

378) 호광 편(胡廣 編), 『논어집주대전(論語集註大全)』「자로(子路)」의 내용은 다음과 같다. "雙峯饒氏曰 : '欲論其作爲, 只前面說底, 便是朞月而紀綱布; 三年而政化行; 一世而敎化浹洽, 此是聖人作爲. 久近之效, 七年而可以卽戎, 比之三年而有勇, 知方者有間, 百年而可以勝殘去殺, 比之必世而仁者遠甚, 此是善人作爲, 久近之效.'"

[13-30-1]

子曰："以不教民戰, 是謂棄之."
공자가 말하였다. "가르치지 않은 백성으로써 싸우면, 이는 백성을 버리는 일이라 이를 것이다."

朱註

'以', 用也.
'이(以)'는 씀이다.

詳說

○ 訓.
훈고이다.

朱註

言用不教之民以戰, 必有敗亡之禍, 是棄其民也.
가르치지 않은 백성으로써 싸운다면 반드시 패망하는 재앙이 있으니, 이는 그 백성을 버리는 일임을 말한 것이다.

詳說

○ 南軒張氏曰："棄之死地."379)
남헌 장씨(南軒張氏 : 張栻)가 말하였다. "죽을 곳에 버리는 것이다."

○ 釋畢.
경문의 풀이가 끝났다.

○ 新安陳氏曰："承上章而反言之."380)
신안 진씨(新安陳氏 : 陳櫟)가 말하였다. "위의 장을 이어서 반대로 말한 것이다."

---

379) 호광 편(胡廣 編), 『논어집주대전(論語集註大全)』「자로(子路)」의 내용은 다음과 같다. "南軒張氏曰 : '所謂教者, 教之以君臣父子長幼之義, 使皆有親其上死其長之心, 而又教之以節制, 如司馬法, 是也. 若未之教而驅之戰, 則是棄之死地而已矣.'"

380) 호광 편(胡廣 編), 『논어집주대전(論語集註大全)』「자로(子路)」의 내용은 다음과 같다. "新安陳氏曰 : '此章與上章, 未必一時之言, 記者, 以類相從, 乃承上章之意, 而反言之也.'"

○ **蓋一時之言.**

대개 한 때의 말이다.

○ **厚齋馮氏曰 : “『孟子』‘殃民’, 蓋本諸此.”**[381]

후재 풍씨(厚齋馮氏 : 馮椅)가 말하였다. “『맹자(孟子)』의 ‘앙민(殃民 : 백성들에게 재앙과 해악을 입힘)’[382]은 대개 여기에 근본한다.”

---

381) 호광 편(胡廣 編), 『논어집주대전(論語集註大全)』「자로(子路)」의 내용은 다음과 같다. “厚齋馮氏曰 : ‘『孟子』曰: 不教民而用之, 謂之殃民, 蓋本諸此.’”

382) 『맹자(孟子)』의 ‘앙민(殃民 : 백성들에게 재앙과 해악을 입힘)’ : 『맹자(孟子)』「고자하(告子下)」에서 “不教民而用之, 謂之殃民, 殃民者, 不容於堯舜之世.”라고 하였다.

연구번역자 소개

신창호(申昌鎬)

현) 고려대학교 교수
고려대학교 박사(동양철학/교육사철학 전공)
고려대학교 교육문제연구소 소장
한국교육철학학회 회장·한중철학회 회장
「『중용』 교육사상의 현대적 조명」(박사학위논문), 『유교의 교육학 체계』 외 다수의 논문·번역·저서가 있음

김학목(金學睦)

현) 고려대학교 연구교수
건국대학교 박사(한국철학 전공)
해송학당 원장(동양학·사주명리 강의)
「박세당의 『신주도덕경』 연구」(박사학위논문), 『한국주역대전』 외 다수의 논문·번역·저서가 있음

윤원현(尹元鉉)

전) 고려대학교 연구교수
私立中國文化大學 박사(朱子哲學 전공)
한중철학회 회장
「從朱子思想中之天人架構闡論其義理脈絡」(박사학위논문), 『성리대전』 외 다수의 논문·번역·저서가 있음

조기영(趙麒永)

현) 고려대학교 연구교수
연세대학교 박사(한문학 전공)
서정대 교수·연세대국학연구원 연구원
「하서 김인후 시 연구」(박사학위논문), 『한국시가의 정신세계』 외 다수의 논문·번역·저서가 있음

김언종(金彦鍾)

현) 고려대학교 명예교수
國立臺灣師範大學(韓國經學 전공)
한국고전번역원 이사·고전번역학회 회장
「丁茶山論語古今注原義總括考徵」(박사학위논문), 『(역주)시경강의』 외 다수의 논문·번역·저서가 있음

임헌규(林憲圭)

현) 강남대학교 교수
한국학중앙연구원 박사(동양철학 전공)
동양고전학회 회장
「유가의 심성론 연구 - 맹자와 주희를 중심으로」(박사학위논문), 『공자에서 다산 정약용까지 - 유교 인문학의 동서철학적 성찰』 외 다수의 논문·번역·저서가 있음

허동현(許東賢)

현) 경희대학교 교수
고려대학교 박사(한국근대사 전공)
경희대학교 학부대학 학장·한국현대사연구원 원장
「1881년 조사시찰단 연구」(박사학위논문), 『한국의 국가 형성과 민주주의』 외 다수의 논문·번역·저서가 있음

논어집주상설 연구번역 연구진

연구책임자

신창호(고려대학교)

전임연구원

김학목(고려대학교)
윤원현(고려대학교)
조기영(고려대학교)

공동연구원

김언종(고려대학교)
임헌규(강남대학교)
허동현(경희대학교)
박성빈(고려대학교, 전산)

논어집주상설 7

초판발행 2019년 8월 25일

지은이 박문호
책임역주 신창호
공동역주 김학목 · 윤원현 · 조기영 · 김언종 · 임헌규 · 허동현
펴낸이 노현

편 집 문선미
표지디자인 BEN STORY
제 작 우인도 · 고철민

펴낸곳 ㈜ **피와이메이트**
서울특별시 금천구 가산디지털2로 53 한라시그마밸리 210호(가산동)
등록 2014. 2. 12. 제2018-000080호
전 화 02)733-6771
f a x 02)736-4818
e-mail pys@pybook.co.kr
homepage www.pybook.co.kr
ISBN 979-11-90151-12-2 94140
979-11-90151-05-4 (세트)

정 가 23,000원 (세트 210,000원)

박영스토리는 박영사와 함께하는 브랜드입니다.